軍隊とスポーツの近代

越境する近代 13

弾圧・抑圧といった視点から語られがちな戦前・戦時下の日本の軍隊とスポーツをめぐる関係性を多くの史料から描き直し、欧米の事例とも比較して、日本の特異性を浮き彫りにする。
戦前から戦時下、敗戦へといたる過程での男性性や鍛錬・娯楽のバランス、そして皇室・軍隊・スポーツのトライアングルの変容を見定めて、軍隊とスポーツの新たな歴史を描き出す。

高嶋 航

青弓社

軍隊とスポーツの近代　目次

第2章　陸軍とスポーツ　79

第3章　デモクラシー時代の軍民関係　155

装丁――鈴木堯＋岩橋香月［タウハウス］

序論

一九四五年八月十二日――。

赤熱ノ日ハ照リ照リテ空ニ在リ。下界ノ全テハ暑サニ喘ギ、道ハ溶ケ、草木ハ葉ヲ垂レ、気息奄々タリ。今ヤ酷熱ノ季ハ至レリ（略）午前ノ自選作業ハ、一班二班対抗ノ野球ヲヤル。一班振ハズ。

灼熱の太陽が照りつける運動場で白球を追っていたのは、海軍経理学校予科の生徒たちである。つい二週間ほど前、やはり野球をしていたところ敵機の来襲があり、校舎の正面の上に掲げられてあった菊の紋章の周囲に銃弾がふりそそいだ。もちろん野球は中止である。[1]

野球を楽しめたのは海軍だけではない。一九四五年四月に陸軍幼年学校に入学した前田祐吉は、日々野球を楽しみ、「学校で禁止された野球が、まさか幼年学校で許されるとは（略）正直言ってびっくりでした」[2]と当時を回想している。このように戦争の最末期まで、しかも軍の学校で、野球がおこなわれていたという事実と、現代の日本人が戦争や軍隊に対して持っているイメージとのあいだには、大きな隔たりがある。

しかしながら、戦争の経験者が多く存命していた時代には、軍隊でのスポーツ経験がさほど違和感なく受け取られていたのではないか。一九七九年に公開された映画『英霊たちの応援歌――最後の早慶戦』（監督：岡本喜八、配給：東宝）には、海軍航空隊に入隊した元野球部員たちがキャッチボールをするシーンがある。神山圭介（一九二九年生まれ）による原作のほうでは、横須賀の第二海兵団で、土浦、出水、三沢の海軍航空隊で、そして特攻に飛び立つ前に鹿屋基地で、野球やキャッチボールをする場面が出てくる。[3]

図1　銃弾を浴びた海軍経理学校
（出典：「畝傍高校第65期同窓会」〔http://unebischoolmate65.web.fc2.com/enkaku.html〕）

その翌年、読売新聞社主催の第三回戦争展で戦没野球人コーナーが設けられた。展示の趣旨は「戦争のために愛してやまない野球を捨て、ついにかえらなかった野球人たちの無念の声」を伝えることにあり、軍隊での野球が取り上げられたわけではない。[4]しかし、このコーナーを担当した岸本弘一（一九二八年生まれ）が「バットやグラブを捨てて、出征した選手たちは、よけい野球に愛着があったやろうなあ。これまでにも、軍隊へ行ってからも野球をやった、という話をよう聞いたけど、最後の最後まで忘れられんかったと思うねん」と述べているように、当時はまだ広い範囲で軍隊野球の記憶が残っていた。[5]

それから十年後、中国吉林省敦化にあった陸軍病院の関係者が刊行した書物に次のような一節がある。

> 夏の時分には野球もやったが、走り巾飛び、棒高飛び等の運動もした。（略）今写真をみていると、そんなに悲惨な顔もしておらず、又逃亡とか自殺とかそうした暗い事件もなかったから、皆それぞれの智恵を働かして軍隊生活を切り抜けることに全力を尽くしていたに違いない。[6]

この人物は写真に写る自分たちの楽しそうな様子を、まるで他人事のように眺めている。スポーツの記憶は写真によってようやく呼び起こされたものの、それはこのとき彼が持っていた戦争体験のイメージと大きくかけ離れていたのだ。つらい記憶が楽しい記憶を押しつぶしてしまったのである。先述した前田祐吉の事例も、最近になって呼び覚まされた記憶である。というのも、前田は一九七二年に発表した「野球と私」のなかで、「幼年学校のベッドに寝ころんで、夏空に入道雲が湧くのをながめながら、「ピッチャーをやってみたいな――」と、ぼんやりと考えて」おり、戦争が終わって「これで野球ができるようになるかも知れない」という期待を抱いたことを記しているからである。[7] 前田がどのような事情で軍隊野球の記憶を呼び戻したのかはよくわからないが、社会一般には軍隊野球の記憶は薄れていく一方だった。二〇〇八年に公開された神山征二郎監督（一九四一年生まれ）の映画『ラストゲーム　最後の早慶戦』（配給：シネカノン）を見てみよう。前作の『英霊たちの応援歌』は最後の早慶戦以後の軍隊生活に主眼を置くものだったが、こちらは最後の早慶戦にいたる過程に焦点を当てている。そこで描かれる軍は、一方的にスポーツを弾圧する存在でしかない。

図２　映画『英霊たちの応援歌――最後の早慶戦』のポスター（著者蔵）

戦争をつらい経験として記憶するオーストラリア人捕虜たちも、スポーツの記憶を語ろうとしない。ロウリー・リチャーズは日本軍の捕虜となり、「死の鉄道」として悪名高い泰緬鉄道の建設現場に送られた。一九四三年二月と三月の彼の日記には、同鉄道の起点となるタンビュザヤでテニスやサッカーをしたことが記されている。ところが、リチャーズが二〇〇五年に出版した戦争体験記は、この日記を参照して書かれたにもかかわらず、スポーツをしたことが全く記されていない。これについてケヴィン・ブラックバーンは「苦痛と我慢の物語にたやすく収まらなかったからだ」[8]と述べている。

ブラックバーンはオーストラリア人捕虜のスポーツ活動に焦点を当てることで、「苦痛と我慢の物語」に回収されない戦争の経験を明らかにした。捕虜生活にも楽しいことがあった――このような言明は、捕虜生活のつらさを知らない後世の人間による歴史の歪曲として、道義的な非難にさらされる可能性があるだろう。辛苦と絶望のなかで死んでいった捕虜が数多くいたのは事実である。一方で、捕虜たちがスポーツを楽しんだことも「事実」である。これと同様のことは日本軍の兵士についてもいえるだろう。彼らにもさまざまな娯楽があった。軍は日本国内で娯楽を敵視したが、戦っている兵士の娯楽まで奪い去ることはできなかった。スポーツはそうした兵士たちの娯楽のひとつだった。しかし、オーストラリア人捕虜のスポーツの記憶を解放したブラックバーンでさえ、日本軍兵士のスポーツに対しては、日本軍に対するステレオタイプ（「日本軍の神話」と呼んでおこう）から逃れることができていない。

日本軍は兵士たちに柔道や剣道、相撲のような武道をすることしか許していなかった。サッカーや野球、バスケットボールなどのスポーツは、日本人に人気があったものの、「敢闘」という点で、取るに足りない、時間の無駄だとひややかな目で見られていた。(9)

ブラックバーンはオーストラリア人捕虜と日本軍兵士との野球やサッカーの試合に言及しているにもかかわらず、このように述べているのだ。日本軍の神話に呪縛されているのは、決して日本人だけではない。

日本の軍隊とスポーツの関係を意外に思うとき、我々の頭にある軍隊のイメージは、アジア・太平洋戦争末期の「玉砕の軍隊」「天皇の軍隊」ではないだろうか。しかし、それが実態であったかどうかについては、より慎重に考える必要がある。アメリカ軍の戦訓広報誌 *Intelligence Bulletin* を分析した一ノ瀬俊也は、そこに「日本人にはみえない」日本兵の姿を見いだした。そのひとつが日本軍の専売特許のように思われている銃剣突撃である。アメリカ兵から見たとき、日本兵は接近戦を恐れていたというのだ。軍の公式発表として最初に「玉砕」という言葉が用いられたアッツ島の戦いに関して、*Intelligence Bulletin* は「日本軍は訓練時に銃剣の使用を重視しているにもかかわらず、アッツのそれは概して銃剣の扱いが下手であった」と記している。同誌の別の文章では「日本兵が銃剣の用法について訓練を積んでいるとは思えない。彼らは剣術を使わず、直突を試みる。彼らは銃床打撃を用いず、しばしばこれに騙される」と、日本兵の銃剣術の稚拙さが指摘されている[10]。

ここで思い出されるのは、戦争における殺人行為の考察から、人間には自分の生命を危険にさらしてもなお人を殺すことに抵抗しようとする力があることを示したデーブ・グロスマンの研究である。グロスマンによれば、殺人への抵抗感は距離が短くなるほど増大する。とりわけ銃剣戦ではそうであり、銃剣を突き出すことはよほどの殺意がないかぎり難しい。さんざん銃剣術の訓練を受けておきながら、戦闘に及ぶと、銃剣を逆さまに構えてこん棒がわりに使ったり、ドイツ兵のように銃床を積極的に使ったりするのも、殺人への抵抗感からである。銃剣で人を殺すことへの抵抗感と、銃剣で殺される恐怖は等価であり、銃剣突撃の際、銃剣と銃剣を交える前にどちらかが逃げ出すことが多いのも、この抵抗感と恐怖の大きさを物語っている。銃剣による「対人殺」は戦場ではきわめてまれで、銃剣は敵を殺すことより、むしろ恐怖心を与える点で効果的だった[11]。

グロスマンの議論は主としてアメリカ軍の経験に立脚したものだが、*Intelligence Bulletin* の記述を踏まえれば、日本軍にもある程度当てはまるように思われる。日本軍にとって銃剣とは攻撃「精神」の象徴であって、殺人の「技術」ではなかった。もちろん、一ノ瀬も指摘するように、陸軍戸山学校が遅まきながら直突一本槍の問題点を認識したことは事実だったが[12]、実際の教育現場で強調されたのは直突にほかならなかった。グロスマンの議論を応用すれば、直突という心理的抵抗が大きい殺人法に慣れさせることで、殺人への耐性を高めていたと解釈できるだろう。中国の日本兵がしばしば生身の人間を使って刺突の訓練をおこなったのもそのためである。もちろん、戦争における「人殺し」を心理学だけで説明できるわけではない。日本人兵士の中国人に対する態度と、アメリカ人に対する態度に大きな違いがあったことは（アメリカ人を刺突訓練に使ったという話はあまり聞かない）、それが心理学の問題にとどまるものではないことを雄弁に物語っている。日本軍の銃剣について、どこまでが神話で、どこまでが実態であったか、我々はこれまで真剣に考えることがなかったのではないだろうか。

ある日本兵が戦後に出版した画集に銃剣術訓練が描かれている[13]。画面の真ん中で、縄で縛られた中国人がむしろのうえに横たわっている。初年兵らしき人物が、その中国人を大きな目で見据え、大声を張り上げて、銃剣を

図３　銃剣訓練
（出典：田島清『戦場のノートから――中国戦線スケッチ画集』田島清、1986年、30ページ）

突き出している。刃先は血で染まり、傷口からは血が飛び出している。左のほうには軍刀を持った上官らしき人物が左手で指示を出している様子が描かれている。奥には殺される順番を待つ中国人が四人、むしろの上で座っている。初年兵は全部で四人しか描かれないが、おそらくもう一人いるのだろう。キャプションには「スパイとか怪しい土民を捕えると初年兵の銃剣術実習訓練や度胸だめしの材料に供される」とあり、注記から一九四四年十一月、柳州での光景であることが判明する。さらにページをめくっていくと、「陣中野球」のシーンが出てくる。キャプションには「駐とん地での余暇利用でつれづれの野球も……」とあり、四二年初夏、応山での光景を描いたものである。本塁はすのこ、キャッチャーマスクは剣道の防具、ミットは軍手で、審判は木の板を持っている。表情は詳しく描かれていないが、審判の後ろにいる三人は白い歯を見せて笑っているように見える。銃剣を持つのも、バットを持つのも、同じ日本軍の兵士である。これらはともに日本軍の現実だが、我々は銃剣の現実も、バットの現実も、まだよくわかっていない。いや、バットの現実は全くわかっていないのだ。

軍隊とスポーツをめぐっては、解体すべき神話がもうひとつある。戦時中、民間スポーツが軍によって弾圧されたという神話である。戦時下のスポーツに関する従来の著作は、基本的に「スポーツ受難史観」のもとで書かれてきた。読売新聞社の戦争展の延長で上梓された『戦没野球人』はその典型だし、二〇一〇年に刊行された山室寛之の『野球と戦争』も、副題を「日本野球受難小史」としていて、やはり同じである。靖国神社は一九六四年の東京オリンピックに合わせて「オリンピック関係戦没者遺品展」、二〇一一年には「スポーツと靖国神社――スポーツと共に生きた英霊たち」を開催した。[14] 後者の展覧会の趣旨は、パンフレットによると、「愛するスポーツに再び情熱を注ぐことの出来る恒久平和の訪れを祈りつつ、戦地に赴き、尊い生命を捧げた」スポーツ選手たちの「在りし日のご功績を追慕し、殉国の至誠を顕彰する」ことにあり、スポーツ選手の戦前の功績と戦死に焦点が当てられる。これまたスポーツ受難史観の典型であり、戦争とスポーツの関係に迫るものではない。展示でも取り上げられた柔道や剣道が戦争中に果たした役割を考えれば、このような取り上げ方があまりにも一面的なことがわかるだろう。一口に「受難」といっても、スポーツの愛好家に着目するか、スポーツの一流選手に着目するか、スポーツ界の指導者に着目するかによって、「受難」の程度やあり方はさまざまで、そこから描き出される戦時下のスポーツのイメージも大きく異なる。いずれの場合にしろ、これまで受難の側面が強調されすぎてきた。近年、スポーツ界が軍の「弾圧」に一方的に服していたのではなく、むしろ積極的に戦争に協力した側面もあったことが明らかになりつつある。[15] しかしそれらの研究は「弾圧」をしたとされる軍そのものにあまり考慮を払ってこなかった。軍による「弾圧」なるものが、いったいどのような意図でなされたのか、あるいはそもそも軍にはスポーツを「弾圧」する意図があったのか、こうした点はいまだ明らかにされていない。いうなれば、従来の研究はスポーツ界の側から見た戦時下のスポーツにすぎなかった。軍の立場から戦時下のスポ

図4　陣中野球
（出典：同書67ページ）

ーツを見ることで、「スポーツ受難」の実態をより立体的にとらえることが可能となり、ひいては「スポーツ受難史」の枠組みを乗り越える道が開かれるはずである。

戦前の日本社会で軍隊が大きな影響力を持っていたことは誰しも理解できることである。だからこそ、一九二〇年代に日本の軍隊でスポーツが流行したとき、スポーツ界は大きな期待を寄せた。

大正十一年三月からは、各鎮守府に於て、四月からは各軍隊に於て、陸上競技を正科として採用したことは、洵に日本体育史を編むものにとつて、忘れることの出来ぬ事実である。第六回万国々際オリンピック大会に優勝した米国は、三百余名の選手中八十名、仏国では二百八十名中百名、白耳義〔ベルギー〕では大部分、而して第五回極東大会に優勝した比律賓では約四割が軍人であつたといふ事実の前に、私共はそれが当然のことであると共に、その当然のことすら出来ない日本の現状を慨嘆したのであつたが、今や斯くして、由来久しく閉ざされてゐた所謂軍規の門戸が体育の為めに開放せられ、陸軍では体操教範の一部を改正して(略)一転して陸上競技を実施の機運に至つたのは、猶その実質に於て不満足の点はあつても、我慢せなければならないであらう。(16)

当時のスポーツ関係者にとって、軍人がスポーツに従事することは、世界の趨勢からして当然のことだった。実際、一九二〇年代前半の日本で、民間スポーツ界と軍隊の関係はきわめて密接であった。それにもかかわらず、この「忘れることの出来ぬ事実」はいまや完全に忘れられ、日本体育史から抹殺されている。(17)

スポーツ史の側からすれば、軍隊とはひとえにスポーツの弾圧者であり、軍隊そのものをスポーツ史の対象と見ることができなかった。一方、軍隊史の側からすれば、スポーツは取り上げるに値しない、あるいはふさわしくないテーマであった。それは軍隊の本質とは何の関係もない、些末な問題にすぎなかった。いや「問題」でさえなかった。この問題は軍隊史とスポーツ史のはざまにあって顧みられることがなかったのだ。

欧米では近年、軍隊スポーツの研究が盛んになりつつある。(18) 軍事史研究者の目にどのように映っているかはさておき、これらの研究が軍事史の新潮流である「広義の軍事史」の一角に位置づけられることは間違いないだろう。そして、そのなかで軍隊スポーツを意義づけるためによく用いられる概念が男性性である。そもそも軍隊は常に戦闘力を最大化するよう合理的に組織されるわけではない。どのような軍隊が軍隊としてふさわしいか、どのような軍人が軍人としてふさわしいか、いわば軍隊や軍人の男性性も少なからぬ影響を及ぼしている。単純化していえば、実際にどれだけ強いかよりも、どれだけ強く見えるか、あるいはどれだけ強く見せられるかが優先されることもあるのだ。スポーツが戦闘力の増大にどれほど貢献できるかはともかくとして、それが男（＝兵士）をつくることに寄与するとみなされれば、軍隊はスポーツを受け入れるだろう。本書の議論を先取りしていえば、社会の男性性の変化が軍隊のあり方を変え、スポーツの興隆を生み、よき兵士がよきスポーツマンであるとみなされるようになったとき、軍隊でスポーツが花開くことになる。

もちろん、欧米の軍隊と日本の軍隊は同じではない。日本軍、とくに陸軍はいったんスポーツを導入したものの、その後にスポーツを「弾圧」する主体となってしまった。これは、日本と同じくスポーツを外来文化として受容したフランスやドイツの軍隊と大きく違う点である。その最大の原因は「娯楽」に対する考え方の違いにあるのではないか、というのが本書の仮説である。近代欧米の軍隊は健全な娯楽が必要であることを認識していた。そしてスポーツは身心の鍛錬だけでなく、娯楽の手段としても評価されていた。鍛錬＝娯楽の典型はナチス・ドイツの歓喜力行に求められるだろう。では日本軍はどうだったのか。一方に日本軍はスポーツなどするはずがないという日本軍の神話、そして日本軍が民間のスポーツを「弾圧」したというスポーツ受難の神話があり、他方に軍隊内でスポーツを楽しんだという証言がある。この一見矛盾する状況をどのように理解すればいいのだろうか。本書では日本軍がスポーツの鍛錬的側面と娯楽的側面をそれぞれどのように評価したか、そのようなスポーツ評価は軍隊内部でおこなわれるスポーツに対する場合と民間社会のスポーツに対する場合で違いがあったのか、軍隊のスポーツに対する評価は時代によって、また陸・海軍によって違いがあったのか、違いがあったとするならばどのような違いだったのか、そのような違いをきたした原因は何だったのか、などの点に着目し、整合的な説明を試みたい。

竹田恒徳、すなわち竹田宮恒徳王は一九七七年に刊行した自伝のタイトルを「菊と星と五輪」とした[19]。菊は皇室、星は陸軍、五輪はスポーツの象徴である。「皇族からスポーツ大使へ」という副題は、より正確にいえば、「皇族＝軍人からスポーツ大使へ」となるだろう。竹田は皇室と陸軍とスポーツの関係を前二者から後者への変化ととらえたわけだが、竹田自身が陸軍幼年学校時代からスポーツに取り組み、オリンピック出場の夢を抱いたことからわかるように、戦前の皇室と陸軍とスポーツのあいだには密接な関係があった。本書ではこれを敷衍して、皇室と軍隊とスポーツのトライアングルと呼びたい。竹田がそうであったように、明治以降の皇族男子は基本的に陸・海軍に所属したので、皇室と軍隊の関係は明瞭である。皇室とスポーツの関係については、二〇年代のスポーツの発展に皇室が大きな役割を果たしたことが最近の研究で明らかになってきている[20]。本書で明らかにしたいのは、残りの一辺、すなわち軍隊とスポーツの関係である。このトライアングルのなかで鍵となるのが皇室であった。一〇年代から二〇年代にかけて、若い皇族たちのなかにはスポーツの愛好者が多かった。彼らは軍の学校で、また卒業後はそれぞれの任地で、スポーツを実践した。皇族、軍人、スポーツマンを兼ね備える存在だった彼らの動向に本書は注目することになるだろう。そして、男性性、鍛錬／娯楽、皇室・軍隊・スポーツのトライアングル、以上の三点が本書で軍隊とスポーツを分析する際の基本的な枠組みとなる。

本書の構成は以下のとおりである。第1部「戦前の軍隊とスポーツ」と第2部「戦時下の軍隊とスポーツ」は時期で分け、前者は戦前、後者は戦時下の軍隊とスポーツを扱う。それぞれについて、まず軍隊におけるスポーツの実態や評価を紹介し、次いで民間スポーツ界との関係、欧米との比較を論じる。第1章「海軍とスポーツ」は海軍のスポーツについて、士官養成学校である海軍兵学校、海軍機関学校、さらに海軍の各艦隊、鎮守府、要港部の状況を見たあと、海軍のスポーツに対する評価を考察する。第2章「陸軍とスポーツ」では陸軍のスポーツについて、各学校、連隊のうち代表的な事例をいくつか取り上げて、その実態を紹介する。また一九二二年に起こったスポーツ論争や陸軍戸山学校による『体操教範』改正にいたる過程を検討することで、陸軍のスポーツ評価を明らかにする。第3章「デモクラシー時代の軍民関係」は軍隊のスポーツ熱に伴って活発化した民間スポーツ界との交流、その背景にある軍隊と社会の関係の変化について論じる。第4章「欧米の軍隊とスポーツ」では欧米での軍隊とスポーツの状況を見渡したうえで、欧米軍のスポーツが日本の軍隊にどのような経路を通じてどのような影響を及ぼしたかを探る。第5章「海軍とスポーツ」は戦時下の海軍、第6章「陸軍とスポーツ」は陸軍のスポーツの実態とスポーツに対する評価を明らかにする。戦時下の軍隊と民間スポーツ界との関係は、主に陸軍と民間スポーツ界の関係によって規定されたので、両者の関係は陸軍を扱う第6章で論じることにする。ここで、いわゆるスポーツの「弾圧」について陸軍側の見方を提示し、「弾圧」の真相に迫りたい。第7章「軍隊とスポーツの日米比較」は戦時中のアメリカ軍や捕虜収容所でのスポーツの実態を紹介し、スポーツや娯楽の観点から日米両軍の比較を試みる。

なお、本書で引用する資料は読みやすさを優先してすべて新字体に改め、句読点を補った。引用文中の〔 〕は引用者による補足である。また、議論を進めるうえで必要な場合に限り、海軍兵学校（海兵）、海軍機関学校（海機）、陸軍士官学校（陸士）出身者の情報を提示する。民間の学校名は基本的に略称を用いる（「東京帝国大学」→「東京帝大」、「早稲田大学」→「早大」、「東京高等師範学校」→「東京高師」、「第一高等学校」→「一高」、「水戸高等学校」→「水戸高校」、「京都府立京都第一中学校」→「京都一中」など）。

注

（1）讃苦会五十周年記念事業実行委員会編『橿原・昭和二十年――海軍経理学校予科生徒の記録』讃苦会五十周年記念事業実行委員会、一九九五年、二六四、二八七ページ

（2）山室寛之『野球と戦争――日本野球受難小史』（中公新書）、中央公論新社、二〇一〇年、一七三―一七四ページ

（3）神山圭介『英霊たちの応援歌』文藝春秋、一九七八年

（4）読売新聞大阪社会部編『戦没野球人』（「新聞記者が語りつぐ戦争」9）、読売新聞社、一九八〇年、二二一ページ

（5）同書二四九ページ

（6）菊池五郎／菅波大十一編『砲台山の朝の風――敦化陸軍病院小史』敦化会、一九八八年、一〇四ページ

（7）前田祐吉「野球と私」、溝淵峯男／前田祐吉／水口涼『熱球の譜』所収、高知新聞社、一九七二年。前田が陸軍幼年学校で野球をしたという話は、山室寛之が前田から直接聞き出したものだろう。「野球と戦争」をテーマとする山室との会話のなかで、軍隊野球の記憶が呼び起こされたと思われる。あるいは、「野球と私」は戦後の野球史を語ったものなので、故意に言及しなかった可能性もある。

（8）Kevin Blackburn, *The Sportsmen of Changi*, New South Publishing, 2012, p.4. 戦争に対する観念が記憶のあり方を方向づけることは、「今村均大将のラバウルを例外として、自給自足生活を胸を張って語り継ぐ部隊史や回想録は少ない。そのことが、島嶼部の日本軍を「玉砕」で締めくくる都合のよい条件を醸成してきたのではないかと考えられる」という田中宏巳の指摘からもうかがえるだろう（『BC級戦犯』〔ちくま新書〕、筑摩書房、二〇〇二年、七八ページ）。

（9）*Ibid.*, p.167.

（10）一ノ瀬俊也『日本軍と日本兵――米軍報告書は語る』（講談社現代新書）、講談社、二〇一四年、一三、三六、四〇ページ

（11）デーブ・グロスマン『戦争における「人殺し」の心理学』安原和見訳（ちくま学芸文庫）、筑摩書房、二〇〇四年、二〇九―二二二ページ

（12）前掲『日本軍と日本兵』四二―四三ページ

（13）田島清『戦場のノートから――中国戦線スケッチ画集』田島清、一九八六年、三〇、六七ページ

（14）前者については Aaron Skabelund, "By running…/ by fighting…/ by dying…': Remembering, Glorifying, and Forgetting Japanese Olympian War Dead," *Sport in Society*, 14(4), May, 2011 が興味深い分析をしている。

（15）拙稿「戦争・国家・スポーツ――岡部平太の「転向」を通して」「史林」第九十三巻第一号、史学研究会、二〇一

〇年一月

(16) 寺田瑛『趣味のスポーツ』文省社、一九二四年、一二六―一二七ページ。このほか、横井鶴城「軍隊の民衆化と陸上競技」(「野球界」第十二巻第八号、野球界社、一九二二年六月)を参照。

(17) 唯一の例外というべきは、宮尾正彦「日本陸軍の団体スポーツ採用のねらいについて」(「体育学研究」第四十二巻第三号、日本体育学会、一九九七年九月)で、一九二八年の『体操教範』でスポーツがどのような基準で採択されたかを論じた。このほか、木下秀明『スポーツの近代日本史』(〔杏林新書〕、杏林書院/体育の科学社、一九七〇年)、一九三―一九五ページ、高津勝「政策としてのスポーツ――大正デモクラシーとスポーツの政策化」(中村敏雄編『シリーズ・スポーツを考える4 スポーツ政策』所収、大修館書店、一九七八年)にも軍隊スポーツへの言及がある。なお本書で扱うスポーツは、戦時中に「弾圧」の対象となった外来スポーツ、たとえば野球やテニスなどを指す(軍隊の体育に関する研究は少なからずある)。

(18) 欧米の軍隊については本書第4章注に引く諸研究を参照されたい。日本でも軍隊を男性性の視点から読み解く研究が始まっている。代表的なものに、阿部恒久/大日方純夫/天野正子編『男たちの近代』(〔「男性史」第一巻〕、日本経済評論社、二〇〇六年)、阿部恒久/大日方純夫/天野正子編『モダニズムから総力戦へ』(〔「男性史」第二巻〕、日本経済評論社、二〇〇六年)の各論考、大日方純夫「「帝国軍隊」の確立と「男性」性の構造」(「ジェンダー史学」第二号、ジェンダー史学会、二〇〇六年)、内田雅克『大日本帝国の「少年」と「男性性」――少年少女雑誌に見る「ウィークネス・フォビア」』(明石書店、二〇一〇年)がある。

(19) 竹田恒徳『菊と星と五輪――皇族からスポーツ大使へ』ベースボール・マガジン社、一九七七年

(20) 坂上康博『権力装置としてのスポーツ――帝国日本の国家戦略』(講談社選書メチエ)、講談社、一九九八年、坂上康博「スポーツと天皇制の脈絡――皇太子裕仁の摂政時代を中心に」「歴史評論」二〇〇〇年六月号、校倉書房、坂上康博『スポーツと政治』(日本史リブレット)、山川出版社、二〇〇一年

第1部

戦前の軍隊とスポーツ

第1章　海軍とスポーツ

1　海軍兵学校

一八七三年七月二十七日、アーチボルド・ルシアス・ダグラス率いるイギリス海軍武官三十四人が海軍兵学寮に着任した。軍の学校といえば激しい訓練が実施されていたと想像してしまうが、さにあらず、「生徒は、毎日テーブルにかぢりついて居リ」、「大砲、帆前〔船〕、端艇等」の訓練は「時たま」実施されるだけで、生徒の身体は強健とはいいがたい状況にあった。イギリス人教官はまずこの点に着目し、午後の時間を「実地外業」として、稽古や諸種の操練にあてた。さらに生徒の体育として、馬術や剣道もいいが、より慰安的・娯楽的なものとしてビリヤード、サッカー、クリケットを推奨し、その結果ビリヤード二台が設置された。これは、生徒の「汚行醜態ノ弊」を防ぎ、身体をますます健強ならしめるために遊戯の道具を備えていた、欧米の海軍学校にならった措置だった。[1]

ダグラスにとって、勉強ばかりしている海軍兵学寮の生徒たちは海軍軍人にふさわしくない、つまり男性性を欠いた存在に見えた。ダグラスはクリケットの効用について「元来「クリケット」遊ヒハ人体ノ健康ヲ催スル戯ニシテ、最モ海軍生徒ニ益アリ。当今英国ニ於テハ此遊戯ヲ以テ少年養育ノ一科ト定ム」[2]と述べている。単に体力を養成するのであれば、馬術や剣術でもいいはずである。あえてクリケットを導入したのは、それがイギリスで「少年養育ノ一科」となっている、つまりイギリス人の男性性を養成する手段と考えられていたからだった（残念ながら、クリケットは定着しなかった）。

図5　艦上の野球　絵葉書（著者蔵）

海軍兵学寮の生徒たちはさまざまな形でイギリス的な男性性を受け入れた。たとえば彼らは外出に際して服にブラシをかけ、ズボンの折り目をそろえ、靴を磨き、髪を梳き、姿勢に注意した。これはもともとイギリス人教官が注意していたもので、やがて習慣になった。[3] 当時の生徒は百十人ほど、それに対してイギリス人教官が三十四人もいたから、その影響力は絶大だった。しかも生徒たちは「志ザス処ハ、英人カラ学術ヲ学ビ、他日国家ニ貢献スル処ガアリ度イト誓ッタ人々」であったから、「古来ノモノヲ洋式ニ改良シタノデハナク、全ク英国ノモノヲ丸取リ」することも多く、スポーツもそのひとつだった。しかし日本の男性性とイギリスの男性性が衝突することもあった。一八七四年の春に海軍兵学寮の教務課は校長にダンスの稽古が必要であると上申した。ダンスは外国との交際上、さらに生徒の体育上に適当だと考えられたからである。士官の多くが貴族だったヨーロッパの軍隊では、ダンスの教養は不可欠だった。しかしそうした感覚は日本人には受け入れられず、結局この計画は実施されなかった。[4]

ダグラスの方針により、座学一辺倒だった海軍兵学寮は大きく変わった。一八七四年十月に海軍兵学寮に入った木村浩吉は「学校に遊びの道具が備へ附けてあるのを見て、不思議に思つた」。当時の日本人にとって学校といえば勉強するところであったことを考えると、木村のような感想は誰しもが抱いたことだろう。のちの時代とは違って、当時の海軍兵学寮はずいぶんのんびりしていたようで、木村によれば、「授業で生徒を苦しませる様な詰込方法を採らず、午前に三時間、午後に二時間位で、可成遊ばしてやらうと云ふ様であつた。稽古が済むと、運動場に飛出して、「ハマ投げ」を始め、或は「フートボール」を始めた。稽古はゆとりが充分あつた」[5]という。

スポーツの導入に続いてダグラスが目指したのは「Athletic sports」の開催であった。日本で最初の運動会として知られる「競闘遊戯会」である。競闘遊戯会については木村吉次の一連の研究[6]に詳しいが、ここでは木村が使っていないダグラスの伝記を用いて論じることにする。一八七四年三月十日、競闘遊戯会の開催予告が「新聞雑誌」「日新真事誌」「郵便報知新聞」などの新聞に掲載された。これに対して「THE MAN ON THE MOUNTAIN」なる人物が批判を提出した。競闘遊戯会は勉学に没頭する生徒をリフレッシュさせるために開くとのことだが、それだけのために三百両もの金を使う必要があるのか。四月の試験を控えた大事な時期に、学校当局は怠惰を招きかねない措置をとり、無駄なことに時間を使わせるのか。「蛺蝶趁花　てふのはなおひ」（二人三脚のこと）とは何なのか。将来放縦に振る舞いそうな連中をあらかじめ懲罰しておこうとでもいうのか。それとも戦争で足を失った人をくっつけてひとりの兵士に仕立て上げようとでもいうのか。「挽馬脱韁　ばしゃのはなれうま」（目隠し競走のこと）とは何なのか。全く危ないことで、ケガでもしたらどうするのだ、気晴らしが必要というなら、馬や舟を与えるほうがいい、それこそ士官候補生にふさわしい、云々[7]。当時の人びとにとって、スポーツは軍人にふさわしいものではなかった。こうした考えは生徒自身も持っており、競闘遊戯会を楽しむよりも、「はにかみ」が先に立ったようだ[8]。人前に出て、そのうえ士官候補生らしからぬ姿を見られることに躊躇した生徒は多かっただろう。競闘遊戯会が二回の開催で終わったのも、結局のところそれが海軍兵学寮、そしてのちの海軍兵学校が目指す男性性とは相容れなかったからではないだろうか。

一八七六年、築地に移転した海軍兵学寮は海軍兵学校と改称した。八六年に東京大学予備門を出て海軍兵学校に入学した秋山真之《さねゆき》は、ある日アメリカで出版された野球のルールブックを持ってきて、「これは米国で専ら行はれてゐるベースボールといふ遊戯ださうだ。ルールが書いてあるから、これを翻訳して我々同志がひとつやつてみやうではないか」と仲間に呼びかけた。彼らはルールを翻訳し、バットの代わりに棒切れを使い、海軍兵学校の生徒を集めてチームをつくり、野球を始めた。これが海軍における野球の起源となった。ところで、秋山はどこからルールブックを持ってきたのだろうか。おそらく、松山中学校以来の友人で、当時東京大学予備門に在学していた正岡子規が関係しているだろう。よく知られているように、正岡は大の野球好きで、ベースボールを「球戯」と訳してもいる（中馬庚が「野球」という訳語をつくったのは一八九四年のことである）。秋山も負けず劣らず野球にはまり、左手小指が硬直していたのは野球をやりすぎたせいだともいわれる。[9]また、一九一四年の新聞記事には、「軍令部出仕の秋山真之少将は有名な野球好きで著名な対抗試合に三田や早稲田のグラウンドで見受けない事は無い」と紹介されている。なお、この記事には有地藤三郎造兵大技士が一高や山口高校で野球をしていたこと、海軍大将瓜生外吉がアナポリス（アメリカ海軍兵学校）留学時代に野球をやり、「今も尚野球には多大の興味を持つてゐるので外国野球団の来た時などは宜く見物に出かける」[10]ことも紹介されている。瓜生は一八七五年にアナポリスに入学し八一年に卒業しているから、海軍で最初に野球をした人物ということになるだろう。

海軍兵学校は一八八八年に江田島に移転した。その翌年に運動会がおこなわれたという記録があるが、詳細は不明である。[11]ちなみにこの年に海軍大学校が、ローンテニス、クリケット、フートボール、大弓などの運動器具購入を申請している。勉強時間が長く健康を害する恐れがある、というのがその理由であった。[12]九九年三月に定められた海軍兵学校教育規程で初めて体育の目的が明記された。体育の目的は「海軍々人ノ多艱多難ナル任務ニ所シテ能ク之ニ耐ヘシムルニアリ。故ニ衛生ニ注意シ、特ニ活潑ノ運動ヲ奨励シ、以テ身体ノ強健ヲ致サシムヘシ」[13]とされ、娯楽的な効用への言及はなくなった。同年四月から、海軍兵学校では体育に「随意運動」が加わり、乗馬、剣術、柔道、相撲、「ベースボール」「フートボール」「カノー」、伝馬船漕ぎなどが許可された。相撲と

「ベースボール」はときどき大会が催されたという。(14)同年十月二十八日、皇太子が海軍兵学校を訪れた際、生徒たちは砲台操練、剣術、柔道、カヌー競漕、玉争い、棒倒しを披露した。ここで注目したいのは、「棒倒し」である。学校を代表する行事として登場したのはこのときが初めてであった。「棒倒し」の起源について『海軍砲術史』は次のように説明している。

> 竹内重利海軍中将の懐旧談として、明治二六年（一八九三）斉藤《（ママ）》七五郎クラスが一号生徒になった時、血気の健全な発散法として、旗取りに鉄拳を用いる方法を建議し、学校に採用され、土曜日洗濯日課終了後実施することになった由来が述べられている。斉藤《（ママ）》七五郎生徒の発案であったようだが、鹿児島に昔から伝わる「大将守り」という少年健児の行事があって、丸太棒を倒す攻防に鉄拳を用いる様子は、兵学校の棒倒しに似ているが、ヒントがこれにあったかどうかは不詳である。旗取りの遊戯は、明治時代に西洋伝来のものであって、帆船時代のマストの旗を奪った名残りかと思われるが、これから発想されたのかも知れない。(15)

竹内は愛媛、斎藤は宮城の出身で、ともに海兵第二十期（一八九三年卒）である。同期の生徒三十一人のうち鹿児島出身者は六人と最多を占めていたから、「大将守り」由来説も否定しがたい。この棒倒しが社会で知られるようになったのは、日露戦争中のことである。一九〇四年六月、満洲丸に内外知名の士が乗り込み、朝鮮方面へ軍事視察に訪れた。その途中、海軍兵学校に立ち寄り、棒倒しを見学した。

> 当日兵学校では授業の有様、砲台操練、野砲操練、中隊操練などを見せ、終に本校の特技なる棒倒しを演じた。海軍部外の人が棒倒しを見たのは始めてゞあつたのと、其の意外であつたので、一方ならぬ注意を惹き満州《（ママ）》丸観戦記中此事を書かない新聞紙とては一つも無かつた。是を観ても如何に此遊戯の諸子に耳新しきかは察せられる。尤も九州地方では為る所もあると聞いたが、彼我の数に於て、はた勢に於て到底比べものに

はならぬさうだ[16]。

ここでもやはり九州起源に触れられている。生徒たちはこの新しい競技に熱中した。一九〇五年に海軍兵学校に入学し、在学中の〇八年に亡くなった有栖川宮栽仁《たねひと》王は「棒倒しに非常に趣味を有たせられ、又フートボール、馬術、自転車等も御嗜好深[17]」かったという。やがて棒倒しは海軍兵学校（の男性性）を代表するスポーツになっていく。たとえば『海軍兵学校生活』は棒倒しを次のように説明する。

図６　海軍兵学校の棒倒し
（出典：「少年世界」1904年10月号、博文館、109ページ）

世上一般の学校などゝは異り、軍隊間のこと故、普通の如き遊技などはする折もない。雖然又校内には、種々の勇壮快絶なる遊技が幾らもある。夫等のうちで最有名なものを棒倒しといふて、外国武官などの来られた時は、能く見せることが在る。（略）兵学校生徒の此の棒倒しぐらひ、勇壮極まりなき者はあるまい。先年〔一九〇六年〕英国皇甥コンノート殿下が、兵学校参観の為め、御臨校ありし際に、殿下歓迎の余興として、此の棒倒しなるものを御覧に供し（略）実に日本海軍々人の武侠なるは、平素かゝる遊技をして居るのでも分る、真に末頼母しき事だと、深く御感賞が在つた[18]（略）。

ここで示されるのは、軍隊と普通の遊戯は相容れないこと、棒倒しが海軍兵学校独特の勇壮な遊戯であること、そしてそのことは外国人によっても認められたということである。競闘遊戯会の種目にもあった「豚追い」は、豚も生徒も疲れきったところで豚を抱き止めて終わるというほほ笑ましい遊戯だったが、『海軍兵学校生活』で紹介される豚追いは、豚を鉄拳で打ち靴で蹴って殺すという惨絶野蛮な遊戯に変わっている。運動会も内容は駆足行軍、小銃射撃、兎狩りで、競闘遊戯会とは全く違うものになっていた。一方、スポーツについては、このほか「ベースボール」「テニス」「フートボール」「クロッケー」「野仕合」「雪合戦」などもあると軽い扱いしか受けていない[19]。

一九一一年から一四年まで海軍兵学校の英語教官をつとめたグラハム・マーターはある土曜の午後、大掃除が終わったあとの自由時間の様子を記録にとどめている。運動場では「イギリス独特のゲーム」であるラグビーの試合がおこなわれ、イギリス人教官が審判をしていた。テニス、相撲、野球がおこなわれているところでは、多くの生徒が集って観戦していた。野球の点数は英語で数えていた。弥山登山競走の練習に励む者もいた。平行棒、ぶらんこ、跳び箱、ロープ、鉄棒などの器具で遊ぶ者もいた。柔道や剣道をする者、散髪屋へ行く者、ボートの練習をする者もいた。校長はしばしば生徒たちの様子を見に運動場へやってきた。ときには棒倒しがおこなわれることもあった。こうして生徒たちは午後五時半の夕食の時間まで、土曜の午後を楽しく過ごしたのだった[20]。

当時兵学校の生徒であった草鹿龍之介（海兵第四十一期）は、マーターの指導ぶりを生き生きと描いている。

マーター教授は、生徒にサッカーの指導をした。棒倒し一本に攻撃精神を発揮しつつあった生徒は、初めはボールを中心に殴り合ひをことゝした生徒も、遂にはボール等眼中になく、鉄拳を振ひ摑み合ひに夢中となり、ボールは飛んでもないところに転ろがって居る。「おお！江田島ゲームストップストップ」と叫びながら、マーター教授は汗を流して駆け回る[21]。

草鹿が語るスポーツはマーターの筆致とは全く異なる。マーターはイギリス的な「ゲーム」を教えようとした

図7　海軍兵学校の蹴球
（出典：海軍兵学校編『海軍兵学校生活　大正2年』海軍兵学校、1913年）

のだが、彼らはそれを棒倒しと同じように実践したのだ。

一九一三年刊行の写真集『海軍兵学校生活』には棒倒しのほか、庭球、蹴球、野球の様子が収められている。(22) それぞれキャプションが付され、庭球の場合「学業ノ余暇茲ニ嬉々トシテ快ヲ採ルハ庭球ヲ好メル生徒ノ或ル者」と、娯楽としての側面を強調している。サッカーは土曜日の午後にときどきおこなわれ、野球は「斯術ノ心得アル生徒」が土曜の午後にときどきおこなうと紹介している。「海軍兵学校独特トモ云フベキ勇壮ナル運動」である棒倒しとは筆調が相当異なっている。

一九二〇年十二月に軍隊教育規則が定められ、体育に「体技」が加わった。海軍兵学校では翌年八月に、土曜の午後の自由時間が「体技」に改められ、「棒倒、綱引、人取、相撲、野球、庭球、弓術、オリンピックゲーム〔陸上競技〕」などが実施された。(23) 当時、海軍兵学校に在籍していた高松宮（海兵第五十二期、一九二四年卒）の伝記は当時の様子を次のように描写している。

> 体技にラグビーも加わったので、生徒舘前の練兵場の芝を削ってのトラックフィールド造りが〔一九二三年〕七月十九日からはじまった。課業の合間をみての作業で、秋まで続けられたが、高松宮もこの芝生削りに参加された。このラグビーも外人教師〔D・E・ランダル〕の奨めではじめられたもので、香山蕃《しげる》を招いて指導を受けたりしていたが、首の骨を折って長期入院する生徒も出るなど練習も

はげしかったようだ。[24]

スポーツによる事故はしばしば起こったようで、恩給の問題もあって一九二七年に次のような規定が設けられた。

近来各種体技ノ実施ニ伴ヒ死傷者ヲ出シ、其ノ取扱方ニ付疑義ヲ生シタル例モ有之候ニ就テハ、軍人ニ在リテハ、左記ノ場合ニ於テハ公務ニ依ル疾病トシテ取扱ハルルモ、其ノ他ノ場合、例ハ自己ノ任意、若ハ同好者ノ随意ニ依ル等ノ場合ハ、仮令上官ノ許可又ハ指示ヲ受ケタルトキト雖、公務トハ認メラレサルコトト御承知相成度。[25]

これによって、体技の時間、もしくは上官の指示で部内・部外の競技に参加した場合以外は恩給の対象として認められないことになった。

高松宮も協力した運動場づくりは一九二三年十一月まで続いた。運動場の開場式で谷口尚真校長は次のような訓示をおこなった。[26]軍人体育の目的は「心身ヲ鍛練シテ軍人報効ノ根本ヲ培養シ、併セテ品性ノ教養ニ資スル」ことにあり、精神と身体が相まってはじめて体育の目的が達せられる。スポーツマンシップは諸君のよく知るところだが、海軍士官を養成する学校として、また軍隊としての特色がなければならない。そう言って、谷口が挙げるのは以下の諸点である。

①運動場内ニハ常ニ溢ルル計リノ元気ガ充満シテ居ルコト
②審判ニ対シテハ絶対ノ服従ヲ守ルコト
③応援ハ拍手ノミトシ、其ノ他ノ声援ハ一切行ハヌコト

④競技ハ礼譲ニ始ツテ礼譲ニ終ルコト
⑤競技ノ前後ヲ通ジテ之ヲ貫クニ軍容整斉、粛然タル紀律ト秩序トヲ以テスルコト

海軍兵学校の武田盛治教官は谷口の訓示を引きながら、スポーツマンシップについてこう説明する。スポーツマンシップとはイギリスでは紳士道に等しいが、この紳士道は我が国古来の武士道と同じもので、誠実親愛、公明正大、名誉廉恥、規律服従、勇気忍耐を内容とする。谷口校長がいうように、これらはすべて軍人勅諭に含まれるものであって、結局軍人勅諭の精神とはとりもなおさず運動の精神である(27)、と。軍人とスポーツマンの男性性は、武士道＝スポーツマンシップを介して一致すると考えられたのである。

海軍兵学校にはスポーツ界の著名人がたびたび訪れ、スポーツの指導をおこなった。高松宮の伝記に見える香山蕃もその一人である。香山は東京帝大ラグビー部の創設者で、一九二三年十二月に数日間海軍兵学校に滞在し、「ラグビー蹴球ニ就テ」という講演をおこなった(28)。このとき谷口校長は香山に、一八七五年（明治八年）ごろ八代六郎（海兵第八期）らが海軍兵学校でイギリス人教官からラグビーを教わり、谷口自身も二本のゴールポストがあったのを覚えていると語った(29)（谷口は海兵第十九期、一八九二年卒）。海軍兵学校のラグビーの起源がそこまで遡るかどうかは確かめられないが、イギリス人教官はずっといたので、いつラグビーが始まってもおかしくはない。

香山のほかにも、一九二四年十月にパリ・オリンピックで活躍したアメリカ人選手ジャクソン・ショルツ、エマーソン・ノートン、ラルフ・スピアローとフィンランド人選手ヨニ・ミューラのいわゆる「四大選手」、二七年四月に木下東作、三〇年十一月に清水善造、三一年三月に織田幹雄、三九年七月に松沢一鶴らスポーツ界の著名人が海軍兵学校を訪れた(30)。このほか、民間チームとの試合もしばしば実施された。たとえば二三年に始まった陸上競技の広島対呉対抗戦は第一回が呉海兵団で、第二回が海軍兵学校で開催されている。二四年には海軍兵学校で広島高師対海軍兵学校・海軍機関学校の陸上競技対抗戦がおこなわれた(31)。おりしも関東大震災で校舎をなく

した海軍機関学校が江田島に仮住まいしていた。両校の生徒は互いに競争意識を剥き出しにして摩擦も多かったが、このときだけは一致団結したようである。

> 兵機両校が一年余同居した生活はどうしても競争意識があったので楽しい思出は少ないのですが、当時オリンピック選手になった三段跳の織田選手が在学中だった広島高師を相手として兵機両校合同で陸上競技を行い勝利を得た事があります。私は八百米で頑張ったのですが、この時だけは兵も機も一号も三号もないただの海軍生徒だなあと後で思ったものです。[32]

海軍兵学校は合宿地としても利用され、たとえば、京都帝大陸上競技部は一九二七年から三六年まで毎年海軍兵学校で夏合宿を実施している。[33]

一九二八年十二月に海軍兵学校校長に就任した永野修身は生徒の自発性を尊重するドルトンプランを持ち込んだ。教官は講義を禁止され、生徒は自学自習に励んだ。そうした自由な雰囲気のなかでスポーツはいっそう花開いた。永野校長のもとで教官をつとめた大西新蔵は、当時の様子を次のように語る。

> 昭和四年のことである。私は三七歳である。この年私はテニスの手ほどきを受けた。先生にはこと欠かなかった。理化学科の小田茂雄教授、体育指導官の佐土原親光大尉、級友山崎貞直君、岩崎真澄教授、小林淳機関少佐、その他多数であった。（略）小学校、中学校とスポーツに全然無縁であった私は、小児的好奇心にあおられ、凡ゆるスポーツに憧憬していた。ローラーを曳いてコートを整備することも覚えた。昼休み時間に、佐土原大尉に円盤投げのターンの仕方を教わった。一三米から一六米と次第に距離を延ばし、一九米位迄投げられるようになった。小学生位の記録である。（略）バレーボールも仲間入りした。四七期の細谷資彦教官が世話役である。九人制であるが人数は限定せず、教官を東西両軍に分け、昼休み時間を楽しんだ。

永野校長も仲間入りした[34]。

大西は海軍兵学校第四十二期生（一九一四年卒）で、ちょうどマーターが教鞭を執っていた時期に海軍兵学校にいた。その後、一九二〇年十二月から一年間、海軍砲術学校高等科に学んだ。スポーツと出合う機会は豊富にあったはずだが、全員がその恩恵に与ったわけではなかった。

海軍兵学校では設立後まもない時期にスポーツが取り入れられ、最初は娯楽として、そして一九二一年以降は授業の一環として実践されてきた。しかし海軍兵学校といえば、まずは棒倒しであり、ついで相撲、体操、漕艇、水泳が想起された。これらの運動こそが海軍兵学校を代表したのであり、海軍兵学校の男性性を象徴したのである。スポーツは次要の地位しか与えられず、海軍兵学校の男性性に適合する形で実践されていた。技術やルールにこだわらず、敢闘精神を前面に押し出し、棒倒しや相撲と同じような形で取り組むことによってはじめてスポーツは価値あるものとなったのである。

2　海軍機関学校

一八七四年に海軍兵学寮分校が横須賀に置かれたのが海軍機関学校の始まりである。この学校は八七年にいちど廃止され、九三年に再開した。海軍機関学校でいつからスポーツがおこなわれるようになったのかははっきりしない。一九〇三年、横須賀海軍下士卒集会所に遊戯場を開設しようとしたとき、海軍機関術練習所（のちの海軍工機学校）前の千五百坪（約四千九百六十平方メートル）の空き地に「自転車レース場」や「テニス、フートボール等を為す場所」をつくる予定だったことから考えて、再開当初からスポーツがおこなわれていた可能性が高い[35]。一九〇八年刊行の『海軍機関学校生活』には次のような一節がある。

学校の生活は、一言すれば運動と勉強とのみである。授業は朝八時に始まり午後四時に終り、夕食後は更に温習が始まる。かゝる次第で閑な時とては、別科後と食後の一時間か半時間内外の短時間に過ぎぬ。その間に於ても、勉強するとか、運動（弓、野球、庭球）するとか、展覧室に雑誌、新聞其他の参考書を読むとか、或は入浴、用便等を為すのである。又朝食と夕食の後には柔道と剣術の道場が開放せらるゝので、此の方へ行く人も可なり多い(36)。

自由時間のスポーツとは別に、生徒全員が参加する「総員運動」が月二回おこなわれていた。一九〇七年に海軍機関学校に入学した大江覚次郎によれば、「総員運動」は次のようなものだった。

これには棒倒しとフットボールがあり、名は総員運動とは云われているが、実は前述の一列横隊焼入れ式鉄拳制裁に対する下級生の息抜きのようなもので、上級生中余りにも権力の乱用目に余るものに対するある種のふくしゅう〔復讐〕で、時には同級生も余り積極的に防御に援助の力を与えなかった。なかでも棒倒しの方は棒という目的物があるので目に余る乱暴はできがたいが、蹴球の方は反対で、蹴られるまりの方は運動場の片隅に只一個転がっており、生徒達はただ打ち合いの集団(37)（略）。

サッカーは棒倒しよりも激しくおこなわれていたことに注意したい。一九一七年ごろのサッカーの様子は次のようであった。

総員運動（其二）フツトボール　毎月二回の総員運動、一は棒倒し他はフツトボール、又時として綱引、野仕合も行はれる。東西に分れた両軍は今や入り乱れて奮戦して居る。鞠の高く天に飛ぶは極めて稀で多くは鞠を中心にして周囲に蝶の如き鉄拳の交換である。敵も殴る、味方も殴る、鼻血も出る、目から火が出ることもある。殴つて蹴つて走り廻つて、汗の源泉が全く涸れた頃にはどうやら勝負も決するのである。(38)

サッカーとはいっても、遊戯よりは格闘技に近いもので、およそスポーツという言葉から想像されるようなものではなかった。サッカーは男らしいやり方で実践されていたのであり、だからこそ棒倒しとならぶ高い位置づけを与えられ、ほかの遊戯とは区別されていた。たとえばテニスは次のように描写される。

保吉はやつと立ち上つた。ペンキ塗りの校舎に沿ひながら、もう一度庭を向うへ抜けると、海に面する運動場に出た。土の赤いテニス・コオトには武官教官が何人か、熱心に勝負を争つてゐる。コオトの上の空間は絶えず何かを破裂させる。同時にネットの右や左へ薄白い直線を迸らせる。あれは球の飛ぶのではない。目に見えぬ三鞭酒《シャンパン》を抜いてゐるのである。そのまた三鞭酒をワイシヤツの神々が旨そうに飲んでゐるのである。保吉は神々を賛美しながら、今度は校舎の裏庭へまはつた。(39)

一九一六年末から二年ほど海軍機関学校の英語教官をつとめた芥川龍之介の描写である。芥川はボールを打つ音をシャンパンの栓抜きにたとえた。その優雅な光景は、サッカーや棒倒しのそれと対照的である。

海軍兵学校と同じく、海軍機関学校でも一九二一年から訓育科目として「体技」が導入された。(40)まずサッカーについて見てみよう。大日本蹴球協会の井染道夫は海軍のサッカーを紹介する記事で「一昨年横須賀鎮守府は公報に、一般的且つ簡単に行はるゝは蹴球であると宣伝した。蹴球でも特にア式を採用する旨の掲示も出たのである。愈々実施は昨年からであつて（略）」と述べる。もちろんこのたび「導入」されたのは、スポーツとしてのサッカーであった。海軍機関学校でサッカー推進の中心となったのは、「蹴球を唯一の趣味」とする教官、柳原博光大尉（海機第二十期）だった。海軍機関学校は数千円の費用を投じてサッカー場を整備し、ボールや靴をそろえ、井染ら民間人のコーチから指導を受けた。中学時代に選手だった者もいて、二二年には鎌倉師範や東京帝大に対して勝利を収めたばかりでなく、先生役だった東京蹴球団をも撃破した(41)。山下実によれば「〔野球と違って〕頑張り力が物を言うサッカーの方は、特に雨天の試合では当時一流に属する東京蹴球団を破る殊勲を樹てたこともある(42)」と、天候が体力一本槍の海軍機関学校に味方したようである。

実は柳原は学習院野球部の出身で、野球の導入にも一役買っていた。たまたま第三十一期生（一九二二年卒）には、一九一九年夏の甲子園で優勝した神戸一中野球部の内野手吉田文治がいて、チームの中心となった。同級の木村猛によれば、吉田の「守備範囲の広いこと、また球さばきの旨いこと、しかも時々長打力を発揮してその技倆たるや今のプロの選手にも劣らぬと言っても過言ではなか」った。二一年秋のこと、柳原教官が吉田を通して、三田稲門戦観戦の希望者を募ったことがあった。木村ら十数人がこれに応じ、日曜日に横須賀から神宮球場（正しくは芝浦球場）に出かけた。当時はまだ早慶戦が復活しておらず、準早慶戦といえるこのカードには多数の観客がつめかけた。木村は稲門の谷口五郎投手の快速球と、三田の小野三千麿投手の重い球に強い印象を受けた(43)。海軍機関学校最初の対外試合が記録されるのは、それからほどなくしてのことである。二一年十二月、一高の学生を招いておこなった試合で、海軍機関学校は一対十八と、一高の東武雄投手のまえに大敗した(44)。海軍機関学校野球部でコーチの役割を担ったのが、かつて愛知一中で選手として活躍した経験を持つ水野英一大尉であった。野球部は毎朝二十分、昼食後三十分、放課後五十分の練習をおこない、校内の理髪職人までもが野球に熱中した。同校練習科には「野球のやうな西洋の遊技をしては不可《いけな》い」という将校もいたが、野球熱を抑えることはできなかった(45)。二二年四月には柳原の引率で東京に出向き、柳原の母校である学習院と対戦し惜敗した。もっとも、今回の敗因は「試合慣れして居ない紅顔の生徒選手達は敵の女子応援団に圧倒されて十分な実力発揮出来ず(46)」とされたのだが……。

第三十三期（一九二四年卒）の小林儀作は当時の思い出として、「二号生徒以降は野球部の選手に選ばれ毎日猛訓練、夏休暇も五日早く帰校し早大の太田コーチによる目の眩む様な猛練習、一高との定期試合にて一高スピリツトの片鱗に触れたこと、野球指導官原〔重政〕教官に大変お世話になった事[47]」を挙げている。太田というのはおそらく記憶違いで、愛知一中出身で早大野球部主将の高松静男がコーチをした[48]。高松は「飛田穂州《ママ》氏の猛訓練を受けた選手であるだけにそのコーチ振りは今思出しても激しいものであった[49]」。一高や飛田に代表されるいわゆる武士道的な野球は海軍機関学校の生徒には受け入れやすいものだった。一九二二年の秋には一高、学習院、商船学校と試合する予定で、将来的には陸軍士官学校や海軍兵学校との対戦も考えられていた[50]。

　ラグビーも野球やサッカーと時を同じくして始まった。一九二二年十二月に海軍機関学校教官となった山中朋二郎（海機第二十一期）によれば、それまではサッカーが盛んだったが、「ラグビーの方が闘志を養うのによい」という河村脩監事（海機第二十四期）の提案でラグビーを始めることになった。教官には経験者がいなかったので、慶大の益田弘選手を招き、ラグビーの基本や試合ぶりを見せてもらった[51]。しかしその後ラグビーは続かなかった。先述のように二三年十二月に香山蕃が海軍兵学校を訪れた際、海軍機関学校の生徒もラグビーの指導を受けた。その後、海軍兵学校の英語教師ランダルが海軍機関学校にもチームをつくって練習しようと持ちかけた。ランダルはイギリス陸軍の騎兵大尉として第一次世界大戦に参加した経験を持つ人物である。海軍機関学校側は慶大にコーチを受けたきりラグビーをしていなかったが、さいわい野球部の岸本健雄が京都一中（香山蕃の出身校）でラグビーをやった経験があるとのことで、彼を中心にチームが編成された。試合は引き分けに終わった。この試合を見学した武富温興（海機第三十六期）は「鉄の団結によるチームプレーと、三十名の烈しい闘志の激突、レフェリーの笛に絶対服従の厳しいルールによる男らしいスポーツに、すっかり魅せられ、血を湧かせ」、のちにラグビー部員として活躍することになる[52]。

　ラグビーが本格化するのは海軍機関学校が一九二五年に舞鶴へ移転してのちのことである。山中朋二郎は「ラグビーを何とか強いものにしたいと思って夏休暇にも生徒の有志を早く帰校させて練習させたり、ラグビー訓育時間を多く取ったりし」た。同年十一月には同志社大の選手を招待して交歓試合をおこなった。さらにその年の冬休暇には河村監事、秋重実恵監事（海機第二十八期）と、ラグビー部員二十三人を連れて京都一中の柔道場で合宿を実施し、「三日間、穴だらけの障子から吹き込む寒風を、貸蒲団屋のセンベイブトンで凌ぎながら、京大のOBチーム、同志社大学の商科部、京都第一商業、最後には京大のAチームと試合をやった」[53]。

一九二四年五月のこと、三高ラグビー部主将西島捨丸は舞鶴海軍防備隊に招かれてラグビーを指導した。それが縁で三高ラグビー部は同年の夏合宿を舞鶴で実施した。二九年春、今度は京都帝大のラグビー部が舞鶴で合宿をおこなった。当時の京都帝大ラグビー部は「三年連続全国制覇を果たした時代で、紺のユニホームに白いライオンのマークをつけて颯爽としており、京大の宇野〔庄治〕・馬場〔武夫〕・進藤〔次郎〕・岩前〔博〕・西野〔綱三〕・山本〔尚武〕の各氏を神様のように憧れた」と海軍機関学校の元生徒は語る。同年冬には教官の君島武彦大尉（海機第三十二期）が単身で京都帝大ラグビー部の合宿に参加して指導法を学び、学校に戻るやいなやユニフォームや靴を改善し、猛練習をおこなった。京都帝大は三年続けて舞鶴で合宿をおこない、海軍機関学校も京都帝大で合宿をした。三〇年秋からは三高と、春は舞鶴、秋は京都で定期戦をおこなうようになり、四一年五月まで続いた[54]。

一九三〇年代、ラグビーは海軍機関学校のなかで特別の地位を占めた。

> 学術に並行して課せられるものは、訓練である。勿論日常生活の全てが之に属することは明らかであるが、特に体育上のものとして左の様な広範囲の武技体技が実施されて居る。即ち柔剣道、相撲、水泳、体操（陸上競技をも含む）陸戦、短艇、ラグビー、スキー等で外に有志訓練として野球、ア式蹴球、庭球、弓術、馬術等があり、之れに素養ある者は暇を利用して練習する事が許される。（略）四月下旬、或いは五月下旬の対三高の（ママ）とラグビー戦は本校のベストメンバーにより本校練習場に於て行なはれるが、毎年本校の勝となつて居る[55]。

ラグビーが生徒全員に課せられていたのに対して、野球やサッカーは有志の課外活動と位置づけられていた。

図8　海軍機関学校と京都帝大ラグビー部の合同写真（1929年）
（出典：「五十六期々会々報」第9号、熊本水頼、1982年3月20日）

海軍機関学校と目と鼻の先にある海兵団でも各種スポーツがおこなわれていたが、ラグビーはしていなかった。かつて柳原はサッカーを士官だけに限定したが[56]、一九三〇年代のラグビーも士官に限定されていた。棒倒しが海軍兵学校の男性性を象徴したように、ラグビーは海軍機関学校の男性性を象徴する存在となった。三三年十月末に天皇が海軍機関学校を訪れた際、ラグビーの試合を天覧に供したことはそのことをなによりも示している。ラグビーは彼らのエリート意識と密接に結び付いていた。そしてラグビーを通して京都帝大や三高と交流したことは、さらに彼らのエリート意識を強めただろう。ここに、後述するようなイギリスのパブリックスクール、スポーツ、軍隊のトライアングルと類似した構造を認めることができるだろう（本書一八一ページ）。

実際、海軍機関学校の生徒たちは、自らをパブリックスクールの学生に重ね合わせていた。榎本隆一郎（海機第三十四期）は海軍三校の訓育の特徴として「生活及び訓練の様式が英国のパブリック・スクールの流れを汲んでいる」と述べ、その原因として「英国海軍少佐ダグラス氏は、有名なウインチエスター・パブリックスクールの出身で少年時代の経験をその儘日本海軍の生徒に持ち込まれた[57]」ことを挙げた。額久直（海機第三十四期）は榎本教官から『トム・ブラウンの学校生活』（トマス・ヒューズ、一八五七年）を勧められ、読後に「全編に漲るものは英国の紳士道である。日本に適用して毫も差支えはない。日本にこそ適用すべきである」[58]と感じた。いうまでもなく『トム・ブラウンの学校生活』はパブリックスクールのバイブルである。自らをトム・ブラウンに重ね合わせた彼らにとって、海軍兵学校の生徒は「暇さえあれば、教科書にばかりかぢりつく、席次争いの点取り虫」[59]であった。そして自分たちこそが海軍兵学寮の伝統を引き継いだと自負していた。海軍機関学校にキリスト教信者が多かったのも偶然ではない。榎本もまたキリスト教信者であった。[60]

図9　海軍機関学校のラグビー天覧試合
（出典：海軍機関学校編『第43期卒業記念』海軍機関学校、1934年）

3 艦隊

海軍兵学校、海軍機関学校でスポーツを楽しんだ士官候補生たちは、その後の海軍生活のなかでスポーツを楽しむ機会があったのだろうか。海軍機関学校第三十二期生の鰕原栄一郎は大の野球好きであった。在校中はもちろんのこと、一九二三年に卒業したあとも、さまざまな場面で野球を楽しんだことが、彼の回想録からわかる。鰕原は機関少尉時代の巡洋艦春日や海軍機関学校、機関長として乗艦した駆逐艦樅、駆逐艦樫、分隊長をつとめた横須賀海兵団、総務部校務主任をつとめた第三海軍燃料廠で野球チームに参加した。[61]すべての部署に野球チームがあったわけではないが、学校を卒業しても野球をする機会が豊富にあったことは確かである。

一九二四年、戦艦長門は連合艦隊の大会で柔剣道、短艇、体技競技に総合優勝して「プリンスカップ」を授与された。鰕原も野球に出場してこの勝利に貢献した。[62] このプリンスカップとは二二年に皇太子が自身の所属する第一艦隊の准士官以上の健康増進と体育向上のために下賜した優勝杯で、初回は戦艦陸奥が獲得した。[63] 第三回の優勝者は戦艦日向であった。[64]

艦隊チーム同士だけでなく、民間チームとの試合もたびたびおこなわれた。一九二〇年九月に函館に寄港した第一艦隊は、乗組員に「中学時代野球選手として鳴らせし勇者多く日々公務の余暇艦上にて練習を行ひ居りしも好戦の情止み難」かったため、第一軍（士官）が函館商業、第二軍（下士官）が函館中学に試合を挑んだ。始球式は山路一善中将がつとめた。山路は海兵十七期、秋山真之と同期で同郷だったから、海軍兵学校時代に秋山と野球を楽しんだにちがいない。第一軍は勝ち、第二軍は負けた。

一九二五年九月、第一艦隊が青森に入港した。戦艦扶桑の野球チームは青森中学と対戦、十五対十七で惜敗した。戦艦山城チームは松木屋と対戦し、十一対十二でこれまた惜敗した。対照的に、同年にプリンスカップを獲得していた戦艦日向チームは地元チーム相手に二戦二勝の成績を収めた。ただし青森の前に寄港した新潟では、日向は民間チームに二戦二敗している。[65]

一九二五年六月、海軍機関学校第三十四期生は練習艦磐手で練習航海をおこなった。江田島から青島、大連を経て、佐世保、舞鶴、ウラジオストック、大湊、横須賀を回るコースであった。山上実はウラジオストックの思い出を次のように語る。

［ソ連の］新政府はスポーツを奨励したのかサッカー

図10　プリンスカップと戦艦陸奥の寺岡平吾艦長
（出典：「アサヒスポーツ」第1巻第16号、朝日新聞社、1923年11月、２ページ）

のクラブチームが沢山あってその一つと交歓試合を行なうこととなり、急遽候補生チームを編成して対戦したが、勝っていた試合をゴールキーパーの小生のミスで一点を許し引分けにした残念な思い出がある。(66)

その後に出かけた遠洋航海の行き先はオーストラリアだった。シドニー、アデレード、メルボルンの各地で現地のチームと野球の試合がおこなわれた。(67)

私は投手をやったが、航海中暇を見付け風の強い狭い後甲板でキャッチボールしか出来ない練習不足で、善戦空しく敗れた。相手が外人で脚が長いから膝のあたりが弱いだろうと低目に投げたが、掬い打ちされて弱った。考えて見ると彼等はクリケットの素養があるから、掬い打ちはうまい筈だと後で気が付いた。野球場では入場料を取っているようだったので、彼等はプロ野球チームではなかったかと一寸不愉快な気もした。(68)

図11　戦艦日向の野球選手
（出典：「東奥日報」1925年9月12日付）

練習艦磐手は一九三二年にオーストラリアを訪問した際にも、現地チームと野球、サッカー、テニスの試合をしている。(69) 練習艦隊はラグビーにも力を入れていた。一九三一年の練習艦隊八雲と出雲は地中海へ向かうことになっていた。出発に先立ち、慶大ＯＢチームとの試合がおこなわれた。

所謂スポーツの精神を尊重してやるので、ラグビーは非常に良いと思ふから始めることになつたのですが、別に一般の学生テイームの如くリーグ戦をやると言つた目的などは無く、又そのため練習したり試合のスケヂユールを持つたりする暇は全く無いのですから、勝敗は勿論試合が目的でやるのではありません。又外国

BASEBALLERS FROM THE FLEET.—At the invitation of the head master of the Ivanhoe Grammar School (the Rev. S. L. Buckley) a baseball team from the cruiser Iwate visited the school on Saturday and played a team of "old boys." Left to right:—Midshipmen Yasui and T. Chijimi, Captain H. Asakuma, the Rev. S. L. Buckley, Engineer Lieutenant-Commander K. Numba, and Midshipman T. Miura, captain of the team, with Mr. C. Morris, captain of the "old boys."

図12　1932年、練習艦磐手はオーストラリアで地元チームと野球の試合をする。左から3人目が朝隈彦吉機関大佐、5人目が難波規矩男機関少佐
（出典：*Argus*, May 9, 1932.）

へ航海した際、行つた先き先きであちらのテイームと、所謂スポーツによる国際親善とかいつた目的で試合をやらうといふのでもありませんが、永い間やつて居る内には、外国に見る陸海軍の対抗試合とか現在柔剣道などさうであるやうに、此のラグビーも外国への出先で試合をするやうになるかも知れません。而し目的は最初に述べた通りスポーツの精神が第一で、勿論選手制度など全く無く、又何かの機関に利用しようといふわけではないのです。強さですか？まだ他流試合を一度もやつてゐませんから全く未知数ですね。而も皆んな兵学校、機関学校時代にやつて居ますから、ルールにも精通してゐますし、戦闘技術、これはお手のものですから中中大したものですよ。(70)

こう語るのは海軍省軍務局員だった柳原博光である。その口ぶりは自信にあふれていたが、結果は〇対五十一の惨敗であった。この結果を報じた「東京朝日新聞」は「いまだ日も浅いので技量は中学程度であるが、流石は軍人でキビ〱と全試合を通じて立派な動きを示し、将来の期待を大ならしめた(71)」とフォローしている。

艦船、海兵団など海軍の艦団部隊で公務遂行上必要な物品は艦営需品と呼ばれ、その品目は海軍大臣が定める定額表によって規定されていた。一九二一年に軍需局長は各鎮守府参謀に次のような指示を出した。

今般野球、庭球、蹴球要具ヲ艦営需品定額表ニ定数設定相成候処、同要具中野球ハ陸上部隊及艦隊戦隊司令部ノミニ、庭球ハ陸上部

隊及金剛級以上ノ軍艦、其ノ他ハ艦隊戦隊司令部ノミニ設定セラレ候ニ就テハ、野球ハ予備艦全部、庭球ハ金剛級以下ノ予備艦ニ於テハ使用ノ途ナキ形ニ有之候処、右ハ各部協定使用セシメラルル趣旨ニ有之候条、可然御取計相成度。(72)

この方針について海軍省のある副官は「海軍の運動奨励は以前から行つて居ることで、野球庭球等の運動競技を教科目中に加へたと云ふ事は知らぬが、今度本省から各部隊や軍艦内に用具を備へ付け、一層奨励の便宜を計る事になつたのである」(73)と述べている。こうしてスポーツは公務遂行上必要な活動と認められ、その用具の購入は軍需部によってなされることになった。これに関連して、軍艦が建造された際、建造を請け負った造船所からスポーツ用具を含む娯楽用具一式が寄贈されていたことを指摘しておこう。たとえば、一九二七年三月に竣工した駆逐艦水無月は、竣工に先立ち、同艦建造にあたった浦賀船渠から、娯楽品一式を寄贈された。その品目は庭球要具、相撲褌、蹴球ボール、蓄音機、囲碁、将棋、理髪道具などであった。(74)二九年四月、重巡洋艦羽黒は就役を前にして、同艦建造にあたった三菱造船長崎造船所から、娯楽品の寄贈を受けた。准士官以上向けには囲碁、将棋、蓄音機、アイスクリーム製造機、兵員用には囲碁、将棋、蓄音機、理髪道具、バレーボール用具などがあった。(75)これらの物品は届け出のうえ備品として登録された。

4 呉鎮守府

本節以下、鎮守府ごとに工廠や海兵団の状況を見ていこう。海軍の工廠のなかで最も早くにスポーツを始めたのは呉海軍工廠である。『呉野球史』によれば、一八九九年に東京帝大出身の造船大技士山田佐久が、職工に体質虚弱の者が多いのを目にし、体質改善策として野球を導入した。呉で最初に組織されたのが造船と造機の二チ

図13　全呉海軍野球争覇戦で優勝した海兵団チーム
（出典：「アサヒスポーツ」第3巻第10号、朝日新聞社、1925年5月、31ページ）

ームであった。当時の野球は「草履や草鞋、袢がけと言った調子」で、海軍射的場などで練習をしていた。一九〇三年に造船廠が呉海軍工廠と改められ、造兵、製鋼、造船、造機、会計部が設置されると、造兵部にも野球チームが結成された。一三年には呉日日新聞社の主催で第一回近県実業団野球大会が開催され、広島商業、修道中学、そして呉海軍工廠から造船、造機、砲熕（造兵から改名）、火薬の各チームが参加、砲熕が決勝戦で造船を破って優勝した。一六年には海軍工廠関係者が中心となって呉野球協会が設立され、十七チームが加盟した。翌年協会は早大野球部を招聘、オール呉軍を結成して迎え撃ったが二戦二敗の成績に終わった。伊藤乙次郎工廠長をはじめ幹部が総出でこの試合を観戦した。[76]

一九一八年に広島商業を退学し、呉海軍工廠に入った浜崎真二は「学校をやめたぼくは、呉の海軍工廠のなんとか製鋼部というところに約半年ほど勤めた。海軍工廠は野球が非常に盛んで、チームがいくつもあって各部対抗野球を盛んにやっていた[77]」と自伝に記している。浜崎はその後神戸商業に入学し、投手として甲子園で準優勝を勝ち取る。さらに慶大に進み、エースとして活躍する。

一九一九年に呉野球協会は呉体育協会と改称し、庭球、卓球、陸上、相撲、水泳各部を新設した。これはいうまでもなく、呉海軍工廠でのスポーツの発展を反映した出来事である。二〇年には海兵団に野球部が新設された。二二年、造船部は全国実業野球大会に出場、一回戦で神戸のオール三菱に敗れた。同年秋に開催された第八回広島県実業野球大会には呉鎮守府参謀長の正木義太少将、海軍工廠造船部長の野中季雄少将らが顧問として名を連ねた。呉海軍工廠には多いときで三十の野球チームがあった。[78]

一九三四年、呉港中学が夏の甲子園大会を制した。エースはのちに大阪タイガースで活躍することになる藤村富美男である。藤村の父と兄はともに海軍工廠に勤め、兄は工廠の野球チームで活躍していた。工廠チームは呉港中学のよき練習相手であった。[79]岩川順一は当時の呉海軍工廠について次のように語る。

> そのころ呉港中学校出身でプロ野球の阪神で藤村〔富美男〕選手という野球選手がいて人気者であった。こんなわけで野球が大賑いで、軟式野球の投手で活躍していたのでお誘いがかかり硬式野球を練習して見て、余りに球が速いので手に負えんと三日坊主でやめ、バレボールに専念、広島までも時折り遠征するまでになった。[80]

バレーボールは呉海軍工廠の花形スポーツだった。[81]一九二二年に呉海軍工廠砲熕部の製図工河野実一が結成した壬子クラブは日本で最初の実業団バレーボールチームだった。二五年、第二回明治神宮競技大会山陽第二区予選に出場した壬子クラブは見事優勝した。本大会では一回戦に不戦勝し、二回戦で東京のコメット倶楽部に敗れた。二七年の第四回明治神宮体育大会には呉水雷クラブが出

図14　第4回明治神宮大会決勝戦。ネット手前が神戸高商、ネット奥が呉水雷クラブ
（出典：呉バレーボール協会編『創立80周年記念誌』呉バレーボール協会、2008年、7ページ）

場し、決勝戦に進んだが、神戸高商に敗れ準優勝に終わった。三二年に全日本排球選手権大会に出場した呉水雷クラブは、常勝チーム神戸高商を下し、ついに全国制覇を果たした。チームの平均年齢は二十一歳、その多くは見習工の素人《しろうと》から鍛え上げられた選手だった。豊島明男の指導により、昼休みと就業後、工廠内の空き地で猛練習したという。(82)さらに翌年には全呉工廠チームを結成して、第七回明治神宮体育大会に出場、決勝でまたもや神戸高商を下して優勝した。以後、四二年に第十三回明治神宮国民錬成大会で同大会三度目の優勝を果たすまで、呉海軍工廠の全盛時代が続いた。

呉では海兵団でもバレーボールが盛んだった。社会主義者伊藤伝は一九二六年十二月一日に呉海兵団に入団、その後五カ月間を呉で過ごした。この間の伊藤の日記は、バレーボールに八回、バスケットボールに四回言及する。最初の記述は二七年一月七日のもので、「体技、バスケットボールの仕あいをみせてもらった」とある。翌々日にもまたバスケットボールの練習を見学し、一月十四日にバスケットボールをした。一方、バレーボールは一月十三日に初めておこない、一月二十九日、二月八日、四月十八日に試合をしたことが記される。(83)とくに一月はバスケットボールとバレーボールに七回も言及する。体技としてはほかに柔道と相撲に言及するが、その数は少ない。

海兵団にはバスケットボールチームもあった。二五年の第二回明治神宮競技大会の予選で海兵団と対戦した広島教員チームの選手はそのときの様子について「監督の兵曹長が気合を入れるので若い水兵たちは必死だった。ケガをしないようそればかり気を使った。当時の試合は荒っぽかった。めがねがしょっちゅう壊れた。ベンチで補欠が応急修理用に妻楊子を小さく削って待機していた。バスケットボールマスクを使ったこともあった(84)」と回想している。

5 横須賀鎮守府

一九一五年ごろの横須賀鎮守府の状況をもとに執筆された『海軍生活　新兵必携』は、同地での運動・遊戯について次のように述べている。

> 如何に軍人なればとて艱難辛苦計りの為続けでは自体は続かない。故に陸上でも軍艦でも軍紀風紀を乱さゞる限りは種々な運動も遊戯も許してゐる。勿論平素は休み時間が尠ないから充分な遊戯も出来兼ぬるが、紀元節天長節とか云ふ祝日及日曜、或は外国航海中外人を招待するときの如きは全力を尽して盛大なる運動会若くは遊戯をやるのである。平素海兵団若くは軍艦内に許されてゐる遊戯は、相撲、輪投げ、丸木渡り、機（ママ）械体操、『ブランコ』、大弓、『フートボール』等にて、昼食後又は夕食後練兵場や上甲板の上で行はるゝのである。(85)

一九二二年六月に横須賀鎮守府を訪れた運動記者倶楽部の記者によれば、同地でいちばん優勢なスポーツは野球とテニスに変わっていた。工廠内の各工場では昼休みに狭い空き地で野球がおこなわれていた。記者団は海兵団と防備隊のピックアップチームと試合をした。そして、その実力を「万一軍縮で首になつたら隊で鳴らした連中が更に本場で練習を積みプロフエシヨナルのチームでも作つたら」と高く評価している。鎮守府では二三年と翌年の春に早大野球部出身の池田豊と「野球界」主幹の横井鶴城を招いて野球の指導を受けた。駆逐艦羽風（横須賀鎮守府）の中島直熊艦長は、野球講習会を開いたのは、真の野球を兵員に理解させると同時に、海兵団に代表チームをつくるためで、将来は各軍艦にチームを組織し、上陸のさいには地元チームと試合をすることで民衆に好模範を示し、また外国訪問のさいには外人チームと試合をすることで国交を深めることができる、とその効用を説いた。中島自身は中学時代に河野安通志（のち早大投手）と対戦したことがあったという[86]。

一九二七年に春日俊吉は「横須賀野球界雑信」という文章のなかで海兵団のプレーぶりを次のように描いてい

図15　テニスを楽しむ機関兵
（出典：『昭和2年度志願兵四等機関兵教程・3等機関兵特別教育修業記念』横須賀海兵団、1927年）

図16　バスケットボールを楽しむ機関兵
（出典：同書）

る。

三日の準決勝に、アマチュアと海兵団のやつた試合だけは、ア軍は例によつてダラダラと、不熱心に試合をするけれど、兵隊さんの方は上官達が、ズラリとベンチに控へてゐるので、物凄いばかりのキン張味を示して、私などにもちよつと面白かつた。海兵団は、よく練習も積んでもゐるし、キビキビした土地では一番気持のいゝチームである。あれで投手がもう少し良かつたら、アマチュアなぞに決して負けては居ないだらう。捕手の木村はお角力さん然とした居丈夫で、強肩豪打、ちよつと得難いプレヤアで遊撃の中村もなかなかうまい。呉の海兵団と試合をしても、ずーつと勝ちつづけてゐるさうである。なんと云つても試合に熱のあるのが一番いゝ。(87)

海兵団は民間人から見て軍人にふさわしい戦いぶりをしていた。言葉を換えていえば、水兵たちは民間人のスポーツマンに軍隊的な男らしさを示したのである。なお、この資料から鎮守府間の野球試合がおこなわれていたことがわかるが、ほかの資料で裏付けがとれず、その実態は現時点では不明である。海兵団でおこなわれていたスポーツはバレーボール、バスケットボールが最も多く、野球、テニスがそれに次ぐ。サッカーは少なく、ラグビーは皆無である。(88) 士官と下士官兵のあいだには、スポーツの種類や意義に関して明確な区別があった。

次に工廠へ目を移そう。一九二三年夏、横須賀鎮守府の海軍工廠工友会野球大会には三十三チームがエントリーし、海軍工廠長藤原英三郎によって始球式がおこなわれた。(89) ちょうどこのころ海軍工廠は軍縮の影響を受け、第二次の職工淘汰を実施して千人を解雇することになっていた。解雇の基準は体格で、六月六日から体格検査がおこなわれた。(90) 野球の選手たちはおそらく解雇を免れただろう。

同年九月の大震災で横須賀鎮守府は大きな被害を受けた。二年後、宇垣一成陸相はこのときの状況について竹内東一郎から次のような話を聞いた。横須賀工廠と浦賀造船所で火災が発生したが、横須賀では火を消し止め、浦賀では主要部分を焼失した。横須賀では「職員と職工間に温情ありて職員の命に従ひ踏止まりて消火に従事した」のに対し、浦賀では「平常より職員と職工間には単なる雇傭関係のみにて温情の存する薄かりし為、天地顛倒の感ありし一刹那に彼等職工は職員などとは無交渉に身を以て逃れて一家の急に赴き真面目に消防に従事したるもの少なかりし結果」である、と。宇垣はこの説明を鵜呑みにしてはいないが、「吾人の大に顧慮を要すべき一面の真理は含有して居る」と考えた[91]。海軍工廠の職工解雇は一九二〇年代を通じて大きな問題であり、工友会と工廠当局との対立も増していった。そんななか、野球は労働者の不満をそらす安全弁の役割を期待されたのではないだろうか[92]。

海軍当局が職工の福利厚生に配慮していたことは、慰安費の支給からもうかがえる。一九二三年十一月十三日、工廠などの付属費に「慰安」が追加された。二五年五月二十一日の官房第千七百九十六号で、慰安費が別途支給されることになり、その額は施設の規模によって決められ、五百人以下の施設では一人一円二十銭、一万五千人以上の施設では一人八十銭となっていた。慰安は原則として年二回実施し、その日の賃金は支給しないと規定されていた[93]。以上の措置は海軍大臣財部彪の名でおこなわれている。財部はスポーツに理解がある人物で、横須賀鎮守府司令長官時代（一九二二年七月―二三年五月）、同鎮守府では海軍運動場が建設され、大規模な連合競技会が何度も開催された。そのうちのひとつ、二三年三月十日に開かれた連合マラソン競走には財部自身も参加し、宇佐川知義参謀長とスタートに並ぶ写真が「アサヒスポーツ」に掲載されている[94]。財部は息子たちにヨットをさせ、「オリンピック目指して頑張れ」と激励していた。その甲斐あって、次男の実《みのる》は三六年のベルリン・オリンピックのヨット競技に主将として出場し、四〇年の東亜

図17　スタートラインにつく財部鎮守府司令長官（左）と宇佐川参謀長（右）
（出典：「アサヒスポーツ」第1巻第2号、朝日新聞社、1923年4月、29ページ）

競技大会では兄弟そろって日本代表に選ばれている。(95)

一九二七年十月の官房第三千八百四十一号で、下士官兵に対しても慰安費が支給されることになった。官房第三千八百四十三号によれば、慰安費は艦船内か陸上でおこなう運動、娯楽などを対象とし、一人五十銭以内と規定されている。また慰安に関して、下士官兵と職工のあいだに差が生じないよう配慮が求められた。(96)

一九三一年五月の官房第千四百八十三号で慰安費は体育普及費という名目に変わり、二百人以下の施設で一人六十五銭、一万人以上の施設で一人四十銭に削減され、三二年度の総額は二九年度の半額以下になった。体育普及費は三七年まで支給されたことが確認できるが、この間支給対象者が二倍近く増え、体育普及費の総額も二九年度の八割近くまで回復した。以下の資料は海軍当局が慰安に配慮した理由を物語っている。

官房第一四八三号体育普及ニ関スル件設定以来、作業庁当事者ノ熱心ナル指導ニ依リ、各地共従業員ノ体育運動ニ対スル興味勃興シ来レリ。殊ニ若年職工間ニ於ケル武技流行ノ如キハ、思想善導上注目スベキ現象ナリト認ム。故ニ此ノ機会ニ於テ、体育運動ニ関スル施設ノ完成ヲ急ギ、適当ニ之ヲ鼓舞奨励スルコトハ、従業員ノ心境ヲ明朗ニシ、勇往敢為ノ精神ヲ養フ上ニ於テ、極メテ有効ナリ。而シテ運動精神ノ普及ヲ図ルニハ、器具器械等ノ設備ト共ニ、競技会等ノ開催ニ依リ一般ノ興味ヲ刺戟スルノ必要アリ。之カ為、従業員講習及巡回講演ニ要スル経費中約三千三百円ヲ節約シ、之ヲ体育費ノ増額ニ振向クルコトトシ、左ノ標準ニ依リ各庁ノ振当額ヲ定メタリ。(97)

ここでは明確に体育運動の効果が「思想善導」の観点から計られているばかりでなく、これまで思想善導のためにおこなってきた講習や講演よりも有効な手段とさえ認識されている。(98) 下士官兵や職工のスポーツは海軍士官のそれとはずいぶん異なる意図をもっておこなわれていた。

6　舞鶴鎮守府

海軍関係の豊富な著作で知られる中島武は一九二一年三月五日に舞鶴海兵団分隊長兼教官に補せられた。中島の著書『思ひ出の海軍』によると、舞鶴鎮守府では五月二十七日の海軍記念日に「毎年野球試合を行つて優勝チームに優勝旗を授与することになつて」いた。二一年の海軍記念日（雨天のため五月二十九日に挙行）には海軍の士官と兵、福知山や宮津の中学校、福知山の歩兵第二十連隊が参加し、福知山連隊が優勝した。海軍士官チームはみな中学時代に野球選手を経験した猛者であり、陸軍に負けた雪辱を期して、福知山連隊に再試合を申し込んだ。七月三日、福知山連隊で雪辱戦がおこなわれ、八対七で海軍士官が勝利した(99)。

海軍記念日の野球大会について、中島は「毎年」と言っているが、新聞で確認するかぎり、一九一七年の海軍記念日の報道で野球の試合に言及するのが最も早い事例である(100)。二二年の第十七回海軍記念日は「例年と異り軍縮の影響が当局者を幾分民衆化したところあり」と報じられ、例年よりもくだけた印象を記者に与えた(101)。「京都日出新聞」は海兵団大練兵場で、「競走、野球、庭球等各団体選手により勇壮なる競技運動」がおこなわれたと記す。この記事の上には「軍隊の民衆化は刻下の急務」なる社説が掲げられ、軍隊の民衆化を訴える陸軍中将佐藤鋼次郎の主張が紹介されている(102)。両者は偶然の一致というよりは、新聞社が、そして当時の世論が求める軍隊像だったのだろう。二三年の海軍記念日の野球大会には、京都師範、小浜中学、福知山中学、宮津中学、海軍団、京都一中、工作部機関団、工作部造機団が参加した。決勝は京都師範と京都一中で、後者が優勝した(103)。この年の海軍記念日は軍縮のために舞鶴鎮守府が要港部に格下げされた直後に実施された。海兵団は舞鶴練習部に格下げされて横須賀海兵団所属となり、海軍工廠は工作部に格下げとなった。

次に、この時期の海兵団の修業記念写真帖から文章をいくつか紹介し、水兵や機関兵のスポーツに対する考え

図18　舞鶴海兵団の蹴球
（出典：『大正十四年徴兵　四等水兵修業記念』横須賀海兵団舞鶴練習部、1925年）

方を見てみよう。

「健康なる精神は健全なる身体に宿る」見よ！近年海軍部内に於ける諸体技の勃興を。徒らに技巧の末を論ぜず、吾等海兵の心身鍛練を図らんとするに在るや論を俟《（ママ）》たない。之やがて浮華を去り、質実剛健なる軍人精神を涵養し、我が国威の発揚たるべきなり。(104)

軍隊の民衆化を歓迎する様子がうかがえるだろう。以下、短距離、走り幅跳び、砲丸投げ、円盤投げ、槍投げ、野球、サッカーの写真が掲載される。「技巧の末を論ぜず」というが、写真を見るかぎりなかなか本格的である。技術だけでなく、ユニフォームやスパイクなど外見も本格的だが、そのぶん「質実剛健」には見えない。ともかく、こうしたスポーツの実践が「軍人精神を涵養」すると意識されていた点は注意しておきたい。「バスケットボール」には次のようなキャプションがついている。

碧く澄んだ大空の下に逸球を逐ひ、飛球を追つて走り廻れば呼吸は嵐の如くなつて三斗の熱汗背を伝つて瀧津瀬と流れる。神よ、時はいつしかに斯うした競技をも軍隊に入れるに至つたことを感謝する。(105)

「神よ」と記すあたり、作者はクリスチャンかもしれない。バスケットボールはＹＭＣＡ（キリスト教青年会）が普及に努めたこともあり、キリスト教との結び付きが強かったことも関係があるだろう。楽しげなスポーツの描写と対照的なのが棒倒しの描写である。

攻防両つながら策の宜しきを得て守備は金城鉄壁微動だもせざるに、早くも味方は一気に敵陣を蹴破して凱歌を奏して還る。打つ、敲く、蹴る、鼻柱を折り足へ囓り付く。元気は往年「弾丸硝薬是膳羞」〔頼山陽「前兵児謡」の一節〕と歌へる神州男子の怪気焔その儘、蓋し海軍独特の最も男性味に富んだスポーツであらう。[106]

図19　舞鶴海兵団の陸上競技。スタートの合図はもちろん本物の銃を使った
（出典：同書）

棒倒しこそ、最も男らしい「スポーツ」だった。

7　佐世保鎮守府

佐世保鎮守府でも、一九二〇年代には野球、バレーボール、サッカー、テニス、バスケットボールなどが盛んにおこなわれていた。ここでは水泳について触れておきたい。なぜなら、オリンピック水泳の金メダリスト、鶴田義行を生んだのが、ほかならぬ佐世保だったからである。

一九〇二年、東洋日の出新聞社長鈴木天眼、柔道家西郷四郎らが長崎游泳協会を設立した。二三年八月、同協会は佐世保鎮守府に挑戦状を出した。挑戦状には「貴鎮守府にては夙に或は陸上競技に或は水上競技に大いに御雄飛の由、敬服の至りに御座候」とある。このころ佐世保海兵団は毎月一回陸上競技会を開いていたし、この年五月には鎮守府管内十二県

図20　佐世保海兵団主催の野球大会に優勝した海兵団チーム
（出典：「アサヒスポーツ」第2巻第27号、朝日新聞社、1924年12月、29ページ）

の選手を招いてオリンピック大会を開いていた。佐世保鎮守府でスポーツが盛んに奨励されていることは、民間でも広く知られていたのである。そこで長崎游泳協会は、「国民体育奨励」が高唱されていることを理由に、対戦を申し込んだのである。期日は八月中旬で、自由形、二百メートル平泳ぎ、百メートル背泳ぎ、リレーなどが予定され、実現すれば「近来の大壮挙」となるはずだった。(107) 野球など民間のほうが明らかにレベルの高いスポーツと違い、水泳では民間の側が軍に挑戦するということがありえた。この時期の軍と民間スポーツ界の関係はこれほどまでに近かったのだ。鶴田義行が佐世保海兵団に入るのは、この翌年のことだった。(108)

一九二三年六月、佐世保鎮守府は海事思想を普及宣伝し、「講話其他にて地方民との接近融和を計」るべく、二等巡洋艦利根を派遣し、一カ月にわたって四国、九州を巡航させた。「其他」には、鎮守府から野球選手を選抜してチームを結成し、各地の野球団に挑戦することも含まれていた。実際、利根チームは徳島で徳島商業と対戦し、五対六で敗れたことが確認できる。利根では「水兵等の運動競技は野球と言はず庭球と言はず又相撲も余暇を利用して盛んに遣らせてゐ」た。(109)

このころ海軍は志願者の減少に頭を悩ませていた。佐世保鎮守府では、一九一六年の約七千人をピークに志願者が減少し、二〇年には約三千人にまで落ち込んだ。二一年に八八艦隊の予算成立の影響もあって六千人に増加

表１　「自大正11年（1922年）至昭和４年（1929年）志願兵採用者学力調」

年	1922	1923	1924	1925	1926	1927	1928	1929
中学卒業以上	0	0	2	6	3	10	68	81
高等小学卒業以上	371	531	605	561	637	714	1,656	1,306
尋常小学卒業以上	549	416	908	750	799	811	135	141
同上以下	105	357	72	0	0	0	0	2
合計	1,025	1,304	1,587	1,317	1,439	1535	1,859	1,530

（出典：JACAR: C04016545800〔50画像目〕をもとに作成）

するが、翌年には大幅に減少した。利根の派遣が企画された二三年には三千百九十三人（うち合格者は千七百十四人）であった。香川県では二三年に二百三人だった志願兵受験者が翌年には三百四十七人に増加した（合格者は百二十五人から百七人に減少）。その理由のひとつとして「昨年軍艦利根ノ小松島寄港ニ依リ刺戟サレタルコト」が挙げられている。野球もいくらか貢献をしたかもしれない。[110] 佐世保鎮守府全体の志願者数も、二四年に六千六百六十二人、二五年に六千八百五十六人、二六年に七千九百五十九人と増加していった。ただし、海事思想の普及宣伝方法としては、講演、印刷物の配布、軍艦の派遣、軍港軍艦の見学などが普通であり、巡洋艦利根のようにスポーツが組み込まれる事例は管見のかぎり珍しい。

一九二〇年代の海軍におけるスポーツ発展の基礎は何だったのか。ひとつは日本全体でスポーツが発展していたことである。[111] 長らく学生の専有物だったスポーツは、学校の枠を超え、社会全体に広がりつつあった。二四年に国民の体育の祭典である明治神宮競技大会が創設されたのも、まさにこの潮流を受けてのことだった。とはいえ、スポーツの中心は依然として学生であった。そのため、中・高等教育の発展はスポーツの隆盛に大きな影響を与えた。たとえば、小学校でも中学校でもスポーツに触れたことがなかったと証言した海軍兵学校の大西新蔵は一八九二年生まれで、一九一一年に東京府立三中を卒業している。一方、二七年に横須賀海兵団に入った志願兵（大西より十五歳ほど若い）は「籠球は小学時代にも随分やつたものだ」[112] と述べている。二〇年代に海軍に入ってきた徴兵、志願兵の多くはそれまでに何らかの形でスポーツに接していたのだ。なかでも、中学校や大学で選手を経験した者は、海軍スポーツの中核となることが多かった。海軍の高学歴化の様相を、佐世保鎮守府について見てみよう。表1は二二年から二九年の志願兵の学力を示したものである。二二年に全体の三六パーセントを占めるにすぎなかった高等小学校卒業者以上の割合が、二九年には八五パーセントを占めるまでになっている。(113)

もちろん、民間社会でのスポーツの発展や高学歴化は海軍スポーツ発展の十分条件でしかない。海軍そのものが自覚的・組織的にスポーツに取り組まなければ、海軍でスポーツが盛んになることはない。この点は節を改めて論じよう。

8 海軍のスポーツ観

一九二〇年十二月に軍隊教育規則が定められ、体操と武技に加えて新たに「体技」が導入された。その内容は次のとおりである。

- ・体技ハ健全ナル娯楽ヲ兼ネテ体力ヲ増進シ動作ヲ敏活ニシ元気ヲ清新ナラシムルモノトス
- ・体技ハ相撲、駆足、登山、綱引、野球、庭球、蹴球、弓術、氷滑、雪滑等トス
- ・体技ハ日曜日、祭日、祝日、公暇日其ノ他適当ノ時期ヲ利用シテ之ヲ実施スルヲ例トス(114)

この規定により、野球などのスポーツが軍隊教育の一部として明確に示された。さらに同規則は各基本長（軍艦、駆逐隊、潜水隊、掃海隊、海兵団、防備隊、航空隊の長）に体育主任を指名して体育の統一進歩をはかること、体育補助官を指名して体育主任を補佐することを求めている。ここで注意しておきたいのは、同規則がスポーツの鍛錬的側面だけでなく娯楽的側面をも評価している点である。

体技の導入を受けて、横須賀の海軍砲術学校（海軍の体育研究機関を兼ね体育専修を有した）でもスポーツが盛んになる。一九二一年一月二十二日、同校は野球、蹴球、庭球の第一回体技試合を開いた。[115] 蹴球についてはとくに東京高師体操科の教員と学生を招待し、その指導を受けた。翌月の新聞は横須賀のスポーツ熱を次のように伝えている。

大正九年度に於ける海軍学制の改正は激しい時代順応を意味して居る。夫れは最近まで殆んど等閑に附せられて居た運動競技を海軍各学校で実習せしむる事となつた事である。中にも横須賀の海軍砲術学校、水雷学校及機関学校等に於ては既に蹴球、野球、庭球等の運動を大に奨励しつゝあるが、砲術学校では目下各其道の先輩校からコーチヤーを招いて大に技を練り、夫れ等の教範を作るべく研究中なりと。[116]

海軍砲術学校で中心となったのは二人の教官、鈴木嘉助少佐（海兵第三十六期）と大西一等兵曹である。サッカーを士官候補生に限定した海軍機関学校と違って、海軍砲術学校では簡単な用具を使って、できるだけ多くの学生・練習生（准士官以上を学生、下士を練習生と呼んだ）にサッカーを広める方針をとっていた。各艦隊に分乗した同校出身の「フットボール好事家」はすでに千人に達しようとしていた。一九二二年二月、鈴木少佐は学生を引率して、関東蹴球大会を見学させたが、その数はなんと三百人だった。一方、大西一等兵曹は航空隊や海軍水雷学校のコーチも兼任し、全海軍に普及させようとの意気込みであった。[117]

前掲の記事にいう「教範」はのちに『蹴球解説』として謄写版二千部が軍隊内の希望者に配布された。蹴球のほかテニスや野球の解説も作成され、一九二二年三月に各種解説を合本した『体育参考書』[118]が海軍砲術学校から刊行された。その「緒言」は、列国の体育の現状と日本の体育の現状を概観しながら、体育の刷新が急務であると述べる。日本の現状について、陸軍戸山学校を中心に『体操教範』を改正して競技を導入する取り組みがなされていること、陸軍当局が「此ノ際之ヲ刷新シ、益々奨励ノ道ヲ講シ、将来「オリンピック」ノ競技者ノ如キハ之ヲ軍隊ヨリ選出シ、真ニ国民中堅ノ代表者トシテ愧サラシメ、軍隊ハ実ニ国民一般ノ儀表トシテ卒先《ママ》社会指導ノ任ニ当ラントスル抱負ヲ有」していることが紹介される。海軍でも運動競技の機運が高まっているが、時間や場所が不足していて、「艦船等ニ於テハ、僅カニ五分間体操、武技、其ノ他ニヨリ形体ヲ繋クノ有様」である。最近横須賀鎮守府では運動場を設置し、「オリンピック」などの運動競技を実施して、奨励策を講じていて、これをモデルとして海軍全体に運動競技の機運を促進することが今後の指針である、と論じられる。

『体育参考書』で最も高く評価されるのは蹴球である。その体育上の主な利点は、

（一）運動量大ニシテ短時間ニ充分其目的ヲ達スルコトヲ得
（二）軍人的興味ニ富ム
（三）陸上至ル所ニ運動場アリ、準備極メテ簡単ニシテ、実施亦容易ナリ。海軍用野外体技トシテ最適当ナリ

の諸点である。また精神的鍛練としても、堅忍不抜の精神、勇往邁進の気象を涵養し、娯楽のあいだに協同精神、犠牲心を練磨できる点で、海軍体技として奨励に値するとする。さらに実施が簡単で、危険もなく、競技がきわめて整然としているという点で、ラ式蹴球（ラグビー）よりもア式蹴球（サッカー）を推奨する。サッカーについては、競技の説明だけでなく、練習方法や用具の手入れ、用具の値段、解説書の紹介までおこなう一方、ラグビーについては同書の末尾に呉海兵団蹴球部による「ラグビー式フットボールを見る人の為めに」を付すにとどまる。この小文はラグビーの見方を解説したものだが、モルトケやウェリントンを引き合いに、ラグビーがいかに勇壮猛烈で、男らしい武士的精神に満ちた競技であるかを語っている点が興味深い。[119]『体育参考書』は士官候補生だけでなく、広く海軍一般の教育を想定して作成されていた。サッカーを優先したのは、軍人らしさよりも実施可能性を優先した結果だった。

海軍機関学校でも同年十二月に『体技参考書』が編纂された。同書に収録されたのは、野球、（ア式）蹴球、庭球、「バレーボール」、競走跳擲競技、水上競技、「インドアー・ベース・ボール」、卓球、「バスケット・ボール」、「ラ」式蹴球であった。編集にあたったのは、野球に熱心だった水野英一と原重政の両大尉である。[120]一九二四年から約四年間、海軍機関学校の教官をつとめた美原泰三は、二六年に『陸上競技参考書』を編纂するが、そのころの様子をこう語る。

> 丁度私が機関学校教官時代西欧の新しいスポーツが入ってきたので生徒に教える必要が生じ、体育教官を兼任している私は戸山学校に二カ月派遣され講習を受けた。帰校後、高等師範の野口源三郎編のスポーツ書を参考として機関学校用スポーツ書を作り（絵を入れて解説）生徒の学科教授時間、運動場で独り各種スポーツの技を練り、体育の時間に自らやってみせた。生徒には自分の適したスポーツ一つをマスターし、将来士官となった時、どのスポーツでも審判が出来る程度あらゆるスポーツのルールをマスターするように指導した。私の記録は砲丸投げ十二メートル、円盤投げ三十メートル、槍投げ四十五メートル、百メートル競走十《ママ》二秒位だったと覚えている。バスケットボール、バレーボールも大正末期頃から行われ始めた競技で毎月新聞社主催の夏期研修会に参加し（約二週間）教員の免状をもらい生徒に教えた。[121]

彼らは積極的に民間スポーツ界に学び、最新の技術の導入をはかっていたのだ。

ところで、一九二二年の『体技参考書』の編者に柳原博光の名が見えないのはなぜだろうか。実は、柳原は同年五月にイギリス駐在武官を命じられ、すでに海軍機関学校を離れていた。二四年夏に柳原はイギリス軍のスポーツについて三つの報告をおこなう。六月十三日付の柳第十三号「英国海軍体技に関する件」は「海軍省体技課」（Department of the Director of Physical Training and Sports）とスポーツ統制委員会（Sports Control Board）の紹介である。スポーツ統制委員会は二〇年に設立され、海軍のスポーツに関する事項を総括することを目的にし、士官兵の自由意志によって維持されている。独自の基金を持つほか、酒保の利益、寄付などを財源とし、体技課と連携しながらも、独立して運営されている。委員会には海軍の種目別協会が加盟し、軍港や国内外の艦隊に支部が置かれている。柳原は所見でイギリス海軍のスポーツを次のように評価している。

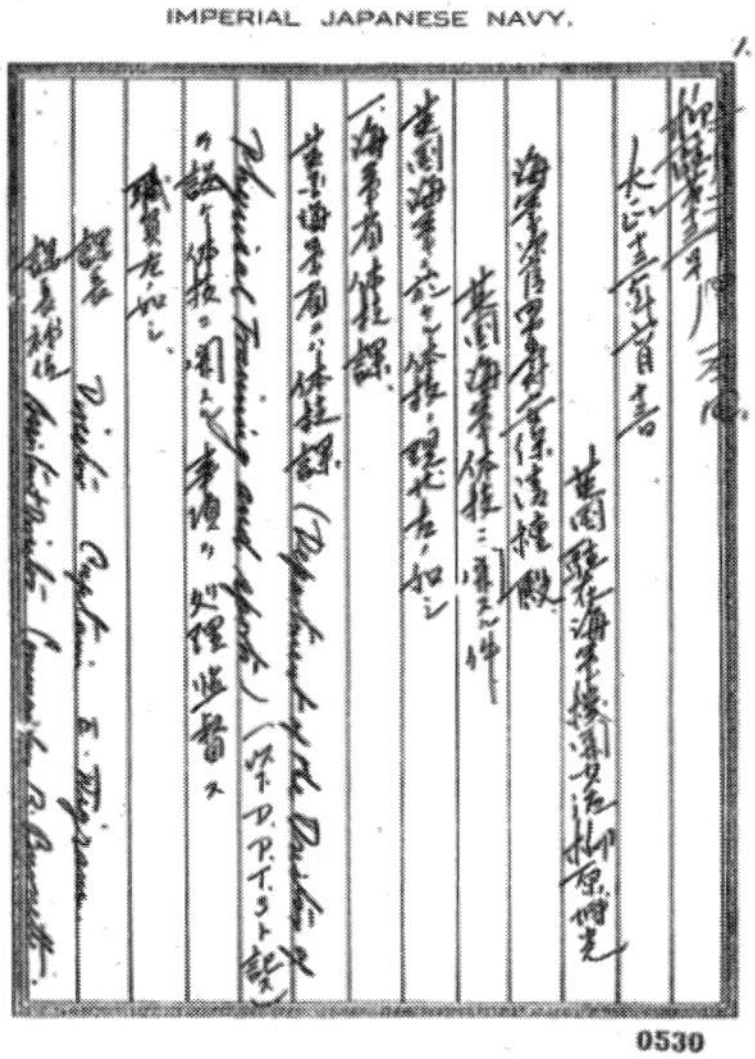

図21　イギリス滞在中の柳原博光が作成した「英国海軍体技ニ関スル件」
（出典：JACAR: C08051086600〔5画像目〕）

> 英国海軍ハ運動ニ関スル統一機関ヲ設ケ、紳士的規則ニヨリ体育訓育ヲ施シ、品性ノ陶冶、人格ノ修養ノ手段トシ、所謂彼等ノ云フ「スポートマンシップ」ヲ養成シツヽアリ。其ノ「スポート」ノ組織ノ最モ特徴トスル処ハ、士官兵共、自発的即チ強制的ニアラズシテ「スポート」ヲ好ミ楽シム如クシ、相倚相助ケ、「スポート」ノ性質上、上級者モ下級者モ一致協同シ、相親ミ理解スル機会ヲ与フル如クシ、S.C.B.〔スポーツ統制委員会〕ハ士官兵ニヨリ所謂 Private ニ維持サレツヽアルコトナリ。[122]

イギリス海軍の状況を踏まえたうえで、柳原は日本の海軍が採るべき方針について、「一つの主義理想」によって指導しなければ、「職業団の如き弊」に陥りやすくなるのであって、「「スポート」ノ自制協同及ビ他ト調和シテ働ク精神、不知不識ノ中ニ訓練規律ノ習慣性、命令ニ対シ快活ニ直チニ応ズル精神、耐久性、一致団結ノ気風ヲ与フル長所ヲ認識シテコレヲ奨励」しなければならず、そのためには体技の統一機関がぜひとも必要であると主張した。柳原の報告を取り次いだ豊田貞次郎イギリス大使館付武官も、柳原の「所見ニ全然同感ニシテ、帝国海軍ニ於テモ、今ヤ勃興セントシツヽアル運動体技熱ヲ善用シ、一層団結心ノ向上、忍耐力涵養ニ資スルヲ適当ト認ム。而シテ之カ為ニハ、教育局第一課ニ特ニ一員ヲ配シ、専心研究調査及統計交渉等ニ従事セシムルヲ必要ト認ム」と、現実的な提案をしている。[123] イギリスと違って日本ではスポーツは普及の途上にあり、海軍当局の奨励ないし強制を必要としていたが、ワシントン海軍軍縮条約以降、予算の大幅な削減を余儀なくされていたこともあってか、海軍は豊田の提言さえ実行に移すことができなかった。

また、柳原は一九二四年七月二十二日付の海軍次官宛て文書でイギリス軍のロイヤル・トーナメントを紹介している。[124] ロイヤル・トーナメントとは年一回おこなわれる陸・海・空軍の軍人による軍事競技会のことで、軍事技術の熟達をはかるとともに、国民の軍に対する理解を高め、その収益をもって軍隊内部の慈善事業に充てることを目的としていた。柳原はこれが軍によるデモンストレーション、プロパガンダであり、国民の愛国心や国防意識を高めるのに役立つもので、日本で実施している海事普及事業の参考になると考えたのだった。柳原の報告を取り次いだ文書（豊田貞次郎によるものか）には、軍事事項宣伝普及に関して最大規模のものが空軍の航空ショーと海陸空軍協会のロイヤル・トーナメントであり、そのほか陸・海軍によるサッカーやクリケットの試合も皇帝《ママ》や皇族が観戦し、「外国人ノ見ル目モ誠ニ麗シク感シウルノ処」であって、観衆の熱狂も想像せられようと記されている。イギリスの海軍武官たちは軍隊の競技やスポーツが持つ宣伝価値をよく理解していた。そしてイギリス駐在の日本人武官たちもそのことをよく認識していたのである。先述のとおり、すでに日本でも巡洋艦利根のようにスポーツを海事思想普及に利用した事例はあったが、あまり活用されることはなかった。

一九二四年八月に『海軍体操教範草案』が頒布された。本草案では、前草案（一九一七年）の内容が「基本体操」にまとめられ、新たに「応用体操」と「体育競技」が追加された。応用体操には円盤投げ、槍投げなど陸上競技の成果が取り入れられた。競技の目的は「快活進取ノ気象ヲ振興シ、興味ノ裡ニ協同犠牲ノ精神ヲ涵養シ、品性ノ陶冶ニ資スルト共ニ、身体ヲ鍛錬シテ動作ヲ機敏ナラシメ、以テ軍事諸般ノ業務ニ当リ其ノ効果ヲ発揚スル」ことに置かれた。草案に採用された競技は、平均破、追撃、球送、脚切、綱曳、投球、駆歩（疾走）競走、中継競争（リレーレース）、障碍物競走（ハードルレース）、突撃、排球（バレーボール）、籠球（バスケットボール）、

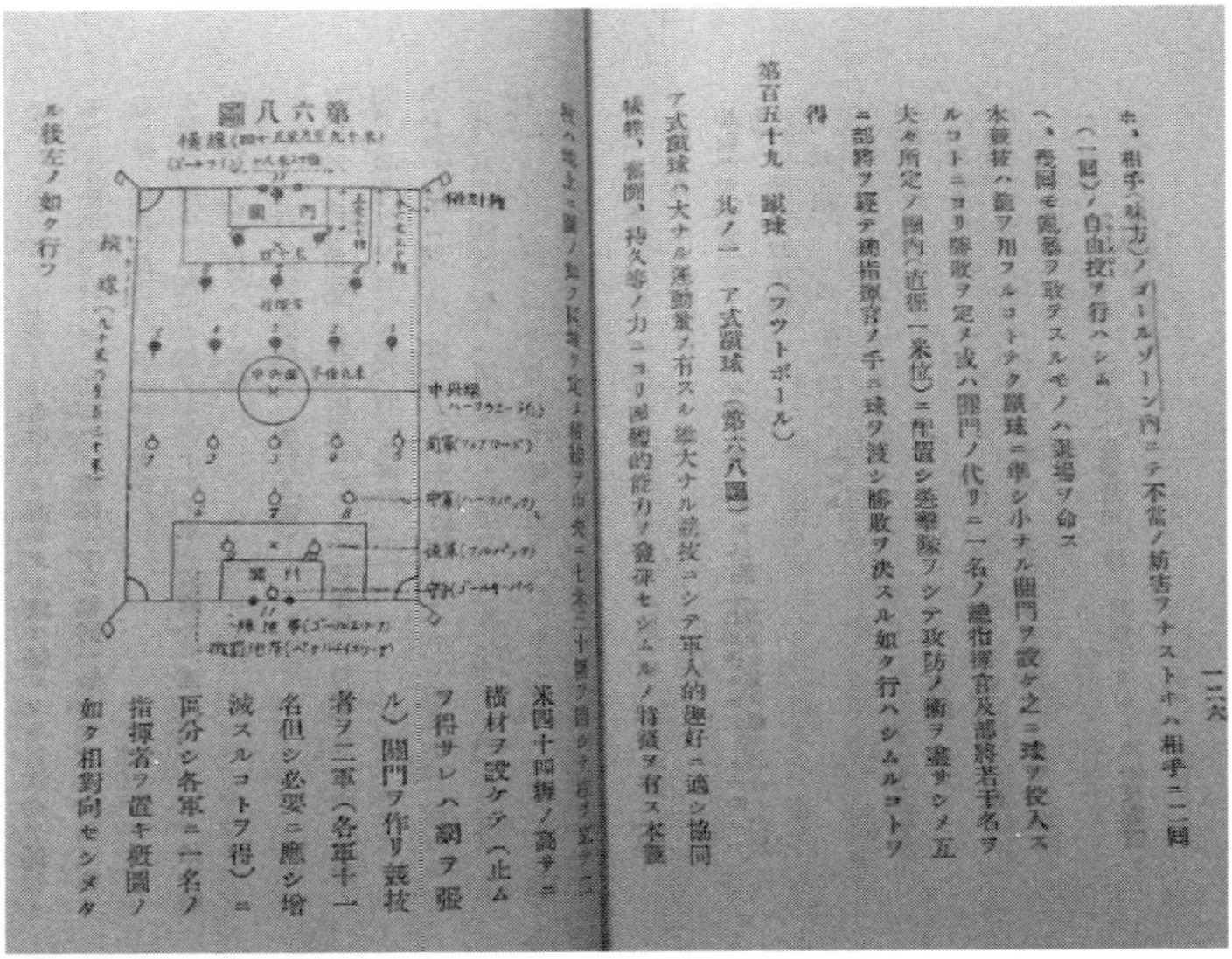
一二六

ホ、相手（味方）ノゴールゾーン内ニテ不當ノ妨害ヲナストキハ相手ニ二回（一回）ノ自由投ヲ行ハシム

ヘ、兇暴ヲ敢テスルモノハ退場ヲ命ス

本競技ハ籠ヲ用フルコトナク蹴球ニ準シ小ナル圏門ヲ設ケ之ニ球ヲ投入スルコトニヨリ勝敗ヲ定メ或ハ圏門ノ代リニ一名ノ總指揮官及部將若干名ヲ夫々所定ノ圏内（直徑一米位）ニ位置シ突撃隊ヲシテ攻防ノ術ヲ盡サシメ互ニ部將ヲ經テ總指揮官ノ手ニ球ヲ渡シ勝敗ヲ決スル如ク行ハシムルコトヲ得

第百五十九　蹴球（フットボール）

其ノ一　ア式蹴球（第六八圖）

ア式蹴球ハ大ナル運動量ヲ有スル雄大ナル競技ニシテ軍人的趣好ニ適シ協同犠牲、奮闘、持久等ノ力ニヨリ團體的能力ノ發揮セシムルノ特徴ヲ有ス本競

第六八圖

図22　『海軍体操教範草案』の蹴球解説
（出典：『海軍体操教範草案』兵用図書、1924年、126―127ページ）

蹴球（フットボール）で、蹴球はさらにア式蹴球とラ式蹴球に分けられている。このうち排球は同時に多人数が従事でき、ほどよい全身運動で、微妙な協同動作を要する点、籠球は大なる全身運動で、巧緻性に富み、一瞬の判断、協同動作の敏速を要する点が評価された。戦闘性や男らしさが強調されるのは突撃、サッカー、ラグビーである。サッカーは「大ナル運動量ヲ有スル雄大ナル競技ニシテ、軍人的趣向ニ適シ、協同犠牲、奮闘、持久等ノ力ニヨリ団体的能力ヲ発揮セシムルノ特徴ヲ有」し、ラグビーは「勇壮活潑ナル男性的競技ニシテ、ア式蹴球ノ特点ヲ兼ネ、而モ絶対ノ規律ト徳義心トヲ有スル進歩的ナル運動」とされる。草案ではこのほか相撲、打球、庭球、野球、弓術などを推奨し、武技も「旺盛ナル気力ト体力トヲ養ヒ、機敏性ヲ増進シ、且兵術ノ機微ヲ体得スルニ至便ニシテ、競技トシテ大ナル価値ヲ有ス」と評価する。[125] 海軍軍人としての男らしさを養成する手段として、体操、武技、体技は同等の価値を与えられていて、武技が特権的な地位にあったわけではない。

草案は新しい体育の指針を示しはしたが、それをもとに指導するには記述が簡略にすぎた。そこで草案を補足すべく海軍兵学校教官の武田盛治少佐が編纂したのが『運動競技提要』（一九二五年）である。冒頭には「摂政殿下令旨」と「秩父宮御言葉」が掲げられ、軍隊へのスポーツ導入に皇室の支持がいかに重要だったかを物語っている。同書は心身相関の観点から、体育は心育（＝智、情、意の修養）でもあり、「教育全般ノ基礎トシテ訓育上重要ナル使命ヲ有」すると説く。精神面を没却した運動は単なる動物性の発揮に堕するのであり、運動精神を遵守し、フェアプレー、すなわち「正義ニ基ク綺麗ナ試合、正々堂々ト行フ男ラシキ勝負」を心懸けることが重要となる。しかし、軍人は勝敗を度外視していいのか。この点について、同書は、軍人は戦いに臨んではどのようなことがあっても勝たなければならず、心身の鍛練修養を目的とする平素の競技と区別されるべきであるとする。

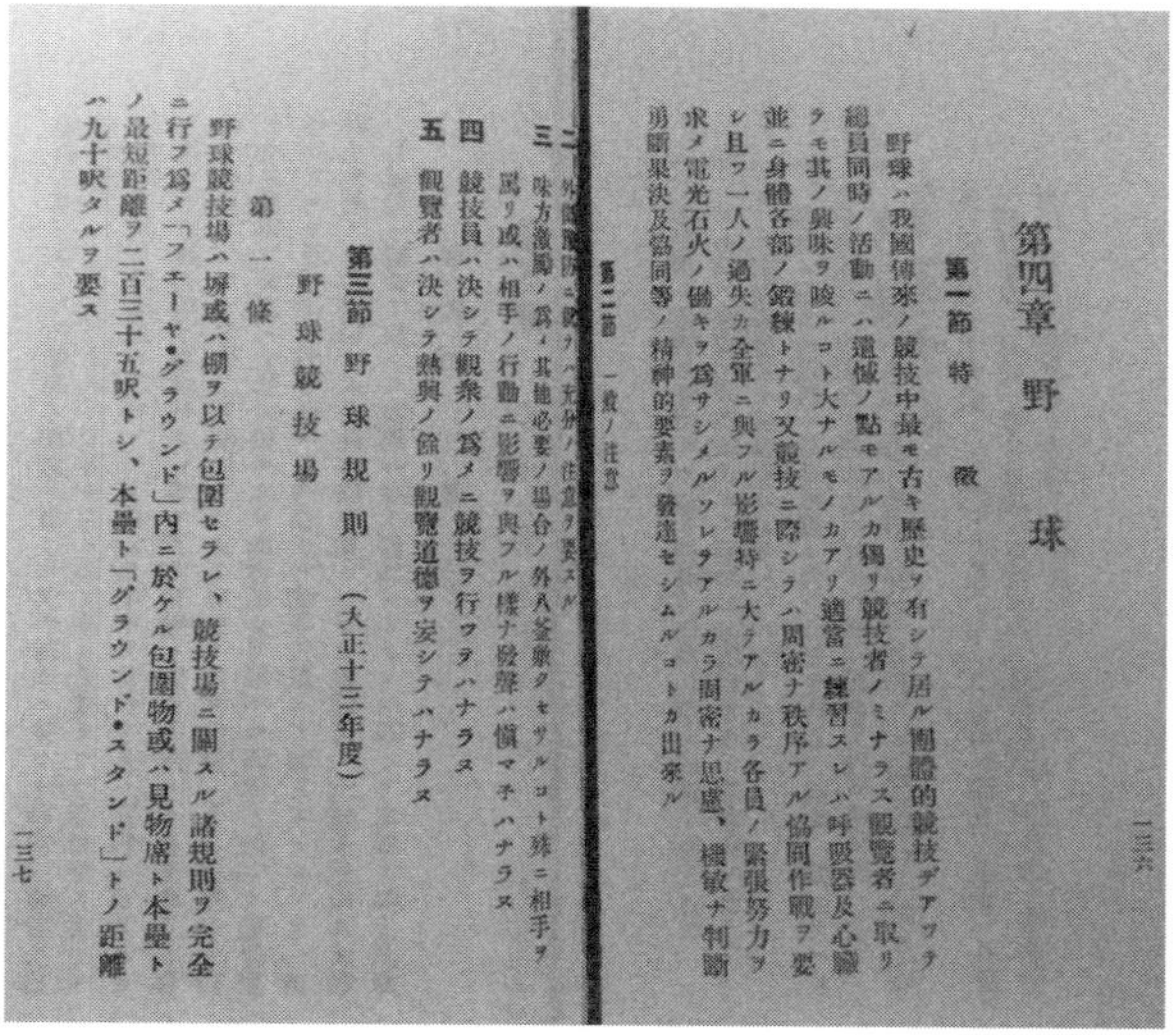
第四章　野　球

第一節　特　徴

野球ハ我國傳來ノ競技中最モ古キ歴史ヲ有シテ居ル團體的競技デアツテ總員同時ノ活動ニハ遺憾ノ點モアルカ獨リ競技者ノミナラス觀覽者ニ取リテモ其ノ興味ヲ唆ルコト大ナルモノカアリ適當ニ練習スレハ呼吸器及心臓並ニ身體各部ノ鍛錬トナリ又競技ニ際シテハ周密ナ秩序アル協同作戰ヲ要シ且ツ一人ノ過失カ全軍ニ與フル影響特ニ大テアルカラ各員ノ緊張努力ヲ求メ電光石火ノ働キヲ爲サシメルソレテアルカラ周密ナ思慮、機敏ナ判斷勇斷果決及協同等ノ精神的要素ヲ發達セシムルコトカ出來ル

一三六

第二節　一般ノ注意

二 [illegible]

三 味方激勵ノ爲メ其他必要ノ場合ノ外ハ妄ニ喧噪セサルコト殊ニ相手ヲ罵リ或ハ相手ノ行動ニ影響ヲ與フル樣ナ發聲ハ慎マチハナラヌ

四 競技員ハ決シテ觀衆ノ爲メニ競技ヲ行フテハナラヌ

五 觀覽者ハ決シテ熱與ノ餘リ觀覽道德ヲ妄シテハナラヌ

第三節　野球規則　（大正十三年度）

野球競技場

第一條

野球競技場ハ塀或ハ柵ヲ以テ包圍セラレ、競技場ニ關スル諸規則ヲ完全ニ行フ爲メ「フエーヤ・グラウンド」内ニ於ケル包圍物或ハ見物席ト本壘トノ最短距離ヲ二百三十五呎トシ、本壘ト「グラウンド・スタンド」トノ距離ハ九十呎タルヲ要ス

一三七

図23　『運動競技提要』の野球解説
（出典：海軍兵学校編『運動競技提要』海軍兵学校、1925年、136―137ページ）

競技では、卑怯の行為は武人の恥辱であり、卑劣な手段で勝つよりも潔く負けたほうが「ドレ丈ケ立派テアリ男ラシイカ知レナイ」のだ。ならば運動は軍紀と対立しないのか。軍紀には直線的なものと曲線的なものがあり、教練は前者に、運動競技は協同、犠牲、服従、忍耐、機敏、独断などの資質を涵養できるので後者に属する。両者が相まってはじめて軍隊教育の目的が達せられるとする。

　同書が収録する競技は、陸上競技、ラグビー、サッカー、野球、ホッケー、籠球、庭球、排球、水上競技、クロスカントリー、競歩、登山、行軍と散歩、相撲、乗馬、弓術である。この順番は明らかに海軍にとっての重要度に対応している。ラグビーについては「壮快極マリナイ最モ男性的ナ運動テアル」とされ、肉弾相撃つ激しい競技にもかかわらず、自制を忘れず「ゼントルマンライク」に競技することが求められる点が評価される。海軍兵学校では武田教官の指導のもと全校生徒がラグビーをしていた。[126] この事実は同書におけるラグビーへの高い評価に対応している。サッカーの評価も高い。

本技ハ実ニ一主将ノ指揮ノ下ニ陣容堂々ト行ハレル一種ノ戦闘競技テ、多数戦士カ縦横ニ馳駆シ奮戦力闘スルノ状、其ノ局面変化ノ急激テ動作ノ壮烈ナル、真ニ雄大壮偉ナ男性的競技テアッテ、克ク青年ノ士気ヲ振作シ、遊惰ノ風ヲ去リ、剛健ノ気ヲ興スニ足ルモノカアル。[127]

ラグビーが精神面で評価されたのに対して、サッカーは実際の戦闘での動きに近いという点で評価された。野球は全員が同時に活動しない点に問題があるが、周密な思慮、機敏な判断、勇断果決、協同といった資質を養うことができる。籠球は巧緻性、瞬間的判断、協同動作、敏捷性を養えるだけでなく、競技そのものが興味深く、初心者にも容易で、設備も簡単であることから、とくに艦上のスポーツにふさわしい。庭球は軍隊の一般団体運動としては不足の点があるが、設備も簡単で気軽に戸外運動に親しめ、家族的社交的で高尚優美な趣味多き運動である。同じく家庭的とされるのが卓球で、雨天や冬季におこなえるが、軍隊の公的「ゲーム」としては価値がない。排球は実施が容易で、誰でも参加でき、団体生活に必要な協同一致の精神を養える。こうした評価を見るならば、海兵団で入団後まもない時期にバレーボールやバスケットボールが実施されたことの意味がうかがえる。つまりそれらは、協同性に欠ける新兵たちに集団生活への移行をスムーズにおこなわせるためのものだったのだ。[128]

海軍では体育主任を指名し、体育普及費や艦営需品を支給することで、組織的にスポーツを推進した。イギリスを模範とし、建軍後まもない時期から士官たちがスポーツに親しんできたこともあって、一九二〇年にスポーツを本格的に導入するに際しても、大きな抵抗はなかった。スポーツは軍人の男性性に挑戦することなく、スポーツマンシップが武士道精神と同一視されさえした。一方で士官と下士官兵・職工のあいだには厳格な区別が設けられ、士官にはよりスポーツマンシップが要求されるスポーツが選ばれ、資金面でも優遇された。『海軍体操教範草案』では数多くのスポーツが採用されたが、どのスポーツをどのように実施するかは現場の判断に委ねられた。海軍当局がスポーツの中身にそれほど干渉しなかったのは、陸軍戸山学校のような体育専門の研究機関を持たなかったためでもあるが、スポーツをそれほど異質なものと考えなかった結果でもあるだろう。事実、海軍は戦争の最末期までスポーツを奨励し続けたのである。

注

（1）沢鑑之丞述、一二三利高編『海軍兵学寮』興亜日本社、一九四二年、二三四―二三五、二四八―二四九ページ、「国立公文書館アジア歴史資料センター（JACAR）」（以下、JACAR と略記）（http://www.jacar.go.jp/）［二〇一五年五月二十六日アクセス］C09112110600（一画像目）、木村吉次「競闘遊戯会へのまなざし――「やらせた人」「やった人」「見た人」」「現代スポーツ評論」第五号、創文企画、二〇〇一年。海軍兵学寮の教育は、ダグラスが来日前に教官をつとめていたイギリスの砲術学校にならっておこなわれた（チェンバレン『日本事物誌』第二巻、高梨健吉訳［東洋文庫］、平凡社、一九六九年、一一三ページ）。

（2）前掲「JACAR」C09111671700（一―二画像目）

（3）木村浩吉編『黎明期の帝国海軍』海軍兵学校、一九三三年、二五―二六ページ

（4）同書四三、四八―四九ページ。ただし、いわゆる鹿鳴館時代は例外だった（沢鑑之丞『海軍七十年史談』文政同志社、一九四三年、三七九―三八五ページ）。

（5）前掲『黎明期の帝国海軍』四四、五四―五五ページ

（6）木村吉次「海軍兵学寮の競闘遊戯会に関する一考察」「教育学研究」第六十三巻第二号、日本教育学会、一九九六年六月、木村吉次「明治九年の海軍兵学寮競闘遊戯会と東京在留外人の「アスレチックスポーツ」」「中京大学体育学論叢」第三十八巻第一号、中京大学、一九九六年十月、前掲「競闘遊戯会へのまなざし」。木村によれば一八六八年

に横須賀製鉄所でおこなわれた運動会が「最初の洋式運動会」である。

（7）Archibald C. Douglas, *Life of Admiral Sir Archibald Lucius Douglas: Commander of the Legion of Honour, Order of the Rising Sun of Japan, Spanish Naval Order of Merit*, Mortimer bros., 1938, pp.65-67.

（8）前掲「明治九年の海軍兵学寮競闘遊戯会と東京在留外人の「アスレチックスポーツ」」

（9）秋山真之会編『秋山真之』秋山真之会、一九三三年、五六ページ

（10）「読売新聞」一九一四年五月三十一日付。有地は一高でストームをした際に寮生を気絶させ、これが父の品之允（海軍中将）の怒りにふれて、山口高校への転校を余儀なくされた。東京帝大卒業後、海軍技師となった。

（11）広島県体育協会編『広島スポーツ史』広島県体育協会、一九八四年、一九八ページ

（12）前掲「JACAR」C1012471260（一―三画像目）

（13）海軍兵学校編『海軍兵学校沿革』巻二（明治百年史叢書）、原書房、一九六八年、一〇八ページ

（14）同書一三七―一三八ページ

（15）海軍砲術史刊行会編『海軍砲術史』海軍砲術史刊行会、一九七五年、六〇八ページ

（16）蘆葉生「兵学校の棒倒し」「少年世界」一九〇四年十月号、博文館

（17）「東京朝日新聞」一九〇八年四月五日付

（18）杉本巴水『海軍兵学校生活』光村出版部、一九〇八年、一三七―一四〇ページ

（19）同書一四〇―一四四ページ

（20）Graham Martyr, *Etajima Tales*, Imperial Naval College, 1913, pp.65-71. ラグビーはマーターが初めて兵学校に紹介したもので、サッカーボールを使用し、ルール抜きで格闘したという（水交会編『海軍兵学校・海軍機関学校・海軍経理学校』秋元書房、一九八四年、一五八ページ）。なお、マーターは有名なパブリックスクール、ウィンチェスター校の出身だった。

（21）草鹿龍之介『一海軍士官の半生記　新訂・増補版』光和堂、一九八五年、九一―九二ページ。マーターは第一次世界大戦に従軍するため日本を離れたが、一九二八年に再来日し、三七年まで五高の教師をつとめた。四一年に勲五等瑞宝章を授与されている。

(22) 海軍兵学校編『海軍兵学校生活　大正二年』海軍兵学校、一九一三年
(23) 有終会編『続・海軍兵学校沿革』原書房、一九七八年、三二ページ
(24) 「高松宮宣仁親王」伝記刊行委員会編『高松宮宣仁親王』朝日新聞社、一九九一年、二〇二―二〇四ページ
(25) 「体技ニ因ル疾病者ノ恩給上ノ取扱方ニ関スル件」「海軍公報（部内限）」第二十六号、海軍大臣官房、一九二七年二月二十四日（前掲「JACAR」12070311900〔三十八―三十九画像目〕）
(26) 前掲『続・海軍兵学校沿革』五九―六〇ページ
(27) 海軍兵学校編『運動競技提要』海軍兵学校、一九二五年、二八―二九ページ
(28) 前掲『続・海軍兵学校沿革』六一ページ
(29) 香山蕃『ラグビー・フットボール』目黒書店、一九三〇年、三七三ページ
(30) 前掲『続・海軍兵学校沿革』七一、九二、一五三、一六一ページ
(31) 前掲『広島スポーツ史』二〇一―二〇二ページ
(32) 赤尾勝「回想文」、機第三十四期級会『思い出の記――入校五十周年記念』所収、機第三十四期級会、一九七二年
(33) 「江田島海軍兵学校運動場借用方依頼ノ件」（一九二七年八月十二日）、学友会 -15-38、京都大学文書館蔵。同様の文書が一九三六年までほぼ毎年分残っている。後述するように海軍機関学校も京都帝大と関係が深かった。
(34) 大西新蔵『海軍生活放談――日記と共に六十五年』原書房、一九七九年、三四二―三四三ページ
(35) 「東京朝日新聞」一九〇三年一月二十三日付
(36) 某「別科の感想」、海軍機関学校編『海軍機関学校生活』所収、一二三堂、一九〇八年
(37) 大江覚次郎「生徒生活の回想」、海軍機関学校海軍兵学校舞鶴分校同窓会世話人編『生活とその精神――海軍機関学校・海軍兵学校舞鶴分校』所収、海軍機関学校海軍兵学校舞鶴分校同窓会世話人、一九七〇年
(38) 海軍機関学校『白浜生活』松岡写真館、一九一七年
(39) 芥川龍之介「保吉の手帳から」「改造」一九二三年五月号、改造社
(40) 瓜生総男「生徒時代の思出」、海軍機関学校第三十二期結成五十周年記念行事委員会編『懐古録――白浜より五十年』所収、海軍機関学校第三十二期結成五十周年記念行事委員会、一九七〇年。一九一八年八月制定の海軍機関学校

生徒科教育綱領で「別科」に含まれていた体操や武道は「訓育」に組み込まれた（海軍省編『海軍制度沿革』巻十二〔明治百年史叢書〕、原書房、一九七二年、一七二―一七四ページ）。

（41）井染道夫「海軍の蹴球」「アスレチックス」第一巻第二号、大日本体育協会、一九二二年五月、「東京朝日新聞」一九二二年五月二十七日付神奈川版

（42）山下実「懐旧雑感」、前掲『思い出の記』所収

（43）木村猛「無題」、海軍機関学校第三十一期級会『懐古録――白浜からの五十年』所収、海軍機関学校第三十一期級会、一九六八年

（44）「東京日日新聞」一九二二年十二月十九日付神奈川版

（45）一記者「海軍機関学校の野球熱」「野球界」第十二巻第十三号、野球界社、一九二二年十月

（46）「東京朝日新聞」一九二三年四月十六日付、目黒孝清「海軍の想い出」（前掲、海軍機関学校第三十二期結成五十周年記念行事委員会編『懐古録』所収）。柳原は一九〇四年度（明治三十七年度）から〇六年度（明治三十九年度）まで学習院の野球部に在籍し、レフトやサードを守った（当時の名は大原義質）。このときのエースは三島弥彦、日本人で初めてオリンピックに出場した人物である。学習院野球部百年史編集委員会編『学習院野球部百年史』（学習院野球部百年史刊行会、一九九五年）、六四―九二ページには柳原の「明治という時代の野球部」という文章が収められている。

（47）小林儀作「海軍生活の思い出」、海軍機関学校第三十三期級会『海軍生活の思い出』所収、海軍機関学校第三十三期級会、一九七一年

（48）則武市雄「白浜生活の思出」（前掲『海軍生活の思い出』所収）、鰕原栄一郎「夢に見る海軍」（前掲、海軍機関学校第三十二期結成五十周年記念行事委員会編『懐古録』所収）。

（49）山内春雄「泳ぎと白浜生活」、前掲『海軍生活の思い出』所収

（50）前掲「海軍機関学校の野球熱」

（51）山中朋二郎「海軍機関学校の体育」、前掲『生活とその精神』所収

（52）富永章「江田島での想い出」（前掲『海軍生活の思い出』所収）、土井章寛「追憶と随想」（前掲『思い出の記』所

収)、武富温興「ラグビーとの縁」(二洋会『海軍同期生回想録――海軍兵学校第五十五期・海軍機関学校第三十六期・海軍経理学校第十六期』所収、二洋会本部、一九七四年)、堀敬二/松岡三良「海軍機関学校のラグビー百聞」「五十六期々会々報」第四十四号、熊本水頼、二〇〇〇年十二月十日

(53) 山中朋二郎「海軍機関学校の体育」、昭三会『海軍回顧録』所収、昭三会、一九七〇年、原田力「連ぎようの花に向いて」、同書所収

(54) 松岡三良「昭和初期の京大ラグビー部と海軍機関学校」「五十六期々会々報」第九号、熊本水頼、一九八二年三月二十日、前掲「海軍機関学校のラグビー百聞」。ちなみに、西野は京都帝大ではなく、早大ラグビー部の選手である。

(55) 田村良三「NEC便り」「学友会誌」第四十一号、姫路中学校、一九三三年

(56) 前掲「海軍の蹴球」。井染はこうした考え方に違和感を表明している。

(57) 榎本隆一郎「舞鶴時代の思出」(前掲『思い出の記』所収)。ダグラスはケベックのハイスクールを中退し、十四歳で海軍入りした、たたき上げの士官であった。榎本の記述は事実に反するが、むしろそのように彼らが考えていたことが重要である。榎本は一九二五年十月に欧米出張を命じられ、海軍機関学校から離れた。榎本は出張先のイギリスでイートン校を訪れ、フットボールの訓練を見学し、強い印象を受けた(榎本隆一郎『回想八十年――石油を追って歩んだ人生記録』榎本隆一郎、一九七五年、一二二―一二三ページ)。

(58) 額久直「懐旧断片」、前掲『思い出の記』所収

(59) 岡田兵一郎「白浜の思い出」、前掲『海軍生活の思い出』所収

(60) 海軍機関学校とキリスト教の関係については堤健男『クリスチャン海軍生徒――海軍機関学校と日本陸海軍人伝道義会』(堤健男、一九八七年)を参照。

(61) 前掲「夢に見る海軍」

(62) 同論文

(63) 前掲「JACAR」C08050568600(一―九画像目)

(64)「アサヒスポーツ」第三巻第十一号、朝日新聞社、一九二五年六月。一九二六年以降の状況は確認できない。

(65)「東奥日報」一九二五年九月十一、十二日付、佐藤秋洋/丘野鉄鈴「第一艦隊野球団の活躍」「野球界」第十巻十四

号、野球界社、一九二〇年十一月、「全国運動日誌」「野球界」第十六巻第三号、野球界社、一九二六年二月
(66) 前掲「懐旧雑感」
(67) 練習艦隊磐手『練習艦隊磐手巡航記念　大正十四年度』凸版印刷、一九二六年
(68) 前掲「追憶と随想」
(69) 練習艦隊司令部『昭和六、七年度練習艦隊記事』練習艦隊司令部、出版年不明
(70) 「読売新聞」一九三一年二月二十六日付
(71) 「東京朝日新聞」一九三一年三月二日付
(72) 「運動要具ノ件」「海軍公報（部内限）」第四百六十八号、海軍大臣官房、一九二一年九月八日。当時の軍需局長は山口鋭少将。山口は海兵第十七期で、秋山真之と同期だった。
(73) 「東京日日新聞」一九二一年九月十三日付
(74) 前掲「JACAR」C04015881000（一―五画像目）
(75) 前掲「JACAR」C04021829100（一―三画像目）
(76) 中谷白楊『呉野球史』第一巻、中谷白楊、一九二六年、八―四二ページ。なお、山田佐久は一八九九年にイギリスにいたはずで、同書の記述には誤りがある。
(77) 浜崎真二『球界彦左自伝』恒文社、一九七八年、一一ページ
(78) 前掲『呉野球史』五三―六七ページ、「大阪朝日新聞」一九二三年十月六日付広島・山口版、前掲『広島スポーツ史』五四八ページ
(79) 同書五四一ページ
(80) 岩川順一『(実録) 流転の人生終りは華となれ』岩川順一、一九九四年、一一ページ
(81) 呉海軍工廠のバレーボールについては、呉バレーボール協会編『創立八〇周年記念誌』（呉バレーボール協会、二〇〇八年）に詳しい。
(82) 前掲『広島スポーツ史』三八〇ページ
(83) 伊藤伝著、山本茂編『海軍水兵反戦日記』三一書房、一九七八年、九二―九四、九六、九八―九九、一〇五、一〇

九ページ
(84) 前掲『広島スポーツ史』三六三ページ
(85) 松島鶴次郎編『海軍生活――新兵必携』革新社、一九一六年、二〇九―二一〇ページ
(86) 「東京朝日新聞」一九二二年六月二十六日付、中島直熊「海軍野球の精神」「野球界」第十三巻第六号、野球界社、一九二三年五月、池田豊「海軍野球のコーチをして」同誌、森元泰「軍隊と野球」「野球界」第十四巻第六号、野球界社、一九二四年三月
(87) 春日俊吉「横須賀野球界雑信」「野球界」第十七巻第十一号、野球界社、一九二七年六月
(88) 一九二三年から四三年までの海兵団の修業記念写真帖約三十冊を通覧した結果である。香山蕃は一九二四年の著書で、各鎮守府の海兵団でもラグビーがおこなわれ始めたと記したが(香山蕃『ラグビー』〔「改造社運動叢書」第四編〕、改造社、一九二四年、四四ページ)、海兵団のラグビーは定着しなかった。
(89) 「東京朝日新聞」一九二三年七月十三日付横浜・横須賀版
(90) 「時事新報」一九二三年六月七日付
(91) 宇垣一成著、角田順校訂『宇垣一成日記』第一巻、みすず書房、一九六八年、四八一ページ。一九二一年夏に神戸で大規模な労働争議が発生、宇垣は第十師団の派遣要請にしぶしぶ応じた。爾来、労使問題には大きな関心を持っていた。
(92) 陸軍や海軍の工廠でも数多くの労働争議が発生していた。宇垣にとって切実だったのは、一九一九年十月に大阪砲兵工廠で起きた労働争議だろう。その意味で、宇垣第十師団長のもとでスポーツ推進の旗振り役をしていた歩兵第三十九連隊の市川洋造大尉の次の任地が陸軍造兵廠大阪工廠(大阪砲兵工廠の後身)であったことは示唆的である。
(93) 「慰安ニ関スル件」「海軍公報」第三千三百十七号、海軍大臣官房、一九二三年十一月十三日、「職工慰安ニ関スル件」「海軍公報」第三千七百六十号、海軍大臣官房、一九二五年五月二十一日
(94) 「アサヒスポーツ」第一巻第二号、朝日新聞社、一九二三年四月。「アサヒスポーツ」は三月九日とするが、「東京朝日新聞」一九二三年三月十一日付や『財部彪日記』(国会図書館憲政資料室蔵)によれば三月十日(土曜日)で、財部は五十五分十四秒、宇佐川は五十一分八秒(トップの記録は四十二分四十五秒)でゴールした。なお、宇佐川は

一九一二年から一七年まで東宮武官をつとめた。
(95)「東京朝日新聞」一九三六年六月十一日付。次男の実、三男の真幸はともに慶大のラグビー選手としても活躍した。
(96)「下士官兵慰安ニ関スル件」「海軍公報」第二百四十六号、海軍大臣官房、一九二七年十月二十六日、前掲「JACAR」C04016894400(五画像目)
(97)前掲「JACAR」C05022407300(六画像目)
(98)陸軍についていえば、一九三二年は反軍策動が二千四百三十七件と過去最高を記録している。二八年までは四百件内外だったが、二九年以降急増した。その主たる原因は日本共産党による反軍反戦闘争にあった(大谷敬二郎『昭和憲兵史』みすず書房、一九六六年、第一章)。
(99)中島武『思ひ出の海軍』学而書院、一九三六年、二一一―二一二ページ
(100)「京都日日新聞」一九一七年五月二十八日付
(101)「京都日日新聞」一九二二年五月二十八日付
(102)「京都日出新聞」一九二二年五月二十八日付
(103)京都一中野球部OB世話役編『京都一中野球部創設百年記念――一八九四→一九九四』京都一中同窓会野球部会、一九九四年、二四ページ
(104)『大正十四年徴兵　四等水兵修業記念』横須賀海兵団舞鶴練習部、一九二五年
(105)『大正十三年徴兵　四等機関兵修業記念』横須賀海兵団舞鶴練習部、一九二四年
(106)『大正十三年度志願兵　四等機関兵修業記念』横須賀海兵団舞鶴練習部、一九二四年
(107)「東洋日の出新聞」一九二三年八月二日付
(108)「東洋日の出新聞」一九二三年五月十四日付、八月二日付、「アサヒスポーツ」第一巻第三号、朝日新聞社、一九二三年四月
(109)「東洋日の出新聞」一九二三年五月二十日付、「徳島日日新聞」一九二三年七月一日付、「香川新報」一九二三年六月二十九日付
(110)前掲「JACAR」C08051219100(二、二十一画像目)

(111) たとえば警察でもこの時期スポーツがおこなわれるようになる。一九二二年、長崎県警察に野球チームが誕生し、警視庁警務課チームが記者倶楽部と試合をしている。二四年には「全東京警官の大運動競技会」が計画され、二五年十月号「自警」は「警察官とスポーツ」という特集を組んだ。警察のスポーツ熱は、警察を管轄する内務省自体のスポーツ奨励と関係するが、軍隊内のスポーツ熱にも影響を受けていた。上野署で野球チームを組織した江口署長は「陸軍ではスポーツを、全般に亘つて奨励して居るようであるが、殊に共同策動の訓練を、擲弾の練習に効果があると云ふのでベースを奨励して居ると云ふことである。成程共同動作の練習にはベースが善いに違ひ無い。警察でも警衛警戒其他の場合の有機的共同動作と、四囲の変化に応ずる敏速機宜の身心活動の訓練を得る為には、ベースボールが役立つかも知れぬ」と語っている（「東洋日の出新聞」一九二二年七月二十八日付、「東京朝日新聞」一九二五年四月五日付、江口治「警察界とスポーツ」、警視庁警務部教養課編「自警」一九二五年十月号、自警会）。

(112)『昭和二年度志願兵四等機関兵教程・三等機関兵特別教育修業記念』横須賀海兵団、一九二七年

(113) 厳密にいうと、これは学歴ではなく学力の調査だが、両者はおおむね対応すると考えていいだろう。

(114) 前掲『海軍制度沿革』巻十二、一二〇ページ。「体技」の導入は海兵団のほうが若干早く、一九二〇年十月制定の海兵団練習部教育綱領にその規定が見える（同書三九一ページ）。

(115)「東京日日新聞」一九二二年一月二十二日付横浜・横須賀版

(116)「東京朝日新聞」一九二二年二月二十二日付

(117)「東京朝日新聞」一九二二年二月十三日付、前掲「海軍の蹴球」

(118) 海軍砲術学校編『体育参考書』海軍砲術学校、一九二二年

(119) 一九二三年までに海軍砲術学校ではラグビーチームが結成されていた（「運動界時報」「野球界」第十三巻第四号、野球界社、一九二三年三月）。

(120) 海軍機関学校編『体技参考書』海軍機関学校、一九二二年。編者の情報は海軍機関学校編『体育参考書（各種競技規則全集）』（海軍機関学校、一九三三年）による。

(121) 美原泰三「私とスポーツ②」（http://miharake.exblog.jp/17680097/）［二〇一五年五月二十七日アクセス］

(122) 前掲「JACAR」C08051086600（一―十九画像目）。折しも日本では明治神宮競技大会の準備がおこなわれていた

（本書一六二ページ）。柳原の報告がこれにどのような影響を与えたかは不明である。
(123) 教育局第一課は一九二三年四月に教育本部が教育局に改組された際にできた部局で、教育の統一と一般教育に関する事項、教育図書に関する事項などを管掌する。
(124) 前掲「JACAR」.C08051048600（一―六画像目）
(125) 「軍隊教育規則」は武技を遊泳術、銃剣術、剣道、柔道などとする。その教範として『遊泳術教範』（兵用図書、一九二四年七月）、『海軍銃剣術教範』（帝国海軍社出版部、一九一七年六月）などが制定されていた。
(126) 前掲「追憶と随想」。香山蕃は一九二二年ごろ、何度か海軍砲術学校へ行ってラグビーのコーチをした。当時同校教官であった武田はラグビーに共鳴した（前掲『ラグビー・フットボール』三七二ページ）。
(127) 前掲『運動競技提要』一〇二ページ
(128) 同書一三六、二六七―二六八、三二七―三二八、三九三―三九四ページ

第2章　陸軍とスポーツ

1　体操とスポーツ

明治政府は一八七〇年に、陸軍はフランス式、海軍はイギリス式とすることを決定した。のちに陸軍はドイツ式に転換するが、フランス軍にせよドイツ軍にせよ、スポーツの伝統がない点では同じだった。後述するように（本書二一四ページ）、ドイツ陸軍が正式にスポーツを導入したのは一九一〇年だったから、日本の陸軍がスポーツを採用しなかったのも不思議ではない。そのうえ、当時の日本でスポーツの普及が進んでいなかったことを考えると、陸軍がスポーツを導入するにはよほど積極的な動機が必要だった。では陸軍は何によって軍人の体格・体力の養成をはかろうとしたのだろうか。

一九〇二年、陸軍一等軍医篠尾明斉は「偕行社記事」に寄せた文章で、イギリスとドイツを例に「国民体育ノ消長ハ国家ノ興亡ニ関シ、軍人体力ノ強弱ハ戦闘ノ勝敗ニ関ス」と体育の重要性を指摘し、体力増進の手段について「蓋シ適当ナル運動ニ如クモノナシ。弓術、射撃、球戯、乗馬、其他百般ノ運動法ハ一トシテ体力増進ノ効ナキニアラスト雖トモ、我陸軍ニ於テハ体操剣術ヲ以テ最モ有力ナル手段ナリトス。行ヒ易ク効多ケレハナリ」と論じている。篠尾は陸軍戸山学校の体操剣術科の学生・下士が在学中にどれほど体格を改善したか、具体的な数字を挙げてその効果を証明した。そして、体力が軍人の基礎であり、射撃の基礎であり、戦闘の基礎であるにもかかわらず、現行の教育法は射撃や教練に比して体育をあまりに軽視しているとして、体操、剣術の奨励を要望した(1)。

同年の「偕行社記事」で後藤良男中尉も軍隊体育の重要性を論じている。後藤によれば、体育とは「有形的ニ身体ヲ強壮ナラシメ、健康ヲ保全シ、体力ヲ増進スルト共ニ、無形的ニハ勇敢活潑ノ気ヲ養成シテ、忍耐及ヒ自信力ヲ発達セシムルモノ」である。

> 今日独逸国ノ隆盛ヲ致セル所以ハ、愛国家「シヤン〔Friedrich Ludwig Jahn〕」カ独軍ノ那翁ノ為ニ破ラレシヲ奮慨シテ、有名ナル体操家「チュルブラット〔Turnplatz〕」ノ原則ニ基キ、体操術ヲ発達セシメタルニ因ルコト尠シトセス。英国人ノ活潑ニシテ進取力ニ富ミ、且ツ其堅忍不抜ナルモ、彼国風トシテ国民ノ総テカ幼時ヨリ体育的遊戯ヲナスニ原因ス。

とやはりイギリスとドイツを例に挙げ、体育の盛衰が国運の消長に直結すると論じる。顧みて日本はどうか。日本人（兵士）の体格がいかに欧米人より劣っているかは、義和団事件の際に明らかとなった。日本の軍隊は慶応年間から体操を取り入れ、一八七四年にはフランスからフランソワ・ジョセフ・デュクロ軍曹を招いて陸軍戸山学校で体操を教授させた。しかし普仏戦争後のフランス軍はもっぱら射撃を重視して体育を等閑視し、そのために「仏国将校ハ極テ体育思想ニ乏シク之ヲ度外視スルノ感」があった。将校にしてそうだったから、下士はいうまでもない。こうして後藤は「我国体操教育ノ首導者トモ謂フヘキ彼ノ仏国ノ一下士」の資質に疑問を投げかける。しかしフランスは近年その過ちを悟り、一九〇一年十一月に「体育実施ニ関スル綿密ナル訓令」を発布し、体育を奨励している。日本もまたその過ちを悟り体育を奨励すべきである、と後藤は主張した(2)。

イギリスの例がたびたび持ち出されるにもかかわらず、なぜスポーツの導入が考えられなかったのか。一九〇二年の「偕行社記事」で由比光衛少佐はイギリスの将校について次のように論じている。

英国将校ハ一般ニ能ク働ラキ、亦能ク遊フ。而シテ其遊働ノ限界頗フル正シク、僅少ノ時間ト雖トモ徒費スルコトヲ好マス（略）其遊技ノ重ナル者ハ打球、蹴球、競馬、「バイセクル〔bicycle〕」ノ乗行、若クハ河海ノ操船等ニシテ、老壮ヲ問ハス遊技ニ勇ム。是レ蓋シ将校ノ特性ト云ハンヨリ、寧ロ国民一般ノ特性上自然ノ結果ナラン。(3)

つまりスポーツはイギリスの国民性の発露であって、軍人必須の要件ではない。日本の陸軍はドイツ軍を範として体操を実施しているのだから、国民的基礎を持たないスポーツを導入する必要性はなかった。一方で、陸軍のなかにもスポーツに理解を示す人はいた。一九〇五年に長岡外史少将は東邦協会で演説し、国民スポーツの必要性を説いた。

元来欧米に於ては文明の進むに従ひ益体力の修養に力を用ふるに、我国は全く之に反し、文明の進むと共に益柔弱に傾きつゝあるは嘆ずべき事なり。（略）一般遊戯の如きも我国にては兎角、将棋の如き不活発なる事のみ行はるゝは感服せず。願はくはフートボール、テニス、ボートレースの如き体力養成に効ある遊戯を盛にしたし、云々。(4)

長岡はスポーツ界と関係が深い人物だった。日本のスキーの歴史は、第十三師団長だった長岡のもとで始まった。また、娘の磯子は一九三〇年に東京で開かれた極東大会にテニスの日本代表として出場、外史も応援に駆けつけた。(5) 磯子の夫、常吉も著名なテニス選手で、日本庭球協会の初代会長をつとめた。

陸軍でスポーツが実施されていた事例もいくつか存在する。一九一〇年、台南の山砲兵第二中隊で学生時代に

表2　『軍隊内務範例的施設』に見える娯楽

- 兵卒日曜日ノ暮シ方
  - 一、趣味アル武技
    - 一、剣術
    - 二、柔術
    - 三、弓術
    - 四、射撃
    - 五、相撲
  - 二、遊戯
    - 一、体育的
    - 二、趣味的
    - 三、武士的
    - ——選択ニ注意スヘキモ一般小学校ニ於テ行フモノハ弊害少シ
  - 三、外遊
    - 一、山遊
    - 二、川遊
  - 四、自習研鑽
    - 一、術〔体操、剣術等
    - 二、学
      - 一、軍事学
      - 二、普通学
        - 一、読書
        - 二、習字
        - 三、算術
        - ——展覧会、共進会ヲ開ク等趣味ヲ喚起ス
  - 五、娯楽室ノ開設
    - 一、読マセル
      - 一、新聞
      - 二、雑誌
      - 三、伝記
    - 二、聞カセル
      - 一、談話
      - 二、音楽
    - 三、見サセル
      - 一、活動写真
      - 二、地方学校其他ト連絡ヲ取リ材料ヲ借リ又ハ見学ス
    - 四、実施サセル〔清朴ナル遊戯
    - ——特ニ選択ニ注意スルヲ要ス
  - 六、給養及慰安
    - 一、昼食ヲ良好ナラシム
    - 二、酒保ヲ開設ス
    - 三、朝ヨリ入浴セシム
    - 四、寝台ニ就キ休息セシム
  - 七、農園ノ自営
  - 八、手入、洗濯、補修、復習

（出典：軍隊内務研究会編『軍隊内務範例的施設』〔厚生堂、1918年〕58—59ページをもとに作成）

野球経験がある九人の砲兵たちが野球チームを結成し、台南郵便局に試合を申し込んだ。台湾南部で最初の野球試合とされるこの一戦は、五対四で軍隊チームに凱歌が上がった。台湾ではこのほか一六年から二一年まで南部大会に陸軍の野球チームが参加し、民間チームと覇を競った。一九年の大会では「陸軍に強打者多く士気旺盛なるを以て少しく期待されつゝあり」と評されたが、結果は芳しくなかった(6)。

一九一一年、北京と天津の日本人野球愛好者が京津野球対抗戦をおこない、これを契機として北京、天津の邦人のあいだに野球ブームが起きる。清国駐屯軍でも、司令官の阿部貞次郎少将が部下の兵士に野球を許可したことから野球チームが組織され、日曜日ごとに天津野球団と試合をおこなった。いずれも外地でおこなわれたのは興味深い(7)。

同じく一九一一年のこと、第二旅団長田中義一少将の紹介で歩兵第三連隊を訪れた「東京朝日新聞」の記者は、司令部の裏手にテニスコートがあるのを見た。第三連隊は一時、兵の娯楽のためにテニス用具を買いそろえたものの、「兵の娯楽としては六ケ敷い」ので、用具はお蔵入りしてしまった。実は田中自身、かつて第三連隊長（一九〇七年五月―〇九年一月）をつとめた際、兵営生活を家庭化すべく、娯楽場を設けるなどさまざまな改革を実施していた。当時はまだ民間社会でもスポーツの普及は進んでおらず、軍隊でスポーツを娯楽として取り上げることは実際問題として難しかった(8)。

当時の陸軍で兵卒は日曜日をどのように過ごすべきだと考えられていたのか。表2に掲げる『軍隊内務範例的施設』（軍隊内務研究会編、厚生堂、一九一八年）のリストからは、実に多様な娯楽が想定されていたことがわかる。遊戯のなかの体育的というのがスポーツにあたるだろうが、明示されるにはいたっていない。

なお詳細は不明だが、一九一四年五月におこなわれた山口高商主催の野球大会に、県下各中学、広島商業、歩兵第四十二連隊など十チームが参加したという記録がある。歩兵第四十二連隊は一回戦で岩国中学と対戦し〇対四で負けた(9)。

2 陸軍幼年学校

早くからスポーツに取り組んでいた陸軍幼年学校は、陸軍では例外的な存在だった。一八九一年、山内長人校長は将校学校監に対して、陸軍幼年学校に体育器械を備え付けることについての許可を求めた。(10) 山内が挙げたリストには「フートボール」「ロンテニス」「クリケット」「コロケー」「ベースボール」「自転車」などが含まれていた。遊戯運動には体育上の効果だけでなく、勉学の労を慰し、精神を壮ならしめるという効果があると山内は述べている。同校がスポーツを容認した背景には次のような理由があった。

当校生徒ノ儀ハ発育旺盛期ノ者ニシテ、授クル処ノ学術ハ尋常中学ト概ネ仝一ナル普通学ヲ専ラトシ、軍事教育ハ其予備ヲ与フルニ止マリ、他ノ軍隊又ハ丁年以上ノ諸生徒ト異リ、身体ノ発育、精神ノ養成ニ深ク注意セサルベカラサル（略）。

陸軍幼年学校の生徒はまだ完全な軍人とみなされていなかった。そのため当時の陸軍からすれば必ずしも「男らしい」とはいえなかったスポーツに従事しても問題はなかった。(11) 言い換えれば、陸軍幼年学校は軍隊的な規範に縛られることが少なかったがゆえに、スポーツの導入が可能になったのである。

スポーツ導入初期の状況について、矢野機《はかる》（一九〇三年卒業）は次のように述べている。

体育の施設は今から考えると、貧弱で成人向けの器械体操場・障害物場の他、一般用には網曳き用綱、フットボール、クリケット位で野球、テニス用具はなく、自転車も鉄輪のもの数台があったに過ぎない。また運動場（校庭）は雑草が混じる芝生であるが、本科と共用で、今日考えるような競技は出来なかった。剣道、柔道は頗る盛んであったが、段制は設けられなかった。[12]

矢野の証言によると、せっかく備え付けられた用具もどうやらあまり活用されなかったらしい。とはいえ大正初期になると、サッカー、野球、テニスがおこなわれていたことが確認できる。ある生徒の一九一四年五月八日の日記には次のような記述がある。

図24　極東大会陸上競技を観戦する淳宮、高松宮、山階宮（右から）
（出典：「東京朝日新聞」1917年5月10日付）

> 午後二時ヨリ野球（職員対生徒）僅カ一点ノ差ニテ生徒ノ勝トナル。昔取ラレシ杵柄、宮川生徒監ノ奮闘ハ目覚マシキモノナリキ、班長ノ戸山学校ニテ鍛ヘラレタル腕前ハ生徒ノ撰手ニ対シテ毫モ遜色無カリキ。

宮川覚三郎（陸士第十七期）が陸軍幼年学校でのスポーツ推進の中心人物だったことは、第十八期（一九一七年卒業）の乗兼悦郎の次の文章からもわかる。

> 芝浦海岸の埋め立て地で行われた極東陸上競技大会の見学では、我々は初めて国際的な陸上競技を観て感嘆した。宮川生徒監は早速、競技種目の中の「九人制バレーボール」を取り入れ、午後の運動時間に競技をして楽しんだものである。[13]

これは一九一七年に東京で開かれた極東大会にまつわる思い出である。一カ月前に陸軍幼年学校予科二年に編入されたばかりの淳宮、すなわちのちに「スポーツの宮様」として知られるようになる秩父宮もこの大会を参観していた。バレーボールはまだ日本に紹介されて数年しかたっておらず、目新しい競技だったが、極東大会直後に陸軍戸山学校でおこなわれた陸軍幼年学校の運動会ではバレーボールやバスケットボールが採用され、秩父宮も参加している。(14) しかし、新しいスポーツはその後に継承されることなく、一時的なブームに終わったようである。

秩父宮と同じ第十九期の生徒は、「一切のいわゆる「スポーツ」を禁ぜられていた当時のわれわれの世界に大変革をもたらしたのは、殿下の御入校であった。「テニス」や「ベースボール」や「ピンポン」などが、この時から公然と許されるようになった(15)」と当時の変化を語っている。実際にはそれまでもスポーツはおこなわれていたのであり、やや誇張の感があるが、秩父宮入学を機にスポーツがいっそう盛んになったのは間違いない。

一九二〇年八月に教育制度改革が実施され、陸軍中央幼年学校予科（元の東京陸軍地方幼年学校）が東京陸軍幼年学校に改められた。当時の難題は呼吸器疾患の漸増（一九一八―一九年にはスペイン風邪が猛威をふるった）と、民本主義、社会主義の風潮であり、二一年前後から校長会議でその対策が検討された。保育面の対策として、日朝点呼を廃止し、酒保を開設し、私物の下着を認め、郊外散歩の引率を廃し、和服での外出を許可し、各種スポーツを取り入れ、校内映画会を催した。志望者減少の対策として、服装を兵隊スタイルから「冬黒夏白のアウトポケット折襟型」に改め、運動会を公開した。社会風潮対策としては、二一年ごろから従来切り抜きだけだった新聞を全面掲示とし、時局に関する講演を開く一方、生徒の思想的動揺を抑えるための指導をおこなった。(16) こうした一連の改革のなかでスポーツが本格的に導入された。第二十三期（一九二二年卒業）の吉田元久によれば、

満洲の独立守備歩兵大隊長から〔一九二〇年八月に〕着任された伊藤〔真鋒〕校長は、当時の生徒の衛生状態

から、保育を重視、生徒の起居を伸び伸びとさせるよう指導された。庭球コートが増え、スパイクを穿いて陸上競技を練習し、市ヶ谷台上にラケットの球打つ音が響き、円盤や砲丸が転がったのもこの時期である。[17]

一九二二年の「訓育法綱要草案」は「運動及ヒ体育及ヒ品性上ニ危害ナキ限リ、成ル可ク生徒ノ嗜好ニ任セ、其興味ヲ妨ケサル様ニスルヲ要ス」「生徒監ハ学年ニ応シ、活潑勇壮ナル運動遊戯ニ興味ヲ生スル様指導シ、且ツ一致共同ノ精神ヲ養フコトニ注意スヘシ」「職員ハ成ル可ク生徒ト共ニ遊戯ヲ行フヲ可トス」「運動場及ヒ運動具ハ之レカ設備及ヒ補給ヲ潤沢ニシ、全校生徒ニ支障ナク運動ヲ実施シ得シムヘシ」[18]と規定し、スポーツを積極的に推進した。第二十五期（一九二四年卒業）はスポーツ全盛時代で、田中義男はその思い出を詳しく記している。

将校生徒の運動体育といえば、剣道、柔道、鉄棒など武張ったものにほぼ限られていた。しかし〔一九二〇年八月に〕戸山に移ってから学校の方針は、いやしくも将校たるものは、運動競技の選手になる必要はないが、何でも一通りは心得ておくべきであるという趣旨で、従来随意運動時間だけ実施されていた野球、庭球のほか、槍投げ、円盤投げ、砲丸投げ、バスケットボールにホッケーと、各種の運動具を備え、正規の体操時間にも実施された。また制式の運動靴でなく軽快なスパイクを穿いて、短距離やハードルを競い、幅跳びや高跳び（軍隊式の正面を向いて、両足を揃え両手を前に出す堅苦しい方でなく、一般競技用のスマートな跳び方）など、走ったり跳んだり好きな運動を自由にしてレコードを競った。游泳も持久力を錬磨する観海流の平泳ぎではあったが、競技ともなれば豪快な抜き手などに代わって、当時最新流行のクロールが愛好された。これらの状況は、体育専門の戸山学校を除けば、恐らく陸軍の最先端を行くものであったろう。運動会では全校生徒によるアスレチックダンスが地元の人達にも見物された。ダンスといっても、各種競技の型を組み合わせた規律正しいマスゲームで別に驚くには当たらないが、軍の上層部にはダンスという名称だけで相当なショックを与えたらしい。その後我々が卒業も近づいた頃、渡辺寿教育総監部本部長が初度巡視に来られて、

図25　陸軍幼年学校（28期）のスポーツ
（出典：陸軍幼年学校編『卒業記念写真帖（28期）』陸軍幼年学校、1927年）

「幼年学校の鉄棒が赤錆になっているとは剛健の精神が欠如している証拠」と、大変叱られた。大正末期のやや軍人離れしたとも見られた自由なのびのびした教育は、我々の時代が最高潮で、その後は次第に逆戻りしたようである。[19]

「軍人離れ」したスポーツの全盛時代も、第二十五期の卒業時には終焉に向かいつつあった。第二十七期（一九二六年卒業）の竹下正彦は陸軍幼年学校時代にスポーツを心ゆくまで楽しんだが、陸軍士官学校予科にあがったところ、「当時本科の生徒隊長だった山岡重厚大佐が、予科の校庭でフットボールが使われているのを見て、物も言わずにそのボールを切り裂いて行ったこと[20]」が語り草となっていたと書き留めている。山岡大佐の行為はスポーツに対する明白な敵意の現れである。竹下と同期で、やはり陸軍幼年学校時代にテニスやバスケットボールに熱中していた竹田宮恒徳王も、予科のときに「「テニスなんぞは軟弱だ」といって、ラケットのガットを破ってしまう物凄い上官もいた[21]」と述べている。山岡大佐にちがいない。陸軍幼年学校の回想録では、第二十七期生を最後に、スポーツに関する言及はほとんど見られなくなる。スポーツは細々と続けられたかもしれないが、それは学校生活を回顧するときに思い浮かぶ主要な出来事ではなくなっていたのだ。

軍縮に伴って次々と廃止される運命にあった地方の幼年学校にもスポーツの波は押し寄せていた。広島陸軍幼年学校（一九二五年廃止）に入学した長谷川寿雄は、「武技万能、スパルタ教育」というイメージを抱いて入学したところ、学課で唱歌、図画、外来スポーツなどが取り入れられ「我々の気持ちを明るく、のびのびとさせた」という。一九二四年に平井邦一大尉が生徒監になってから、さらに変化があった。

三年の生徒監は平井邦一大尉（二十三期）に代わった。平井さんは明朗活達、竹を割ったような気性であった。努めて生徒と談笑し、野球の練習にも割り込んできて、あまり上手でないバッティングを試みるという風である。スポーツが盛んになった感があった。この夏の遊泳演習には、茨木中学の低学年で上海の極東オリンピックに活躍した入谷〔唯一郎〕氏をコーチに招きクロール泳法を習った。ホッケーの練習を慶応大学選手が指導して呉れたのも、この夏であったと思う。広島には当時、走高飛びの織田〔幹雄〕、ハンマーの沖田〔芳夫〕、槍投げの岩井〔勝治〕等の有名な三羽烏がいた。いずれも、我が期の広島中学出身者の顔なじみであり、スポーツ好きのものは広島高師の運動会等で彼らの活躍ぶりを身近に見物、そのフォームを真似たものである。三年の修学旅行は九州であった。途中、熊本幼年学校と剣道、柔道、野球、庭球の対校試合が行われた。(22)

靖国偕行文庫に所蔵する第二十六期の『広島陸軍幼年学校卒業記念写真帖』には、熊本陸軍幼年学校との試合の写真（砲丸投げ、野球、庭球、籠球）が収められている。キャプションによれば、試合は一九二四年十一月五日に熊本第十三連隊営庭でおこなわれ、野球のスコアは七対二で「広幼ノ大勝」であった。(23)このときの試合について、長谷川は「特に武技で敗れることを警戒して、相当に練習した」「結果は我が方が剣道と野球で勝ち、柔道と庭球は負け、まずは互角の勝負であった」と記す。スポーツの勝敗よりも武技の勝敗が問題であると意識されていた点は興味深い。いくらスポーツが盛んになったといっても、軍人としての価値は依然、武技によって示されたのだ。

図26　歩兵第39連隊野球チーム。２列目左端が市川洋造、中央が山本鶴一
（出典：『Our Army Life 1922』編者、出版社、刊行年不明〔著者蔵〕）

3　歩兵第三十九連隊

「運動連隊」といわれた姫路の歩兵第三十九連隊でスポーツ推進の中心となったのが市川洋造中尉（神戸一中卒、陸士第二十四期）であった。市川がスポーツを導入しようとした一九二〇年といえば、「ラケットを持つて営門を潜つてさへ過激思想と叫び注意人物視された時代」であり、「兵士にラケットを握らせバットを振り廻さしめる事を公に」するには「軍人の頭の改造」を必要とした。市川はまず相撲を奨励して運動鼓吹の意志を示し、その陰に隠れて野球を奨励した。野球チームが結成されたのは二〇年五月のことである。連隊長だった松井石根大佐（陸士第九期）は熱心に野球を奨励し、日曜日ごとに営内グラウンドに姫路倶楽部を招いて練習に励んだ。同年八月二十九日、第三十九連隊は神戸二中と対戦し、二対三で惜敗した。十月二十四日には神戸へ初の遠征をおこない、ダイヤモンド倶楽部（慶大ＯＢを中心に結成された社会人チーム）に二対七で敗れた。この日のメンバーの出身校は神戸高商四人、関西学院高等部二人、神戸商業二人、東京帝大、京都帝大、神戸一中が各一人で、いずれも中学校以上の学歴を持つ志願兵だった。このうちチームの大黒柱的存在だったのが神戸高

商出身の中村正祐である。中村は一七年の極東大会で砲丸投げとバレーボールに参加、二一年の同大会では砲丸投げに優勝している。また、キャッチャーの岡田、ライトの四本は関西学院が一七年の夏の甲子園で準優勝した際のメンバーだった。二二年三月二十四日の軍旗祭にはスター倶楽部（早大OBを中心に結成された社会人チーム）を城南練兵場に迎えた。第三十九連隊は投手に内海寛（前年に日本代表として極東大会に出場したダイヤモンド軍の元投手）、捕手に元明治大学野球部主将河原政武という強力なバッテリーを擁していた。師団司令部付の高崎喜惣少将の始球式でゲームが始まり、第三十九連隊は五対十二で敗れた。当日は約二万の観衆がつめかけ、軍隊チームを応援した。軍隊チームの実力はなかなかのもので、二三年には姫路中学と二度対戦し、十八対六、十一対〇で勝っている。姫路中学はこの年夏の甲子園兵庫県予選決勝で甲陽中学に三対四で敗れたが、甲陽中学が全国優勝を成し遂げたことから考えて、姫路中学の実力、そしてそれを破った第三十九連隊の実力が知れるだろう。連隊には志願兵団、下士団、兵卒団の三チームがあり、優秀者を選抜して連隊チームを編成していた(24)。

図27　同蹴球チーム
（出典：同書）

松井の後任で、浦塩派遣軍参謀から転任してきた山本鶴一《かくいち》連隊長（陸士第九期）はとりわけ野球に熱心で、自ら連隊内の試合に出場するほどだった。山本は一年あまりで広島の第五師団参謀長に転じるが、その際「広島師団も野球其他の競技も仲々盛んと聞いてゐるから大いにやり度いと思ふ」との抱負を述べている(25)。

野球だけではない。歩兵第三十九連隊はほかにもさまざまなスポーツを実践していた。一九二三年には営庭にトラックを新設し、三月二十五日にトラック開きを兼ねて「スポーツ・デー」を実施した。短距離選手で大阪朝日新聞社運動部長の東口真平を招いてコーチをしてもらったほか、「神戸鉄道局や各中等学校の選手を招いて野球、蹴球、庭球等の試合をやり、営庭を一般に公開したので、観覧者殺到大変な賑はひであつた」[26]。翌年の陸軍記念日にもテニスと陸上競技の大会を開き、一般の青年団や小中学生が参加した。その趣旨は「三月十日が単に陸軍のみの記念日でなく国民の記念日である事を普及せしめるため」であり、「同連隊では今後も毎年此種の競技会を催」[27]す予定だった。歩兵第三十九連隊ではこのほかサッカー、バスケットボール、ラグビーなどがおこなわれていた。

市川は連隊でスポーツを組織するだけでなく、「偕行社記事」や民間のスポーツ雑誌に文章や写真を寄稿し、軍隊スポーツの実情を紹介し、その意義を力説した[28]。ここでは「アスレチックス」に掲載された「軍隊の競技」をもとに市川の主張を紹介したい。

イギリスに蹴球、アメリカに野球があるように、日本には各種の武術があり、国民精神の発達に寄与してきた。しかし、これらはいずれも個人の訓練であり、孤立的で自己主義に陥りやすく、そのために国民団体としての真価を発揮しえない。国民の共同能力が要求されるいまの時代、欧米の運動競技を輸入して、現代的な国民精神を磨き上げることが必要である。また、今後の国防は国民全体が担わなければならず、国民には常に組織的訓練と身体的発達が要求されるが、興味をもって従事できる運動競技は、その手段として最も適切である。

日本で運動競技をおこない、国民精神を磨くには、国民精神＝武士道の継承者をもって任じる軍人がまず率先して模範を示し、運動精神を武士道化しなければならない。そして、あらゆる方面で国民の先達となるべき軍隊は、体育の方面でも指導者となり、誤った方向に向かいつつある日本の運動界を是正しなければならない。

スポーツが実際に軍隊にとって有用なことは、第一次世界大戦の経験によって示されている。イギリス・アメリカ軍の活躍は、平素から国民がスポーツで身体と精神を鍛錬していたことによるのであり、戦後はフランス、ドイツでもスポーツが奨励されている。軍隊で最初におこなうスポーツとして野球は最適のものである。野球は最も一般的で、緻密な頭脳のはたらき、壮快な感覚を伴う競技であり、機敏性を備え、協同一致の精神を養成し、手榴弾投げにも役立つ。

スポーツが軍隊の階級制度に抵触しないか、軍人の本分に悖りはしないかという疑問も当然起こるだろう。日本は国民皆兵主義であり、「品位を貶さざる範囲に於て高尚なる上下の和楽を求むるのは国軍成立上必要」なことである。厳しい階級制度をとるロシアとドイツの軍隊で、将校が兵卒や一般社会から隔離し、革命によって瓦解したのがその反証である。将校と下士が一緒に野球や蹴球をおこなうことで上下の意思疎通、相互の融和をはかることができる。

また従来の軍隊生活は厳粛さを追求するあまり、愉快さに欠けていた。そのために軍人は軍隊生活を嫌悪し、軍務に興味を持てなかった。スポーツにより現役軍人が軍隊生活を楽しめるようになるばかりか、予後備召集者も喜んで入営するようになる。軍の側もこれまで国民が軍務を喜んで果たせるよう、研究改善に取り組み、軍隊の真相や当局者の意向を伝えようと気をつけてきた。スポーツは軍の宣伝に最も適当であり、かつ時勢にあった方法である、云々。以上のように市川はスポーツが単なる娯楽ではなく、現代的軍隊に不可欠な要素であることを力説した。

歩兵第三十九連隊から始まったスポーツは、第十師団全体に広がっていった。姫路の騎兵第十連隊では、賀陽宮恒憲《つねのり》王（陸士第三十二期）が野球を推進した。一九二〇年五月に陸軍士官学校を卒業した賀陽宮は、翌月に見習士官として同連隊に赴任した。賀陽宮は「運動、特に野球御愛好の思召から自ら隊内の士卒を以てチームを編成され、隊内に於ての試合は素より、機会のある毎に姫路中学に挑戦し、主将として、或る時は捕手の難関に、或る時は一塁手として、日暮るゝまで常に陣頭に起つて活躍され、時の御附武官西村〔辨〕少佐の御帰館を促す言葉をも斥けさせられるまでの御熱心さであつた」[29]という。また姫路中学主催の姫路少年野球大会に台臨するなど、軍隊の内外で野球への熱意を披露した。賀陽宮は二一年一月に姫路を去るが、「殿下」の存在が野球に対する軍隊の寛容な態度を生み出したことは間違いないだろう[30]。

このほか、一九二一年には第十師団隷下の輜重兵第十大隊、野砲兵第十連隊、福知山の歩兵第二十連隊で野球

図28　第10師団野球チーム。胸の星マークは「10」の数字が染め抜かれている。後段中央は市川洋造
（出典：「アサヒスポーツ」第3巻第8号、朝日新聞社、1925年4月、18ページ）

が採用され、第十師団チームが編成された。同年二月には師団司令部で委員を設け、軍隊で実施できる競技の種類、方法、手段の調査研究が命じられた。二一年以降、「陸軍当局に於ても野球庭球は筋肉の発達、触感の敏活、動作の軽捷ならしむるに適切であるとして全国各師団に之を認許する事となり、大阪、京都〔第十六師団〕、広島〔第五師団〕、善通寺〔第十一師団〕等の各師団は競つて之がチームを組織するに至[31]った。その結果、師団対抗戦や連隊対抗戦がおこなわれるようになった。

一九二一年七月二十四日、鳴尾球場で「我邦野球界に新記録を作るべき第四、第十両師団の野球戦」がおこなわれることになった。第十師団長宇垣一成は大いに乗り気で、毎週水、土曜日に選手に公務を休ませて練習させた。神戸の労働争議の警備に派遣されていた市川中尉は試合前に特に姫路へ戻ることを許され、作戦に余念がなかった。当日の正午過ぎ、「陸軍星章を胸に打つたユニフォームを今日晴れの戦場の物の具と鎧ふた両軍の戦士が現はれると、お手のもの〻軍楽隊が勇ましいマーチを奏する」という具合で、観衆までもが森厳となり、「軍隊式」の情景を醸し出した。第四師団側は大阪第七旅団長天野邦太郎少将、第四師団司令部の松山良朔少将、歩兵第八連隊長山本清次が、第十師団側は歩兵第三十九連隊長山本鶴一が球場に駆けつけ、宇垣師団長は「都合に依り行けぬ、奮闘を祈る」との電報を打った。試合は権藤伝次中将の始球式で始まり、森口投手（神戸商業卒、ダイヤモンド倶楽部）の見事なピッチングで第十師団が四対一で勝利した。第二回戦は十月三十日に神戸東遊園地でおこなわれ、七対六で第十師団が再び勝った。さらに海軍チームとの対戦もおこなわれた。二四年一月六日の呉海兵団との対戦は七対〇で海兵団が圧勝した[32]。呉海兵団は呉鎮守府でも一、二を争う強豪チームだった。

第十師団のこうした取り組みは、当時の師団長宇垣一成（一九二一年三月―二二年五月在任）と深い関係がある。

図29　第４・第10師団対抗戦の１年後に書かれた「不可抗力」と題する挿絵。次のようなキャプションがついている。「連隊対抗のゲーム。１点をリードした８回目の２死満塁だ。右翼手、水ももらさずと構へて居ると、靴の音がする。何心なく振り返へると中隊長のお帰りだ。ハツと驚いて挙手注目をした途端カーンと１塁右を抜いた安打、取るに取れず恨めしさうに球を見送るばかり。一挙にゲームは逆転。但し是は軍隊野球創始当時の話」
（出典：「アサヒスポーツ」第4巻第17号、朝日新聞社、1926年、25ページ）

宇垣の軍隊観の根底にあったのは、総力戦と「デモクラシー」であった。すなわち、今後の戦争は総力戦となるが、それには「国民と軍隊とは一体にして両分すべからず。二者は戦争目的遂行の為一致協力」することが必要となる。またそもそも「軍隊は国民を基礎として成立す」るのだから、「軍隊は国民の実生活と余り隔絶して居ることは宜しくない」。しかし現実には、軍隊とデモクラシー化しつつあった社会の距離は広がる一方だった。大戦後、平和への希求が高まるなかで、「軍人呪詛の念は今や軍人軽侮の声となり、軍備の縮小論は今や軍備無用論と変じ、国民をして国防を軽視し軍の権威を失墜し尚武心や義勇奉公の念を消磨せしめつつある実況[33]」となった。これでは総力戦は戦えない。社会を軍隊化すると同時に、軍隊も社会化することが必要である。その鍵となるのがデモクラシーである。

宇垣によれば、ドイツ式に転換する以前の陸軍は「将校下士卒間が比較的「デモクラチック」」だったが、軍が対外向けに編制されるなかでこうした雰囲気が失われた。しかし桂太郎内閣が倒れ、米騒動や普通選挙、労働問題などで軍隊が出兵を余儀なくされたことが示すように、現在の軍隊は対外的ばかりでなく対内的意味が増し、理や法でなく情や勢で軍を動かす必要がある。「此意義よりして将校下士卒間の関係が茲に「デモクラチック」的の傾向を聊か有するの必要[34]」を宇垣は感じるにいたったのである。

将校と下士卒の関係改善のため、宇垣は将校に対しては常識を身につけ、「部下に対して理解あり同情あり且之を愛護し、統御統帥の理法に精通体得し、剛毅勇往の精神を以て必要の前には最後の一滴の血をも求むる[35]」ことを要求する一方、下士卒に対してはその福利厚生に意を用いた。

軍隊内に於ける下士卒の慰安修養の施設は、一般の会社や工場の仕向けに比すれば、著しく劣りて居る。敢て彼等の機嫌を取り彼等の嗜好に迎合する必要はないけれども、此心身共に延び盛りの青年を二年近くも預り居ることなれば、此間に軍事以外に異日の役に立つ相当の修養も積めば、此歳月を愉快に送りて軍人たるの難有味を感得せしむるの必要もある。之れが軍隊を健全ならしめ国民の団結を鞏固ならしむる所以である。会社工場の取扱振りよりも義務兵に対するものが物質的には兎に角として精神的にも劣れりとの観念を与ふることありてはならぬ。今日の軍隊では建物の方では相当の余裕は就て居るから、工夫を廻らせば精神的に之を遇するの道は相当に開け得ると信ずる。是非そう仕向けて行かねばならぬ[36]!!

ただし宇垣は軍隊の全面的なデモクラシー化を企図していたわけではない。宇垣は「軍隊の国民化民衆化と云ふことは過度の超然主義の弊を矯むるの意義に於ては宜しいけれども、動もすれば国民に媚び民衆の意向に迎合するに至るの恐れあり。夫れは大なる間違ひである」「近時国民の軍隊なる語が流行して軍人仲間にも之に共鳴して居るの士が多い。軍民接近の手段としては宜しいが、夫と同時に陛下の軍隊であることを忘れてはならぬ[37]」と釘をさし、あくまで国体に抵触しないかぎりでの導入であった。

欧米の軍隊はデモクラシー的社会における軍隊のあるべき姿を示唆していた。そのため当時の欧米の軍隊がスポーツ熱に駆られていたことは、宇垣のスポーツ観に大きな影響を与えた。一九二五年に刊行された日本スポーツ協会編『最新スポーツ全書[38]』に宇垣が寄せた序文は、彼のスポーツ観を知るうえでまたとない資料である。宇垣は「現今流行を見るに至れる競技」が有する「紳士的襟度」、すなわちスポーツマンシップに対して、「士林に志す輩の高邁なる倫理的観念に対し景仰を禁ずる能はざるものがある」と非常に高く評価している。もちろんスポーツの価値はそれだけではない。「国運の盛衰は国民精神の弛張に因し、国民精神の弛張は国民体育の健否に基」づく。いま列国は盛んに国民体育を奨励しているが、それはイギリスの「ウオーターローの戦捷は、イートン校庭に培養せられた」、アメリカの「欧洲大戦に於けるサン、ミエールの戦捷は米国フツトボールの賜なり」という言葉に見えるように、軍事的な意図のもとになされている。とりわけドイツでは国民体育協会が千二百万人もの会員を持ち、「病院を建つるより遙かに経済なり」と巨額の国費を体育奨励に投じている。一方、日本では「武士道漸く頽れ、国民の体質立衰へ、日将に尽きん」としていて、国民体育の奨励は急務である。にもかかわらずスポーツは目下のところ一部の青年学生に限られ、広く国民に普及していない。こうして宇垣は『最新スポーツ全書』が国民体育の奨励普及に大きな役割を果たすことを期待した。スポーツこそ「物資的に天恵に豊かならざる帝国が、列強と角逐して国家永遠の興隆を期すべき最善の策」なのだった。さらにスポーツは軍隊そのものにとっても役立つと宇垣は考えていた。

競技的遊戯は心身の爽快と其鍛錬及機敏と協同の美徳の養成に効果頗る大である。運動競技の形而下の効果は問を要せず。形而上に於ては敢為機敏堅忍持久の個人的精神練磨の外に、集団運動としての協同服従独断等の貴重なる心性の修養に価値あり。以上の諸点よりせば、適当に指導して行けば軍隊の遊技として十分に採用すべき価値を有す。(39)

宇垣はスポーツに娯楽だけでなく鍛錬としての価値も見いだしていた。スポーツは国民と軍隊双方に有用なものであり、かつそれを通じて国民と軍隊の一体化を促進することができた。そのため宇垣は軍隊にふさわしい競技の調査研究を命じたのである。

ではなぜ野球だったのか。師団長時代の宇垣の念頭にあったのは間違いなく野球であり、第十師団で広く実践されていたのも野球だった。市川は野球に固有の鍛錬的価値を見いだしていたが、実際には当時野球以外の団体競技（サッカー、バスケットボールなど）はまだあまり普及しておらず、スポーツの経験に乏しい陸軍としては、野球が最もやりやすかったのだろう。

陸軍はスポーツの研究を蓄積していくにつれ、野球を重視しなくなる。それは野球という競技そのものの問題というよりは、日本の野球界の問題であったと思われる。宇垣はスポーツの「紳士的襟度」を評価し、スポーツを武士道の代替にしようと考えていた。もしそのスポーツに「紳士的襟度」が備わっていなければ、それを採用する必然性はなくなる。一九二五年に二十年近く中断されていた早慶戦が復活したこともあり、野球の人気は高まるばかりだった。しかし、その一方で、種々のよからぬ問題が生じた。たとえば第三十九連隊では二八年に次のような出来事があった。元慶大野球部の永井武雄が入営中に母危篤の偽電報を打たせ、三田稲門戦（早大と慶大のOB選手の対抗試合）に出場した。永井は神港商業出身で、慶大のエースとして活躍した選手である。この件で永井は軍法会議にかけられ、電信法違反、罰金六十円の判決が下された。東京六大学野球リーグ顧問の内海弘蔵は「今夏の都市対抗戦に東京クラブとして永井君を起用するために姫路連隊長あて懇願したが、種々せん議したが先例がないのでお気の毒だがと許可出来ないといふ非公式ではあるが丁重な断り状を寄せられた。（略）最近スポーツが軍隊にも入り又スポーツに関係ある幹部候補生など特別の便宜を与へられるやうになつた矢先この問題は兎に角困つたものだ。（略）今後はお互に慎まねばならぬと思ふ[40]」とコメントしている。永井は二九年から三五年まで東京倶楽部の一員として都市対抗野球大会に参加、三六年に職業野球チーム、大東京軍の初代監督に就任（公式戦開始前に解任）するなど、退役後も活躍を続けた。日中戦争で応召し、手榴弾伍長の勇名を馳せるが、三八年四月十九日に徐州で戦死、早慶野球部ＯＢとして最初の犠牲者となった。永井は野球が軍隊に役立つことを身をもって示したのである。

4　陸軍戸山学校

陸軍戸山学校は陸軍における体育研究の総本山で、早くからスポーツに取り組んでいた。なかでも重要な役割を果たしたのが教官の加藤真一《まさかず》大尉（陸士第十八期）だった。加藤が通っていた愛知一中には、野球、フットボール、テニス、クロッケー、ボートなどの運動部があり、日比野寛校長のもとスポーツを盛んに奨励していた。加藤もボートの選手として活躍し、テニスや野球の試合にも顔を出している[41]。一九〇五年十一月に陸軍士官学校を卒業した加藤は、一〇年十月に陸軍戸山学校教官を命じられる。一四年四月十五日、陸軍戸山学校に野球部を設立した加藤は、早大野球部の大村隆行主将にコーチを依頼する。練習は四月十七日に始まったが、大村によれば「なかなか巧いものが多く」、加藤部長は玄人以上の巧者で、校長の林二輔大佐も自分からバットを振るという熱心さだった。加藤は「将来は勿論選手を定めて各連隊は云ふ迄もなく、各専門学校等へもどしく対抗試合を申込み得る程度に迄熟達させたい」という希望をもっていたが、加藤の異動により野球部は雲散霧消したようである[42]。

一四年九月二十八日、加藤は東宮御学問所御用掛に任命され、東宮、すなわちのちの昭和天皇の武課、体操の教育を担当することになった。加藤は「教練、射撃、撃剣、基本体操、応用体操」のほか、「各種競技」や水泳

図30　加藤真一
（出典：陸軍戸山学校『卒業記念写真帖（下士官）』陸軍戸山学校、1923年〔防衛研究所戦史研究センター蔵〕）

を教授した。皇太子のほうもすでに学習院初等科時代に三角ベースを楽しむなどスポーツに親しんでいて、御学問所に入ってからもスポーツへの関心は衰えることはなかった。(43)

> 軍事上の御知識も追々と御進歩あらせられ、教練や応用体操、基本体操、軍刀術、射撃等の武課をも日々欠かし給はず、殊に軍刀術を御練習の際は面や胴、小手などの御道具を御着けになり、それに畏れ多くも木綿の御袴を御穿きになつていと御熱心に御勇ましく御稽古を遊ばされる。その他乗馬、游泳、弓術、野球、ゴルフ、庭球、蹴鞠等の御運動をば時に出仕の公達や侍従達を御相手に遊ばされ、御心身の鍛練に努めさせらるゝので、尊体弥々御勇健に渡らせられ、筋骨頗る逞しく、御身長五尺四寸を超え、御体重も十五貫にも近く在らせらるゝ(44)（略）。

スポーツに関心を抱いたのは皇太子だけではない。弟の淳宮は一九一三年二月十四日に初めて野球をしたという記録がある。また、一七年には淳宮と山階宮芳麿王が極東大会を、一八年二月には久邇宮邦久王ら六人の皇族が関東蹴球大会を観戦している。二〇年にフランスに留学した東久邇宮稔彦王（陸士第二十期）はアントワープ・オリンピックを観戦した(45)。このように皇室がスポーツに関心を抱いていたからこそ、二〇年のアントワープ・オリンピックの際、大日本体育協会に対して内々に資金援助を申し出たのだ。

> 茲に仄かに洩れ聞く処によれば、果然我国運動界に一大福音が伝へられる事となつた事は、微妙《デリケート》な進行と極秘な条件で運ばれて居るため其詳細を報ずる自由を得ないが、要するに此の国際的競技といひ、国民体育の

向上といひ、実に重大なる事件なるに係らず、只だ一大臣の意地張りより政府の無関心となり、為めに禍根を永く我国に貽す事を懼れられ、畏くも皇室にては政府の方針を超越したる或る方法を以て運動向上を図らるゝ事となつたのである。之を聞いた体育協会の某理事は恐懼して語つた。「実は昨日承はつた許りで、其の内容は申上げる事は出来ぬが、要するに皇室の有難き思召に対して、私は昨夜思はず涙を流しました。吾々運動に関係する者は、皇室が政府の遣り方を超越してまで運動奨励を企図された事を忘れてはなりませぬ。運動家は将来政府などに頓着なく、宏大な皇室の御援護の下に、愉快に無邪気に快技を楽しむ事が出来ませう。[46]」

大日本体育協会は政府に資金援助を要請していたが、「運動をやる者は凡て怠け者だ」という考えの中橋徳五郎文相を説得できないでいた。そこで皇室から内密に資金援助の申し出がなされたが、この時点で皇室はスポーツへの支持を公然とすることができなかった。皇室がスポーツへの支持を明確にアピールし始めるのは、一九二一年に皇太子がヨーロッパ歴訪から帰国してのちのことである。[47]二二年四月末から五月末にかけて文部省が開催した運動体育展覧会に皇太子は「御投槍、メデイシンボール、ピンポン御用具、砲丸グレース御用具、デンビンズ御用具、デッキゴルフ御用具、ゴルフ御用具、クロッケー御用具、ローンボールス御用具、其他各種御運動に関する御写真[48]」を出展した。その種類の多さには驚くほかない。皇太子をはじめとする皇室の支持は、軍隊でスポーツの推進をはかる人びとにとっても大きな福音となった。

加藤は陸軍戸山学校にスポーツを導入したときの状況を次のように語る。菱刈隆少将が校長だったころ、加藤は「各種スポーツを軍隊体育に採り入れようと思い、都下大学で陸上競技の外、野球、蹴球、ラグビー、バレー等の得意な職員選手を招いて、その指導を受け盛んに練習に努めた。これは第一次世界大戦で英軍が最後の勝利を収めたのはイートン学校のラグビーのような勇壮の競技がいろいろおこなわれていた結果だと、伝えられていたからである」。課外の時間にやっていたスポーツが正規の時間にくいこむと、菱刈校長から「そんなものが軍

図31　陸軍戸山学校で実施されたスポーツの数々（バレーボール、槍投げ、バスケットボール）
（出典：同書）

隊錬成に役立つか」と叱りつけられることもあった。加藤があるとき大学運動部の主将や幹部を陸軍戸山学校の集会所に集めて打ち合わせをしていたところ、新聞記者が入り込んでいて、「軍隊のスポーツ化」という記事としてスクープされた。教育総監部の永田鉄山中佐から呼び出しがあり、「これはお前が喋ったのか」と質問され、加藤は軍の精強を期するためであり、現在の軍隊体操は物足りなく、研究のうえ必要なものは取り入れるべきだと力説した。永田は海外経験もあり、見識も広く、スポーツにも相当通じていたので、「今後の方針を誤らないよう確っかりやれ」と激励した。加藤はこの経緯を校長に報告した。その後、校長は民間スポーツの実情を見るなどしてスポーツをよく理解するようになり、正規の時間に実施することを許可し、『体操教範』にも若干取り入れるにいたったという。加藤の記憶に若干の混乱はあるが、スポーツの導入はおおよそ菱刈校長が一九二〇年二月に着任してからしばらくのことと考えていい。(49)

この年、菱刈校長は「スポーツの中の良い点を採り入れるよう体操科に研究を命(50)」じた。陸軍戸山学校が研究の対象としたスポーツは多岐にわたる。一九二一年夏にはＹＭＣＡからバスケットボールの指導を受けた。日本

ＹＭＣＡの体育副主事ウィンフィールド・スコット・ライアンがＹＭＣＡ本部に提出した二一年八月末付の年次報告によると、

一般に日本の陸海軍は極めて保守的で影響を及ぼすのが難しいと考えられている。しかしながら、陸軍は士官訓練学校（戸山学校）で体育ダンスの活用を始めた。バスケットボールは陸海軍の学校でおこなわれており、将校たちがその指導を求めて協会〔ＹＭＣＡ〕にやってくる。陸軍将校は毎年われわれの仕事を見学にきて、新任将校に設備の整った体育部門を見る機会を与えている。(51)

図32　ハバロフスクでバスケットボールを楽しむ兵士たち　絵葉書（著者蔵）

日本ＹＭＣＡはこのころ軍隊慰問部を設置し、シベリアに駐屯する兵士たちにバスケットボールなどの指導をおこなっていた。一九二三年一月に陸軍戸山学校は東京ＹＭＣＡ主催の全国籠球大会に参加したが、一回戦で英語学校に大敗した。(52)体育ダンスについては、二二年の新聞記事を紹介しておこう。

時代に逆行するとさへいはれてる陸軍でさへブッキラボーな兵隊さんにダンスをやらせるために戸山学校で教官の養成を初めた。だがはやまつてはいけない。ダンスといつても仁王さんの弟分のやうな骨ツ節のあらい兵隊さんのことだから別嬪さんの柳腰を抱て跳まはるのではない。単調なラッパの響きにつれて筋肉の正しく発達した青春の壮丁の一団が規則正しく踊るので、そこにはなんともいへぬ荘厳さがあるとやら[53]（略）。

体育ダンスが、世の中ではやっているダンスではなく、軍人にふさわしいものであることが強調されている。スウェーデン体操の紹介者でもある陸軍戸山学校教官の林保吉大尉によれば、体育ダンスはスウェーデン体操の無味乾燥さを補うために導入したものだった。

陸上競技については、一九二一年十月からアントワープ・オリンピック十種競技に出場した野口源三郎を招聘し、実際と理論について指導を受け、『体操教範』の改正（一九二二年五月）に生かした[54]。研究の対象は、当時日本ではマイナーだったスポーツにも及んだ。二二年には乗馬打球、すなわちポロの研究を始め、四月二十日に近衛騎兵連隊の営庭で陸軍戸山学校教官が実践してみせ、同連隊の将校に紹介した。加藤はポロを教範に採用することで、「広く乗馬隊の方面に用ゐ、又一般の国民体育としても普及させやう」と考えていた。同年秋には宮内省主馬寮にもはたらきかけ、翌年には皇太子がポロに挑戦した[55]。ボクシングについては、三田村正之助大尉が日本拳闘倶楽部を参観して「斃れてなお止まず」というモットーが気に入り、二三年二月九日に同倶楽部の渡辺勇次郎師範を招いて演技をしてもらったことに端を発する。その後、毎週一回、日本拳闘倶楽部から講師を招いて指導してもらった。二四年ごろには白石通則校長の依頼で、アメリカ大使館付武官N・ウォーレンジェ・クレア大尉が週三回ボクシングを指導していた[56]。しかし、ポロやボクシングはまもなく研究対象から外れた。

陸軍戸山学校が重視し、また民間スポーツ界にも大きな影響を与えたのはホッケーである。日本でのホッケーの起源は一九〇六年にまで遡るが、わずかに慶応義塾の関係者のあいだで細々とおこなわれるにすぎなかった。二〇年前後のこと、加藤はイギリスの本でホッケーの存在を知り、ホッケーをしている大学を探したが見つからなかった。二一年九月ごろ、たまたま日比谷公園を通ったとき、加藤はホッケーらしい競技がおこなわれているのを目撃した。慶大のチームだということで、翌日ホッケー部主将に指導を頼み、こうして陸軍戸山学校にホッケーが導入された。『運動体育誌上展覧会』は、陸軍戸山学校でホッケーが教授されたのは二二年一月九日とす

図33　1923年12月におこなわれた日本選手権大会で慶大と対戦する陸軍戸山学校チーム。前列左から2人目が小野原誠一
（出典：「アサヒスポーツ」第1巻第19号、朝日新聞社、1923年、9ページ）

る。その五日後、陸軍戸山学校で慶大対東京クラブ（慶大ＯＢによって結成）の模範試合がおこなわれた。同年三月に慶大と対戦した陸軍戸山学校チームのメンバーには、岡千賀松中佐（陸士第十二期）、加藤真一大尉（陸士第十八期）、小野原誠一大尉（陸士第十九期）、神宮司操大尉（陸士第二十期）、遠山憲大尉（陸士第二十二期）、野地嘉平大尉（陸士第二十三期）、外園進中尉（陸士第二十八期）、峰繁曹長らがいた。中佐と曹長が肩を並べ合ってプレーするというのは、スポーツならではの光景であった[57]。

一九二三年四月に陸軍戸山学校将校集会所で大日本ホッケー協会の創立委員会が開催され、加藤大尉が会長代理に就任した。同年十一月十八日に協会が正式に発足、慶大、明大、早大、陸軍戸山学校の選手が紅白に分かれて試合をおこなった。陸軍戸山学校からは外園、峰、神宮司、遠山、加藤が出場した。同年五月、ホッケー協会は陸軍戸山学校校長白石通則少将を会長に迎えた。現役の軍人が民間スポーツ組織のトップに就任するのはきわめて異例だった。

陸軍戸山学校は組織面だけでなく競技面でもホッケー界をリードしていた。一九二四年に限っていえば、陸軍戸山学校で開かれた第二回全日本ホッケー選手権に優勝し、通算十七勝一敗一分という驚異的な数字を残している。さらに驚くのは五月、十一月の試合の頻度で、月四回、平日にも試合をしている。また二三年の年末には関西遠征を試み、関西のチームを圧倒した。この遠征を新聞は次のように報じた。

図34　スポーツに理解のある配属将校もまれではなかった。1930年、城北中学野球部と松田長成大尉
（出典：溝淵峯男／前田祐吉／水口湶『熱球の譜』高知新聞社、1972年、口絵）

> 軍隊体育の本家たる陸軍戸山学校ではスポーツの粋を集めて戦闘教練の資にしようと頻に考究中であつたが、一昨年慶応から移植したホッケーも同校の正課に入れ、猛烈な日課練習にメッキリ上達して、此間の選手権大会にも指導者の慶応をアット言はせた。腕前にスッカリ自信をつけ、年末年始の休暇を利用し、二十八日の夜行で関西地方に遠征を企てることになつた。（略）固い〱と思つてゐた軍隊が恁うして民衆と接触して行くことはよろこばしい傾向だ。（略）キャプテン加藤少佐は『ホッケーが持久力を養ひ、混戦にあたつて自己の前に展開された変化多い局面を直に明敏な頭脳をもつて判断し、隣接の戦友を助け、味方を善導し、不撓不屈の努力で闘ふやうなところは現在の軍隊教育と密接な関係をもつてゐる。是非この競技を全国の軍隊に普及さしたいと思つてゐる』といつてゐる。[58]

加藤は軍隊だけでなく、女子への普及をも企て、東京女子体操音楽学校の生徒を陸軍戸山学校に招いて指導した。[59]

こうしてホッケーは、軍民双方が影響を及ぼし合いながら、この時期に急速に普及した。たとえば陸軍戸山学校のホッケー創設メンバーの一人、野地嘉平は一九二四年に台湾にホッケーを伝え、ホッケーは台北高校や台北クラブ、台湾銀行、台南、高雄の諸学校に広まった。同じく創設メンバーの神宮司操は軍事教練の教官として各地の学校にホッケーを広めた。神宮司は東京府立五中で軍事教練そっちのけでスポーツを教えた。

> 当時軍教の教官をして居られた神宮寺《ママ》さんは戸山学校でホッケーの選手をして居られた。なか〱元気のある愉快の方だつた。兵隊に銃を持たせて訓練をし団体教育をするのは、学生に於てはスポーツをやらせて訓練するのと精神は同じである、と教練よりも寧ろ運動に多くの時間を費やされた。蹴球もやつた。籠球もやつた。戸山学校まで出かけて行つてホッケーをしたこともある。そして古い五中の先輩達は軍人兵隊さん達と親しみを持ちつゝ愉快に教練もし、運動もしたものである。[60]

広島では一九二二年ごろ、慶大で活躍した多山栄次郎が戻ってきて、山陽中学、広島高女、海兵団、第五師団などにホッケーを紹介した。二四年ごろには、広島クラブ、山陽中学、広島高等工業学校、広島陸軍幼年学校、歩兵第十一連隊、広島県女などでホッケーがおこなわれていた。「大正十四年新春」付の序文を持つ『ホッケー競技法』によれば、陸軍では歩兵第十四連隊（小倉）、同三十八連隊（伏見）、同二十一連隊（浜田）、同五十八連隊（高田）、同二十五連隊（札幌）、海軍では海軍機関学校や海軍砲術学校などでホッケー団体が組織されていた。[61]

皇族もスティックを手に取った。秩父宮は一九二三年十二月から何度かホッケーの練習をしていた。二四年二月二十四日のコーチは加藤真一であった。三月十日に陸軍戸山学校でおこなわれたホッケー大会には皇太子が台覧した。財部彪海軍大臣が陸軍戸山学校に到着したとき、皇太子はまだ試合の観戦中だった。三月三十日には赤阪御用地広芝で皇室対陸軍戸山学校のホッケー試合がおこなわれ、皇太子がセンターフォワードをつとめ、秩父宮や賀陽宮も参加した。二九年十二月二十七日付で陸軍戸山学校付となった元皇族の久邇邦久侯爵はもともとテニスを愛好したが、同校でさまざまなスポーツを試みた結果、ホッケーに最も興味を持ち、ホッケー倶楽部の一員となった。久邇は三〇年五月の極東大会でオープン競技に採用されたホッケーの総裁をつとめ、同年九月には大日本ホッケー協会総裁に推戴された。また久邇は東京音楽体操学校や日本女子体育専門学校にもホッケーの指導に行った[62]。二〇年代後半に陸軍のスポーツ熱が冷めていくなかで、陸軍戸山学校のホッケーは民間スポーツ界との交流を続けた唯一の例外となった。

5 陸軍士官学校

一九二〇年十月、秩父宮が陸軍士官学校に入学した。鈴木孝雄校長は秩父宮在学のあいだ、スポーツの時間を増やした。なかでも、野球は従来「欧米伝来の中途半端なスポーツで身体のバランスのとれた発育には適さないとして、推奨スポーツにはいっていなかったが、秩父宮が興味をもっているとわかると、すぐにとりいれることになり、しばしば校庭で区隊対抗の試合が行われたりもした。秩父宮はサードで四番を打った[63]」。卒業を一カ月後に控えた時期の新聞は、秩父宮の様子をこう伝える。

学校の遊戯中で最近初まつた野球、蹴球、庭球から円盤、槍投げ、砲丸投げ等の陸上競技も一通りは好んであそばされるが、中でも庭球はやつぱりクラスでは第一である。冬のスキーは青山御所のお庭で御習得、スケートは二三年前御所の御池がこほつた節充分御習得になつて、御所の板の間でローラー・スケートもあそばされた[64]（略）。

秩父宮自身は、当時胸部にラッセル（水泡音。結核の徴候）が残り激動を禁じられていたこともあって、「あまりスポーツの方はできなかった」と回顧している。そんな秩父宮にとって陸軍士官学校時代の最も愉快なスポーツの思い出は卒業試験直後の野球試合だった。重圧から解放され、「真に心の晴ればれしたところでカーンとバットを振ったのだから、この上もなく楽しかった」[65]わけである。

　秩父宮は「スポーツを心から愛」し、自分でスポーツをすることも、スポーツを見ることも好きで、二十種くらいのスポーツに手を出した。「私がスポーツを、真に楽しいもの、愉快なものとして、あるいは山を、あるいは水を、はたまた雪や氷をもとめて出かけるようになったのは、成年を過ぎてから、大正十一年〔一九二二年〕以後のことである。いろいろのスポーツをしたが、なんといっても、山のスポーツ、登山とスキーとに、まず指を屈する。次は水のスポーツ、スカルにヨット」[66]と述べている。一九二二年七月に秩父宮は陸軍士官学校を卒業し、歩兵第三連隊の見習将校となった。高松宮、鹿子木員信、槇有恒らと赤倉へ最初のスキー旅行に行ったのが二二年末、そして初めて北アルプスに登ったのが二三年夏である。イギリス滞在中の二六年八月には宮内省の猛反対を押し切ってマッターホルン登頂をやってのけた。さわやかなイメージでマスコミにもてはやされた秩父宮は、皇室にとっても陸軍にとっても、貴重な存在だった。軍人でありスポーツマンである秩父宮は、皇室や軍隊のイメージを高めるのに大きく貢献した。たとえば、結婚を記念して刊行されたある著作は「スポーツの宮さま」という章に次のようなエピソードを収録している。

> 大正十三年の十一月、外務省チームが皇子御殿のチームと野球試合をしたことがある。殿下御自身も御出場になつたが「秩父宮」と名乗られては先方が遠慮して面白くないといふので「小林」といふ属官の名で御加入になられ、思ふ存分の猛試合を行はせられた。それとは知らぬ外務省チームの一人は「小林」と称する殿下の御手腕につく〱不審を抱いたと見え、皇子御殿の一人に向ひ「オイあの人は秩父宮さまではないか？さう思つて見るせいかすべてがそつくりだね」とやつた。その言葉をお聞きになつた殿下はたゞ微笑ませられたのみで何もおつしやらなかつたが、これが後で真実真正の秩父宮殿下であつたことが分つて某君は非常に恐懼してしまつたとの話である。[67]

図35　陸軍士官学校のテニス。コート右側のギャラリーに注目
（出典：山崎正男編『陸軍士官学校』偕行社、1969年、40ページ）

この年の春に日本郵船と野球の試合をしたときにも、やはり「小林」選手が活躍し、あとでそのことを知った郵船の社員が非常に恐懼したというエピソードが残っている[68]。

この時期、秩父宮の御付武官をつとめていたのが本間雅晴だった。イギリスの事情に詳しく英語がうまい本間が御付武官に選ばれたのは、秩父宮が再渡英する際の随行者としての役割を果たすためであったが、あるいはスポーツの理解者という面も考慮に入れられていたのかもしれない。結局、秩父宮の再渡英は実現しなかったが、秩父宮と本間は「人と人との暖かい心のふれ合い[69]」を経験し、二人の交流は本間が逮捕・処刑されるまで続いた。

陸軍士官学校に話を戻そう。一九一九年春から二一年七月まで在学した山崎正男は、「拳を握って節度をつけてやっていた」ドイツ式の体操が、「手のひらを開いたままで、なめらかにやる」スウェーデン式の体操に変わったこと、各種運動競技が入り込み、テニス、野球、ホッケー、砲丸投げ、円盤投げ、ハードルなどをやり始めたこと、大運動会をやって東京名物にしようとしたことなどを、デモクラシー思想の影響として挙げている[70]。

陸軍士官学校で野球チームができたのは、教官の内山雄二郎中尉（陸士第二十六期）が上官にはたらきかけた結果である。野球部員は毎日日課が終わると、隊伍整然と水野ヶ原まで駆け足をし、規律正しい練習をした。部の費用は内山のポケットマネーでまかなわれていた。そのため一九二三年八月に内山が野砲兵第一連隊に移ると、同連隊で野球が盛んになったが、陸軍士官学校本科のほうは野球熱が下火になった。このころ同校の予科では一高投手として活躍した蘆田公平が教官をしており、野球をコーチしていた。蘆田は三〇年まで陸軍士官学校で教鞭を執り、「スポーツ教官」として名を博していた(71)。

一九二三年から約二年間、陸軍士官学校に在学した温品博水《ぬくしなひろみ》（陸士第三十七期）は、当時の同校のスポーツについて詳しい記述を残している。少し長いが引用しておきたい。

我々も休日には予科時代にも増して各種競技会を見学に出掛けた。特に陸上競技は真似が出来るので学校の備付けの運動具を利用して多くの友達と運動時間には盛んにやったものだ。其頃陸上競技で有名となりつゝあった織田幹雄選手には多大の関心を持っていた。

段々見様見真似丈けでは物足りなくて何とか最少し深く研究することは出来ないものだろうか、考えた。一般の学校であれば必要に応じてコーチを求めることが出来たであろうが、士官学校では未だ不可能であった。そこで少くとも競技指導の本でも見て研究することは出来ないだろうかと考え、スポーツ雑誌を協同購入すること（ママ）思いつき、一案として同意を求めた処、多数の賛成を得て、月々二冊づゝ購入廻覧することになり、よりよい研究が出来る様になった。練習する課目は練習用具の関係もあり陸上競技の課目に限定される様になったのは一般情勢として已むを得ない様であった。即ち、早駆、巾跳、走高跳、円板（ママ）投、砲丸投等を多く実施した。

当時大学生等の記録発表を見て自分達の記録もまんざら問題にならない程のもので無いことを知るに及んでこれらスポーツの練習に同志と共に益々精進した様に思う。例えば後日オリンピックで三段跳に優勝した織田選手の当時の十種競技の記録が低（ママ）かったことを思い、記録的の希望を以て練習に身を入れたことを思い出す。

本科の助教で曾て支那派遣軍時代に上海の国際競技に出場して、百米競争で優秀な技倆を発揮した人があって早駆の練習に色々とアドバイスして貰った思い出がある。早駆では大蔵〔栄一〕、楠畑〔義則〕と共によく走った。走高跳で浅山〔小二郎〕が奇麗なホームで一米五〇以上を跳び越えて居たのが眼に残っている。棒高跳の材料がなくて藤崎〔元吉〕と町で物干桿を買って来て練習したことは一つの思出である。[72]

この記述から、陸軍士官学校のスポーツの隆盛は生徒のイニシアチブでもたらされたことがわかる。きちんとした指導がなされていなかったため、スポーツにまつわる事故もたびたび起きたようで、のちに軍隊体育に携わった温品は「体育的考慮に於て今少し何とかならなかったかと」後悔することになる。

6 陸軍スポーツの広がり

一九二〇年代前半、陸軍のスポーツは一、二の連隊や学校だけでなく、全国各地に広がっていた（表3）。その全容を示すのは紙幅の関係で難しいため、ここでは代表的な事例を挙げておきたい。

一九二一年四月一日、満洲独立守備第六大隊長中頭新左衛門が鳥取の歩兵第四十連隊長に栄転した。「開放主義」をとると宣言した中頭連隊長の赴任後まもない七月十七日に第四十連隊は鳥取中学と野球の試合をした。[73]

善通寺の第四十三連隊は一九二一年の八月一日に地元の琴平エビス倶楽部と試合をし、七対十四で敗れた。十月二十三日には丸亀の歩兵第十二連隊と対戦、一対九で敗れた。二一年はぱっとしない成績だったが、翌年は三豊中学出身のバッテリーを得て、「県下各地に於て常勝軍の名を肆に」するまでになり、五月二十一日の試合でも三豊中学に五対四で勝利している。[74]第十二連隊では二〇年に野球部が設置されていた。野球部は日曜日ごとに民間のクラブチームと対戦し、毎年招魂祭の日に連隊で開催される野球大会にも参加していた。二二年には海防艦富士チームとの対戦も実施されている。四国ではこのほか二一年九月に松山の歩兵第二十二連隊でも野球チームが誕生し、北予中学、松山商業や松山高校などと試合をしていた。(75)

一九二二年の記事によると、松本の歩兵第五十連隊には二年ほど前から野球部が結成されていたという。二一年に野球選手の経験がある大岩（明大出身）、大井（上田中学出身）の二人を得て、「押しも押されぬ堂々たる強チーム」となった。メンバーの多くはかつて中学で選手をした経験があった。三月十六日の松本高校戦では専用の

表3　1920年代にスポーツ活動が確認できる連隊

連隊	所在地	典拠
近衛歩兵1	東京	
近衛歩兵3	東京	
近衛歩兵4	東京	
歩兵1	東京	
歩兵3	東京	
歩兵5	青森	
歩兵8	大阪	
歩兵9	大津	「野球界」第14巻第6号
歩兵11	広島	「野球界」第14巻第6号
歩兵12	丸亀	
歩兵14	小倉	
歩兵20	福知山	
歩兵21	浜田	
歩兵22	松山	「野球界」第12巻第5号
歩兵24	福岡	
歩兵25	札幌	
歩兵29	仙台	仙台高等工業学校編『創立三十周年記念誌』仙台高等工業学校、1939年、533ページ
歩兵31	弘前	
歩兵35	金沢	「野球界」第14巻第4号
歩兵37	大阪	
歩兵38	伏見	「野球界」第14巻第6号
歩兵39	姫路	
歩兵40	鳥取	
歩兵41	福山	
歩兵43	善通寺	
歩兵44	高知	「野球界」第20巻第5号
歩兵46	大村	
歩兵47	小倉	
歩兵48	小倉	
歩兵50	松本	
歩兵52	弘前	
歩兵55	佐賀	
歩兵56	久留米	

歩兵57	佐倉	「野球界」第12巻第13号
歩兵58	高田	
歩兵61	和歌山	「野球界」第14巻第6号
歩兵71	広島	「野球界」第14巻第9号
歩兵76	羅南（朝鮮）	
歩兵77	平壌（朝鮮）	「野球界」第14巻第4号
歩兵78	竜山（朝鮮）	「野球界」第14巻第4号

＊歩兵連隊だけ収録した。所在地は記事掲載時のもの。典拠は本文で言及のあるものについては省略した。

ユニフォームを披露し、十二対八で勝利、同月三十日には強敵松本商業を十二対五で撃破した。翌年にも松本商業と対戦し、三対五で敗れたとの記録がある(76)。

小倉の歩兵第四十七連隊では、第四師団と第十師団の対抗戦に刺激を受け、早大野球部の井土敏慧を中心に野球チームが組織され、一九二一年八月に最初の試合がおこなわれた。その後は日曜日ごとに近くの民間人チームを迎えて試合を重ねていた。井土によれば、当時九州では太刀洗陸軍航空隊、第十四連隊（小倉）、第二十四連隊（福岡）、第四十六連隊（大村）、第四十八連隊（久留米）、第五十五連隊（佐賀）に野球チームがあった(77)。久留米の歩兵第五十六連隊でも二三年の時点で「四五年前」に野球チームが組織されていた。ただしこれは「全部の理解によつて出来た」ものではなかった。漢口へ派遣されていた将校が現地で野球に親しみ、彼らが戻ると連隊チームも活気づいた。その後、元早大の名投手谷口五郎を迎えると、第五十六連隊は常勝チームに変身した。第五十六連隊は地元の学校のほか、元明大のエース渡辺大陸率いる歩兵第二十四連隊や歩兵第四十八連隊など軍隊チームとも対戦した(78)。

谷口にやや遅れて、早大の永野重次郎が弘前の歩兵第三十一連隊に入営した。永野によれば、同連隊では連隊長、大隊長、中隊長、そのほかの士官もみな運動を理解し、ユニフォームや道具をそろえ、野球が盛んにおこなわれていた(79)。永野が在営した一年間だけでも、地元の弘前高校をはじめ、東京帝大や日本歯科医学専門学校の遠征軍、青森の歩兵第五連隊などとの試合がおこなわれた。主将をつとめた永野は、重い銃を背負って行軍してきた兵士たちを営庭に引っ張り出してノックをしたことについて、「選手の眼には自分は恐らく悪鬼の如くに映じたに違ひありません」と自虐的に振り返り、長嶺俊之助連隊長と連隊運動部長羽生賛《たすく》大尉に謝意を述べている(80)。永野の視野には入っていないが、当時、菱刈隆中将が第八師団（弘前）の師団長であったことも、連隊長以下の野球に対する態度と関係があるだろう。早大で谷口のチームメイトだった大下常吉（八戸中学出身）は、卒業後に一年志願兵として青森の歩兵第五連隊に入った。同連隊では、一九二二年の時点で「年々野球チームを組織している」というから、かなり早い時期から野球がおこなわれていたようだ。二五年五月末から六月末にかけて第五連隊チームは地元青森中学、青森商業、青森師範、さらには第三十一連隊を相手に戦ったが、戦績はいまひとつだった。[81] このほか弘前の歩兵第五十二連隊（宇垣軍縮で廃止）にも野球チームがあった。[82]

図36　歩兵第56連隊野球チーム。前列真ん中が谷口投手
（出典：「野球界」第13巻第10号、野球界社、1923年8月増大号、11ページ）

朝鮮羅南の歩兵第七十六連隊のある陸軍少尉は「軍隊に行けば好きな野球テニスが出来ない等と云ふ思想は過去思想です。野球、フットボール、テニス、槍擲、砲丸、円盤其他トラックフイールト何でも出来ます。軍隊も進みつゝありますから国民の対軍隊観も停止して居ては不合理です」と断言する。同連隊は師団長、連隊長の理解を得てチームを組織し、対外試合を重ねていた。[83] 当時の第十九師団長は竹上常三郎、かつて俘虜情報局長官としてサッカー好きのドイツ人捕虜の対応にあたった経験がある。[84] 連隊長藤田鴻輔は一九二〇年に「英国ニ於ケル一般軍事教育ノ状況ヲ調査」のため半年間ヨーロッパに出張したことがある。[85] また陸軍戸山学校教官で『国家及国民ノ体育指導』の著者である岡千賀松が、二二年八月に羅南の歩兵第七十三連隊長となり、二三年八月からは朝鮮軍参謀として朝鮮にいた。[86] さらに二四年八月二十四日付で朝鮮軍司令官となった鈴木荘六は、第四師団と第十師団の野球戦がおこなわれたときの第四師団長であった。鈴木の後任の森岡守成は、二六年の夏の甲子園大会朝鮮予選の始球式でボールを投じた。[87] 朝鮮駐在の軍当局にはスポーツに理解のある人物が少なからずいたのだ。

図37　甲子園朝鮮予選大会の始球式でボールを投じる朝鮮軍司令官森岡守成
（出典：「大阪朝日新聞附録朝鮮朝日」1926年7月31日付）

鈴木は朝鮮に来る前は台湾軍司令官をつとめていたが、その台湾でも軍隊野球が盛んだった。台南についてはすでに言及したが（本書八三ページ）、台北でも陸軍の野球チームがあり、一九二一年に台湾体育協会主催で開催された第一回北部大会に参加している。二四年の第四回大会から入場料を徴収することになり、陸軍チームはお金を受け取れないとして棄権した。このころ台北で大正プロ団という野球チームが結成された。純粋な民間人チームだが、ここに台湾歩兵第一連隊の沢山松緑中尉が参加している。沢山は山田中学出身で、一五年の第一回全国中等学校優勝野球大会に出場した経験を持つ。

当時、台湾軍でスポーツの旗振り役をつとめていたのが、台湾歩兵第一連隊長の濱島高義大佐だった（一九二三年八月―二七年二月在任）。濱島はスポーツが奨励された鈴木孝雄校長時代の陸軍士官学校の教官で、その経験を台湾に持ち込んだのだろう。濱島は「軍隊と民衆との熱心な唱道家」として知られ、軍隊の民衆化の一環として、連隊の営庭を野球場として開放した。二四年五月の台北市内中等学校リーグ戦はこの営庭を会場として開催され、在営の将士も協力した。二四年十月に台北陸軍団主催、大阪朝日新聞社通信部後援で開催された現役軍人と在郷軍人との試合では、濱島自身が軍服姿で始球式をおこなっている。『台湾野球史』は濱島だけでなく、台湾第一守備隊司令部の松木直亮司令官らもこうした活動に理解を示していたという。[88]

陸軍士官学校で充実したスポーツ生活を送った温品博水は、一九二五年に同校を卒業後、広島の歩兵第十一連隊に配属された。広島の第五師団ではすでに二二年夏の段階でスポーツが盛んになっていたが、温品が赴任したときにはスポーツ用具はお蔵入りの状態だったようである。

連隊の倉庫には多くの体操器具や、野球、ホッケーの道具のみならずユニホームまで温存してあるのを見て、丁度大学出身者に曾て明大の野球部で有名であった選手の居るのに気付き、野球チームを幹部候補と一般兵との二組を編成して日曜毎に練習し、対外試合まで実施する様にした。又ホッケーチームを作り、隊内で候補生同士で試合が行える様にした。運動器具が倉庫に眠っているので、横木や跳箱等全部営庭の一隅に並べて各隊とも随時使用し得る如くし、幹部候補生は常に他の兵より多く利用せしめた（略）殊に野球は幹部候補生が原動力となり、対外試合も実力を発揮し得たので、候補生の名を高めた結果となった。[89]

東京や大阪など大都市の連隊にはスポーツ経験者も多く、早くからスポーツが盛んだった。一九二一年四月三日、歩兵第一連隊の志願兵と歩兵第三連隊の将校の野球試合が後者の営庭で挙行され、多数の兵隊の声援のもと、歩兵第三連隊が十六対十三の乱打戦を制した。[90] 同年八月六日、今度は歩兵第一連隊の営庭で近衛歩兵第三連隊との野球試合がおこなわれた。「東京朝日新聞」は歩兵第一連隊の練習風景の写真を付したうえで、両軍とも師団の名誉をかけ、昼寝の時間も惜しんで「軍隊式の猛烈な練習」をしていると報じた。選手には「双方共専門学校出の志願兵が多く」、軍隊チームの試合というよりは、学校OBの試合であった。「勝負専門の兵隊さん丈に近頃面白い試合である」[91] と読者の興味をかき立てるが、試合結果は報道されなかった。近衛歩兵第三連隊の主将は元明大野球部主将の中沢不二雄だった。中沢は前年十二月に入営したと思われるが、「まさか軍隊には野球があるまい……」と思っていたところ、すでに「近歩三チーム」が存在していたという。中沢の後輩で元主将の小西得郎がサードを守った。[92] この時期（一九一九年七月―二二年一月）、近衛歩兵第三連隊長をつとめたのが寺内寿一（寺内正毅元帥の長男）であった。歩兵第一連隊と対

図38　捕手をつとめる寺内毅雄中尉
（出典：「アサヒスポーツ」第1巻第3号、朝日新聞社、1923年4月、25ページ）

戦した「近歩三」チームは十月二十三日には一高と試合をするが、二対七で敗れた。このほか駒沢の野砲兵連隊でも野球チームが編成されていた(93)。

一九二三年三月二十二日、近衛歩兵第一連隊と歩兵第三連隊の試合が後者の営庭で開かれた。「アサヒスポーツ」は、捕手の寺内毅雄（近衛歩一）と打者の川勝郁郎大尉（歩三）の後ろ姿を撮った写真を載せている(94)。寺内毅雄は寺内寿一の弟で、東京府立一中時代から野球で活躍していた。「野球界」は寺内を次のように評している。

> 〔寺内〕中尉は、毎年自分の中隊へ大学出身の選手を集めて、之れに軍隊教育を施してゐる。最近では、明大の内田主将の如きは、中尉から一通りならぬ恩顧を受けたのであつた。大試合がある度毎に、ホームうしろのスタンドに中尉の軍服姿を見かけぬことはない。慶応グラウンドに中尉の姿があらはれると、幼稚舎の生徒は、「中尉がきたと許り拍手を以て」迎へる。其人気は大したものである。中尉は軍隊野球、否軍隊スポーツの恩人である(95)。

近衛歩兵第三連隊でスポーツを楽しんだのは一部の選手だけではない。冨谷《ふかや》茂吉は一九二二年から二三年の日記のなかで、何度か「フットボール」やテニスや遊戯をしたことに言及しているが、それらはどうやら正規の教育の一環としておこなわれていたようである(96)。

一九二五年の時点で、近衛歩兵第一連隊ではラグビー、野球、テニス、卓球、バレーボールなどがおこなわれ、将校のあいだではホッケーを始める計画もあった。野球は盛んだったが、メンバーによれば「練習不足で底力がな」く、一高には〇対九で大敗、宮内省とも二対三で惜敗したが、陸軍士官学校には二連勝していた。このとき最も盛んだったのはラグビーだった。連隊には早大ラグビー部OBの大町清、山中利一、東京帝大ラグビー部OBの小田切武昌、木内らがいて、寺内中尉は「来るシーズンには日本一の強チームにすると意気込んで」いた。「陸軍野球の大恩人」「凡そ運動をやつてゐるものでこの名を知らぬ者はあるまい」とスポーツ界から多大の期待を寄せられ、歩兵第三十九連隊の市川とともに「陸軍野球の開祖」とされた寺内は、二九年八月一日付で東京帝大の配属将校となるが、同月十七日に病死した[97]。

　一九二四年一月二十日に挙行された「日本ではじめての軍人同志《ママ》のラグビー蹴球戦」で、近衛歩兵第一連隊を三対〇で撃破したのが歩兵第一連隊であった[98]。鈴木秀丸（のちの法大ラグビー部主将）によれば、二三年十二月に鈴木の兄、武村秀法と友人の倉谷安次郎が一年志願兵として同連隊に入った。志願兵には学生時代にスポーツの選手だった者が多く、ラグビー部員だった者も二、三人いて、当時の中隊長田中雅範大尉もラグビー愛好者だった[99]。なかでも早大出身の浅岡信夫は、二一年に上海で開かれた第五回極東大会の槍投げで優勝するなど運動万能選手で、二五年に映画俳優としてデビュー、戦後は参議院議員として活躍するという異色の経歴の人物であった。浅岡は二等兵だったが、ラグビーの練習や試合では指揮を執り「連隊長の位置を占め」た。

図39　歩兵第1連隊ラグビーチーム
（出典：「東京日日新聞」1924年1月21日付）

> 軍隊のラグビー熱は近歩一対歩一の対抗試合から急に盛んになり、最近、近衛歩四連隊でも久邇宮〔邦久〕侯、管波《ママ》〔菅波一郎〕中尉等の尽力で志願兵の間にチームが編成され、帝大選手の指導の下に練習を行つてゐるが、近く近歩一、歩一等に挑戦して将来軍隊のリーグ戦を実現せんと意気組んでゐる[100]。

　菅波一郎は温品と同じく陸士第三十七期の出身である。一九二四年には、ほかにも軍隊ラグビーに関する報道が数多く見られる（表4）。なかでも注目に値するのが「全陸軍」チームの存在である。

表4　1924年の軍隊ラグビー試合

1月13日	歩一 14－0 明大
1月20日	近歩一 3－0 帝大 OB
2月17日	歩兵三十八連隊 3－18 同志社中学
2月24日	歩一 12－3 高師
2月24日	早大 OB 11－11 全陸軍
2月24日	近歩四 20－0 大倉高商
3月2日	近歩一 21－13 高師
3月2日	東大 OB 12－6 近歩三
3月2日	歩一 19－6 近歩四
3月5日	立教 10－3 近歩四
3月10日	東大 3－6 全陸軍
3月11日	歩一 15－16 近歩一
12月21日	近歩一 25－0 早実

（出典：「東京朝日新聞」「東京日日新聞」、朝日新聞社編『運動年鑑』第9巻〔朝日新聞社、1924年〕をもとに作成）

「全陸軍」は在東京陸軍のオールスターチームで、歩兵第一連隊から小川、県、浅岡、坂東、山本、野砲兵第一連隊から阿部、近衛歩兵第一連隊から中村、田口、齋藤、山田、小田切、大町、寺内、近衛歩兵第三連隊から長沢、近衛歩兵第四連隊から高野が参加した(101)。二五年以降は軍隊ラグビーの試合に関する報道がほとんど見られなくなる。どうやらラグビーは一時的なブームに終わったようである。

一九二〇年十月、「野球界」に第四師団長町田経宇中将による「野球技と武士道」が掲載された。「軍隊の長たる者に、体育を真に理解する者少なき」なかにあって、町田の存在は「陸軍将官界に漲る蒙雲を啓ぐ可き時期」の到来を感じさせるものとなった。町田や歩兵第三十九連隊の影響もあって第四師団隷下の歩兵第八連隊では二一年になって野球チームが編成された。同チームは郡山中学、高津中学など民間チームともしばしば対戦していた。二二年三月三十一日には大阪に入校した第一艦隊チームと第四師団チームが「我が国最初の陸海軍対抗野球競技」をおこなった。当日は雨となり、一旦中止が決定されたにもかかわらず、双方ともなにがなんでもやるという熱心さで、にわかに決行することになった。結果は二十六対四で海軍の圧勝に終わった(102)。

一九二五年十二月に第八連隊に入営した前芝確三は、当時の兵営生活について、野間宏の『真空地帯』（上・下〔市民文庫〕、河出書房、一九五二年）のそれと比べて、はるかに自由だった、のんびりしていたと証言する。連隊長は香月清司大佐（陸士第十四期）、フランス駐在経験もあり、「当時としては非常に開明的な軍人だった」。香月は野球やラグビーのチームをつくり、プロの宝塚運動協会やセミプロの大毎などとも対戦させ、宝塚運動協会には勝利を収めた。第八連隊のエースは桐原真二、慶大野球部の主将をつとめ、遊撃手として活躍した人物である。連隊には桐原のように、中学や大学で野球をやっていた連中がいた。前芝はその理由について、「その頃徴兵検査は非常に厳密で、よほどからだのいいのでないと甲種にとらない。ことにインテリ兵士は、からだのいいものばかりだった。（略）だから兵隊になってるのにはスポーツマンが多かった」[103]と説明する。

第八連隊の陸軍中尉M・K生（加茂政雄）は、一九二五年一月十日入営の初年兵六十人に対してスポーツに関するアンケートを実施した。[104]軍隊スポーツの推進者だった加茂は、日本におけるスポーツの「真の進歩、発達、普及の状態」を知るために、「我国男性の凡ゆる階級を網羅する」壮丁に注目した。質問は全部で十問、百点満点で採点をした。「此の容易な問題、簡単な答解」にもかかわらず、最高点は六十四点、平均点は二十・三点しかなかった。当時、陸軍戸山学校が推進していたホッケーは「日本にそんな競技を行つて居る所があるのかと反問されそうな程」正答率が低かった。なかには「ホッケー」と「法華」とを取り違え、「ホツケーは宗教である」と回答した者もいた。ラグビーとサッカーの違いはほとんど知られておらず、バスケットボールやバレーボールがどのようなものかを理解する人もほとんどいなかった。最も正答率が高かった「庭球とテニスの差異」という問題でさえ零点が二十人もいたことに、加茂は「何んと云ふ無関心、無趣味、ボンヤリな人間の集りであらうことよ」と嘆いている。というのも同連隊には二つのテニスコートがあり、入営してから十数日間、彼らは毎日テニスを見ていたはずだからだ。また円盤投げや槍投げも見ていたはずだったが、陸上競技の種目を問う問題の正答率もきわめて低かった。加茂が「失望の淵に沈んだ」のもうなずける。二三年に極東大会が開催され、スポーツに対する関心が高かったはずの大阪でさえこの状況だった。

加茂が指摘するように、メディアにあふれるスポーツ情報と、農村出身者が多い軍隊でのスポーツの実情には大きな落差があった。加茂が提示する居住地、学歴、職業別の統計は、スポーツが都市部の高学歴のホワイトカラーに浸透し、なかでも中学出身者がスポーツに対して多くの知識を持っていたことを示している。一九二〇年に十七万七千人だった中学生の数は三〇年までに三十四万六千人にまで増加した。高等学校、師範学校、大学、専門学校の学生数も大幅に増加した。中等・高等教育の普及率はまだまだ低かったが、その実数は劇的に増えていたのである。そして彼らが軍隊スポーツの核というべき存在になったのだ。

加茂は前任地の深山重砲兵連隊で一九二三年十二月から一年間、関西テニス界ダブルスの王者だった吉田嘉寿男の教育を担当した。吉田のパートナー小林了二も一年志願兵として同じ時期に歩兵連隊に入隊した。加茂は志願兵のなかに吉田の名を見つけたとき、光栄、誇りを感じるとともに責任の重大さを自覚したが、なかなか吉田に練習の機会を与えることができず、精神的に援助するほかなかった。二五年春、兵役を終えてわずか三カ月にして、二人は日本庭球大会で優勝した。そのとき加茂は「兵隊さん式にぐんぐんやるのが痛快だ」「兵隊に行つてから却つて巧くなつた様にも思はれる」「軍隊でテニスばかりして居たのだらう」「鍛へられた軍人精神の賜か」といったファンの言葉を耳にした。一般に一年もしくは二年の軍隊生活は運動選手に致命的打撃を与えると考えられ、選手自身もそう信じているが、軍隊生活が選手生活の墓場となるかどうかは本人の「気の持ち様、心の置き所、精神の如何」にある。体力は衰えるはずがない。気力、精神は一段と増しているはずである。しかも軍隊精神とスポーツマン・スピリットとは内容に少しの相違もなく全然同一である。運動家は精神、体力においていっそう増進した状態で再びスポーツ界に足を踏み入れることができるのであり、吉田・小林の活躍はそれを証明する[105]、と加茂は主張する。

加茂は一九二五年夏に軍籍を離れたが、なお軍隊とスポーツ界の関係向上を意図して「あらたに入営したるスポーツマン諸君に」という文章を発表した。現在兵卒の娯楽、趣味の向上をはかるとともに、気力、体力、向上心を養成するため、ほとんどの軍隊で野球、テニス、バスケットボールをやらせている。その指導にあたるのは青年将校だが、彼らはスポーツに十分通じておらず、スポーツマンに大きな期待を寄せている。新入兵の名前が連隊に通知されると、中隊の初年兵係教官が連隊本部に押しかけ、選手の争奪戦を演じるほどである。スポーツマンは精神面・身体面ともに最上の軍人となりうる。身体の丈夫さという点では、農民や労働者によりよい者がいるが、彼らの身体は合理的に発達しておらず矯正体操が必要である。加茂は某中尉の言葉を借りて、軍隊のためにもスポーツの徹底的普及をはかるべきであり、それはスポーツの全国的普及を実現する最善の方法でもあると述べる[106]。

歩兵第八連隊にはもう一人重要な人物がいた。加藤真一少佐である。加藤は一九二四年三月十五日に歩兵第八連隊付に配置換えとなり、その一週間後にヨーロッパ出張を命じられる。加藤はオルダーショットに滞在し、おそらく同地の陸軍体操教官団でイギリス軍のスポーツを研究したと思われる。加藤はパリ・オリンピックを視察し、それからほど遠くない時期に帰国した[107]。前芝と同じ時期に入営した浦野靖生によれば、加藤少佐は「軍隊の因習的世評のイメージチェンジをする為連隊内でスポーツ大会を施行した」。それによって「一般社会より隔絶視された軍隊も、非常にモダンで進歩的だと内外共に好評」を博した。一方で浦野は、軍隊の民衆化には強い警戒がなされ、入営時にはキリスト教徒、労働組合員、農民組合家庭、社会運動家などについてチェックがなされたことを挙げ、「当時の軍隊を一言で評すれば、外部は柔にして遠慮勝で、内に皇軍本来の筋金を入れ様とした、予盾（ママ）した二面を包蔵して居った[108]」と書き留めている。この問題は産業都市大阪を抱える第八連隊ではとりわけ深刻であり、『歩兵第八連隊史』が米騒動で群衆から投石にあったことや、当時の軍隊が「水平社問題」と日本共産党の対軍攻勢にあっていたことに言及するのもそのためだろう[109]。

第八連隊のスポーツの発展は決して順調だったわけではない。香月の前任の連隊長、林彦一はスポーツに対してあまり肯定的ではなかったようで、歩兵第四旅団長に移ったあと、次のように述べている。

> 大阪の第八連隊は悪いと云ふ評判程ではない。兵が頗る利恰だから之を教育して行くにはかなり頭を使はねばならぬ。同連隊は運動競技が非常に盛んであつたが銃剣術、射撃、行軍など軍隊の要求することを完全にやらせるには運動競技をやることは余りに身体を疲労せしむる嫌ひがあるので昨年の夏から制限してゐる[110]。

歩兵第八連隊と隣接する歩兵第三十七連隊でもスポーツが盛んだった。これには、一九二二年に着任した連隊

図40　歩兵第37連隊のスポーツ
（出典：「アサヒスポーツ」第2巻第6号、朝日新聞社、1924年３月、27ページ）

長、厚東篤太郎が一五年から二二年まで秩父宮の御付武官をつとめた人物であったことも関係しているかもしれない。厚東の前任、井染禄朗もスポーツに縁が深い。息子の道夫はちょうどこのころ明治大学でサッカー部を創設した。その井染が横須賀で海軍軍人にサッカーを教えていたことはすでに触れたとおりである（本書三七ページ）。二四年三月の「アサヒスポーツ」には三枚の写真に「大阪の歩兵第三十七連隊では、鉄弾、槍、円盤、バスケット・ボール及びバレー・ボール等を備へて正規の学術科以外に毎日兵員の運動教練を行つてゐる、写真（左図）はバスケット・ボールの練習、（右上）は鉄弾投射、（右下）は槍投」というキャプションが付されている。またその次の号には、二四年三月八日に歩兵第三十七連隊と歩兵第八連隊の対抗バスケットボール試合の写真が掲載されている。

　加茂も指摘するように、スポーツの奨励の程度は部隊によってかなりの差異があり、スポーツが全く見られない部隊もあっただろうし、スポーツが盛んな部隊でも、実際に従事する者はほんの一部にすぎない場合もあっただろう。しかし、一方で第三十七連隊のように全員にスポーツをやらせていた連隊もあったのであり、それこそ今後の軍隊のあるべき姿だと軍隊スポーツに関心を持つ人びとは考えていた。

図41　歩兵第8連隊と歩兵第37連隊のバスケットボール試合
（出典：同誌27ページ）

今では、大抵の連隊には、野球チームがある。今の学生で、巧い下手はさておいて野球に趣味を持たぬ学生は一人もあるまい。軍隊へゆけば野球が出来る、好きな運動が出来ると云ふので、一般に軍隊へゆくことを好むやうになつた。之れが為めに今迄のやうに、軍隊へゆくことを好まぬと云ふ悪い風習はなくなつて来た。野球技に依つて、軍隊の民衆の接触が出来たのである。喜ぶ可き現象である。[11]

この記事は一九二四年の「野球界」に掲載されたものだが、ここで描かれた光景は翌々年にはほとんど目にすることができなくなる。軍隊とスポーツ界の蜜月時代は二一年から二五年と短いものだった。

一九二九年に慶大を卒業し満鉄（南満洲鉄道株式会社）に入社、同年八月の都市対抗野球で満洲倶楽部を優勝に導いた浜崎真二は、三〇年に福山の歩兵第四十一連隊に入った。

〔昭和〕五年二月一日には兵隊にとられて、ぼくは広島県福山の連隊へ入隊した。（略）各新聞社のカメラマンがきておって写真を撮られた。満洲倶楽部の浜崎が軍隊入りしたというのでニュースになったんだ。（略）〔軍医によると〕福山の連隊では、ぼくを兵隊にとることに決めておった。新聞社のカメラマンにちゃんと写真を撮らせるように段取りができておったというのだ。「どうしておれのような者を軍隊にとったのだ。もったいないじゃないか」といったら「新聞のほうにも、浜崎がくると連絡してあった。だからはねるわけにはいかなかったのだ」という説明だった。軍隊の宣伝に使いよったんだな。[112]

歩兵第四十一連隊はかつて野球をしていたが[113]、浜崎が入ったときにはもう連隊内で野球はしていなかったようだ。代わりに浜崎は次のような形で連隊に貢献した。

ある日、連隊長から「浜崎は何日の何時から何日まで一週間野球のコーチに行ってこい」という命令がきた。（略）軍隊の勤務時間を休んで、民間の野球コーチに出かけたのは、この連隊始まって以来の珍事だというわけだ。（略）とにかく軍隊へ入隊していて、小学校から中学校まで野球のコーチに出かけたのは、ぼくひとりじゃないかと思う。[114]

このような経験は決して浜崎一人ではない。一九一八年に大阪の連隊に入営した佐伯達夫も同様の経験をしている。[115] しかし、一九三〇年代に入ると、何らかの事情で個々のスポーツ選手を優遇することはあっても、陸軍の連隊でスポーツを実践した事例は、管見のかぎり存在しない。

7 「偕行社記事」のスポーツ論争

陸軍大学校教官の本間雅晴大尉は、一九二二年十月号の「偕行社記事」に「軍隊が国民の「スポート」を指導するの提唱」[116]と題する小文を発表した。本間は、ヨーロッパで大戦の経験を踏まえてスポーツが奨励されている

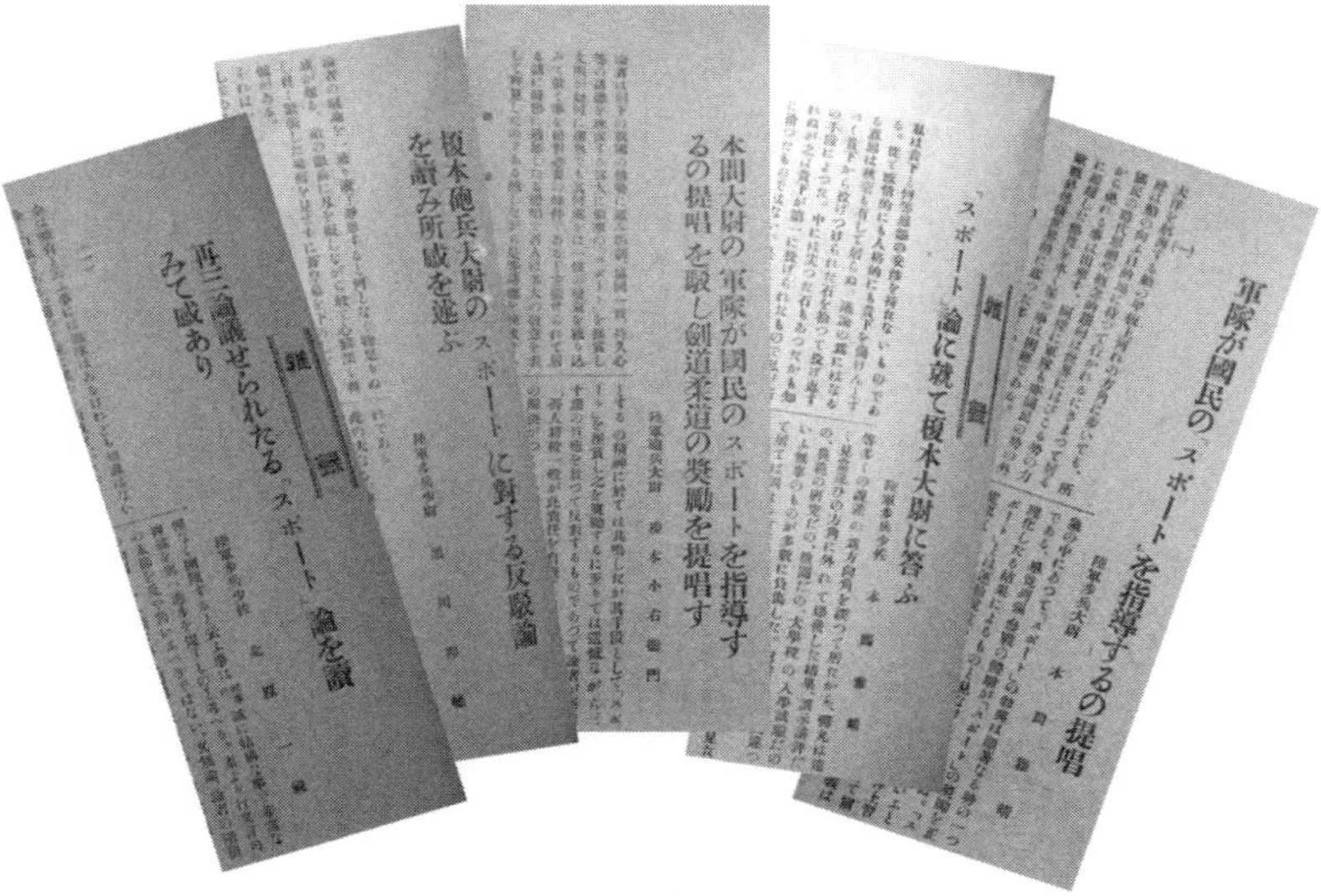

図42　軍隊スポーツの是非をめぐって「偕行社記事」に発表された諸論文
（出典：左から次の通り。本間雅晴「軍隊が国民の「スポート」を指導するの提唱」〔偕行社編纂部編「偕行社記事」第578号、偕行社編纂部、1922年10月〕、本間雅晴「「スポート」論に就て榎本大尉に答ふ」〔偕行社編纂部編「偕行社記事」第582号、偕行社編纂部、1923年2月〕、榎本小右衛門「本間大尉の「軍隊が国民の「スポート」を指導するの提唱」を駁し剣道柔道の奨励を提唱す」〔偕行社編纂部編「偕行社記事」第580号、偕行社編纂部、1922年12月〕、黒川邦輔「榎本大尉の「スポート」に対する反駁論を読み所感を述ぶ」〔偕行社編纂部編「偕行社記事」第583号、偕行社編纂部、1923年3月〕、北原一視「再三議論せられたる「スポート」論を読みて感あり」〔偕行社編纂部編「偕行社記事」第585号、偕行社編纂部、1923年5月〕）

こと、日本でもまたスポーツが盛んになり、軍隊でもスポーツがおこなわれていること、軍当局もそれを是認する傾向にあることを確認したうえで、「「スポート」は国民の体育を発達せしむるのみならず、軍隊的精神を涵養し、国民性の欠陥を補備修養し尚武心の維持を援助する頗る有意義なものである」と評価した。具体的にいえば、スポーツは協同動作（犠牲心、責任観念）、服従、持久心、名誉心、警戒心を養成することができ、個人的な日本の競技・武技を補うことができる。また、スポーツマンシップは軍人精神に近く、軍隊教育にも役に立つ。イギリスが大戦で立派な軍人ぶりを見せたのはスポーツによる平時の訓練のたまものだし、フランスは大戦後に兵役短縮の解決策としてスポーツを利用し、常備兵額を制限されたドイツもスポーツによって国防の欠陥を補おうとしている。わが国では軍縮の問題があり、また国民の厭戦感情から兵式訓練や軍事予備教育を正面切って実施しにくい。そこで、将来の国民戦、長期戦をも見据え、軍隊が体育本位ではない精神鍛錬を重んじるスポーツを国民に指導していく必要がある、と本間は主張したのである。

本間がスポーツの重要性を指摘したのはこれが最初ではない。本間はイギリス滞在中に提出した「英国陸軍隊附視察報告　大正七〜八年」で、すでに軍隊とスポーツに関する報告をおこなっているが、さらに二、三付け加えたいとして、次のようにいう。

戦役間、戦線後方ニ於テ訓練多繁ノ時機ニ於テモ尚英軍ハ「スポート」ニ時間ヲ割愛スルコトヲ忘レサリキ。之一見貴重ナル時間ヲ浪費スルモノナルカ如キモ然ラス。戦場生活ノ労苦ヲ忘レシメ、以テ旺盛ナル志気ヲ保チ、且身体ノ壮健ヲ保ツ上ニ十分ノ効果アルヲ信シタルニ外ナラス。仏軍ニ於テモ漸次其価値ヲ認識シ、戦役中途ヨリ英軍ノ例ニ倣ヒタリ。参謀総長「サー、ヘンリー、ヰルソン」ハ本年度士官学校卒業式ニ於ケル訓示ニ於テ、英軍ノ戦勝ヲ得タル原因中「スポート」ハ重大ナル部分ヲ占ムルモノナルコトヲ述ヘタリ。

そのうえで本間は武装しないでおこなうクロスカントリーを、「我軍ニ於テモ最モ容易ニ行ヒ得ル「スポート」ニシテ且直接訓練ヲ補助スルモノ」であると陸軍に推薦した。報告書の上部には「The battle of Waterloo was won by playfields of Eton.」と記されている。(117)

「偕行社記事」で本間の文章が発表されると、砲兵大尉榎本小右衛門がこれに激しくかみついた。(118)榎本はまず、農村ではスポーツの「ス」の字も、野球の「野」の字も聞かぬと述べて、スポーツが勃興しているという本間の前提を否定した。そして本間が列挙したスポーツの精神的効果を、薬屋の効能書のようだとして、西洋人に効くからといって研究もせずに日本人に強いるのは危険だとする。日本には国民性に適した剣道、柔道、相撲などがあり、本間が主張するスポーツの諸効能、たとえば「真剣的の節制協同一致」は「剣道柔道の一手販売」であり、

「持久心の養成」は「我剣柔道の主要科目」であって、剣道、柔道で十分養成できるとする。さらに、スポーツの勃興を時代思潮とする本間に対して、イギリスにはフットボール、ドイツには決闘、アメリカには野球という具合に、国民性を生かすことこそ世界的思潮であり、剣道柔道を捨ててスポーツを輸入するとは国家を破滅に導きその品格を貶める「自卑自屈奴隷的態度」である、と強い口調で攻撃した。

本間は直ちに榎本の批判に反駁した。(119) 確かに榎本の議論は矛盾、撞着、誤解に満ちていた。本間がとくに問題にしたのは、本間が剣道と柔道を全廃してスポーツに代えようとしているとの前提のもとに榎本が議論を組み立てていた点である。またスポーツの勃興についての認識にも異を唱える。実は榎本も「軍隊によりては野球の試合や庭球等をぼつく〳〵娯楽半分にして居る事は確だ、而して新聞紙が文明の軍隊は斯くあるべしなどと云うて油を注いで居る事も亦確だ」とスポーツの存在をある程度は認めていたが、例外的な現象として片付けてしまっていた。本間は各地を旅行して見聞した高等小学校以上の生徒・学生の様子、新聞の運動記事、スポーツ専門の月刊誌の誕生などの事実から、それが全国的な潮流であることを示した。さらに軍の方面でも、山梨半造陸軍大臣が雑誌「戦友」に「近時青年の運動競技隆盛となり体育を練りつつあるは好い傾向である」と記していること、(120)『体操教範草案』付録「競技」の「球戦」とは、サッカーとラグビーを折衷したものにほかならないこと、陸軍士官学校や陸軍幼年学校でスポーツが盛んになっていることを挙げた。

また、十一月に開催された全日本陸上競技大会に皇太子が台覧し、体育と精神修養の手段としてスポーツを奨励したこと、皇太子をはじめ皇室がスポーツに興味を持ち、自ら実践していること、そしていささか自慢げに自身が三人の殿下と庭球をする機会を持ったことを挙げた。そのうえで「「フツトボール」なり「ホツケー」なりの競技法は、疎開戦法に於ける紛戦に酷似した状態を現出する、従て近代戦法に於ける兵卒の独断力を涵養するには恰好のものではあるまいか」として、スポーツが第一次世界大戦で変化した戦術に対応すると主張した。ただ、本間はすべてのスポーツを肯定しているわけではなく、技術に熟練を要せず、多人数が同時におこなえるフットボール、バスケットボール、ホッケーを評価し、野球と庭球は兵卒の競技としては、どちらかといえば反対の立場だった。
本間と榎本はともに陸士第十九期で、離島の出身（本間は佐渡島、榎本は種子島）という共通点を持っていた。しかし本間が陸軍のエリートコースをひた走る、イギリス帰りのハイカラ青年であったのに対して、榎本の経歴はぱっとしないものだった。榎本はこの年八月に対馬要塞から下関重砲兵連隊に移り、一九二五年に下関中学に配属される。二九年に故郷へ戻り、三六年から十年間、西之表町長をつとめた。[121] 僻地で軍隊生活の大半を過ごした榎本がスポーツの勃興を否定したのも無理はない。二人は全く異なる世界に生き、全く異なる世界観を抱いていた。ここでは本間の「軍国論」（一九二五年）と榎本の「肉弾主義の基調」（一九三二年）を比較することで、両者の違いを確認したい。[122]

本間は、「世界時代思潮の一たる平和思想」こそ、当時の軍縮、反軍備、反陸軍の風潮の根底にあると見る。国際的平和思想には、社会主義的国際平和思想と帝国主義の反動としての平和思想があるが、前者は大戦で大きな打撃を受けていて、後者が当面の問題となっている。平和会議、国際連盟、ワシントン会議などは有名無実で、欧米列強は帝国主義的侵略を巧妙な形で続けている。資源がなく人口増加に悩まされる日本の唯一の活路は海外発展しかない。そのためにも軍備を充実させることが緊要である。軍備とは「国民の人口、体格、尚武心、軍事知識及軍事訓練の綜合によつて判定せられ」るべきものである。アメリカでは護国軍の増加、軍事教育、全国動員デー、イギリスでは地方軍の拡張、少年団、運動の奨励、大学や中等学校のO、T、C（Officers Training Corps）などでその充実をはかっている。このように本間がイギリス・アメリカを手本としたのに対し、榎本は今日は都会主義、すなわち商工業の専制時代であるとして、商工業主義、資本主義、金銭万能主義のイギリスやアメリカも、科学的社会主義のソ連もすべて農民の敵とみなす。日本はすべからく兵農一致に帰すべきで、これこそ「我国本であり皇道であり王道である」。そんな榎本にとって歩兵こそ軍の核心であった。

〔歩兵は〕最後の場合は一切の機械及兵器を信頼する事なく、赤裸で敵陣に飛込み格闘戦を行ふが故に主兵たり得るのだ。（略）飛道具は卑怯で御座るが故に一切の兵器より解放せられて敵と格闘を行ふ時のみ真の歩兵であり軍の主兵だ。

榎本は砲兵科出身で、軍事技術にもおそらく無知ではなかったが、彼にとって軍人的な男性性は肉弾主義、すなわち格闘戦における歩兵によって示された。「最後の場合」にいたれば、ルールやスポーツマンシップはほとんど意味を持たない。榎本にとって、「格闘的精神の養成」こそ国軍練成の基礎であり、「突撃格闘術の教育」こそ軍隊教育の基礎であった。とはいえ、榎本にとっても、大戦で示されたイギリス・アメリカ軍の優位は自明のものだった。本間はそれを他国にも適用すべき普遍的な経験ととらえたのであり、榎本はそれをイギリス・アメリカに特殊な経験ととらえた。本間が目指したのは近代的な男性性であり、榎本のそれは日本的な男性性であった。二人の対立は二つの男性性のせめぎ合いでもあった。スポーツ論争は単にスポーツを採用するかどうかという技術的な問題ではなかった。だからこそ大きな反響を呼び、「偕行社記事」でもまれに見る論戦が展開されたのである。

本間に続いて、黒川邦輔少尉（陸士第三十二期）が榎本に反駁した。[123] 黒川がとりわけ問題にしたのは、榎本がスポーツを不可とする理由は「時代思潮に乗れる」というだけのことで、スポーツの内容について立ち入った検討をしていない点である。黒川は「時代思潮」についても榎本の詭弁を指摘し、スポーツの勃興が必然であると論じた。また、まもなく極東「オリンピック」が大阪で開かれること、昨年春に文部省主催の第一回運動体育展覧会が開かれたことなど、スポーツ勃興の実例を挙げた。

編集者の説明によればこれ以外にも多数の論説が寄稿されたとのことだが、ちょうど極東大会開催中の「偕行社記事」に掲載された北原一視《ひとみ》少佐（陸士第十七期）の論文をもって打ち切りとなった。北原は当時歩兵第四十七連隊にいたが、一九一七年から二二年まで陸軍士官学校の教官をしていた。この時期、陸軍士官学校でスポーツが勃興していたことは先述のとおりである。北原は、スポーツを採用すべきかどうか、『体操教範』が競技を認めているかどうかについては決着がついたとし、別の角度から論争に参加した。(124)北原によれば、軍隊でもスポーツを採用するというなら驚かないが、軍隊がスポーツを指導するという高邁な理想を掲げたことに驚いたとし、榎本もこの点に反発したのではないかと推測する。つまり榎本は本間の議論が「頗る「ハイカラ」な新しい提唱である「スポート」万能論である」ととらえて反発したのであり、軍隊がスポーツを採用するかどうかの問題ではなかったというわけである。

とはいえ、「ハイカラ的に何でも彼でも片仮名交りに、又は横文字交りに西洋人や西洋の物事を担ぎ廻はさんでも好いと思ふ」という榎本の態度からは、スポーツばかりか西洋そのものに対する反発を感じざるをえない。本間はそれを見て取ったからこそ、いかなる時世でも国家が要求する国粋保存主義は排外主義と同一ではないとして、「西洋のものであるといふ唯一ツの理由を以て「スポート」を排斥せらるるといふのでは、失礼ながら議論にはならぬ」と述べたのである。スポーツを外来物であるがゆえに排斥するという榎本のような主張は、太平洋戦争が始まると再び声高に叫ばれることになる。それはさておき、北原自身は、理想は高く実行は堅実にという原則を掲げ、本間の理想は軍隊の現状からして実現は困難であり、せいぜいスポーツを取り入れるのが関の山だとみる。

国民教育が完備して立派な体格と立派な精神を持つて壮丁が入営する。軍隊は主として之に軍事教育を施せばよい。随つて「スポート」の如きは国民教育に於て大に盛んになり、軍隊に波及し、軍事訓練と相待つて益々其美を済すに至る。

つまり、スポーツは国民教育の領分であり、軍隊は軍事教育を主とすべきであるとの立場である。それを彼は剣術第一、スポート第二と簡潔に表現した。スポーツの利点は利用すべきだが、「酒は呑むべし、呑まるべからず」である。旧慣の墨守もいけないが、やみくもに理想に突き進むのも考えものである。むしろ剣術、柔道、スポーツを目下の状況に適合するように、いかに巧みに調和して実行していくかを研究すべきである。これが北原の結論であり、同時にそれは、北原の議論を取り上げ、論争を打ち切りとした編集部の結論でもあった。

実はこの論争が起きたとき「偕行社記事」の編纂部長をつとめていたのが、教育総監部本部長宇垣一成であった。編纂部幹事には菱刈隆もいた。そして陸軍戸山学校長が白石通則に代わると、今度は白石が編纂部に加わった。彼らはいずれもスポーツ推進派であり、多少の留保をつけながらもスポーツを是認する形で議論を収束させたのである。さらにいえば、この時期、陸軍大臣、次官や教育総監、同本部長など軍隊教育に関係するポストにはスポーツに理解のある者が数多くいた。たとえば、一九二〇年十二月から教育総監をつとめた秋山好古は、二三年三月に予備役に編入され、翌年四月に故郷松山の私立北予中学校長に就任する。中学校長としての秋山は軍事教練には消極的だったが、スポーツは盛んに奨励し、「近時における運動競技は、ますます発達向上し、単に体育のみならず、徳育、知育をも兼ね備えるようになっている。特に、競技をもって国際的の親密を増加し、各国民の品位を代表するようになってきた[125]」と生徒に講話していた。二三年十月から教育総監部本部長、翌年一月から陸軍次官をつとめた津野一輔はスポーツ全盛時代の陸軍士官学校長（一九二一年八月―二三年十月）であった。陸軍スポーツ勃興期に陸軍大臣だった田中義一については先述したが（本書八三ページ）、首相在任中の二八年四月に東京六大学リーグに総理大臣杯を寄贈し、始球式にまで参加したという事実を付け加えておこう[126]。田中のもとで次官をつとめ、二一年六月に田中の後任として陸軍大臣をつとめた山梨半造については本間が触れたとおりである。また、一九年十一月から教育総監部本部長、二一年六月から一年間陸軍次官をつとめた尾野実信

図43　全国軟式野球大会の参加章。裏面左に「陸軍大将　尾野実信牌」と記されている。ただし当該大会の詳細な状況は不明
（出典：「第9回全国軟式野球大会参加章」〔著者蔵〕）

は、三〇年代に彼の名前を冠した全国軟式野球大会があったことから、スポーツに敵対的ではなかったと考えられる。なかでも、重要な役割を果たしたのは、第十師団でスポーツを推進した宇垣一成だろう。宇垣は二二年五月から教育総監部本部長、翌年十月に陸軍次官、その翌年一月に陸軍大臣をつとめている。

8　陸軍のスポーツ観

陸軍戸山学校では一九二〇年ごろから『体操教範』の改正に取り組んでいた。陸軍はすでに一六年二月頒布の『体操教範草案』で「競技」を採用したが、それは「大反対を押し切つて」の結果だった。[127] 同草案は、陸軍が明治末年にスウェーデンに派遣した林保吉中尉と林二輔大佐の帰朝報告をもとに編纂され、当時脚光を浴びていたスウェーデン体操を取り入れた。競技は付録のなかに収められたが、競技の目的や注意点を列挙するだけで、具体的な事例は示されていない。その不足を補ったのが、陸軍戸山学校が一七年に刊行した『競技参考書』であった。同書は「簡易ナル競技」と「競技」から構成され、前者には「平均運動ニ属スルモノ」「腹ノ運動ニ属スルモノ」「行進運動ニ属ス

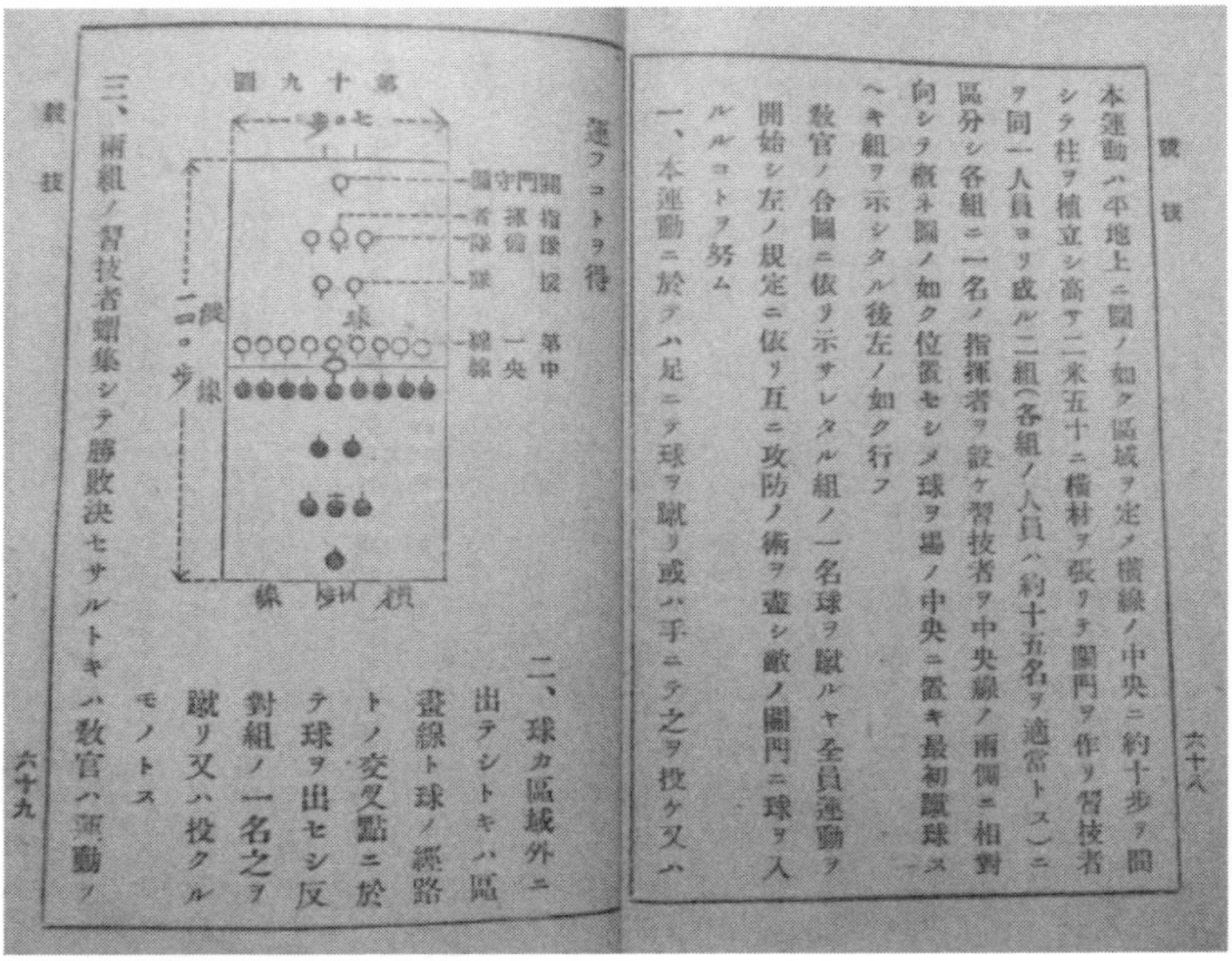
競技　六十八

本運動ハ平地上ニ圖ノ如ク區域ヲ定メ横線ノ中央ニ約十歩ヲ間シテ柱ヲ植立シ高サ二米五十ニ横材ヲ張リテ關門ヲ作リ習技者ヲ同一人員ヨリ成ル二組（各組ノ人員ハ約十五名ヲ適當トス）ニ區分シ各組ニ一名ノ指揮者ヲ設ケ習技者ヲ中央線ノ兩側ニ相對向シテ概ネ圖ノ如ク位置セシメ球ヲ場ノ中央ニ置キ最初蹴球スヘキ組ヲ示シタル後左ノ如ク行フ

教官ノ合圖ニ依リ示サレタル組ノ一名球ヲ蹴ルヤ全員運動ヲ開始シ左ノ規定ニ依リ互ニ攻防ノ術ヲ盡シ敵ノ關門ニ球ヲ入ルルコトヲ努ム

一、本運動ニ於テハ足ニテ球ヲ蹴リ或ハ手ニテ之ヲ投ケ又ハ運フコトヲ得

第十九圖

二、球カ區域外ニ出テシトキハ區畫線ト球ノ經路トノ交叉點ニ於テ球ヲ出セシ反對組ノ一名之ヲ蹴リ又ハ投クルモノトス

三、兩組ノ習技者蝟集シテ勝敗決セサルトキハ教官ハ運動ヲ

競技　六十九

図44　『競技参考書』「球入競争」の解説
（出典：陸軍戸山学校『競技参考書』陸軍戸山学校、1917年、68―69ページ）

ルモノ」「横腹ノ運動ニ属スルモノ」「跳躍運動ニ属スルモノ」「雑」の各項目に合計三十六種の競技が、後者には「綱曳」「早駆競走」「駆歩競走」「中継競走」「器械及障碍物通過競走」「棒奪競争」「球入競争」「騎馬戦」が挙げられている。球入れ競争はその内容から見て、「球戦」の原型と思われる。

正式な『体操教範』は一九一八年六月に刊行された。スウェーデン体操はやや理論にすぎ、興味に欠ける点があることから、ドイツ式の長所も取り入れたという。競技の項目では、『競技参考書』のなかから十五種を選んで具体的なやり方を示した。

ほどなくして新教範は「軍隊教育ノ実況ニ鑑ミ、且二年在営制実施ノ将来ヲ顧慮シ、各隊ノ意見ト欧洲戦ノ経験トヲ参酌」し、再度改正されることになった。[128]今回は競技スポーツの成果を積極的に取り入れることになり、一九二一年十月に野口源三郎が招聘されたことは先述した（本書一〇四ページ）。二二年三月に刊行された海軍砲術学校『体育参考書』は、陸軍の『体操教範』作成の状況について「附録タリシ競技ヲ断然教範ノ正課ニ移シ、以テ一層趣味性ヲ附与シ（陸軍省ノ英断ニヨル）、競技ノ長所ヲ利用シ、軍事諸般ノ目的ニ適応セシメ、其能率ヲ増進センコトヲ図レリ（該教範ハ不日発布ノ筈ナリ）[129]」と記す。ところが同年六月に頒布された『体操教範草案』では、競技は依然付録として扱われている。「陸軍省ノ英断」にもかかわらず（当時の陸相は山梨半造）、競技の正式採用に対して反対があったことをうかがわせる。

競技に関する変更はさほど多くはない。そのうちのひとつ、第十二条に謳う「敵手ノ優勝ニ対シ之ヲ認識スルノ雅量アラシムルコト肝要ナリ」という文句は明らかにスポーツマンシップを意識したものである。「跳縄ニ依ル運動」の第百四十条、「駆歩」の第百七十条、新たに立てられた「早駆」と「投擲運動」は陸上競技の成果を取り入れたものと推察される。「重キ物体ノ投擲」として一六四ページに掲載される図は砲丸投げそのものである。このほか、草案は「陣ノ交換」など十種の競技を例示するが、旧教範にない競技もいくつかある。そのひとつである「球戦」は、一チーム十五人でおこなう球戯で、球入れ競争に由来する陸軍独自の競技である。さらに草案は、必要に応じて相撲や「打球」を選択してもよいと規定した。「打球」はホッケー、ポロが意図されていた。

競技が正式なカリキュラムとして認められず、ほとんど記載に変更がなされなかった理由は、次に挙げる「開けた陸軍」と題する新聞記事にうかがうことができる。

今春の師団長会議では野球を加へたらどうかといふ事が問題になり、某師団長の如きは野球が軍隊の一致団結、協同動作に及ぼす美点を挙げて熱心に推奨したが、教典に加へて全国の師団に一斉にやらせる事になれば、地方の部隊によつては困難の所もあるといふので、科目に入れる事は見合せとなり、司令官の考へでどうにでも出来る事になつたのである。野球熱の勃興につれ、参謀本部、近衛師団を初め、各師団に野球チームが出来出したが、今後は一層大ぴらに普及され、将来は米国の軍隊のやうにどこの師団にもチームがあるまでの盛況を見るに至るであらう。(130)

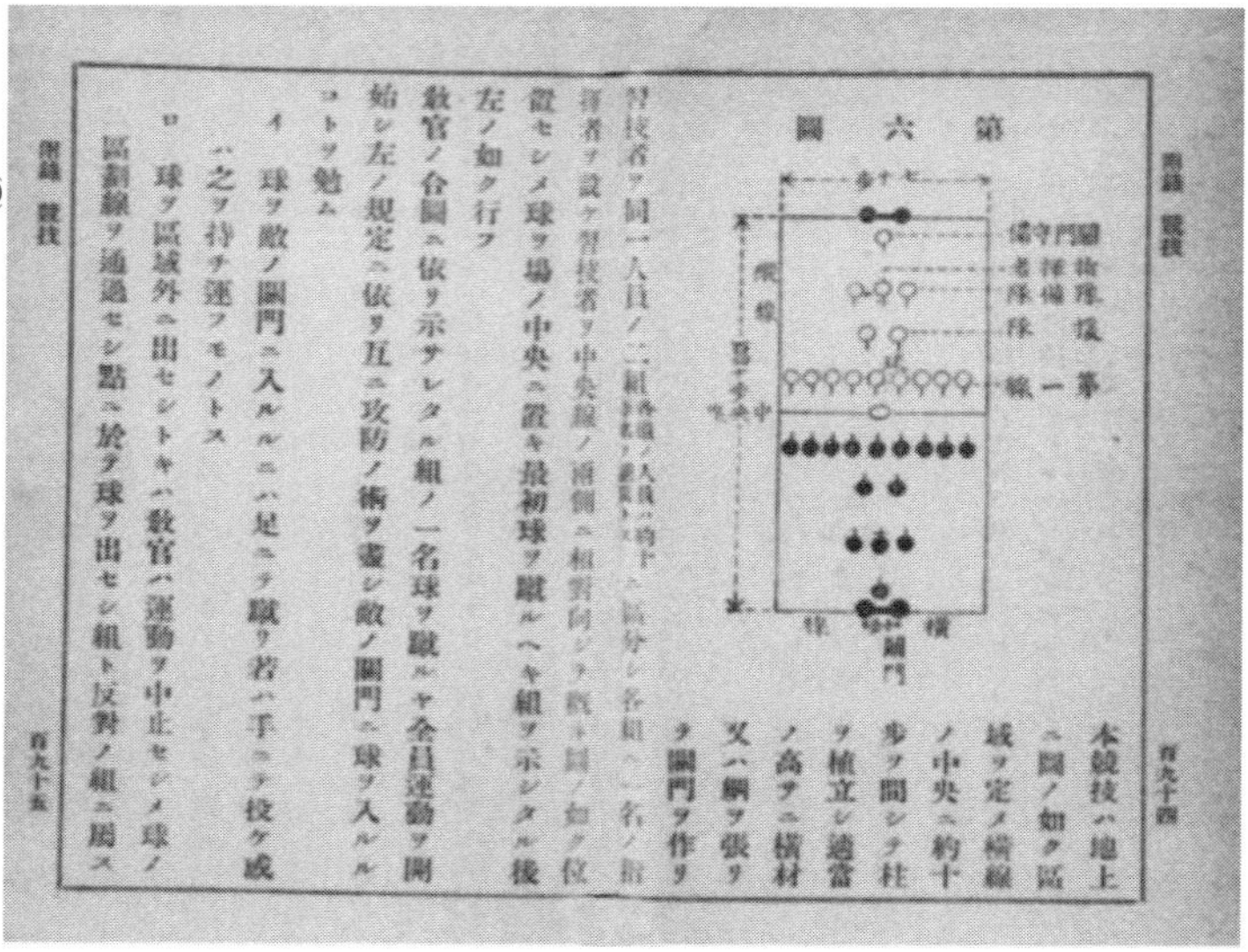
附録　競技

第六圖

本競技ハ地上ニ圖ノ如ク區域ヲ定メ横線ノ中央ニ約十歩ヲ間シテ柱ヲ植立シ適當ノ高サニ横材又ハ綱ヲ張リテ關門ヲ作リ習技者ヲ同一人員ノ二組ニ區分シ各組ヘ一名ノ指揮者ヲ設ケ習技者ヲ中央線ノ兩側ニ相對向シテ概ネ圖ノ如ク位置セシメ球ヲ場ノ中央ニ置キ最初球ヲ蹴ルヘキ組ヲ示シタル後左ノ如ク行フ

教官ノ合圖ニ依リ示サレタル組ノ一名球ヲ蹴ルヤ全員運動ヲ開始シ左ノ規定ニ依リ互ニ攻防ノ術ヲ盡シ敵ノ關門ニ球ヲ入ルルコトヲ勉ム

イ　球ヲ敵ノ關門ニ入ルルニハ足ニテ蹴リ若ハ手ニテ投ケ或ハ之ヲ持チ運フモノトス

ロ　球ヲ區域外ニ出セシトキハ教官ハ運動ヲ中止セシメ球ノ區劃線ヲ通過セシ點ニ於テ球ヲ出セシ組ト反對ノ組ニ屬ス

百九十四　百九十五

図45　『体操教範草案』「球戦」の解説。図44と見比べてほしい
（出典：陸軍省編『体操教範草案』兵用図書、1922年、194―195ページ）

某師団長が宇垣であることは疑いない。競技の第十六条には、『教範』で示されたもの以外に、相撲、打球や

「其他要スレハ教官ニ於テ適宜之ヲ選択スルヲ得」とある。司令官の考え次第で、野球その他のスポーツを自由にやってもよい、というのがその言外の意だった。こうした規定は、陸軍首脳部全体を説得しなくてもスポーツを展開できるという点で、初期のスポーツ発展には有利に作用したが、一方で、司令官次第でスポーツが簡単に排除される危険性をはらんでいた。

『草案』の刊行に前後して、岡千賀松『国家及国民ノ体育指導』や森伴蔵編『体育と体操の理論』（菱刈の序文によれば小野原誠一の講義をもとに編纂）など、陸軍戸山学校教官による著作が相次いで公刊された。岡は日本の体育の欠点を克服するものとして「球ヲ以テスル協同的運動」を高く評価し、小野原も「現時各隊に於て蹴球、野球、庭球等の運動競技漸次流行し、其真価を発揮しつゝあるは吾人の賛同措かざる所なり」とスポーツを歓迎した。「偕行社記事」でスポーツ論争が起きたのはちょうどこのころだった。

陸軍戸山学校は一九二四年八月から隔月で「研究彙報」を刊行し、研究成果を定期的に公表し始める[131]。そこで扱われたスポーツは、バスケットボール、スキー、スケート、レスリング、陸上、水泳、乗馬、剣道、柔道、体操、ボクシング、相撲、銃剣術、射撃など実に多様である。さらに、明治神宮大会、極東大会、オリンピックなど民間の競技会や、イギリス、フランス、ドイツ、イタリア、ソ連、アメリカなど外国の軍隊スポーツも取り上げられた。このように、陸軍戸山学校はスポーツに対する幅広い関心のもとに、日本の軍隊にふさわしいスポーツを模索していたのである。

一九二四年の段階でスポーツの導入はもはや既定路線であり、次なる課題はどのスポーツをどのようにして実践するかということだった。「研究彙報」の創刊号に「我国軍ニハ如何ナル団体競技ヲ採用スヘキカ」と題す

図46　小野原誠一
（出典：陸軍戸山学校編『大正14年度第1回甲種学生卒業記念写真帖』陸軍戸山学校、1925年）

図47　大井浩
（出典：同書）

る文章が載ったのは、まさに象徴的である。同じく象徴的なのは、同号の「教練ト競技ノ関係ニ就テ」という文章である。関東大震災の影響で一時棚上げされていた軍事教育問題がちょうどこのころから再び動きだした。学校にどのような教練を導入するかによって、軍隊教育のあり方も変わらざるをえない。学校教練と軍隊教育、あるいは「研究彙報」第三号の論文のタイトルを借りれば、「国民体育ト軍隊教育」は一体のものとして構想されていた。この時期しばしば参照されたのはフランス軍である。フランス軍はスポーツを取り入れながらも体操を主体としていて、また長期志願兵制度を採用するイギリス軍やドイツ軍とは違って、日本の陸軍と同じ「短期徴兵制度」を採用していたからである。[132] 逆に、これまで軍隊スポーツのモデルとされてきたイギリスの経験は相対化されつつあった。たとえば陸軍戸山学校編「列強軍隊体育の趨勢」[133]は、イギリス軍の兵卒の大多数は競技を見物するだけに終わり選手養成の弊に陥っていると、スポーツの負の側面を指摘している。

陸軍戸山学校で軍隊スポーツ研究の中心を担ったのが大井浩少佐（陸士第十九期）であった。大井は一九一一年に陸軍戸山学校教官になり、一年ほどの連隊勤務と三年にわたるヨーロッパ出張（一九二〇年から二三年）を除いて、一貫して陸軍戸山学校で教官をつとめるという異色の経歴の持ち主だった。大井はヨーロッパ出張以降、軍隊体育に関係する文章を積極的に公表し始める（陸軍戸山学校の名で出された文章も実際には彼の手になるものが多いと考えられる）。そのひとつ、「欧米体育の状況と日本の体育」という文章で、「私の考へでは軍隊体育の任務は完全なる戦闘兵を作る為に特に気力と体力上の要求を充足するのであらうと思ひます（略）随て体育と申しましても軍隊のは特種体育でありまして其用途は戦争であります」と述べ、「教練は教練、体操は体操で明確に境界を設け体操は決して教練に類した運動を行ふべきでないと主張する人」は軍隊体育を消極的に解釈していると批判した。また大戦後に欧米の軍隊がスポーツを奨励していることについて、「此等競技的訓練法を軍隊に於て如何なる程度に於て実施すべきかは皆夫々国軍の状況に依りて異なるものにして、吾人は我国軍教育の実況に照し最も有効なる心身の訓練法を確立せざる可らず」と述べている。つまり、軍隊には軍隊独自の体育があるべきで、民間のスポーツをそのまま取り入れる必要はなく、また日本の軍隊には日本の軍隊独自の体育があるべきで、欧米の軍隊体育をそのまま取り入れる必要はないと大井は考えていたのだ。(134)

大井の指導のもと、陸軍戸山学校教官都丸隣信《ちかのぶ》大尉は、一九二五年一月に入営した近衛歩兵第一連隊第六中隊を対象に、初年兵第一期の教育実験をおこなった。(135) 都丸は簡易籠球（センターボールとキャプテンボール）、球入れ（ハンドボール）、ドッジボール、キックボールなどを実施し、最終的に簡易籠球と球入れを軍隊用の団体競技として推奨した。今回の実験に関して近衛歩兵第一連隊長林桂大佐は、「兵卒カ入営早々スポーツマン的ノ型ニ入リテ我陸軍在来ノ規律節制アル外形ヲ整フルノ機会ヲ失フコトナキヤニ関シテハ最初ヨリ注意ヲ倍蓰セシメタルカ」とスポーツの導入が軍の規律に悪影響を及ぼすことを懸念していた。林にとってスポーツマンと軍人は相容れないものだったが、「結果ハ頗ル良好ニシテ却テ快活ナル気分ノ内ニ節度最モ正シキ兵卒ヲ得」ることができた。連隊長の懸念は中隊の初年兵掛笹井二郎少尉（陸士第三十五期）も共有していて、「競技に対し遊戯視せしめず、競技場を森厳ならしむること」を将来的な意見として挙げている。軍隊教育の現場では、スポーツの娯楽的価値は認められなかったのである。

大井は一九二五年十二月に発表した「散兵の「運動」教育法私見」(136)で、これまでの成果を踏まえ、軍隊体育教育のモデルを提示した。付表「歩兵隊体育教育年度計画案ノ一例」では、第一期（一月十日―四月十二日）の第六週に「協同心ト機敏ノ動作ヲ養成スル為ニ団体競技運動ヲ始ム」と記され、センターボールとフットボールが挙げられている。さらに第八週にバスケットボールが挙げられている。都丸の実験では、第二週からほぼ毎週スポーツが実施されたが、大井は種目、回数とも大幅に削減した案を提示した。大井は都丸ほどスポーツに大きな価値を認めなかったのである。これには大井の出張先がスウェーデンだったことも関係しているかもしれない。

一九二六年二月に陸軍戸山学校の名で発表された「軍隊に於て採用すべき団体競技」[137]は、同校における軍隊スポーツ研究の最終答案といえるものである。その冒頭の一節「団体競技の特色」は、陸軍戸山学校のスポーツ観を明瞭簡潔に示している。

将来戦に備ふる為、軍隊体育特に戦闘兵の特別身体訓練の緊要なるは論を俟たず。就中団体競技は紛戦場裡に於て、兵卒に要求すべき有形無形上の諸特性を体得するの特色あり。即ち協同犠牲の観念を助長し、企図心を振作し、剛健果断の気象を涵養すると共に、競技者をして不断全般の戦況を観察し、自ら機会を作り機会を求め、瞬間的判断により能動的に活動し、以て臨機応変軽捷機敏に動作せしむると同時に、堅忍持久、自己の意図の如く身体を活動し、以て絶大の精神力と至大の運動能力とを修得し、最後の一秒迄全能力を傾注するの良習を体得せしむるにあり。

このように団体競技が軍隊体育にきわめて有用だとして、では具体的にどの競技が最も軍隊にふさわしいとされたのか。兵卒教育のため実施する団体競技に対して軍隊が要求するのは以下のようなことだった。

一．一般兵卒心身の諸能力に適合し易く、而も所期の目的を達するに適し興味十分なるもの
二．用具及設備堅牢簡易にして経費比較的少きもの
三．技術の修得容易にして之が教育に便なるもの
四．競技の為人員場所の伸縮性を有し、要すれば多人数同時に行ひ得るもの
五．競技規則繁簡の取捨自由なるもの

これらの条件をクリアしたのが籠球（バスケットボール）、簡易籠球（センターボール）、投球戦（ハンドボール）

であった。籠球は設備に若干の経費がかかるものの、「入り易く練習に便にして兵卒の嗜好に適」している。投球戦は技術の習得がやさしく、規則も簡単で、指導しやすいことから、短時間の教育でも効果を上げられる。対して、サッカー、ラグビー、ホッケーなどは、競技としては優良だが、前述の条件を十分満たすことができない。そのうえ目下の入営壮丁の素質、軍の教育課程、指導にあたる下級幹部の技能に鑑みると、現時点での採用は難しい。以上の理由によって籠球と投球戦、さらにそれらを簡易にした「簡易籠球」と「小投球戦」が推奨されることになった(138)。

このうちバスケットボールはすでに一九二一年にはYMCAの指導で陸軍でもおこなわれていて、「研究彙報」第二号（一九二四年十月）にも「バスケットボール指導ノ要領」が掲載されるなど、早くから注目されていた。一方、投球戦は都丸の実験の際に「球入れ」として採用され、「研究彙報」第七号（一九二五年八月）で「投球戦」として紹介されたものの、サッカーやホッケーに比べて陸軍での実施経験は多くない。しかもハンドボールという競技自体、二二年に大谷武一が初めて日本に紹介したもので、学校教材に取り入れられたものの、スポーツとしての発展は緩慢だった（日本ハンドボール協会の設立は一九三八年だった）。二八年十二月改訂の『体操教範』に採用された際、ハンドボールは「勇猛果敢ノ気力ヲ養成スルニ適ス」と説明されたが、当時の日本では児童や女子に適したスポーツとみなされていた(139)。この点はバスケットボールも同じである。

陸軍はなぜあまり男らしくないスポーツを選択したのだろうか。理由は二つ考えられる。一つには陸軍戸山学校の教官たちが純粋に技術的な見地から現行の陸軍体育の欠落を補うものを選択したからであり、いま一つには軍隊スポーツが主として下士官兵を対象にしていたからである（もし将校が対象に含まれたならホッケーが入ったはずである）。またドイツ軍がハンドボールを奨励していたこともいくらか考慮されたかもしれない(140)。

「軍隊に於て採用すべき団体競技」によって、『体操教範』にどのスポーツを採用するかという問題は解決した。「体操教範改正理由書」によれば、このたびの改正は「近時ニ於ケル壮丁ノ素質向上等ニ鑑ミ克ク戦闘法ノ改変ニ順応セシムル」ことを目的になされた。軍隊体操はとくに機敏と持久力を養成することが明示され、精神的訓練が強調された。戦場に直接必要な運動を増やす一方、効果の顕著でないものを削除した。その結果、付録には新たに游泳が追加され、遊技が削除されて団体競技に改められた。遊技が削除されたのは、そのために「規律的ニ厳格ナル指導ヲ要スル団隊競技ノ指導ヲ誤ルノ虞」があったからである。(141) 団体競技採用の理由は以下のように記される。

戦闘方式ノ改変ト従来ノ経験ニ徴スルニ、企図心、独断専行、協同連繋、敢為、犠牲等ノ諸特性、並瞬間的判断ニ伴フ軽捷機敏ナル活動力ハ戦闘兵ニ必須ノ要件ナリ。而シテ団体競技ハ能ク以上ノ諸要素ヲ養成スル為有効ナル手段ナルヲ以テ新ニ之ヲ採用セリ。而シテ其種類ハ国軍ノ現況ニ適応シ最モ有効ナルモノノミヲ採択セリ。(142)

この結果、団体競技として採用されたのが籠球、投球戦、球戦であった。陸軍戸山学校が推奨した籠球、投球戦に加えて、旧『教範』にあった球戦が採用されたことになる。(143) なお、『体操教範』と同時期に陸軍戸山学校が編纂した『陸軍幼年学校体育参考書』では、団体競技として籠球、蹴球、排球などが挙げられるが、これは同校の生徒が「発育期にある青少年」であるという特殊な事情に基づいている。(144)

十年近くの試行錯誤の結果、陸軍はイギリス軍のサッカーも、アメリカ軍の野球も採用せず、独自の団体競技を編み出した。陸軍が独自の競技を採用したことで、一九二〇年代前半に見られた民間スポーツ界との交流はその後見られなくなる。陸軍はなぜこのような道を選択したのか。これは陸軍が民間スポーツ界の現状を憂慮していたことと関係があるだろう。陸軍戸山学校研究部による「学校教練と競技との関係に就きて」という文章は、スポーツは「我国民に最も欠けて居る処の団体的精神を養成」できるが、現在の日本、とくに学校でのスポーツは「一種の観覧物」となり「体育の範囲を脱して職業屋の養成」となっていると指摘する。(145) これは「学校当事者の競技の指導監督が宜しく無い為であつて、競技其物の罪では決してない」。イギリスにも同様の傾向があり、そのためイギリス軍の『将校必携』は、スポーツが「最も厳正且周到なる指導監督」を伴わない場合には害が多く、またその効果は体操とは異なるものであり、競技を体操に代えることはできないと喝破している。スポーツには固有の価値があるが、適切に指導監督しなければその効果は発揮されないのである、と。「指導監督」とは、いうまでもなく、軍隊の利害からなされるものである。ここに、軍隊が民間スポーツ界に干渉していく契機を見いだすことができるだろう。ただ二〇年代の陸軍には民間スポーツ界に干渉する積極的な意図も、またそれを遂行できる力もなかった。であればこそ、陸軍は野球の影響力の大きさゆえに、その採用には慎重にならざるをえなかったのだ。野球を採用すれば、それに伴って種々の悪影響が軍隊に及ぶ危険性があったからである。弊害が多い野球を拒否することで、スポーツ導入に対する陸軍内部の抵抗を抑えることも考慮されただろう。それは消極的ではあったが、当時の陸軍がなしうる精いっぱいの「指導監督」であったことは間違いない。

注

（1）篠尾明斉「戦闘ト体力トノ関係ヲ論シ体操剣術ノ奨励ヲ望ム」、偕行社編纂部編「偕行社記事」第二百九十三―二百九十四号、偕行社編纂部、一九〇二年七―八月

（2）後藤良男「軍隊体育ノ必要ヲ論ス」、偕行社編纂部編「偕行社記事」第三百四号、偕行社編纂部、一九〇二年十二月。一九〇一年十一月の訓令は、*Réglement sur l'instruction de la gymnastique* (1902) と関係があるだろう（本書二〇二ページ）。

（3）由比光衛「英国ノ兵営及将校集会所等ノ概況」、偕行社編纂部編「偕行社記事」第二百九十号、偕行社編纂部、一九〇二年五月

（4）「東京朝日新聞」一九〇五年三月三十一日付

（5）「東京朝日新聞」一九三〇年五月二十九日付

（6）湯川充雄編『台湾野球史』台湾日日新報社運動具部、一九三二年、一七五、一九七、一九九ページ

（7）朝日新聞社編『運動年鑑』第一巻、朝日新聞社、一九一六年、二七〇―二七一ページ
（8）「東京朝日新聞」一九一一年八月五日、八月十五日付、田中義一伝記刊行会編『田中義一伝記』田中義一伝記刊行会、一九六〇年、三七四ページ
（9）山口県立岩国高等学校校史編纂委員編『岩国高等学校九十年史』山口県立岩国高等学校、一九六九年、一六三ページ
（10）前掲「JACAR」C06081527500（五―八画像目）［アクセス二〇一五年五月二十九日］。一八九〇年二月十三日、ドイツ皇帝ヴィルヘルム二世が幼年学校での現行の教育が「生徒ノ多数ニ過望ノ責ヲ負ハシムルノ嫌ナキ能ハス」との危惧から、教育の簡素化を命じたことが「偕行社記事」に紹介されている（「幼年学校生徒教育上ニ於ル独逸皇帝ノ勅令」、偕行社編纂部編「偕行社記事」第三十九号、偕行社編纂部、一八九〇年六月）。遊戯の導入はこの記事と関係があるかもしれない。
（11）一八九六年に陸軍幼年学校条例が廃止され、陸軍中央幼年学校（東京）と陸軍地方幼年学校（東京、仙台、名古屋、大阪、広島、熊本）が設置される。『仙台陸軍地方幼年学校一覧』（仙台陸軍地方幼年学校編、仙台陸軍地方幼年学校、一九一四年）には、「戸外遊技」として「綱引、徒競走、テニス、ベイスボール、フートボール、打球」が挙げられていて、スポーツは地方の幼年学校でも取り入れられていたことがわかる。
（12）東幼第四六期生会／東幼第四八期生会編『東幼外史　再版』東幼第四六期生会／東幼第四八期生会、二〇一〇年、一一四ページ
（13）同書七九ページ。極東大会で採用されていたのは十六人制バレーボールだった。「九人制」というのは陸軍幼年学校の独自ルールか、さもなくば乗兼の記憶違いだろう。
（14）『雍仁親王実紀』吉川弘文館、一九七二年、一八一―一八二ページ、東幼史編集委員会編『わが武寮――東京陸軍幼年学校史』東幼会、一九八二年、三四七ページ
（15）東幼外史編集委員編『東幼外史』東幼会、一九六八年、六三ページ
（16）前掲『東幼外史　再版』一〇三―一〇四ページ。一九二〇年の教育改革により、陸軍中央幼年学校本科は陸軍士官学校予科に改められた。この予科でもスポーツが奨励された（稲垣孝照「中等学校における体育を改善せよ」「野球

界」第十二巻第五号、野球界社、一九二二年四月）。
(17) 同書一〇八ページ
(18) 前掲『わが武寮』二八〇―二八一ページ
(19) 前掲『東幼外史　再版』一二六―一二七ページ
(20) 同書一五〇ページ
(21) 前掲『菊と星と五輪』六〇ページ
(22) 長谷川寿雄『君子豹変―自分史』長谷川寿雄、一九九二年、三二ページ
(23) 広島陸軍幼年学校『広島陸軍幼年学校卒業記念写真帖―第二十六期』広島陸軍幼年学校、一九二五年
(24) 「大阪毎日新聞」一九二〇年十月二十三、二十五日付、福田健一「軍隊野球団の成立」「野球界」第十一巻第一号、野球界社、一九二一年一月、谷口生「軍隊野球の新記録」「野球界」第十二巻第六号、野球界社、一九二二年三月、市川洋造「軍隊の競技」「アスレチックス」第一巻第二号、大日本体育協会、一九二二年五月、「野球部記事」姫路中学校「学友会誌」第三十三号、姫路中学校、一九二五年七月、「運動界ところどころ」「アサヒスポーツ」第三巻第八号、朝日新聞社、一九二五年四月
(25) 「大阪朝日新聞」一九二三年八月十九日付広島・山口版。山本はスポーツ界とも縁が深く、のちに陸軍戸山学校長、大日本武徳会副会長、学徒体育振興会理事などをつとめた。
(26) 前掲「アサヒスポーツ」第一巻第三号、一九二三年四月
(27) 「我国軍隊スポーツの黎明」「アサヒスポーツ」第二巻第八号、朝日新聞社、一九二四年四月
(28) 市川洋造「時代適応策としての軍隊競技」、偕行社編纂部編「偕行社記事」第五百六十六号、偕行社編纂部、一九二一年十月、前掲「軍隊の競技」
(29) 前掲「我国軍隊スポーツの黎明」
(30) 賀陽宮は騎兵第三連隊時代（一九二六―二八年）にも、連隊の酒保に野球用具一式を寄贈し、ときには野球の審判に当たるなどして、野球を推進した（騎兵第三連隊編『賀陽宮殿下御在隊間の御盛徳』騎兵第三連隊、一九三二年、二六―二七、六〇―六一ページ）。

(31) 前掲「軍隊の競技」、前掲「我国軍隊スポーツの黎明」
(32)「大阪朝日新聞」一九二一年七月二十五日付、朝日新聞社編『運動年鑑』第七巻、朝日新聞社、一九二二年、一六九ページ、横井冬海「師団対抗野球戦」「野球界」第十一巻第十二号、野球界社、一九二一年九月、三宅又雄「野球史上の一新紀元 師団対抗試合に就て」「野球界」第十一巻第十三号、一九二一年十月、「全国運動日誌」「運動界」一九二四年三月号、運動界社
(33) 前掲『宇垣一成日記』第一巻、二六六―二六七、三〇〇、三八四ページ
(34) 同書二六一ページ
(35) 同書三四八ページ
(36) 同書四六五ページ
(37) 同書四二八、四四二ページ
(38) 日本スポーツ協会編『最新スポーツ全書』文化研究会出版部、一九二五年。陸軍戸山学校教官の小野原誠一少佐と大井浩少佐が同書の校訂を担当している。
(39) 前掲『宇垣一成日記』第一巻、三六四ページ
(40)「東京朝日新聞」一九二八年九月二十一日付
(41) 鯱光百年史編集委員会編『鯱光百年史』愛知一中(旭丘高校)創立百年祭実行委員会、一九七七年、九六、一〇四、一〇八―一一〇、一一八、一二〇、一二一ページ、「学林」第五十一―五十八号、一誠社/愛知県立第一中学校校友会、一九〇〇―一九〇四年、坂上康博『スポーツと昭和天皇』(近刊)
(42) 秋男生「戸山学校に野球部」「野球界」第四巻第五号、野球界社、一九一四年五月
(43) 前掲「JACAR」A10112985300(五―六画像目)、「天皇とスポーツ侍従〈座談会〉」「文藝春秋」一九六四年一月号、文藝春秋
(44)「東京朝日新聞」一九一九年五月三日付
(45) 前掲『雍仁親王実紀』一二六ページ、「東京朝日新聞」一九一七年五月十日付、一九一八年二月十二日付、一九二〇年八月十七日付など。

(46)「時事新報」一九二〇年六月十日付
(47) 前掲『権力装置としてのスポーツ』五四―五六ページ
(48) 内外教育資料調査会編『運動体育誌上展覧会』内外教育資料調査会、一九九二年、口絵
(49) 加藤真一「ホッケーの想い出（要約）」、鵜沢尚信『陸軍戸山学校略史』所収、鵜沢尚信、一九六九年。永田自身、テニスやスキー、スケートなどを楽しんだ（永田鉄山刊行会編『秘録永田鉄山』芙蓉書房、一九七二年、三二〇ページ、森靖夫『永田鉄山――平和維持は軍人の最大責務なり』〔ミネルヴァ日本評伝選〕、ミネルヴァ書房、二〇一一年、五五ページ）。スポーツ導入時期の考証については、拙稿「菊と星と五輪――一九二〇年代における日本陸海軍のスポーツ熱」（「京都大学文学部研究紀要」第五十二号、京都大学大学院文学研究科、二〇一三年三月）を参照。
(50) 前掲『陸軍戸山学校略史』六七ページ
(51) Man F. Hui［許民輝］, "Training of Leaders for Physical Education," *master thesis*, International Young Men's Christian Association College, 1924, p.104. ここで言及される体育ダンス（gymnastic dance）は、陸軍幼年学校で触れたアスレチックダンスと同じものである。陸軍幼年学校の生徒にダンスを教えたのは、加藤真一であった（前掲『東幼外史　再版』一六六ページ）。
(52) 前掲「菊と星と五輪」、「全国運動日誌」「野球界」第十三巻第五号、野球界社、一九二三年四月
(53)「東京日日新聞」一九二二年五月二十六日付
(54)「東京朝日新聞」一九二一年十二月十五日付
(55) 加藤真一「野外運動及び球技［二］」、内務省編『運動競技全書』所収、朝日新聞社、一九二五年
(56)「東京朝日新聞」一九二三年二月十日付、「東京日日新聞」一九二三年五月四日付、郡司信夫『拳闘五十年』時事通信社、一九五五年、四二ページ、壁経平《かべつねひら》「ボクシングについて」、警視庁警務部教養課編「自警」一九二五年三月号、自警会。クレア大尉は日本に三年間滞在し、二五年五月から半年間仙台の歩兵第二十九連隊で語学を教授し、十二月一日に帰国した（「東京朝日新聞」一九二四年十二月三十一日付、一九二五年十二月一日付）。
(57) 加藤真一「ホッケーの想い出」、前掲『運動体育誌上展覧会』所収、一九二ページ、大日本体育協会編『大日本体育協会史』下、大日本体育協会、一九三七年、一一〇二ページ。慶大ホッケー部の石原育彌によれば、加藤が三田の

体育会ルームを訪れ、「頗る熱心にホッケー技の教材を蒐集」したのは一九二一年十二月のことだった（石原育彌「ホッケー生活の内容」、前掲「野球界」第十四巻第六号）。

(58)「東京朝日新聞」一九二三年十二月十五日付

(59)上野徳太郎「陸軍戸山学校見聞記（上）——七十余年の軍隊体育の本山」「新体育」第四十三巻第十号、新体育社、一九七三年十月

(60)嶺国夫「思ひ出」、東京府立第五中学校紫友会蹴球部編『誕生十年——五中蹴球部』所収、紫友会蹴球部、一九三五年

(61)塩原庫二「ホッケー競技に就て」、台湾日日新報社『台湾日日新報一万号及創立三十週年記念講演集』所収、台湾日日新報社、一九二九年、前掲『広島スポーツ史』三三〇—三三一ページ、山本良三／榊原清一『ホッケー競技法』明誠館、一九二五年、一一九—一二〇ページ。海軍機関学校教官の美原泰三によれば、同校では教官の昼休みの遊戯としてホッケーがおこなわれたが、二年ほどでやめたという（前掲「私とスポーツ②」）。

(62)渡辺金造／武島嘉三郎編『侯爵久邇邦久伝』飯田七三郎、一九三七年、一七三—一七四、二三五—二三八ページ、前掲『雍仁親王実紀』二八二、二八七、二八八、二八九ページ、広堅太郎『日本ホッケー七十五年』広研印刷、一九七八年、四四ページ、前掲『財部彪日記』一九二四年三月十日

(63)保阪正康『秩父宮——昭和天皇弟宮の生涯』（中公文庫）、中央公論新社、二〇〇〇年、一五五—一五六ページ

(64)「東京日日新聞」一九二三年六月二十四日付

(65)秩父宮「私とスポーツ」、秩父宮雍仁親王、井上久／薗田稔／松平恒忠／山口峯生編『皇族に生まれて——秩父宮随筆集』所収、渡辺出版、二〇〇五年。陸軍士官学校での野球の写真は拙著『帝国日本とスポーツ』（塙書房、二〇一二年）一二一ページを参照されたい。

(66)前掲「私とスポーツ」

(67)鈴木倉太郎『秩父宮殿下と節子姫』帝国中学会、一九二八年、四五—四七ページ

(68)姫野寅之助『我等の秩父宮殿下』大日本皇道会、一九二八年、六五—六六ページ

(69)鈴木昌鑑監修、芦沢紀之編纂『秩父宮雍仁親王』秩父宮を偲ぶ会、一九七〇年、三九七ページ

(70)山崎正男編『陸軍士官学校』偕行社、一九六九年、四〇ページ
(71)前掲「軍隊と野球」、「東京朝日新聞」一九三〇年三月十三日付
(72)温品博水「我が体育歴考」手稿本（靖国偕行文庫蔵）、第二章
(73)「大阪朝日新聞」一九二一年五月十日付、七月十七日付山陰版。また九月十八日にも地元チームと試合をしている（「大阪朝日新聞」一九二一年九月十七日付山陰版）。
(74)「香川新報」一九二一年八月三日付、十月二十五日付、一九二二年五月四日付、一九二五年九月十日付
(75)亀山生「丸亀野球界の近況」、前掲「野球界」第十二巻第六号、北予中学校同窓会「大正十四年度 同窓会雑誌」第十九号、北予中学校同窓会、一九二六年三月、九一ページ、守谷碧嶺「松山球信」「野球界」第十二巻第五号、野球界社、一九二二年四月
(76)ＳＢＧＴ生「五十連隊に強チーム出来る」「野球界」第十二巻第九号、野球界社、一九二二年七月、信濃毎日新聞社編『信毎年鑑』信濃毎日新聞社、一九二四年、四五五ページ
(77)「東京日日新聞」一九二一年九月十三日付、「太刀洗航空軍の活躍」「野球界」第十一巻第十二号、野球界社、一九二一年九月、井土敏慧「九州の軍隊野球について」「野球界」第十一巻第十三号、野球界社、一九二一年十月
(78)谷口五郎「久留米歩兵第五六チーム」「野球界」第十三巻第十号、野球界社、一九二三年八月増大号、同「除隊後の経験」「野球界」第十五巻第四号、野球界社、一九二五年三月。渡辺には「在営一年間の土産話」（「野球界」第十五巻第三号、野球界社、一九二五年二月）という文章がある。
(79)永野重次郎「弘前の連隊から」、前掲「野球界」第十五巻第四号
(80)永野重次郎「在営一年間の弘前球界を回顧して」「野球界」第十六巻第六号、野球界社、一九二六年三月
(81)村田生「青森歩兵第五連隊より」、前掲「野球界」第十二巻第十三号、「東奥日報」一九二五年五月二十八日付、六月十九、二十七、二十九日付、九月十五日付
(82)記念誌作成委員会編『鏡ケ丘百年史』弘高創立百年記念事業協賛会、一九八三年、一六七ページ、「全国運動日誌」「野球界」第十三巻第十一号、野球界社、一九二三年八月
(83)陸軍少尉ＫＳ生「軍隊とスポーツ特に野球とに就いて」「野球界」第十四巻第十一号、野球界社、一九二四年八月

(84) ドイツ人捕虜のスポーツ活動については山田理恵『俘虜生活とスポーツ――第一次大戦下の日本におけるドイツ兵俘虜の場合』(不昧堂出版、一九九八年)、本書第4章第6節を参照。
(85) 前掲「JACAR」C03011634500(六画像目)
(86) 岡千賀松『国家及国民ノ体育指導』陸軍戸山学校将校集会所、一九二二年九月
(87) 「大阪朝日新聞附録朝鮮朝日」一九二六年七月三十一日付
(88) 前掲『台湾野球史』九〇、九四、九六―九七、七六五ページ。濱島は戦時中の京都帝大で配属将校をつとめた。
(89) 前掲「我が体育歴考」第四章
(90) 「東京日日新聞」一九二一年四月三、四日付
(91) 「東京朝日新聞」一九二一年八月六日付
(92) 「東京朝日新聞」一九六四年七月十日付、中沢不二雄『これが野球だ――監督の作戦・選手の心理』(カッパ・ブックス)、光文社、一九六〇年、一〇ページ
(93) 前掲『運動年鑑』第七巻、一六八―一六九ページ、「東京日日新聞」一九二一年九月十三日付。この記事にいう野砲兵連隊は、野砲兵第一連隊か、近衛野砲兵第一連隊か、もしくは両方を指すのか、定かではない。
(94) 前掲「アサヒスポーツ」第一巻第三号、一九二三年四月
(95) 前掲「軍隊と野球」
(96) 冨谷茂吉『近衛兵日記 大正十年―十二年』森高定、二〇〇四年、四六、六五―六六、一二五、一三五、一四一―一四二、一五二ページ
(97) 前掲「軍隊と野球」
(98) 「東京朝日新聞」一九二三年十二月十五日付、一九二四年一月二十一日付、「東京日日新聞」一九二四年一月二十一日付
(99) 鈴木秀丸「思い出」、日本ラグビーフットボール協会『協会五十年』別冊所収、日本ラグビーフットボール協会、一九七七年、四四ページ。原文では武村と倉谷の入営は一九二二年十二月とするが、誤りだろう。
(100) 「東京日日新聞」一九二四年二月十日付

(101)「東京日日新聞」一九二四年三月十一日付
(102)町田経宇「野球技と武士道」「野球界」第十巻第十三号、野球界社、一九二〇年十月、「軍隊の野球熱」「野球界」第十一巻第四号、野球界社、一九二一年三月、「全国運動日誌」「野球界」第十三巻第八号、野球界社、一九二三年六月、前掲「野球界」第十三巻第十一号、「野球界」第十四巻第三号、野球界社、一九二四年三月、「大阪毎日新聞」一九二二年三月三十一日、四月一日付、K生「陸軍対海軍の野球戦」「野球界」第十二巻第六号、野球界社、一九二二年五月
(103)前芝確三／奈良本辰也『体験的昭和史』雄渾社、一九六八年、二―六ページ
(104)陸軍中尉M・K生「壮丁の試問によつて得た我国スポーツ普及の真相」「アサヒスポーツ」第三巻第四―五号、朝日新聞社、一九二五年二―三月。加茂は翌年にも同様の調査をおこない、成績はやや向上した（加茂政雄「壮丁の試問に依つて得た我がスポーツ普及進歩の真相（上）」「アサヒスポーツ」第四巻第十二号、朝日新聞社、一九二六年六月）。
(105)K中尉「軍隊生活と運動選手――吉田、小林両君の急速な復活：運動精神は最初にして最後」、前掲「アサヒスポーツ」第三巻第八号
(106)加茂大尉「あらたに入営したるスポーツマン諸君に」「アサヒスポーツ」第四巻第一号、朝日新聞社、一九二六年一月
(107)加藤真一「「ホッケー」を被遊」、雍仁親王御事蹟資料『雍仁親王御事蹟資料』第一巻所収、謄写版、一九六〇年
(108)浦野靖生「思い出のかずかず」、中野公策編『大阪と八連隊――大阪師団抄史』所収、中野公策、一九八五年、九二ページ
(109)歩兵第八連隊史編纂委員会編『歩兵第八連隊史』歩兵第八連隊史編纂委員会、一九八三年、一六二―一七二ページ
(110)「東奥日報」一九二五年五月十七日付
(111)前掲「軍隊と野球」
(112)前掲『球界彦左自伝』一二八ページ
(113)「大阪朝日新聞」一九二三年二月二十九日付広島・山口版

(114) 前掲『球界彦左自伝』一三一ページ
(115) 佐伯達夫『佐伯達夫自伝』ベースボール・マガジン社、一九八〇年、七三―七五ページ
(116) 本間雅晴「軍隊が国民の「スポート」を指導するの提唱」、偕行社編纂部編「偕行社記事」第五百七十八号、偕行社編纂部、一九二二年十月。本間は同年八月に少佐に昇進しているから、記事を書いたのはその前だろう。
(117) 本間雅晴「英国陸軍隊附視察報告 大正七～八年」(防衛省防衛研究所蔵)
(118) 榎本小右衛門「本間大尉の「軍隊が国民の「スポート」を指導するの提唱」を駁し剣道柔道の奨励を提唱す」、偕行社編纂部編「偕行社記事」第五百八十号、偕行社編纂部、一九二二年十二月
(119) 本間雅晴「「スポート」論に就て榎本大尉に答ふ」、偕行社編纂部編「偕行社記事」第五百八十二号、偕行社編纂部、一九二三年二月
(120) 山梨半造は本間の義兄にあたる。山梨は一九二一年十月に陸軍大臣になるまで、「戦友」(在郷軍人会の機関誌)の編纂部長をつとめた。ただし、本間がいうような記事を見つけることはできなかった。
(121) なお榎本は一九一二年に陸軍戸山学校体操科を修業していて、体育に強い関心を持っていたと思われる。
(122) 本間雅晴「軍国論」、偕行社編纂部編「偕行社記事」第六百十三号、偕行社編纂部、一九二五年十月、榎本小右衛門「肉弾主義の基調」、偕行社編纂部編「偕行社記事」第六百九十三号、偕行社編纂部、一九三二年六月。榎本の文章は満洲事変後のものだが、スポーツ論争での議論を踏まえると、彼の考えは満洲事変前後でほとんど変化がないと見ていい。
(123) 黒川邦輔「榎本大尉の「スポート」に対する反駁論を読み所感を述ぶ」、偕行社編纂部編「偕行社記事」第五百八十三号、偕行社編纂部、一九二三年三月。黒川は一九二〇年に陸軍士官学校を卒業した。ちょうど秩父宮と入れ替わりであり、在学時にスポーツは経験しなかったと思われる。黒川は当時歩兵第四十六連隊に所属し、二六年に陸軍士官学校本科生徒隊付、三〇年に陸軍大学校を卒業、東京帝大経済学部に学び、関東軍の参謀として活躍することになる。
(124) 北原一視「再三議論せられたる「スポート」論を読みて感あり」、偕行社編纂部編「偕行社記事」第五百八十五号、偕行社編纂部、一九二三年五月

(125) 片山雅仁『秋より高き――晩年の秋山好古と周辺のひとびと』アトラス出版、二〇〇八年、六四―六八ページ。ちなみに息子の信好は慶大のラグビーの選手で、卒業後も関東ラグビー協会理事などをつとめた。
(126) 細川隆元『田中義一』(〔三代宰相列伝〕、時事通信社、一九五八年) 一七五―一七八ページにその舞台裏を記す。同書によれば、田中は意識的にスポーツを推進したというより、よくわからないままにそれを許容したようである。
(127) 吉田章信『体育全書』都村有為堂出版部、一九三〇年、二〇一ページ
(128) 前掲「JACAR」C02030958400 (五画像目)
(129) 前掲『体育参考書』八ページ
(130)「東京日日新聞」一九二二年七月二十二日付
(131)「研究彙報」(陸軍戸山学校) は一九二七年十一月から「体育と武道」と改題され、一九三七年まで発行された。
(132)「大戦ノ経験ニ基ク仏国戦闘兵ノ体力的訓練要旨」「研究彙報」第三―五号、陸軍戸山学校、一九二四年十二月―一九二五年四月、「一九二一年仏蘭西国民体育方案」「研究彙報」第四―十号、陸軍戸山学校、一九二五年四月―一九二六年二月、「仏国ノ体育」「研究彙報」第六号、陸軍戸山学校、一九二五年六月、「仏国歩兵体育訓練ノ一斑」「研究彙報」第八号、陸軍戸山学校、一九二五年十月など。学校教練に対する私見は、拙稿「軍隊と社会のはざまで――日本・朝鮮・中国・フィリピンにおける軍事訓練」(田中雅一編『軍隊の文化人類学』所収、風響社、二〇一五年) を参照されたい。
(133) 陸軍戸山学校「列強軍隊体育の趨勢」、偕行社編纂部編「偕行社記事」第六百九号付録、偕行社編纂部、一九二五年六月
(134) 大井浩「欧米体育の状況と日本の体育」、偕行社編纂部編「偕行社記事」第六百二号、偕行社編纂部、一九二四年十一月
(135) 都丸隣信「教育法改善に資する為め体操の活用に拠る歩兵初年兵第一期教育方案」、偕行社編纂部編「偕行社記事」第六百十一号付録、偕行社編纂部、一九二五年八月
(136) 大井浩「散兵の「運動」教育法私見」、偕行社編纂部編「偕行社記事」第六百十五号、偕行社編纂部、一九二五年十二月

(137) 陸軍戸山学校「軍隊に於て採用すべき団体競技」、偕行社編纂部編「偕行社記事」第六百十七号、偕行社編纂部、一九二六年二月。同名の文章は前掲「研究彙報」第十号にも掲載されている(未見)。

(138) それぞれの競技に対する陸軍戸山学校の評価については、前掲の宮尾正彦「日本陸軍の団体スポーツ採用のねらいについて」が簡潔にまとめている。

(139) 大谷武一/安川伊三編『ティームゲイムス』目黒書店、一九二五年、一九九ページ。大谷が紹介したのは十一人制だが、投球戦は九人制でコートも小さく、オフサイドのような複雑な規則がなかった。

(140) 前掲「列強軍隊体育の趨勢」、前掲「教育法改善に資する為め体操の活用に拠る歩兵初年兵第一期教育方案」

(141) 前掲「JACAR」C01001104500(十画像目)

(142) 前掲「JACAR」C01001137100(二十二画像目)

(143) 一九二七年八月の段階で球戦は「捕球戦」と記されている(前掲「JACAR」C01001104500〔十七画像目〕)。

(144) 陸軍戸山学校編『陸軍幼年学校体育参考書』陸軍戸山学校、一九二九年、一、一二二ページ

(145) 陸軍戸山学校研究部「学校教練と競技との関係に就きて」、斯道学会編『運動競技と訓育』所収、中文館書店、一九二六年

第3章　デモクラシー時代の軍民関係

1　オリンピック

一九一二年、日本が初めてオリンピックに参加したとき、一人の騎兵将校がオリンピックを観戦していた。馬術を学ぶためドイツに留学していた吉岡豊輔大尉である。吉岡は観戦記を「偕行社記事」に投稿したが、もっぱらの関心は、このときオリンピックに初めて採用された馬術競技だった。[1]陸軍は吉岡以前にも小池順大佐、永山元彦少将、今井義一大佐、鈴木文次郎少将らをヨーロッパに派遣して馬術を学ばせていて、軍事的観点からヨーロッパの馬術に注目していた。そして二一年に国際馬術連盟が結成されると、陸軍の名義でいちはやく加盟した（参加国は八カ国）。二三年十二月末、陸軍は陸軍騎兵学校教官遊佐幸平少佐に、翌年パリで開かれる国際オリンピックに選手として出場せよとの辞令を発した。遊佐は出発前に「良い馬が獲られないならば或は出場を見合せるかも知れない」と語っていたが、そもそも一人では選手資格がなく、適当な馬もなかったので大会に参加することができないまま帰国した。[2]

ヨーロッパ出張中の加藤真一もパリ・オリンピックを観戦した。加藤はオリンピックについて次のように考えていた。

図48　パリオリンピックの入場式。役員の前を歩く軍服の人物は加藤真一と思われる
（出典：毎日新聞社編『昭和スポーツ史――オリンピック80年』毎日新聞社、1976年、45ページ）

国防の見地よりするも、斯く諸種の競技の発達普及は軍事の予備訓練を完成し、偉大なる軍備の潜勢力を養成するものなり。その各種競技により国民が鍛錬せる精神力、体力は元より、アスレチック〔陸上競技〕に剣術、射撃、馬術、角力等其修得せる技術は一つとして軍事に適応せしめざるものなく、彼の欧洲大戦に於て連合軍中英、米二国が一挙短期促成に大軍を編成し得たるが如き、英軍の堅忍持久長期に亘り勇敢なる戦闘振りを示したる等を追想して、此大会を見る時は益々其然るを肯するものなり。(3)

一方で加藤は「日本古来の武技たる剣道、柔道の有難味を益々」かみしめている。オリンピックのレベルの高さを目にした加藤は、スポーツの世界で欧米と対抗できないことを悟ったのだろう。そのため「彼等に対し真に我国独特の誇りとするものは唯これあるのみ」と剣道と柔道を再評価したのだ。しかし、加藤は国粋主義に転じたわけではない。フェンシングやボクシングについても軽視すべきでないと述べている。(4)

パリ・オリンピックへの日本選手派遣については、「海軍でも大いに趣旨に賛成して横須賀の堀内〔三郎〕長官なども兵隊さんの喜捨を集めて応援する話が進んでゐる」との新聞記事も見え、陸・海軍とも大いに注目していたことがわかる。(5)

一九二六年四月十八日の全国乗馬大会の折に日本乗馬協会は次回オリンピックへの参加を決め、その後継組織である帝国馬匹協会が実際の準備を進めた。選手は民間からも募集したが応募がなく、最終的には陸軍軍人だけで構成されることになり、遊佐幸平中佐、岡田小七少佐、城戸俊三少佐、吉田重友大尉がアムステルダム・オリンピックに参加した。馬術競技はふるわなかったものの、水泳の鶴田義行と陸上の織田幹雄が日本に初めて金メダルをもたらした。鶴田は佐世保海兵団出身で、二五年の第二回明治神宮大会の二百メートル平泳ぎに優勝し、一躍その名を知られることになった。アムステルダム・オリンピック当時は報知新聞社所属という身分であった。アムステルダム・オリンピックに際しては、陸軍戸山学校助教の衣川福二曹長が十種競技の予選に参加し、関東予選で首位、全国予選で三位の成績を収めた(6)。

一九三二年のロサンゼルス・オリンピックで西竹一中尉が金メダルを獲得したことはあまりにも有名なので、ここでは触れない。その少し前に陸軍騎兵学校に入った竹田宮恒徳王は、馬術に本格的に取り組むようになってから、オリンピックに出るという夢を持つようになった。しかし上官から「将来一軍の将となるべき皇族の身で、馬術ばかりに関り合っていてはいけない」と強く諭され、その夢は否応なしに打ち消されてしまった。三〇年代にはもはや皇族と軍人、そしてスポーツが結び付かなくなっていた。ちなみに、恒徳の三男の恒和は馬術競技の選手としてミュンヘン・オリンピック、モントリオール・オリンピックに出場し、父の夢を果たした(7)。

馬術は戦前に軍が参加した唯一のオリンピック競技だった。軍服で競技する馬術は軍人にふさわしい競技でもあった。しかし、射撃や近代五種など軍事に関係が深い競技はほかにもある。なぜ馬術だけに熱心だったのか。馬術競技の意義について、ベルリン・オリンピックのあと城戸俊三はこのように述べている。

> 競技殊に国際競技では国の面目上勝たねばならぬ。十分資力を竭したではすまされぬ。何時も成績が上らぬのは人馬の選択と訓練が不行届であるからであつて、殊に馬術競技の選手は百人中九十九人否百人迄が現役将校である。「オリムピック」では国軍の名誉、国軍の教育の比較舞台に出るのである。平時の軍備は戦争を勃発させるための支度であり、平時の「オリムピック」は国軍素質の上下を俎上にのせるものとするならば、優秀なる処を見せて他国の端倪を許さぬ様にするのが為政者のなすべき所と思ふ(8)。

現役軍人の競技である馬術は、まさに平和時の戦争であり、国軍の名誉がかかっていたのだ。ならば、ピエール・ド・クーベルタンが創案し、参加者が欧米の軍人で占められた近代五種競技にはなぜ出場しなかったのか。この答えは簡単で、フェンシングが含まれていたからだろう。では射撃はどうか。パリ・オリンピックを見学した加藤真一によれば、射撃競技の参加者の大部分は民間人だった。それは欧米各国で射撃術が民間に広く普及していることを示していた。加藤は日本でも鉄砲火薬取扱規則を改正して、民間に多くの射撃クラブが出現することを希望した。(9) つまり、射撃は軍の威信をかけた競技ではなかったのだ。しかも、一九二〇年代の日本では民間の射撃に見るべきものはなかった。東京帝大教授の河本禎助は日本の射撃界をこう見ていた。

トラップ射撃は、その関係者の話を聞けば、西洋のトラップ射撃もそんなに立派なものではないから、日本のトラップ射撃の成績ならば相当の成績を挙げ得ることであるが、恰度パリーで開かれた第八回オリンピック射撃競技で、単発実弾射撃、トラップ射撃、拳銃射撃を見て日本と比較し、日本の成績を以ては到底問題にならないと思つた。問題ニモならないのに費用をかけて行くよりも、国内に於て進歩改善を図つた方が良いと思ひ、当分の間国際射撃連盟に加盟しやうと云ふ心持ちは起らない。陸上競技、水上競技の様にその技倆が彼我伯仲するものは或は国際親善とか、或は他の意味に於てはそれに加盟する必要があるが、射撃などは悪く云へば馬鹿にされる状態であるから、未だ国内で努力した方が善いと思ふ。(10)

実際、競技としての射撃は国内大会の整備から始めなければならなかった。

2 極東大会

一九二〇年の時点で、日本のスポーツ界にとって最も意義の大きい国際競技会は極東大会であった。オリンピックはこの年ようやく二度目の参加を果たしたが、参加選手はわずか三競技十六人にすぎず、テニス以外は惨敗に終わっている。対して、極東大会は選手団の規模もさることながら、六年に一度日本で開催されることから、その影響はスポーツ界を超えて広い範囲に及んだ。

日本で最初に開催されたのは、一九一七年の第三回大会である。このとき秩父宮を含む陸軍中央幼年学校の生徒が極東大会を観覧し、陸軍幼年学校にバレーボールが紹介されたことは先述した（本書八六ページ）。

一九二一年五月末から六月はじめにかけて上海で開催された第五回大会には、海軍軍楽隊が参加し、軍艦明石の砲術長岡田偆一大尉が指揮を執った。[11]

一九二三年五月に大阪で開催された第六回大会では、大会開催の一カ月前に、一年志願兵として第一師団に在営していた加賀一郎が参加すると報じられた。加賀は歩兵第一連隊に入営後もランニングを続けていたが、今回の極東大会は在営中のため断念していた。この事情を耳にした「運動に理解ある」石光真臣第一師団長は「有意義なる国際的競技会」への出場を許可する内意を示したので、体協は加賀選手を出場させる手続きを開始した。「陸軍が現役兵を特に公の競技会に出場せしむるは始めてで我運動界のため祝福すべ」きことだった。[12] 石光は支那駐屯軍司令官、憲兵司令官、馬政局長官を経て、二二年に第一師団長に就任した人物で、「青年思想」に深い関心を持っていた。[13] 石光は軍隊の開放に積極的で、歩兵第三連隊の現役将校を巣鴨中学に派遣して体操や軍隊教練の指導をおこなわせたり、師団管下の有意義な催しに青年将校を派遣したりして、「兵営の民衆化に誠意を尽して努力」していた。学生に兵営を開放する意義について石光は「地方〔民間社会〕への軍事教育の真精神を諒解して貰へると共に兵営の兵卒及び青年将校も学生諸君との接触によつて社会的な刺戟を受けて呉れることが出来、そこに兵営と社会との親しい握手が醸されて行く[14]」と述べている。加賀の競技会参加の許可も、軍隊開放の一環としてなされたものだろう。しかし結局、加賀は出場しなかった[15]。

極東大会には、陸軍戸山学校の学生二百人が来観したほか、海軍各鎮守府では見学団が組織され毎日五十人が見学することになっていた。また、「極東競技会声援の為大阪築港に旅遣した軍艦」に無線電信所を架設し、東京海軍省無線電信所経由で、極東大会の記録や状況を毎日午後三時に内外の海軍艦船に電報で伝えた[16]。

今回の極東大会フィリピン代表には数多くの軍人が含まれていた。実に陸上競技代表五十五人のうち二十二人、水泳代表二十四人のうち十一人が陸軍の軍人であった。フィリピン代表は四月のあいだレオナード・ウッド総督やアメリカ軍関係者の全面的協力によって、マッキンレー基地で合宿を敢行し、軍隊と全く同様の生活を送りながら、練習に励んだ[17]。監督をつとめたビセンテ・リムは一九一四年にウェスト・ポイントを卒業した最初のフィリピン人で、太平洋戦争時にはフィリピン人最高位の准将として、本間雅晴中将が率いる第十四軍のフィリピン攻略に頑強に抵抗した。リムは日本軍に降伏後、いわゆる「バターン死の行進」を生き延びたものの、四四年末に処刑された。

軍隊式のフィリピン選手団は軍の強い関心を引いた。フィリピン代表団は日本での滞在費を節約するため、大阪築港にテント村を設営することにした。そのとき使用されたのはアメリカ軍のテントであった。外務省はアメリカ軍の装備について詳細な調査をおこない、「極東競技大会参加比島選手一行天幕生活状況[18]」という報告書を作成した。報告書はフィリピン選手の規律について、日本人よりも厳正であると述べ、その理由として「スポーツマン」として相当の教養があること、団体生活に慣れていることを挙げる。星条旗の下に戦ったフィリピン選手は、アメリカ軍同様に、軍隊とスポーツ、そして軍人とスポーツマンが一致した姿を日本人に示したのである。

一方、日本選手はといえば、個人競技には強いものの、団体競技にことごとく敗れ、「協同的精神の欠如、社会的訓練不足」という「国民性の一大欠陥」を露呈することになった[19]。日本のスポーツ選手は、規律ある軍隊の対極にあった。よき選手とよき兵士はすぐに結び付くものではなかった。

ただ、スポーツにおける軍人の活躍は、世界的な潮流であり、極東大会前には、軍人の参加を期待する次のような意見も出ていた。

戸山学校などで練習して居る競技の成績などに見ても中々立派なものである。軍人が競技会に参加するといふことに就いては多少の議論が有るかも知れぬが、国として代表選手を派遣する上からには、毎日身体を鍛えて居る軍人が参加することは非常に有利である。[20]

パリ・オリンピックに際しては、学校長の証明を持って連隊区司令官から陸軍大臣に申し出れば、国際競技会出場のため入営延期が許されることになったという報道も見られた。[21]しかし、実際にその恩恵を受けた人がどれだけいたかはわからない。

一九三〇年に東京で開催された第九回極東大会でも何人かの軍人が関与した。大会のテーマソング「極東大会の歌」は陸軍戸山学校軍楽隊が作曲したもので、軍楽隊の演奏、陸軍戸山学校合唱隊の合唱によるレコードがコロムビア社から発売された。公開競技のホッケーには陸軍戸山学校の林選手が出場した。また、久邇宮、小野原誠一、外園進、村岡安、神宮司操ら戸山学校関係者がホッケーの役員をつとめ、陸軍軍医学校の小泉親彦軍医監が大会医事部に参加し、陸軍大尉井崎於莵彦が開会式の放鳩を指揮した。これらはいずれも専門的な技術によって貢献した事例である。軍全体として見れば、極東大会に対する関心は、一九二三年の大阪大会に比べて明らかに低かった。

3 明治神宮大会

一九二四年に体育・スポーツの「国民の祭典」、明治神宮競技大会が創設される。[22] 二四年五月十四日に開かれた最初の協議会には陸軍戸山学校の大井浩大尉がホッケー代表として参加していた。五月三十一日の第二回協議会から海軍代表として教育局の高柳勝次郎少佐が加わり、六月二十七日の第三回協議会から陸軍代表として教育総監部の高橋省三郎少佐が出席した（第五回から木下敏少佐、第八回から波田重一少佐に交替）。この時点で、陸軍は剣道のみ、海軍は各鎮守府から剣道、柔道、相撲に各二人ずつ、陸軍士官学校はリレー、短距離競走、柔道に参加を希望しているとの報告があった。これに対して、民間スポーツ界の側から、師団対抗陸・海軍対抗競技やボートレースへの参加、海軍兵学校と陸軍士官学校の対抗試合などが提案された。七月十一日の第四回協議会で、師団対抗については機動演習中なので困難であるとの回答があり、また陸・海軍対抗競技は陸軍側で賛成が少ないことが告げられた。九月五日の第六回協議会で陸軍から、剣道に参加するが現役兵は大演習中のため在郷軍人だけの参加であるとし、かつ陸軍軍人の審判は陸軍に一任してほしいとの要望が出された。その結果、剣道は武徳会と陸軍が別々に実施することになった。九月二十六日の第七回協議会で、相撲については陸軍からも選手を出して陸・海軍の取り組みをおこないたいとの要望が出され、陸軍側委員が尽力した結果、陸・海軍対抗が実現した。[23] 民間スポーツ界が軍の積極的な参加を強く要望していたのに対して、軍の態度は終始受け身に徹した。さらに軍の内部でも、協議に参加した委員と首脳部のあいだには大きな温度差があり、陸軍と海軍でもまたその対応には違いがあった。陸・海軍対抗競技への要望は高かったが、実現したのは相撲だけであった。

大会役員には軍関係者も少なくなかった。顧問には陸・海軍次官や陸軍戸山学校校長等々力森蔵が参与したほか、現役ではないものの大日本武徳会会長八代六郎（海軍）、明治神宮宮司一戸兵衛（陸軍）が名を連ねていた。

また陸軍戸山学校の大井浩、教育総監部の波田重一、陸軍軍務局の十川次郎、海軍教育局の高柳勝次郎が準備委員となった。

一九二四年十月二十五日、軍服姿の閑院宮のテープカットで明治神宮外苑競技場が竣工し、三十日に同競技場で第一回明治神宮大会が開幕した。現役軍人が参加した競技は、陸軍では相撲、剣道、ホッケー、海軍では相撲、剣道、柔道、ボートであった。陸・海軍対抗相撲は相撲に力を入れていた海軍が圧勝した。陸軍側は今回は急遽海軍の相手をすることになったので、「海軍優勝」と（優勝者名を記す）銅板に刻まれては困ると文句をつけた。ホッケーは戸山ホッケー倶楽部が出場し、見事優勝を果たした。ボートは「神宮競漕中第一の呼物海軍の対抗カッター競漕は民間では珍しいものだけに人気の中心となる」と注目を集めた。第一艦隊、第二艦隊、横須賀鎮守府からそれぞれ水兵と機関兵の二組、計六組が参加し熱戦を繰り広げた。剣道は「軍人特別三本勝負」という形で、陸軍と海軍の軍人各六人が試合をしたが、勝敗数を競う対抗戦とはしなかった。剣道には多数の在郷軍人が参加した。その数は軍刀術に七十五人、銃剣術に二百二十五人で、スケジュールには剣術に関する講話（陸軍戸山学校河野毅大尉）や新兵器見学（近衛歩兵第三連隊）が含まれていた。先述のとおり、陸軍は民間人に裁かれることを潔しとしなかったので、在郷軍人会や陸軍戸山学校の関係者が審判をつとめた。一方、海軍はボート競技に関して審判や規則など無条件で民間人の運営に委ねた。これに対して、民間スポーツ界関係者は「非常に気持がよかつた」という感想を残している。[24] 海軍は第十三回大会（一九四二年）までボート競技に参加しているから驚きである。

図49　テープカットをする閑院宮
（出典：「アサヒスポーツ」第2巻第24号、朝日新聞社、1924年11月、表紙）

馬術は競技の性格上、陸軍の協力が不可欠だった。馬術競技を取り仕切ったのは関東学生乗馬協会の学生だったが、馬は教育総監部高橋少佐の尽力によって陸軍士官学校から貸与され、会場は第一師団の厚意により代々木練兵場を借りることができた。第一師団長石光真臣自身も相談に乗ったようである（石光の前任は馬政局長官）。競技の運営は学生が中心だったが、陸軍側も神代菊雄少佐ら審判の人員を提供し、騎兵学校教官が模範演技を披露した。[25]第二回大会では、学生に加えて在郷軍人や女子の部が設けられた。

軍事に関係が深い射撃は第二回大会から競技に加えられた。実は第一回大会に先立ち、明大射撃部の師尾源蔵が内務省衛生局長山田準次郎に対して、射撃を明治神宮大会の種目に加えるよう要望を出したが、競技団体がないことを理由に断られていた。これに発憤した師尾は明治神宮大会と同じ日に関東学生射撃大会を実施した。開催にあたって師尾は各新聞社に後援を求めるが、「軍隊のまねをする射撃などはスポーツじゃない、軍閥のまねを後援などしたら新聞社としては立場がなくなる」と断られ、陸軍省新聞班の桜井忠温大佐と交渉して東京日日新聞を紹介してもらい、ようやく開催にこぎ着けた。これを機に射撃界の組織化が始まり、一九二五年四月に関東学生射撃連盟が設立され、東京帝大ほか十校が加盟した。当時の学生射撃界は厳しい環境に置かれており、比較的恵まれていた明大でさえ一日五発分、一年に百数十発分しか射撃できなかった。しかし時代は変わりつつあった。関東学生射撃連盟が設立されるのと時を同じくして、中等以上の学校に現役の配属将校が派遣され、そのもとでおこなわれる軍事教練に射撃が採用されたからである。ただし、明治神宮大会の報告書には、国際オリンピックに射撃競技があることが射撃採用のひとつの動機になったようだと記されている。射撃には学生と在郷軍人が参加し、現役軍人は参加しなかった。[26]

第二回大会には射撃のほかにマスゲームが新たに加わり、陸軍戸山学校学生が参加し、大井浩少佐の指揮のもと「真に鍛錬せる男性筋肉美の標本」を披露した。[27]陸軍戸山学校の体操は非常に好評で、「一般的な要求」によって、四日後に再度の実演がおこなわれたほどだった。

前回大会の相撲で海軍に屈辱的な敗北を喫した陸軍は臥薪嘗胆、復仇の機会をうかがっていた。折しも近衛野砲兵連隊に慶大で大将をつとめた阿部大六（五段）が入営し、近衛師団、第一師団、陸軍戸山学校の猛者たちが毎日猛練習をしていた。しかし、陸・海軍の対抗という形式に対する忌避感からか、今回は三十人ずつが勝ち抜き戦をし、そこで四勝以上したものを東西に振り分けて個人戦をおこなうという形式をとった。個人戦まで進んだ二十七人のうち、陸軍は山中利一と陸軍戸山学校の西本の二人にとどまった。優勝は軍艦陸奥の牛窓選手だった。(28)

水泳は第二回大会から参加した。二百メートル平泳ぎで佐世保海兵団の鶴田義行、飛び込みで横須賀海兵団の新美庄平がそれぞれ優勝した。第三回大会では呉鎮守府の沢田武一が百メートルに優勝した。一九二七年の第四回大会には横須賀鎮守府から応援団も駆けつけ、学生の参加がなかったせいもあって四種目に海軍の選手が優勝した（いずれも呉鎮守府）。第五回大会に際して海軍省教育局は各鎮守府参謀長に通牒し、水上競技に積極的に参加するよう促した。(29)呉鎮守府の広中松葉は二百メートル平泳ぎで四位に入った（優勝は当時明大に籍を置いていた鶴田義行）。明治神宮大会の報告書は、海軍の選手について「技術の点で遺憾な点が少くない。此点を改良すればまだ〳〵よい成績は望めるであらう」と評価し、海軍の選手は一般の選手に比べて拘束が多いので、今後は鎮守府対抗をおこなってはどうかと提案した。(30)第六回大会では海軍の部が独立し、多数の選手が参加した。八百メートル自由型に優勝した佐世保鎮守府の知念繁夫は、一般の部の千五百メートル自由型でも五位と健闘し、当局の諒解を得て東京で開かれたオリンピック準備練習会にも参加している。(31)

一九二八年二月、日本が初めて代表を送った冬季オリンピック、サン・モリッツ大会の開催中、明治神宮大会としては最初の冬季大会が日本でのスキーの発祥地、高田で挙行された。長岡外史の挨拶で始まったこの大会には、海軍大湊要港部から二人、舞鶴要港部から一人の選手が参加していた。オーストリア＝ハンガリー帝国のテオドール・フォン・レルヒ少佐が高田でスキー講習をしたのが一一年一月のことだった。当時の第十三師団長の長岡、歩兵第五十八連隊長の堀内文次郎はともにスキーに理解を示し、民間への普及にも努めた。海軍のスキーは一三年十一月に大湊要港部が青森の歩兵第五連隊から教員を招いて訓練したことに始まる。以来、大湊要港部

図50　軍服姿で始球式に登場した一戸兵衛大将（当時、一戸は明治神宮宮司、帝国在郷軍人会会長）。このような光景は野球害毒論争の時代には想像もできなかったことだろう
（出典：「運動界」1926年12月号、運動界社、表紙）

は海軍スキーのメッカとなり、全日本スキー選手権大会など民間のスキー競技会にも積極的に参加していた。のちには全日本選手権大会や明治神宮大会で軍隊競走の種目が立てられるようになる。ほかのスポーツと違って、スキーの軍事的価値は高く評価されていて、民間スポーツ界との関係も密接だった。(32)

以上、三節にわたって軍とスポーツ競技会の関係を見てきた。概していえば、軍、とくに陸軍は一部の競技を除いて競技会への参加にあまり積極的ではなかった。陸軍戸山学校長時代にスポーツを推進した第八師団長菱刈隆が一九二六年に「運動競技は体育上又徳操の涵養に有益と存候。併かし現状の実施方にては多少の弊害之れに伴ふあるを感じ居り候。望むらくは我邦古来の武道精神に基き武士風に実施し度ものに候、之が指導監督に任ずるの士、良く運動競技の精神目的の在る所に着意し、剛健敢為の国民の養成に努められんことを(33)」と記したように、陸軍は当時の民間スポーツ界に多くの弊害があると認識していた。軍縮のあおりで陸軍を去り、日本体育会体操学校講師をしていた小原正忠は、「今日一大流行となつて居る運動競技なるものが、青年子女の心身を如何に害毒しつゝあるかは、心ある者の常に患へて居る所である。私は此の如き迷盲を一日も早く覚醒せしめて、真の国民体育を振興させたいものである」と述べ、運動と国民体育を峻別した。運動は国民全体に行き渡っていないばかりか、一つの学校をとってみても少数の選手が熱心なだけで生徒全体には及んでいない。要するに、「今日の運動は、之を極言すれば、選手だけの運動」なのだ。また、過度の競争に陥り、運動のために身体を損なうものも多い。事実、二四年度に東京市とその近郊で徴兵調査をおこなった麻布連隊司令官は「都下の運動選手に合格者は甚だ少かつたと云ふ。概して運動選手は一見した所は体格優秀に見えるが、仔細に点検すると内部の疾患や、其の他に故障が有る者が比較的多く、而して中には本人が全く知らないものもあつた[34]」と述べている。

徴兵検査によってスポーツの価値を否定する論法は、すでに一九一一年の野球害毒論争での学校関係者の発言に見える。たとえば、順天中学校長松見文夫は「野球をやった極端な者になると徴兵に合格せぬ。何となれば右手右肩が片輪の発達をなしており、指は曲がりまたは根本ばかり太くて先は細くなり五指をピタリと触れ合わすことは出来ぬ。おまけに腰は歪みて床屋の老翁のごとくなり、せっかく学校が体操で作った立派な姿勢を破壊するものである」と述べ、忠海中学校長江口俊博も、ある野球選手が練習のために右臂が緊縮したため、体格検査に不合格となり、念願の陸軍士官学校に入学できなかったという例を挙げている[35]。

陸軍が重視したのは国民体育であって、エリートのスポーツではなかった。そのため陸軍は国民体育の一環としてスポーツを推進したものの、エリート限定の競技会には否定的だった[36]。そもそもこうした競技会で軍人が活躍することは難しく、陸軍は逆に指導される立場にあった。ホッケーのように、陸軍が指導的な役割を果たすことができる場合は、積極的に競技会に参加した。また、馬術のように軍事的価値が高く、かつ勝算がある競技については、国際的な競技会に選手を派遣することも辞さなかった。

陸軍は明治神宮大会には不熱心だったが、軍事教育問題には熱心だった。後者を主導した宇垣陸相は軍隊スポーツの推進者でもあった。軍隊スポーツの推進と軍事教練の導入は、一見すると正反対の動きのようだが、第一次世界大戦の反省を踏まえた陸軍の新しい路線として矛盾するものではなかったのである。次節では陸軍の新しい路線に大きな影響を及ぼしたデモクラシーに焦点を当て、軍隊スポーツの背景にあった軍民関係の変化について論じよう。

4 デモクラシーと男性性

一九二二年、佐藤鋼次郎は『軍隊と社会問題』[37]を著し、国民の軍隊化と軍隊の国民化を唱えた。佐藤は陸軍士官学校を卒業し、日清、日露、第一次世界大戦に従軍、一六年に陸軍中将に昇進し予備役に編入された。その後、軍事評論家となり、『国民的戦争と国家総動員』(二酉社、一九一八年)、『日米若し戦はば』(目黒分店、一九二〇年)など軍隊の改革や総力戦の問題について旺盛な言論活動を展開していた。佐藤は『軍隊と社会問題』で次のように論じる。そもそも世界大戦でイギリス・アメリカが成功を収めたのは、国民に体格、尚武精神、軍事知識、規律と礼儀が備わり、軍隊と一般社会が隔絶していないために、民から兵への移行がスムーズにおこなわれ、大量の動員を実施できたからである。これに対して日本には総動員を可能ならしめる要素がひとつとして備わっていない。最大の問題は軍隊と社会の隔離である。兵営は欧米の直輸入で農民の生活とかけ離れており、恒常的な監視と画一主義は兵営を監獄のごとくにしている。国民は軍隊を理解しようとせず、軍事知識は欠乏し、国防にも無関心である。一方、将校は社会に浸透しつつあったデモクラシーに無理解で、民間人を「地方人」と呼んで軽蔑し、社会が堕落していると感じている。そうした将校が兵卒に強圧的な命令を下しても、兵卒は面従腹背し、表面的には軍紀が守られているように見えるが、実際には将兵間の溝は深まるばかりである。軍隊が国民を軍隊化させるのは難しいから、まず軍隊を社会化して国民と軍隊を接近させなければならない。

佐藤の言葉を借りれば「目下の急務は軍隊にデモクラシーを徹底させ、上下の精神的結束を鞏固にし、上を敬い下を恵む、一致の和偕をうべき」ことにある。そうして監獄のような軍隊を「自治的生活を営む有機体的の軍隊」とすることで、国民の軍隊に対する理解が得られる。このように論じる佐藤が古来の「武張った遊戯」や「欧米人の如く勇壮なる各種のスポルト」を奨励すべきだと主張しているのは、象徴的である。佐藤はこれまで紹介してきたようなスポーツを推進する立場の人物ではない。その佐藤が当時の軍隊が直面した問題の解決策のひとつとしてスポーツを提起したという事実は、スポーツの導入が軍隊体育の問題にとどまるものではないことを明瞭に示している。

そもそも当時の人びとはどのような軍隊を望んでいたのか。次に挙げるのは、第一艦隊の戦艦日向を見学した長崎女子師範の生徒の感想である。

> 水兵さんを羨む一方、私の目に強く映じた事は、什《さう》して艦内に種々士官と兵卒との差別が甚しい事だらう……(ママ)同じ船に乗つて運命を共にすべきブラザー同志がなぜにこう迄差別的取扱が有るのかとひそかに悲しみました。水兵さんがあのむさ苦しい所にハンモックを釣つて生活をなさるのに就いては同情の念を寄せると共に、士官の方にどうぞ今少し彼人々に同じ大した差別のない所迄待遇してあげて下さい……(ママ)とは私の願ひたい心の中の叫びです（略）真の軍人生活の意義はそこに正しい区別があつて初めて合理的だのかも知れません?然し私の考へでは船底には同じ等しい運命の手が平等に与へられてゐるのに……(ママ)平等の神の恵の下に生きてゐるのに私は変りはないものをと思ひました。（H子）
>
> 軍規風規(ママ)のやかましいので上官の命令は絶体的……(ママ)羊の様に柔順にそして正しく凡てを命令一下に働いてゐる水兵さんを顔を真赤にしてがみ〱しかりつけてゐる方を見た時、可愛想で〱見てゐる事が出来ませんでした。其場面が未だに目に残り今でも忘れられぬ様で海軍と言ふものは、おそろしいそしてこはいと感じました、が斯の如くにきたは(ママ)れてこそ初めて一人前の軍人になるのだと思ひました。（T子）[38]

厳格な規律が支配する専制的な組織、これこそ当時の人びとの軍隊に対する典型的イメージだった。それに対して、当時の人びとが理想としたのは、よりデモクラティックな、当時の言葉を使えば、より「民衆化」した関係によって成り立つ軍隊であった。「東洋日の出新聞」は女子学生の筆を通してその理想を提示し、軍当局の認識を改めさせようとしたのである（戦時下であればこのような文章を載せることはできなかっただろう）。

一九二〇年八月、「神戸又新日報」は新たに舞鶴鎮守府司令長官に就任した佐藤鉄太郎中将を「快闊で平民的な新任佐藤司令長官」と紹介した。(39)「民衆化」した軍隊は「平民的」な将校・士官によって統率されなければならない。それは軍神として祀られた乃木希典や東郷平八郎が体現する男性性とは大いに異なるものだった。(40)デモクラシーは民衆にとって望ましい軍隊、あるいは将校のイメージを大きく変えたのである。

同様のことは将校と兵士のあいだだけでなく、軍隊と社会のあいだにも当てはまる。一九一九年八月十九日夜、島根県那賀郡浜田町で起きた米騒動の際、抜刀乗馬の将校が率いる着剣した一個中隊を前に、群衆の一人が次のように言った。「お前ら親兄弟が食えんでこうしているのに、発砲したり銃剣で突きさしたりするつもりか。軍隊は親兄弟を撃つものでなく、外敵を撃つものではないのか。われわれは敵ではなく親兄弟だ。われわれに発砲したり突きさしたりしてはいかんぞ」。この言葉を聞いて、軍隊には動揺と躊躇の色が見られたという。(41)この言葉に軍隊に対する民衆の敵意を見ることは容易である。しかしここでは男性性という視点から解釈を試みたい。

軍隊とは、まずもって、頼りがいがある、自分を守ってくれる存在でなければならない。それこそが軍隊に求められた男らしさである。いくら強くても、敵の軍隊は男らしさを象徴しえない。そう考えるならば、この民衆の言葉は軍隊の男性性を否定したものと見ることができる。大正末期に軍隊の人気がなくなったということは、軍隊が男性性を体現しえなくなったということである。そこで軍隊は新しい時代の男性性を体現する存在へ自らを変えようとした。

スポーツこそ、軍隊が新しい時代の男性性に適応したことをアピールする格好の手段だった。海軍兵学校編『運動競技提要』は、対外的な対抗競技を「軍隊ト社会トノ交通テアリ、軍隊ノ廓壁ヲ去リ、国民ヲシテ自己ノ軍隊タル信倚ヲ与フル一因トナリ、又軍隊式ナ或氛囲気ヲ社会ニ向ツテ拡充スル一端トモナル(42)」と評価する。国民が自分の軍隊であると感じる、それこそまさに軍隊に求められた男性性である。

では、個々の軍人にはどのような男性性が期待されたのか。「我国軍隊運動の濫觴を作り出した運動連隊」である歩兵第三十九連隊を訪れた記者は、「清掃された立派なトラック」、春日を浴びる「南北二基のフット・ボール」、テニスコートや野球のダイヤモンドの跡を見て、「因習の殻を固く被つて鉄扉を鎖し、一般社会との乖離を教へられて居た昔の俤は露ほどの跡も見せない。衛兵の顔を見るにも物優しげな微笑が浮んで居る」と述べている(43)。威厳のある軍人ではなく、「物優しげな微笑」をたたえた軍人こそ、新しい男性性を体現する存在であった。そしてそれはスポーツによって養成されるのである。

折しも大正期はエリート的な「運動競技」が大衆的・国民的な「スポーツ」に移行する過程にあった。一九二四年の明治神宮大会創設はこの過程のひとつの到達点であった。スポーツ選手が国際的に活躍し始めるのもこのころからである。二〇年のアントワープ・オリンピックのテニスでは、熊谷一彌がシングルスで、熊谷と柏尾誠一郎がダブルスで、それぞれ銀メダルを獲得した。二四年のパリ・オリンピックでは内藤克俊がレスリングで銅メダル、二八年のアムステルダム・オリンピックでは陸上の織田幹雄と水泳の鶴田義行が日本に初めての金メダルをもたらした。日本で開かれた一七年と二三年の極東大会で日本は優勝し、二七年には上海で開かれた極東大会でも優勝した。国際競技会は、平和の時代にあって日本の国力を示す数少ない機会だった。これらの大会でスポーツ選手は日本の代表として戦った。二七年度の横須賀海兵団の修業記念アルバムにはテニスについて次のような記述が見える。

図51　1922年の歩兵第39連隊志願兵が作成した写真帖（表紙）。この種の写真帖に英語の名称をつけるのは珍しい
（出典：前掲『Our Army Life 1922』）

今日最国際的な遊戯の一つは庭球である。また老若男女の区別なく参加出来るので是程一般的なものは他にあるまい。我が国に本場の英国から庭球の輸入されたのは明治十一年頃であつたといふ。爾来我が国上下一般に普及せられて今日此の技に於てだけは堂々世界の檜舞台で我が選手が世界の大選手を向ふに廻して覇を争ひ得る迄に進歩して居る。此の技で養ひ得るものは敏捷軽快（運動神経の培養）、推測力、決断力、味方の協同動作等、体技本来の目的以外に沢山あるであらう。[44]

軟弱とみなされることが多いテニスだが、国際的な活躍は日本人に誇りをもたらし、男らしい、そして軍隊にふさわしいスポーツとなりえたのである。

佐藤鋼次郎がスポーツを取り上げたのは、身体面で軍民間を接続するためだった。そして精神面については、デモクラシーを徹底させることで軍民間の溝を埋めることができると論じた。陸軍がデモクラシーに着目するようになったのは一九一九年五月ごろからである。「偕行社記事」で将校のデモクラシーに対する無理解を指摘したのは、ほかならぬ佐藤だった。すでにその前月末の師団長会議で田中義一陸相は将校の常識増進の必要性と対上官反抗の頻発に注意を向け、同じ席で一戸兵衛教育総監は「不良思想」を持つ壮丁の軍隊入営が不可避であることを指摘していた。[45] そして六月以降、「偕行社記事」は、諸種の政治・社会思想を将校に理解させ、理論的・科学的な国体論と軍紀論を将校に提示するための記事を掲載し始めた。同年七月号には臨時軍事調査委員による「現代思潮一部（デモクラシー）の研究」が付録として刊行された。[46] ここで興味深いのは本間雅晴が思想と軍紀の問題を論じ、軍隊内務の緩和・簡略化と兵営生活における私的自由の領域の拡大を訴えていたことである。[47] 本間にとって思想・軍紀とスポーツは一連の問題であった。

軍隊内務書改正が日程にのぼったのは一九一九年四月のことで、陸軍省軍務局歩兵課が軍隊内務書改正審査委員編成表を提出したことに始まる。[48] 翌月、同課は「軍隊内務書改正審査委員長ニ与フル訓令案」を起案し、改正の方向性を示した。訓令案は第一次世界大戦後の社会状況と国民思潮の変遷に対する軍隊内務の適応を通して、国民に軍隊を理解させ、進んで兵役に服させて、軍民一致の実績を挙げることを求めていた。同年八月に完成した「改正草案」では、軍隊内務の諸規定が大幅に簡略化され、自覚的な軍隊内務の遂行と服従、人格の尊重が強調されていた。『軍隊内務書草案』は一九二〇年九月に完成し、「従来の全国画一主義を廃して各地方特殊の民俗人情に応じてこれを適用する事自由ならしむる点」「兵卒の人格を認めた点」で従来と大きく異なっていた。[49]同草案は同月十九日の各兵科団隊長及参謀長合同会議で内示され、意見が徴集された。この会議の席で田中義一陸相は思想対策の強化を強調した。その結果、精神教育の内容として「国体」が追記されることになった。こうして一九二一年三月に新しい軍隊内務書が公示された。思想対策の強化と引き替えにもたらされた形式的な「自由」のうえに、軍隊スポーツが花開いたのである。

スポーツの思想善導的な役割は、海軍機関学校の次の事例に顕著に現れている。海軍機関学校の三号生だった額久直は上級生からよく「貴様達は新聞なんか読むんぢゃない！運動をやるんだ!!」と言われた。彼はそれを忠実に守り、運動に熱中した。[50]原田力（海機第三十七期）が語るように、当時海軍機関学校の新聞閲覧室に備えられていた新聞・雑誌には「革新的な記事が満載」で、「海軍士官の象徴であつた腰の短剣も鉛筆削りにもならないから、近く廃止される運命にあると皮肉つた記事が堂々と」[51]掲載されるほどだった。スポーツはこうした表向きの「社会化」を掘り崩す機能を果たしたのだ。とはいえ、思想善導的側面をあまり強調しすぎると、かえって実態から遠ざかってしまう。なぜなら思想善導の手段などいくらでもあるからだ。当時の軍隊がこのようなリスクをあえて冒したのは、やはり現状に対して切迫した危機感を持っていたからである。軍隊へのスポーツ導入とは、一義的には、男性性喪失の危機感を抱いた軍隊が、新たな時代の男性性を体現しつつあったスポーツを取り入れることで、再男性化を企図した行為であったとみなすべきである。

同様の危機感は皇族も抱いていた。第一次世界大戦後、世界では君主制が次々と崩壊していった。社会主義思想の拡大は、天皇の権威、すなわち天皇の男らしさを掘り崩していった。カリスマ性を発揮した明治天皇と違って、病弱だった大正天皇はその存在感を示すことができなかった。言い換えれば、天皇制は男らしさを欠いていた。

そうしたなかで大正天皇の息子たちはスポーツマンであることをアピールしていった。彼らは明治天皇とは対照的に、平民的な言動により国民の心をつかんでいった。[52] 彼らはまた軍人でもあった。折しも一九二〇年代は多くの皇族が陸軍士官学校や海軍兵学校に在籍していた。陸軍士官学校についていえば、二〇年の賀陽宮恒憲王の卒業は、〇八年の東久邇宮稔彦王以来、皇室として久々の出来事だったが、二一年には山階芳麿（一九二〇年に臣籍降下）、二二年に秩父宮、二三年に久邇宮邦久王、二四年に閑院宮春仁王と続々と皇族出身の将校が巣立っていった。彼らの存在が陸軍の雰囲気を変えたことはすでに見てきたとおりである。こうして、二〇年代前半の特殊な状況のなかで、軍隊とスポーツと天皇制は男性性を介して結び付いたのである。

注

(1) 吉岡豊輔「万国体育競技会概況」、偕行社編纂部編「偕行社記事」第四百六十一号付録、偕行社編纂部、一九一三年九月
(2)「東京朝日新聞」一九二四年一月六、十三日付、十月十四日付
(3) 加藤真一「大会から得たる感想」、大阪毎日新聞社編『オリムピックみやげ――第八回巴里大会記念』第二輯所収、大阪毎日新聞社、一九二四年
(4) 同論文
(5)「読売新聞」一九二四年三月十四日付
(6)「東京朝日新聞」一九二八年四月三十日付、五月二十一日付、前掲「陸軍戸山学校見聞記（上）」
(7) 前掲『菊と星と五輪』七六ページ
(8)「東京朝日新聞」一九三六年十二月二十九日付。ちなみに、ベルリン・オリンピックの入場式で軍人選手は女子選手と男子選手のあいだで行進した。女子選手のうしろを歩かなければならなかったことに軍人たちは不満たらたらだったという（鎌田忠良『日章旗とマラソン』潮出版社、一九八四年、二七一ページ）。
(9) 前掲「大会から得たる感想」

(10) 河本禎助「射撃」、文部省編『現代体育の施設と管理』所収、目黒書店、一九三二年
(11)「東京朝日新聞」一九二一年五月三十日付
(12)「東京日日新聞」一九二三年四月十九日付。この記事は同日の「満洲日日新聞」でも報じられている。
(13)「読売新聞」一九二〇年八月十二日付
(14)「東京朝日新聞」一九二三年五月一日付
(15) 石光が考えを改めた原因として考えられるのが、いわゆる早稲田大学軍事研究団事件である。五月十日に同団の発会式が開催され、白川義則陸軍次官や石光ら陸・海軍将校三十人が出席した。演壇に立った石光には「学生を騙しに来たのか」「その勲章には国民の血がしたたつてゐるぞ」とのヤジが浴びせられた。陸相の祝辞を代読した白川が「こんな屈辱はない」との手紙を東郷元帥に出したほどのひどい状況だった(「東京朝日新聞」一九二三年五月十一日付、「読売新聞」一九二三年五月十一日付)。あるいはそもそも石光が加賀の出場を許可したという情報が誤っていたのかもしれない。このほか、五月の予選会の運営をめぐって全国学生陸上競技連合が出場拒否を決議し、学生以外の選手でも参加しない者がいた(大日本体育協会編『大日本体育協会史』上、大日本体育協会、一九三六年、三六四ページ)。加賀もその一人だった可能性はある。
(16)「第六回極東競技大会前記」、日本体育会編「国民体育」一九二三年六月号、日本体育会、「東洋日の出新聞」一九二三年五月十二日付、「東京朝日新聞」一九二三年五月十一日付
(17) *The Manila Times*, April 4, 1923.
(18) 前掲「JACAR」C03011894300(十四―四十六画像目)
(19)〔飯塚〕晶山「極東大会終る」、日本体育会編「国民体育」一九二三年七月号、日本体育会
(20) 内藤和行「極東競技大会に出場する選手に」、大日本体育学会編「体育と競技」第二巻第三号、大日本体育学会、一九二三年三月
(21)「都新聞」一九二四年四月二日付
(22) 前掲『帝国日本とスポーツ』一一九―一三〇ページ
(23) 内務省衛生局編『第一回明治神宮競技大会報告書』内務省衛生局、一九二五年、一三―八九ページ

(24) 同書二二〇、二九一―二九二、四〇九ページ、「読売新聞」一九二四年十月二十二日付。のちに永田鉄山を殺害する相沢三郎大尉も審判をつとめた。
(25) 前掲『第一回明治神宮競技大会報告書』三三八―三六〇ページ
(26) 師尾源蔵「学生射撃のそのころ」、師尾源蔵「日本最初の学生射撃大会」、平尾真「師尾先輩の思い出」(いずれも日本ライフル射撃協会編『社団法人日本ライフル射撃協会史　大正・昭和編』所収、日本ライフル射撃協会、一九九四年)、内務省編『第二回明治神宮競技大会報告書』内務省衛生局、一九二六年、五三七ページ
(27) 前掲『第二回明治神宮競技大会報告書』二〇二、五四〇ページ
(28) 「東京朝日新聞」一九二五年九月二十一日付、前掲『第二回明治神宮競技大会報告書』三一六ページ
(29) 「読売新聞」一九二七年九月十六、十九日付、「東京朝日新聞」一九二九年九月七日付
(30) 明治神宮体育会編『第五回明治神宮体育大会報告書』明治神宮体育会、一九三〇年、一五七ページ
(31) 弓館小鰐『スポーツ人国記』ポプラ書房、一九三四年、三二二ページ。弓館は沖縄県出身の運動人は尚謙と富名腰義珍くらいしか知らないとするが、弓館が将来を期待した知念は沖縄県出身である。
(32) 中浦皓至「大正時代における大湊要港部の海軍スキーについて」「日本スキー学会誌」第十六巻第一号、日本スキー学会誌編集事務局、二〇〇六年八月、中浦皓至「第十三師団による明治四十五年の第一回スキー講習会に関する文献的研究」「体育史研究」第二十六号、日本体育学会体育史専門分科会、二〇〇九年三月、新井博『レルヒ知られざる生涯――日本にスキーを伝えた将校』道和書院、二〇一一年、八〇―八九ページ、長内誠一『大湊海軍スキー発達史』長内誠一、一九七一年、長内誠一『大湊海軍スキー史』長内誠一、二〇〇八年など。
(33) 「運動競技に関する諸家の意見」、前掲『運動競技と訓育』所収
(34) 小原正忠『新体育家の思潮』東京宝文館、一九二五年、八六―九八ページ。同書には陸軍戸山学校校長等々力森蔵が序文を寄せている。
(35) 「野球と其害毒(九)」「東京朝日新聞」一九一一年九月六日付、「野球と其害毒(二十一)」「東京朝日新聞」一九一一年九月十八日付
(36) 明治神宮大会が本当の意味で「国民の祭典」となるのは戦時中のことである。前掲『帝国日本とスポーツ』を参照。

(37) 佐藤鋼次郎『軍隊と社会問題』成武堂、一九二二年
(38)「東洋日の出新聞」一九二四年六月二十三日付
(39)「神戸又新日報」一九二〇年八月二十七日付
(40) 乃木は学習院院長時代（一九〇七年―一九一二年）、野球部の活動に厳しい制限を加えていた。「野球と其害毒」にも乃木の談話が登場する（「東京朝日新聞」一九一一年九月十五日付）。なお、野球やテニスに対する乃木の態度については、学習院輔仁会編『乃木院長記念録』（三光堂、一九一四年）二七八―二八四ページが参考になる。
(41) 黒羽清隆『軍隊の語る日本の近代』下（そしえて文庫）、そしえて、一九八二年、一六五ページ
(42) 前掲『運動競技提要』五二―五三ページ
(43) 前掲「我国軍隊スポーツの黎明」
(44)『昭和二年度志願兵四等機関兵教程・三等機関兵特別教育修業記念』横須賀海兵団、一九二七年
(45) 遠藤芳信『近代日本軍隊教育史研究』青木書店、一九九四年、二四一ページ
(46) 浅野和生『大正デモクラシーと陸軍』（「関東学園大学研究叢書」第九巻）、関東学園大学、一九九四年、一六一―一七ページ
(47) 本間雅晴「思想の変遷に鑑みて軍紀と服従とを論ず」、偕行社編纂部編「偕行社記事」第五百五十号、偕行社編纂部、一九二〇年六月
(48) 以下、軍隊内務書改正については注記がないかぎり前掲『近代日本軍隊教育史研究』二四六―二六六ページによる。
(49)「東京朝日新聞」一九二〇年九月二十日付
(50) 前掲「懐旧断片」
(51) 前掲「連ぎようの花に向いて」
(52) 前掲『スポーツと政治』六―二八ページ

第4章　欧米の軍隊とスポーツ

1　イギリス軍とスポーツ

世界一を誇ったイギリスの海軍は、ナポレオン戦争が終わってから一八七〇年代にかけての時期（その大部分は「砲艦外交」の時代として知られる）、その称号からは想像もつかないほど少ない予算と人員によって運営されていた。[1] 一八一二年に十四万五千だった兵員は、五年後には二万人に削減され、六〇年代末からのヒュー・チルダース海相による海軍予算削減によって、さらに半減された。量だけでなく質の問題もあった。十九世紀前半の海軍は「ラム酒に酔った荒れくれ水兵を、むち打ちなどの苛酷な刑罰で統制する前近代的な組織」であった。水兵の多くはきわめて低い社会階層の出身者で、軍隊内で「囚人以下」の待遇を強いられていた。士官たちは過酷な刑罰に頼ることで、なんとか軍隊としての規律を維持していたのである。[2]

水兵にとって士官は雲の上の存在だった。彼らはおおむね封建貴族か地主階級の出身だった。海軍にせよ陸軍にせよ、そしてこれはイギリスだけでなくヨーロッパを通じてそうだったが、将校・士官は貴族的な出自や価値観を共有する人びとによって構成されていた。勇敢さ、名誉、冷静さなど将校・士官の資質とジェントルマンの資質は共通するものと考えられていた。彼らにとって、軍人としての知識や実績を示すよりも、むしろジェントトルマンとして振る舞うことのほうが重要だった（そのため、王立海軍アカデミーでダンスやフェンシングが教えられた）。正規の給与だけではそうした生活を維持することはできず、副収入がある人でなければ将校・士官となるのは難しかった。彼らはきわめて排他的な集団であり、陸軍は売官によって、海軍は早い時期から実地経験を積むという徒弟的なシステムによって、再生産が保証されていた。

十九世紀のさまざまな技術革新に伴うプロフェッショナリズムの台頭は、前近代的な海軍が再編されるひとつの契機となった。一八三〇年に砲術学校が創設され、五七年にはすべての海軍士官が士官学校（一八五四年設立）で学ぶことを義務づけられた。士官たちはもはや資質や振る舞いだけに頼ってはいられなくなった。プロフェッショナリズムは水兵にも影響を与えた。帆船時代とは違い、船や武器の操作は海軍でしか学べない特殊技能となり、水兵を教育し訓練する必要が出てきた。志願兵制度のもとで水兵を確保するためには、水兵の待遇改善が不可欠であり、五〇年代から賃金の引き上げ、年金、継続軍務制度の導入、食事の改善、休暇の導入、恣意的な懲罰の制限（平時のむち打ちは一八七一年に、戦時のそれは七九年に停止）などの対策が実施された。同様の傾向は陸軍にも見られる。

ワーテルローに勝利した栄光の陸軍ではあったが、海軍同様にその組織は前近代的であり、十九世紀前半の緊縮財政のもとで、大陸諸国に対する優位性は失われていった。[3] 陸軍の変革を促したのはクリミア戦争の経験である。不本意な戦い方をした陸軍は、民主化・合理化・脱貴族化を迫られた。折しもグラッドストン政権による軍縮政策を受けて、エドワード・カードウェル陸軍大臣（一八六八―七四年在任）が一連の改革に乗り出した。従来二十一年だった兵役期間は一八四七年に十二年に短縮されていたが、カードウェルはこれを六年に短縮し、あとの六年を予備役とした。現役を削減して財政支出を抑えただけでなく、予備役を創出して大規模な戦闘に対処できるようにもしたわけである。さらに、人気がない植民地の兵力を削減したり、むち打ちを廃したりして兵士の待遇改善をはかった。これらの措置は、志願者を増やし、よりよい質の人びとを引き入れる目的でなされたが、低い給与や社会的偏見のために、所期の効果をあげることができなかった。とはいえ、その後兵士の死亡率や逃亡率、軍法会議の件数などは着実に低下し、軍隊の環境が改善され、規律が高まったことが確認される。

兵士に対する社会の目はクリミア戦争で大きく改善された。腑甲斐ない貴族＝将校とは対照的に、兵士は勇敢で愛国的なキリスト教徒として英雄視された。文学ではラドヤード・キプリングの一連の作品が「トミー（イギリス陸軍兵士の俗称）」を帝国の英雄にした。一八八〇年代以降の帝国主義の高潮も兵士の地位を高めた。反ミリタリズムの伝統のもとで、民主主義に対立する「あってはならない存在」だった軍隊は、帝国の拡張を支える誇り高き存在になった。政府だけでなく社会も兵士の改善に取り組んだ。市民団体は政府に圧力をかけ、結婚によって兵士の「飼い馴らし」＝道徳化をはかった（従来、ほとんどの兵士は結婚を許されていなかった）。兵営を家庭にすることで、軍隊を社会化し、市民化しようとしたのである。兵士は女性をたぶらかす危険な存在から、よき夫、よき父として描かれるようになり、家族が兵士となるのを引き留める存在だった女性は、兵士が前線に赴くのを励ます存在となった。さまざまな団体が性病や飲酒の抑制をはかっていた軍当局と協力し、「兵士の家」のような施設で健全な娯楽を提供した。のちに見るように、この文脈で兵士に対してスポーツが導入された。

カードウェル改革のもうひとつの重点は売官制度を廃止し、軍隊のプロフェッショナル化をはかることだった。売官制度は一八七一年に廃止されたが、将校の社会的構成はほとんど変化しなかった。将校は依然としてジェントルマンにふさわしい職業だと考えられていたし、将校としての生活を維持するための多額の出費（とくに騎兵将校は年間六百ポンドから七百ポンドが必要だった）は、資産がない人びとの参入を妨げた。没落する貴族に代わって将校団の多数派を占めるようになったのがパブリックスクール出身者で、その比率は世紀末までに正規軍将校の六二パーセントに達していた。なかでもイートン校の卒業者は全体の一〇パーセントを占めた。これらパブリックスクール出身者が軍隊とスポーツを結び付ける存在になっていく。

J・A・マンガンによれば、十九世紀前半のパブリックスクールはむち打ち、飢餓、けんか、いじめ、拳闘などが横行する野蛮な世界であり、ゲームやスポーツは学生生活のなかでさほど大きな位置を占めていなかった。(4)一八五一年にパブリックスクールで最後の大規模な暴動がマルボロー校で発生した。その直後に同校校長に就任したジョージ・コットンはチームゲームを必須とし、ハウス・システムを導入して学校当局への敵意を学生寮間の対抗心に転換し、学校に秩序ある統制をもたらすことに成功した。以来、パブリックスクールでは校長たちが率先してアスレティシズムを導入し、強健ではあるが従順で規律ある学生を養成しようとした。そもそも近代スポーツにとって道徳こそ、最も重要な要素であった。そのため単に身体を鍛える体操ではなく、道徳的訓練が可能なチームスポーツが重視されたのである。勇気、愛国心、英雄崇拝、自制といったアスレティシズムによって涵養される資質は、将来文官や軍人としてイギリス帝国の指導者となるパブリックスクールの学生にふさわしいと考えられた。軍隊は「帝国のモラル・デザインの道具」となり、パブリックスクールはこの新たなミリタリズムの熱狂的唱道者となった。いくつかのパブリックスクールでは軍事学校進学のための「陸軍班」が設けられ、また学生軍事教練団が組織された。(5)

将校たちはパブリックスクールでのアスレティシズムの経験を軍隊に持ち込み、射撃、クリケット、ラグビー、サッカー、ポロなどを実践した。なかでも人気があったのはクリケットである。クリケットの陸・海軍対抗試合の起源は一八〇二年にまで遡るが、将校のあいだで流行するのは六〇年代になってからである。スポーツは将校が兵士を指導するのに必要とされるさまざまな資質、道徳的身体的勇気、身体的健康、頭の回転の速さ、忠誠心、団結心などを養成できると考えられていた。また、スポーツは社交の手段でもあり、そのため出世にも影響を与えた。そんな軍人＝スポーツマンにとってインドは天国だった。そこでは将校は「フルタイムの競技者、狩猟家、パートタイムの軍人」でいられた。(6)

「ワーテルローの戦いはイートン校の運動場において勝ち取られた」と言われるようになったのが一八八九年以降であるという事実は、このころになってようやく軍隊とスポーツのあいだに強い結び付きが認められるようになったことを示しているだろう。(7)後期ヴィクトリア朝と初期エドワード朝のパブリックスクールでは、スポーツと戦争がある意味で等価物であり、スポーツは模擬戦争で戦争は偉大なるゲームであるという考えが共有されていた。(8)

運動競技《スポーツ》以上に戦争の直接的訓練になったのは狩猟《スポート》である。(9) それは軍人に必要な闘争心、残虐性を養うばかりでなく、獲物を敵になぞらえれば、まさに戦争そのものとなる。当時のイギリス軍の相手がほとんどの場合、非白人であったことは、動物との連想をいっそう容易なものにしただろう。ラグビー校校長トーマス・アーノルド(パブリックスクールの改革者として有名で、『トム・ブラウンの学校生活』で理想的校長として描かれる)以降、パブリックスクールでは狩猟を禁止するところが多くなったが、イートン校だけは例外であった。このことと、イートン校出身の将校の多さは無関係ではない。狩猟はヴィクトリア時代の将校にとって退屈しのぎと健康増進のための嗜みのひとつだったから、軍隊は狩猟やポロの機会を提供することで、そうした環境で育った人びとへのアピールを高めた。

一九四五年にイギリス軍の捕虜となった会田雄次がアーロン収容所で見た将校もまたそうした人たちだった。

士官は、大部分が六尺以上もあると思われる大男で、私より低いものはほとんどいなかったのである。(略)士官は老人以外はほとんどが堂々たる体軀で私たちを圧倒した。かれらに接したときほど日本人の体格のみじめさを感じたことはない。(略)士官たちは学校で激しいスポーツの訓練をうけている。フェンシング、ボクシング、レスリング、ラグビー、ボート、乗馬、それらのいくつか、あるいは一つに熟達していない士官はむしろ例外であろう。(10)

これに対して、下士官や兵は見事な体格をした者もいるが、貧弱な者も少なくなかった。会田はそこにイギリスの階級制度の一端を垣間見たのである。

では、兵士はどのような経緯でスポーツに接するようになったのか。(11) 遅くとも一八三六年までに、ファイブズ、ラケットボール、クリケット、フットボールなどのゲームが若い兵士をトラブルから遠ざけるとの提案があり、四一年には最初のクリケット場がつくられていた。(12) クリミア戦争では、病気と感染による兵力低下が大きな問題となり、飲酒と買春以外の健全な娯楽を提供する必要性が認められた。イギリス陸軍の六〇年の性病感染率は千人あたり三百六十九人であり、海軍の七十八人、フランス軍の七十人、プロシア軍の三十四人と比べて飛び抜けて高い数値であった。陸軍はその対策として、強制的体操と任意のスポーツの採用を検討した。

一八五九年に陸軍省はフレデリック・ハミルトン大佐とトーマス・ローガン博士をフランスとプロシアに派遣し、いち早く身体教練と体操を実施していたフランス軍とプロシア軍の調査をおこなわせた。一八六〇年にはフレデリック・ハマースレー少佐と十二人の下士官がオックスフォード大学のアーチボルド・マクラーレン博士のもとで体操を学び、彼らを主要メンバーとして、同年、陸軍体操教官団が設置された。イギリス陸軍の新しい身体訓練体系は一九〇八年の『身体訓練マニュアル』で確立される。マニュアルはゲームと身体訓練、すなわちスポーツと体操は相補的関係にあると位置づけていた。

兵士に人気があったフットボールは、一八六〇年代に軍隊内で広まり、六八年に最初の部隊対抗試合（陸軍砲兵隊対陸軍工兵隊）が開催された。[13] 初期のサッカーを語るうえで欠かせない人物が、陸軍工兵隊のフランシス・マリンディン少佐である。彼が六三年ごろに結成した陸軍工兵隊のサッカーチームはサッカー協会杯でたびたび決勝に進出し、七五年には見事優勝した。マリンディン自身、七四年から七九年までサッカー協会の会長をつとめるなど、この時期の陸軍は民間スポーツ界を牽引する役割を果たした。八八年には陸軍サッカー協会が設立され、初年度の陸軍杯には四十四チームが参加した。参加チームの数は年々増加し、一九一三年から一四年のシーズンには九十三チームに達した。[14] 海軍でもサッカーは盛んで、十九世紀末までにほとんどの軍艦でチームが結成されていた。一八九九年には地中海艦隊杯が開催され、二十二隻が参加した。海軍の場合、一度にすべてのチームが対戦することができないので、半年をかけて実施された。こうした海軍特有の問題もあって、海軍サッカー協会が設立されたのは陸軍に遅れること十六年、すなわち一九〇四年のことだった。[15]

一九〇六年にカーティス大尉は「ここ二、三年の変化はなんと大きいことか。サッカーは兵舎室を空にしてしまった（酒保もそうなるだろうか）[16]」と記した。スポーツはすでにイギリスの軍隊に深く根づいていた。スポーツの導入によって、飲酒は減り、軍隊生活が活性化し、将校と兵士の交流も促進された。またスポーツは軍隊に志願者を引き付けることにも貢献すると考えられていた。しかしスポーツはいまだ若い将校や兵士の情熱によって維持されていたにすぎず、軍のなかで公的な地位を与えられていたわけではなかった。

一九一四年八月四日、イギリスはドイツに宣戦布告した。すぐさま大規模な新兵募集キャンペーンが展開され、九月中旬までに約五十万人が志願した。ラグビーのイングランド代表チーム主将ロナルド・パルマ、ヨークシャー州クリケットクラブ主将アーチボルド・ホワイトのように、義勇軍出身や予備役のスポーツ選手たちは真っ先に動員の対象となった。ホワイトにいたっては、ランカシャーとの伝統的一戦の最中に召集に応じている。八月末、元陸軍総司令官で徴兵制の唱道者だったフレデリック・ロバーツは志願兵を前に「あなたがたの行動は、わが国の存続があたかも危機に瀕していないかのように、クリケットやサッカーをやり続けることができるような人びとの行動と、どれほど違うだろう」と語り、戦時下のスポーツを批判した。九月はじめ、有名な小説家アーサー・コナン・ドイルは「世界にはいろいろなことをする時間があった。ゲームのための時間、ビジネスのための時間、家庭生活のための時間、あらゆることのための時間があった。しかしいまはひとつのことのための時間しかない。それは戦争である」とスポーツ選手に志願を呼びかけた。ラグビー協会は選手たちに積極的な戦時協力を呼びかけたが、シーズン開幕を間近に控えたサッカー協会は、シーズンを通常どおりに開幕させることが国家の利益にもなると考え、開幕を決定した。このためサッカーはラグビー、クリケット、ボート、ゴルフと比べて非協力的だという批判がわき起こった。

サッカー協会は対応を迫られ、収入の一部を救済基金に寄付することを決定した。自発的に軍事訓練を始めるクラブもでてきた。サッカー協会は、「登録選手五千名のうち二千名がなんらかの形で軍務に就いている。サッカーで生計を立てている選手のうち徴兵の資格のあるものは六百名にすぎない。イギリスには三百万の徴兵資格者がいるのに二百万がなにも関わっていない。どうしてサッカーだけが標的にされるのか」と不満を述べたが、批判を封じ込めるにはいたらなかった。十二月一日の「タイムズ」が「われわれがいま廃止すべきはサッカーではなく、プロのサッカーである。ちょうどわれわれが国家に奉仕すべき数多くの屈強な若者を雇いあげているその他のゲームを廃止しなければならないように」と記したように、批判の標的はプロサッカーだった。戦時にスポーツをすること自体ではなく、戦時にスポーツで金儲けをし、多くの人びとを引き付けている点が問題視されたのである（十九世紀末以来のプロ・アマ論争もその背景にある）。現場の兵士からは、こんな連中を守るために戦うのはごめんだ、という声が寄せられていた[17]。

こうした批判の打開策として打ち出されたのが、サッカー大隊であった。十二月十五日に大隊設立を話し合う会議が開かれ、クラプトン・オリエント主将フレッド・パーカーをはじめ三十五人の選手が参加を表明した。大隊はプロ、アマのサッカー選手だけでなく、サッカーに関心を持つ人なら誰でも参加できた。翌年四月下旬までに千四百人が集ったが、プロ選手の参加は百二十人あまりにとどまった。同大隊はイギリスでの訓練を経て、ミドルセックス連隊第十七（サービス）大隊（フットボール）として一九一五年十一月にフランスへ派遣された（「サッカー大隊」はほかにもいくつか組織された）。

図52　「より偉大なゲーム」に参加することを呼びかけるサッカー大隊の募兵ポスター。塹壕のうえにサッカー場の光景が描かれる
（出典：http://en.wikipedia.org/wiki/File:Football_Battalion_Poster.jpg）

出発して九日後には、早くも工兵隊と最初のサッカーの試合がおこなわれた。第十七大隊は塹壕《トレンチ》（よりなじみ深い言葉である「ダグアウト」も使われた）での任務から解放されると、サッカーに興じた。軍当局も兵士の士気と健康の維持のために娯楽の必要性を早くから認識していた。一六年一月には師団のサッカー・トーナメントが開催され、第十七大隊が優勝した。のちに優勝メダルが配布されたが、四人の選手が受け取る前に戦死していた[18]。

図53　B中隊突撃の想像図。右端と中央やや左の上空にボールが見える。中央でボールを蹴るのがネヴィル大尉か
（出典：*Illustrated London News,* July 29, 1916.）

第十七大隊が最初に参加した大規模な作戦がソンムの戦いである。ソンムの戦いの始まりを告げたのは、サッカーボールだった。七月一日午前七時二十七分、第十八師団第八大隊（東サリー）のウィルフレッド・ネヴィル大尉率いるB中隊は、中間地帯（No man's land）に蹴り込んだサッカーボールを合図に進攻を開始した。その様子はフランス人ジャーナリストの手で次のように伝えられた。

> 東サリー第八大隊のある中隊が英雄的なファンタジーを提供した。中隊長ネヴィル大尉の指揮のもと、〔のちに〕有名〔となる〕ボールを前に進めて攻撃を始めた。〔塹壕の〕胸壁に立った大尉は、最高司令官によって定められた時間になると、この驚くべき試合のキックオフをおこなった。彼の兵卒はその手本に触発され、あたかも敵のゴールに入れ返すかのように、ドイツ軍のラインまでボールを「ドリブル」していった。驚くべき競争の参加者の多くは道半ばで力尽きた。ああ、それでも仲間が足りない。ますます多くの者が倒れ、二度と合流しなかった。しかし誰かが倒れても他の者が続き、ボールは敵の塹壕まで「東サリー」の兵士によって進められた。しばらくして、ネヴィル大尉の栄えあるサッカー選手たちは、いまや歴史に残るそのボールを〔成功の印として〕掲げたのだ。[19]

ネヴィルの壮絶な死は、友人の手紙によって伝えられ、イギリスのメディアにも大きく取り上げられた。「イラストレイティッド・ロンドン・ニューズ」が報じたように、これは「わが国民的ゲームと戦争という偉大なゲームにおいてわが軍隊を鼓舞している精神との関連性(20)」を証明したのだ。戦後ほどなくして二個のボールが発見され、鄭重な儀式のもと大隊に返還された。もう一つのボールを蹴ったのはソームズ中尉だが、彼もまた生還することはなかった。これらのボールには「大ヨーロッパ杯　東サリー対バイエルン、○時キックオフ」「審判お断り」という字が刻まれていた(21)。

図54　戦場で発見された「栄光のボール」が第8大隊に返還される
（出典：*L'Illustration*, 29 Juin 1916.）

攻撃開始の合図にサッカーボールを蹴り込む「儀式」はネヴィルが最初ではない。ロンドン・アイリッシュ・ライフルズ第一大隊のフランク・エドワーズは、かねてよりサッカーボールを蹴り込んで突撃するという考えを持っていた。小隊長にボールの空気を抜くように命じられたが、エドワーズはこっそりとボールを荷物に入れて出撃に臨んだ。一九一五年九月二十五日、ロースの戦いを告げる笛が鳴るや、エドワーズは塹壕からボールを放り投げた。毒ガスが垂れ込めるなか、彼は仲間とともにボールを蹴ってドイツ軍の塹壕に突撃した。この様子を目撃したフランス人兵士は「あいつはきちがいだ。かわいそうに、気が狂っている」と叫んだ。イギリス滞在経験を持つフランス人将校がこう言った。「立派な振る舞いだ。彼は死をも恐れぬスポーツマンだ。これがイギリスのスポーツだ」。この出来事は一五年十月三十日号の「ザ・ウォー・イラストレイティッド」に掲載された。エドワーズの孫の夫にあたるハリスは、ネヴィルがこの記事に目を通していたはずだと推測する。ロースのサッカー選手が歴史に埋もれた要因としては、エドワーズが生還したこと、アイルランド問題、さらにロースの戦いそのものがイギリスにとって記憶から消し去りたい存在だったことなどが挙げられる[22]。

第十七大隊もソンムの戦いでスポーツ精神を遺憾なく発揮し、「勝利」に貢献した。第十七大隊は甚大な損傷をこうむったものの、ソンムの戦い直後におこなわれた師団のトーナメント大会で再び優勝している。プロ選手の多くは死傷や異動で離脱を余儀なくされ、一九一七年六月時点で大隊に残っていたのは四十人ほどだった。そのうちの一人、オールダム・アスレティックのジャック・ダッズが前線でのサッカーの様子を次のように報告している。塹壕での任務を終え、一日か二日休息すると、サッカーの試合が手配される。最大の問題はグラウンドで、状態がいいものはなかなかない。四、五日続けてサッカーをして、塹壕に戻るころにはもう十分やったというぐらいになっている。ときにはほかのチームが待ち構えていることもある。フランスへ来てから五十回ほど試合をしたが、まだ負けたことがない。いま望んでいるのは、戦後に大隊チームとして本国のチームと対戦することである、と。ときにはサッカーの試合中に爆撃に遭遇することもあったが、第十七大隊は最後までサッカーを続けた[23]。

一九一八年二月に人員損耗に伴う大隊の削減整理の一環として、第十七大隊は解体された。この時点でプロ選手の数は三十人になっていた。第十七大隊に籍を置いた四千五百人のうち九百人が死亡し、ほかの多くも負傷や

図55　ロースの戦いでボールを蹴って突撃する将校
（出典：*The War Illustrated*, October 30, 1915.）

病気で離脱した。生き延びたプロ選手の多くも、サッカーの第一線に復帰することはできなかった。彼らは特別な待遇を受けることなく、一介の兵士として戦争を戦った(24)。

最後にノーサンプトン・タウンのウォルター・タル選手に言及しておきたい。カリブ系アフリカ人の血を引くタルはイギリスの一部リーグでプレーした三人目の非白人選手だった。サッカー大隊に志願したタルは、その指導力を買われて中尉に抜擢された。これは非白人を将校にしてはならないという陸軍の規則に反する措置だった。タルはサッカーで培った資質によって、軍隊でも肌の色の壁を突き破ることに成功した。タルは一九一八年三月に戦死し、のちに戦功十字勲章を授与された(25)。

大戦中、イギリスの軍隊ではスポーツが活発におこなわれた。入隊の心得を記した小冊子には、各中隊、大隊にはクリケットやフットボールのチームがあること、ファイブズ、ホッケー、陸上競技のクラブも各所にあること、イギリス陸軍のスポーツの特徴は将校と兵士が交じり合っておこなわれること、サッカーが最も兵士に人気であること、スポーツはあらゆる面で奨励されていること、部隊の選手が試合などで休暇を許可されるのは珍しくないことなどが記される(26)。スポーツは市民が軍隊生活に移行する際の緩衝材となり、団結心をはぐくみ、モラルを維持し、健康を維持することに大きく貢献した。その中心となったのが、陸軍体操教官団であり、その人数は戦前の百七十二人から一九一八年の二千二百九十九人まで拡大した。また、カナダ、オーストラリア、ニュージーランドも同種の機関を設置するなど、その有効性が広く認識されるにいたった。一八年十一月、陸軍全体のスポーツを管轄する中央機関、陸軍スポーツ統制委員会が設置された。一九年七月には海軍でも海軍スポーツ統制委員会が設置され、スポーツはようやく軍隊で公式の活動とみなされることになった。二四年時点で海軍・海兵隊スポーツ統制委員会に加盟するスポーツ組織は、ホッケー、サッカー、ラグビー、ボクシング、フェンシング、ゴルフ、テニス、ラケットボール、水泳、クリケット、陸上競技、狩猟、レガッタ、クルージングであった(27)。

大戦中、最も人気があったスポーツはサッカーとボクシングだろう。ボクシングが近衛旅団に導入されたのは一八八九年のことで、九二年に陸軍競技会の競技種目に採用され、三年後には陸・海軍選手権大会へと発展した。

陸軍体育訓練学校の教官はボクシングとラグビーを兵士にふさわしいスポーツと考えていた。それまでラグビーは基本的に将校のスポーツだった。陸・海軍対抗競技に兵士が参加するようになったのは、第一次世界大戦後のことである。大戦中、民間のラグビー界から多数の志願兵を輩出したことから、ラグビーは男らしさやリーダーシップと強く結び付けられるようになった。スポーツと兵士は男らしさのモデルという点でも一致していた。イギリス帝国に見られるスポーツと軍隊の関係は、一九二〇年に元近衛歩兵第一連隊のある中尉の「イギリス人のスポーツの素質は、身体面で戦争に勝利するのに役立った。このことは敵をも含めてあらゆる人が認めている」(28)という言葉に象徴されているだろう。

第一次世界大戦の間、陸軍女性補助部隊や海軍女性部隊などの女性部隊に約九万人の女性が在籍していた。第二次世界大戦でも数多くの女性が軍に所属した。男性兵士と同じく、女性兵士もさまざまなスポーツを楽しんだ。女性兵士が実践したのは、クリケット、ホッケー、ネットボール、バドミントン、スカッシュ、テニス、水泳、バスケットボール、フェンシング、射撃であり、最後の二つを除けば、コンタクトが少ない、一般に女性にふさわしいと考えられていたスポーツであった。多くの場合、女性兵士の「男らしさ」は、軍当局、一般社会、そして女性兵士自身によって厳しく管理されていた。それはイギリスだけに限らない。一九六〇年代のアメリカ海軍女性部隊のある兵士は「私たちは、手袋と帽子なしで外出することはありませんでした。決して野球をしませんでしたし、乱暴な口もききませんでした。胸やお尻がゆれないように、いつもガードルときついブラジャーを身につけていました」と、男のスポーツである野球を自己規制したことを語っている(29)。女性兵士は女性にふさわしいスポーツによって女らしさを表出したのであり、そのことで男性兵士の男らしさが脅かされることはなかった。

インドなど植民地の非白人兵士もスポーツをした。もしインド人兵士がスポーツの世界でイギリス人を凌駕すれば、イギリス人兵士の男らしさは著しく傷つくことになる。それを避けるためにも、インドでおこなわれる軍主催の競技会では、インド人とイギリス人が厳しく分けられた。こうしてイギリス人兵士の男らしさは保持された。

大戦はこれまでにない規模の身体障害者を新たに生み出した。その数はイギリスで七十五万二千人、ドイツで百五十三万七千人、フランスで百万人、アメリカで二十万人といわれる。大戦前の医学は成人の身体障害に多くの関心を抱いていなかった。当時の観念は身体の障害と道徳の欠如を結び付けていたことから、身体障害者は依存的で、怠惰で、単純で、邪悪な存在であるとみなされていた。身体障害の治療はもっぱら施設などにいる子どもたちに対しておこなわれていた。子どもはまだ矯正が可能だと考えられていたからである。大戦は身体障害の治療をめぐる状況を大きく変えた。従来の療法はマッサージや消極的運動が主体だったが、積極的な運動がより多く採用されるようになった。さまざまなエクササイズに加えて、スポーツも活用された。一九一五年に負傷兵の治療と再教育を目的として設立されたイギリスのロウハンプトン病院では、患者がテニスやサッカーなどをしていた。一六年からは競技会を公開して、その収益を病院の運営基金とした。患者の多くはもともとスポーツの経験があり、軍隊でもスポーツをしていた。スポーツは患者たちに楽しみを与えただけでなく、自らの男性性（身体に障害を負ったが道徳的に堕落したわけではない）を再確認させる役割をも果たした。それは彼らの社会復帰にとって重要な問題であった。さらに競技会を公開することで、社会の人びとにも彼らの男性性を認めさせた。スポーツを用いた療法は第二次世界大戦でより大規模に、より積極的に用いられることになる。(30)

2　アメリカ軍とスポーツ

アメリカにおける軍隊とスポーツの関係は独立戦争のころにまで遡ることができる。初代大統領ジョージ・ワシントンも陣中でキャッチボールを楽しんだ。戦場が西部へ移ったあとも、ネイティヴアメリカンとの戦闘の合間に兵士たちはさまざまな球技を楽しんだ。(31)野球の創始者の一人とされるアレクサンダー・カートライトは十九世紀半ばに各地の駐屯地で野球を広め、その足跡はハワイにまで及んでいる。(32)

一八〇二年に設立された陸軍士官学校では、第三代校長オールデン・パートリッジ（一八一五―一七年在任）のもとで水泳、スケート、ボクシング、競艇、サッカー、フェンシングなどのスポーツが奨励された。しかし後任のシルヴァヌス・セイヤー校長はスポーツに理解を示さなかった。五九年にはケルトン中尉がヨーロッパに派遣され、翌年に体操、水泳、銃剣、フェンシングなどからなる体育教育が導入されるが、南北戦争の勃発で実施は中断される。(33)

南北戦争に参加した両軍の兵士は野球をはじめ、ボクシング、レスリング、競馬、射撃などを楽しんだ。いみじくもアルバート・スポルディングが南北戦争は「野球にとって偉大なる戦争であった」と述べたように、それまで一部の人びとのあいだでしかおこなわれていなかった野球は、南北戦争後に「国民的娯楽」としての地位を獲得することになった。まさに南北戦争は野球を「国民化」したのである。(34)また野球は南北戦争で分断されたアメリカを結び付けることにも貢献した。

一八六六年の陸軍士官学校を回想したある人物は「我々にあったのはドリルとフェンシングで、スポーツもゲームもエクササイズもなかった。野球とフットボールはウェスト・ポイントでは決して見ることができなかった」(35)と記している。事実、六八年に海軍兵学校が陸軍士官学校に野球の試合を申し込んだとき、陸軍士官学校では野球について全く知らない状態だった。陸軍士官学校でスポーツ熱が高まるのは八〇年代からで、九〇年に海軍兵学校が陸軍士官学校にフットボール（アメリカの場合、アメリカンフットボールを指す。以下同じ）の試合を挑むと、両校の対抗試合は瞬く間に多くの注目を集める人気イベントとなった。

一八八五年に陸軍士官学校教官となったハーマン・ケーラーはドイツ体操を取り入れて軍事体操を体系化し、九二年に『身体訓練マニュアル』を刊行した。ケーラーの体系ではスポーツやゲームの主たる目的は娯楽であり、体操に対して副次的な位置に置かれた。同年、陸軍士官アスレチック協会が設立され、士官学校のなかだけでなく、陸・海軍全体の運動競技を推進する母体となった。(36)

一八九〇年代の陸軍で広く採用されたのが『バッツ・マニュアル』である。マニュアルの作者であるエドモンド・バッツは八八年に陸軍士官学校を卒業した人物で、「ボールチームの有能なキャプテンは、より破壊的なゲームである戦争において、より有能なキャプテンになるだろう」と主張し、各地の駐屯地でスポーツのプログラムを立ち上げた。[37]

次に海軍について見てみよう。一八六五年に海軍兵学校校長に就任したデイヴィッド・ポーターは、飲酒と買春の問題の解決策としてスポーツを持ち込んだ。このときの生徒だったロバート・トンプソンはスポーツのよき理解者となり、ニューヨーク・アスレチック・クラブ会長、アメリカ・オリンピック協会会長などをつとめ、スポーツ界に大きな影響力を及ぼす人物となる。トンプソンは七一年に海軍を離れたが、その後も海軍のスポーツに関わり続けた。九〇年に始まったフットボールの海軍兵学校と陸軍士官学校の対抗戦に「トンプソン杯」を寄贈したのも彼であり、海軍アスレチック協会設立を主導したのも彼だった。その功績をたたえて、一九一四年に海軍兵学校に建設された競技場は「トンプソン競技場」と名づけられた。とはいえ、海軍兵学校のスポーツは決して順調に発展したわけではない。ポーター以後の校長がスポーツにあまり理解を示さなかったからだ。スポーツが盛んとなるのは、一八七九年にフットボールが導入されてからのことで、八二年には士官候補生アスレチック協会が設立された。[38]

図56　1895—96年度のオリンピア号野球チーム
（出典：Benjamin Franklin Cooling, *USS Olympia: Herald of Empire*, Naval Institute Press, 2000, p.45.）

スポーツをするアメリカ軍のイメージは、海軍によって世界中に広められた。一八七七年、アメリカ軍兵士と横浜倶楽部（在留外国人チーム）が野球の試合をした。[39] 九〇年代、海軍各艦には当局からスポーツ用具が供給され、野球チームが結成されていた。九六年五月二十三日、当時全盛を誇っていた一高は、初めて横浜倶楽部と対戦した。日本人と外国人の初の試合は、一高の大勝に終わった。横浜倶楽部は、チャールストン、デトロイトの二艦から選手を補給し、再び一高と対戦したがまたもや大敗した。七月四日、独立記念日に横浜倶楽部は戦艦オリンピアとの連合チームで四度目の戦いに挑み、ようやく一高に一矢を報いた。このとき投手をつとめたのがアーネスト・チャーチである。

一八六四年、アメリカから帰国した留学生がキューバに野球をもたらした。六六年にはマタンサス湾に停泊した米艦の乗組員が本場の野球を披露した。スペイン政府の禁止にもかかわらず、野球は人気を博し、七八年にはプロリーグが結成された。九八年二月十五日、戦艦メインはハバナ湾に停泊していた。

図57　メイン号の野球チーム。最後列右端がランバート投手
（出典：Robert Elias, *The Empire Strikes Out: How Baseball Sold U.S. Forei-gn Policy and Promoted the American Way Abroad,* The New Press, 2010, p. 218.）

黒人投手ウィリアム・ランバートを擁するメイン号の野球チームは、海軍選手権を獲得したこともある強豪で、今回はキューバ各地で現地チームと対戦をする予定であった。この日、メイン号は爆発によって沈没し、二百六十人の乗組員が死亡した。この事件をきっかけに、米西戦争が始まった。

フィリピンに上陸したアメリカ軍兵士はいたるところでグランドをこしらえ、野球を楽しんだ[40]。一八九八年五月から十一月にかけてジョージ・デューイ率いるアジア方面戦隊の旗艦オリンピア号の船員は野球の公式戦を五回おこなった。ジョセフ・A・リーヴズによればこれはフィリピンでの最初の公式戦であった[41]。オリンピア号のエースは、一高を破ったあのチャーチだった。

一八九八年七月三十一日、フィリピン派遣軍第三陣指揮官としてフィリピンに来着し、一九〇〇年から〇一年にかけてフィリピン軍政長官をつとめたアーサー・マッカーサーは「正規軍のなかで最も熱心なスポーツの支持者のひとり」だった。帰国後の〇二年末に発布した一般命令第三十七号で、マッカーサーは「フィールド・デー」にさまざまな運動競技やゲームをおこなうことを命じた[42]。その息子ダグラスは一八九九年に陸軍士官学校に入学し、野球チームでレフトを守っていた。一九〇二年の陸・海軍対抗戦では決勝点を放つ活躍を見せた。〇三年に父と入れ替わるようにフィリピンに赴任したダグラスは、マラリアにかかり、一年後に帰国した。

スポーツはアメリカ軍兵士の士気を維持しただけでなく、植民地の原住民を「文明化」する道具ともなった。アメリカにとって「文明化」とは「アメリカ化」と同義だった。それは植民地の住民だけでなく、多様な人種・民族を抱えるアメリカ軍内の「アメリカ化」をも促進することが期待された。

スポーツと軍隊の結び付きは米西戦争に始まったことではないが、娯楽の域を超えなかったスポーツが、戦争や軍隊の強さと結び付けられるようになるのは、米西戦争の前後からといっていい。その背景には、アメリカ社会での男性性の変化があった。世紀転換期のアメリカを特徴づけるのは「熱情的な男らしさ」である。白人の中産階級は、都市化の進展、資本主義の法人化によって、

図58　陸軍士官学校の野球チーム。2列目右端がダグラス・マッカーサー
（出典：L. Gary Bloomfield, *Duty, Honor, Victory: America's Athletes in World War II*, Lyons Press, 2003, p.62.）

勤勉、自己抑制、禁欲によって経済的成功を求めることが困難となり、加えて移民の増大、労働運動や女性運動の高まりによって脅威を感じていた。「熱情的な男らしさ」は、男らしさを経済的独立から切り離して「熱情」の発散に求めることで、企業や軍隊の歯車として服従に甘んじながらも、なお男らしさを維持する手立てを提供した。この新しい男らしさの代弁者の一人が、「奮闘的生活」を提唱したセオドア・ローズヴェルトであった。そして彼がラフ・ライダーズを率いて米西戦争に参加し「男を挙げた」ように、米西戦争はこの新しい男らしさを発揮するまたとない機会となった。(43)

アメリカ社会でのスポーツの興隆はこの「熱情的な男らしさ」の覇権確立の一環であった。ローズヴェルトもまたスポーツの愛好家であり、スポーツ(とくにフットボール)が男らしさを高めると考えていた。そのため、ローズヴェルト自身がそうであったように、よき兵士はよきスポーツマンだとみなされた。ただし、彼が支持したアマチュアスポーツの理念が決して普遍的なものでなく、人種、ジェンダー、階級と結合したものであったことを想起すれば、よき兵士=よきスポーツマンの含意をうかがうことができるだろう。黒人兵士はいかに戦争やスポーツで活躍しても、よき兵士、よきスポーツマンとみなされることはなかった。

軍隊とスポーツの結合はスポーツ界の側からも促進された。一九〇六年に「シカゴ・アメリカン」は「野球はアメリカ人兵士が世界一である原因のひとつである。機転が利き、行動が素早く、即座に判断を下し、将校がいなくても出動することができる」(44)と野球の効用を説いた。一九〇七年にスポルディングは野球の起源を探索するプロジェクトを実施し、陸軍士官学校出身で南北戦争の英雄アブナー・ダブルデーを創始者と認めた。野球は単に軍隊で流行していたというだけでなく、野球そのものが軍人の手で生み出されたとされたのである(その後、この説は否定された)。スポルディングは野球をクリケットと比較して「野球は戦闘的なゲームである。(略)個々の選手は将軍であり、それぞれ守るべき占有地域を持っている。(略)クリケットは穏やかな気晴らしである。野球は戦争である」と述べ、野球を戦争そのものに見立てた。スポルディングが敢行した一八八九年のシカゴ・ホワイトストッキングズによる世界一周ツアーは、ローズヴェルトの白い大艦隊による世界一周の前触れであったともいえる（艦隊も各地で野球をおこなった）。スポルディングはアメリカの帝国主義的拡大を熱烈に支持した。もちろん、それには、スポルディング社のスポーツ用品を売り込むという経済的なもくろみもあった。野球と軍隊の遠征はフィリピン、キューバなどで大きな成功を収めた[45]。

一九一六年春、パンチョ・ビリャ討伐のため、メキシコとの国境に大量の動員がおこなわれた。兵士による飲酒と買春が社会的問題となり、陸軍省長官ニュートン・ベイカーは社会衛生局員のレイモンド・フォズディックを調査に派遣した。フォズディックは軍の秩序回復のための徹底的な行動が必要であると報告した。軍当局は勤務外の娯楽を提供しなかったが、なかにはウィスコンシン州兵のように、スポーツを楽しむ部隊もあった。彼らの従軍牧師ジェームズ・ネイスミスはバスケットボールの考案者であり、陸・海軍ＹＭＣＡの協力を得て健全な娯楽を提供していた。

一九一七年にアメリカは第一次世界大戦に参戦した。参戦とほぼ同時にベイカー長官は、メキシコでの苦い教訓を活かすべく、民間組織の協力を得てスポーツ活動を推進する体制づくりに着手する。一九一七年四月十八日、ニューヨーク市の性病対策で実績があったフォズディックを委員長に迎え、訓練基地活動委員会（ＣＴＣＡ）が設立された。性病による戦力低下を防止するため、ＣＴＣＡはアメリカ本国での健全な娯楽の提供と売春業の抑制を主たる活動とした。このうちスポーツを担当した体育局の責任者はプリンストン大学教授ジョセフ・レイクロフトだった。海軍でも同様の組織がつくられ、イェール大学のフットボール部コーチ、ウォルター・キャンプが責任者となった。フォズディックによれば、ＣＴＣＡがスポーツを採用したのは、すでに参戦していたイギリス軍やカナダ軍の経験によるという。それはアメリカ軍における選手権大会を頂点とするこれまでのスポーツのあり方とは違い、あらゆる兵士にスポーツを提供することを重視するものだった。「すべてのアメリカ人兵士を野球の競技者に」というスローガンのもと、一九一八年春には二百万の軍関係者がＣＴＣＡ主催の野球リーグに参加した[46]。もちろん、性病対策は軍隊がスポーツに取り組んだ唯一の理由ではなかった。ベイカー長官は、徴募者のうち三分の一が身体的に未発達か欠陥があったと指摘し、体育の重要性を力説した。また、彼は大学の運動

図59　球場で銃をかついで行進するクリーブランド・インディアンズの選手。プロ野球選手の軍事訓練の様子は「東京朝日新聞」1917年5月11日付でも写真つきで紹介されている
（出典：Todd Anton and Bill Nowlin eds., *When Baseball Went to War*, Triumph Books, 2008, p.33.）

競技プログラムは士官候補生の予備的訓練の一手段であると強調していた。(47)

アメリカ留学中の岡部平太は、アメリカ参戦直後のイリノイ大学の光景を書き留めている。その日、総長が学生を集めて「吾々の大学に於ける教育、特に運動場における吾々の主義というものは、一に大学気風の鍛錬であった。かかる非常の際に於て、正しい事に与して、信ずる事を断行する男性的な精神を養うためであったのである」(48)と演説した。まもなくフットボールの選手はほとんどが陸・海軍に入り、寂しい運動場だけが残されたという。ここにもよきスポーツマンはよき兵士だという理念の一端を見ることができる。第一次世界大戦でのアメリカの志願兵の数は約三十万で、徴兵による動員は二百七十六万人に達した。真っ先に志願に応じたイリノイ大学の学生は実は少数派であり、大部分は徴兵によって軍務に就いた。実際にはよきスポーツマンがみな志願したわけではなかったのだ。

イギリスのプロサッカーと同様に、アメリカのプロ野球は微妙な立場に立たされた。一九一六年、米西戦争への従軍経験を持つニューヨーク・ヤンキーズのオーナー、ティリンゴースト・ヒューストンは春季キャンプをしているすべてのチームに軍事訓練を課すことを提案した。翌年、アメリカンリーグの全チームは、軍隊形式で競技場に入場し、試合前に軍事訓練を披露した。(49) 野球界は野球の軍事的有用性を主張してきたが、いざ戦争が始まると、優秀な兵士であるはずのプロ野球選手が前線に赴かずに野球を続けることに対して批判が突き付けられた。一八年四月、前線で刊行され多くの兵士に愛読されていた「スターズ・アンド・ストライプス」は、スポーツ欄の廃止を決定した。「部隊内のスポーツは続けねばならない、それは仕事の一部でもある。（略）しかし見せかけの、商業化された、見世物本位の過去のスポーツは砲撃によって焼き尽くされた」[50]。一八年になると野球選手からも応召するものが多数現れた。結局、大リーグとマイナーリーグ合わせて四百四十人の選手が応召し、大リーグからは六人の戦死者を出した[51]。

表5　ヨーロッパ遠征軍におけるYMCA主催の活動への参加者数

活動	1918年10月	1919年3月
野球	68,806	937,948
インドア野球	91,300	722,893
バスケットボール	53,171	824,218
ボクシング	33,722	160,030
アメリカンフットボール	147,218	203,107
ラグビー	2,518	
サッカー	94,452	412,787
輪投げ	43,726	97,801
体力回復訓練	100,520	172,639
テニス	17,638	38,676
陸上競技	11,836	963,940
バレーボール	86,395	435,924
レスリング	13,084	11,961
インフォーマルなゲーム	206,543	3,157,415
ケージボール		105,210
水泳		27,530
綱引き	176	5,972
徒歩旅行	36,420	92,142
合計	1,007,525人	8,410,193人

（出典：Katherine Mayo, *"That Damn Y" : A Record of Overseas Service*, Houghton Mifflin Company, 1920, p.257をもとに作成）
*1919年3月の合計は8,370,193人のはずである

　ジョン・パーシング将軍率いるヨーロッパ遠征軍では、YMCAがCTCAと同じ役割を果たした。YMCAは約二万六千人の有給工作員をヨーロッパに派遣したが、そのうち体育主事の人数は七百人に及んだ。保健、衛生、競技部門を率いたのはスプリングフィールド大学教授ジョン・マカーディであったが、まもなくフィリピンYMCA体育主事をしていたエルウッド・ブラウンに代わった。ブラウンは「すべての人に運動を」というスローガンを掲げ、スポーツを通じて兵士を飲酒や買春から遠ざけただけでなく、軍隊の効率

図60　中国から派遣された労働者にも野球が教えられた。左端の人物がYMCA体育主事だろう
（出典：「青年進歩」第20冊、青年協会書局、1919年2月、口絵）

と士気を高めることに貢献した。ＹＭＣＡの組織した活動に参加した兵士は一九一八年十月に延べ約百万人、一九年三月に延べ約八百四十万人に達した[52]（表5）。

パーシング将軍は、遠征軍に陸軍士官学校なみの厳しい要求を課し、クリーンな軍隊であることを求めた。しかし遠征軍は、人種、ジェンダー、階級の偏見からクリーンであったわけではない。それはアメリカ軍での黒人の扱いに顕著に現れている。黒人は将校になることや戦闘部隊に入ることから遠ざけられ、海軍や海兵隊にいたっては黒人兵を採用することさえしなかった。また遠征軍は黒人看護師の採用にも抵抗した。ＹＭＣＡも負けず劣らず「クリーン」であり、ほとんどの主事がＷＡＳＰ（ホワイト・アングロサクソン・プロテスタント）であり、黒人はわずかしかいなかった。遠征軍は、「世界を民主主義にとって安全なものにする」という戦争目的と同じくらい、理念先行の軍隊であった。

パーシング将軍はＹＭＣＡのはたらきを高く評価したが、実際にはＹＭＣＡの押し付けがましい活動に反発を抱く兵士も少なからずいた。ＹＭＣＡが誇らしげに掲げる数字はスポーツが強制された結果でもある。すべてのアメリカ軍兵士が「自然に」「本能的に」スポーツを楽しんだわけではない。しかしながら、多くの兵士がスポーツを大戦の経験のなかの不可欠な部分だと考えていたのもまた事実である。全体としていえば、イギリス軍とアメリカ軍がスポーツを楽しむという点で他国の軍隊から突出していたのは間違いないことであった[53]。

スポーツが軍隊内部で確固とした位置を占めるにいたって、軍当局はこれまで民間人に委ねていた事業を自らの手でおこなうことを決意する。陸軍は一九一八年十月五日に参謀本部のもとに士気部を設置、海軍は一九年三月十一日に航海局のもとに第六課（士気課）を設置し、それぞれＣＴＣＡの事業を引き継がせた。こうしてスポーツは軍当局の事業として公的に認められることになった。

3　フランス軍とスポーツ

フランス陸軍はフェンシング、ダンス、水泳などを軍事訓練の主要な課目としていたが、一八二〇年代になって体操（ジムナスティーク）の重要性を認識し、積極的に採用した。フランスで重要な役割を演じたのはスペイン人のフランシスコ・アモロス大佐であった。アモロスは『体育と道徳教育の教則本』（一八三〇年）など体操の理論的著作を発表するかたわら、陸軍や消防、また民間人を対象に体操の実地指導をおこなった。陸軍では七つの師団でジムナーズと呼ばれる身体教育施設が設置された(54)。ついでアモロスの弟子シャルル・ダルジーがフランス陸軍の体操を組織化する。ダルジーは一八四六年に軍隊体操教育の指導書を作成し、五二年にはジョアンヴィル体操師範学校の校長に就任した。アモロスの弟子ルイ・ジャック・ベガンも軍隊への体操導入に大きな貢献をした。ベガンは「平和時に、フランス人兵士の余暇を、国民的性格と軍人精神を傷つけることなく、彼自身にとって、また国家にとって、軍隊にとって有用なものとする方法はなにか」という問題意識から、体操こそ兵士の活力、機敏、柔軟さ、自己への確信を養成することができると考えた(55)。体操は一度に多人数を対象にできるという利点があった。これは普仏戦争後の兵役拡大で大量の入営者をかかえた陸軍にとって切実な問題であった(56)。

ジョアンヴィル校は陸軍の体操指導者ばかりでなく、民間の体操指導者も数多く養成した。一八六九年には中学校の体操教師の七〇パーセント以上がジョアンヴィル校出身の現役・退役将校で占められていた(57)。そもそも、フランスでは軍隊が学校の体育に大きな影響力を持っていた。五〇年には体操が自由選択科目として初等教育機関で教えられることになり、六九年には初等・中等教育機関で体操が義務化された。普仏戦争敗北後の七二年、ジュール・シモン教育大臣は体操の授業に軍事訓練を採用することを通達、八二年には「学生大隊」の編成が認められた（ただし、陸軍は協力的ではなかった）。その前年には『体操ならびに軍事教練要目』が作成されている。こうした状況は八九年のブーランジェ事件まで続いた。九〇年、レオン・ブルジョア教育大臣は軍事教練を廃止し、スポーツ・レクリエーションを重視する方針を打ち出した。ただしこの「スポーツ」は遊戯的なもので、競技スポーツは「あまりにも貴族的で優雅すぎる」として積極的には推進されなかった。(58)

フランス社会では十九世紀末にスポーツが広まり始める。一八八九年にフランススポーツ競技連盟が設立され、一九〇〇年にはフランスの代表的スポーツ雑誌「オート」が創刊された。〇一年に結社の自由が承認されると多数のスポーツ団体が結成された。とはいえ、スポーツは「金持ちで暇な若者」の専有物で、およそ一般の人びとには無縁の存在であった。一九〇〇年にパリでオリンピックが開催されたときも大きな関心を呼ぶことはなかった。〇八年には全国スポーツ委員会が設立、フランスはそのもとでロンドン・オリンピックに参加した。全国スポーツ委員会の理事会には政府の各機関から代表が派遣されていて、陸軍省もそのひとつだった。(59)陸軍省は二〇年代後半まで体育・スポーツに大きな権限を持ち続けた。

民間におけるスポーツ熱の高まりは軍隊にも影響を及ぼした。その背景には軍隊と学校における体操の統合化の動きがあった。一九〇二年の『軍隊体操マニュアル』は公教育省の一八九一年のマニュアルとの一体化を目指して作成されたものである。ここで初めて遊戯・スポーツが軍隊に採用された。このことは軍隊での体操教育が「規律化され、分析的応用的動作の遂行に精通した人間を養成するだけでなく、道徳的にも生理学的にも戦争の疲労や欠乏を支えるのに適した軍人を養成する」という、兵士養成の新しい考え方をもたらした。一九〇三年から〇四年のシーズンには軍隊でラグビーの選手権大会が開催され、〇六年にはジョアンヴィル校にボクシング、水泳、サイクリング、ラグビーが導入された。とりわけラグビーは身体的道徳的耐性や団体精神を養成することができる点で軍事的効用が認められていた。一〇年の『軍隊体操マニュアル』では「選択体操」というカテゴリーが新たに設けられ、競技スポーツ（ラグビー、サッカー、ホッケーなど）が初めて明確に陸軍に採用された。しかしそれらは兵士全員が実践すべきものではなく、十分に訓練された一部の兵士に限定された[60]。むしろスポーツは娯楽として軍隊のなかに広まった。連隊単位のスポーツ団体は〇八年の五十四から一三年には百五十三に増加した[61]。

スポーツ界は第一次世界大戦前から「道徳的再軍備」に貢献していた。一九一三年に刊行された『こんにちの若者たち』はスポーツが忍耐、冷静などの軍事的資質を育むと主張した。イギリス・アメリカと同様に大戦前のフランスでは伝統的な男性性が危機にさらされていた。産業革命がもたらした社会の変化は男女のあり方にも影響を与えた。しかしスポーツがあまり普及していなかったフランスでは、イギリス・アメリカとは違って、スポーツが男性性を表象することは少なかった。しかし、大戦の過程でよきスポーツマンはよき兵士であるというイメージが広まっていく。

図61　祖国の防衛とゴールキーパーが重ね合わされる
（出典：Philippe Tétart ed, *Histoire du sport en France: du second Empire au régime de Vichy*, Vuibert, p.71.）

> サッカー選手たちは（略）ドリブルやシュートをしはじめるのと同じような行動力で戦火に飛び込む勇敢な男たちである。彼らはそこで銃弾や榴散弾の破片に当たるかもしれない。それがどうしたというのだ。こうしたサッカーの熱狂者たちは英雄のように振る舞う。しかもまったく自然にそうするのだ。あたかもふだんの活躍の場でプレーをしているときのように[62]。

こうした主張を裏付けるかのように、ストックホルム・オリンピックの五千メートル走で銀メダルに輝いたジャン・ブアンは、一九一四年九月二十九日に「フランス万歳」の言葉を残して戦死し、スポーツの軍事的効用を、身をもって示した。(63) またラグビーのフランス代表主将をつとめたモーリス・ボワヨーは一九一八年九月十六日にドイツ機により撃墜されるまでに、ドイツ機三十五機を撃墜した。こうして彼は「最も勇敢なパイロット、最も完璧なアスリートで、最も素晴らしい身体的素質が最も美しい精神と最も崇高な意志によって動かされている」とたたえられた。(64) パイロットでありスポーツマンであったジャック・モルタンは集団飛行とラグビーの戦術を結び付けた。(65) ボワヨーが所属した第七十七飛行隊を率いたピエール・ムーロンヴァルもラグビーのフランス代表選手だった。彼もラグビーと同じ戦法を空中に持ち込んだ。ムーロンヴァルが捕虜となったあと、同飛行隊を率いたアンリ・ドゥコワンもスポーツマンで、ロンドン・オリンピックとストックホルム・オリンピックの水泳選手だった（のち脚本家、映画監督）。同飛行隊にはほかにも多くのスポーツマンがおり、「スポーツマン飛行隊」の異名を取った。ちなみに「スポーツマン飛行隊」には陸軍の長尾久吉中尉と民間の飛行家山中忠雄も参加していた。残念ながら帰国後の長尾とスポーツの関係はわからない。(66)

大戦前から飛行機はスポーツだった。パイロットたちは競技会で速さと距離を競った。しかし、ほかの競技と違い、当時の飛行機はしばしば墜落したので、命がけという点で戦争と大差なかった。参加者には軍人も少なからず含まれていた。一九一〇年にフランス軍は世界に先駆けて航空隊を結成、ピエール・ロック将軍は軍のパイロットたちに民間の競技会に参加することを奨励していた。実際の戦闘でも、「アスリートは他の誰にもまして、近代戦の「筋肉＝機械」的スポーツにおいて成功しているよう(67)」であった。空中戦はフェアプレーや騎士道精神が通じる最後の場となり、エースと呼ばれる空の英雄を生み出した。エースたちは撃墜数を競った。その記録は当局によって公認されるという点で、スポーツの記録と相通じるものがあった。彼らはまたチャンピオンと呼ばれたが、それもまたスポーツを連想させる言葉だった。(68)

ボワヨーの友人ジョルジュ・アンドレもスポーツと軍のメダルを手にした理想的な兵士＝スポーツマンだった。アンドレは一九〇八年のロンドン・オリンピックに参加し、走り高跳びで銀メダルを獲得した。彼は陸上競技の万能選手であり、ラグビー選手であり、また有能なジャーナリストでもあった。アンドレは一四年九月にドイツ軍の捕虜となるが、一七年七月に脱出に成功、その後は飛行隊の一員としてドイツ軍と戦った。二〇年のアントワープ・オリンピックではリレーで銅メダル、四百メートル・ハードルで四位に入賞した。二四年のパリ・オリンピックでは開会式で選手宣誓の大役をつとめ、四百メートル・ハードルに四位の成績を収めた。第二次世界大戦が勃発すると、歩兵として従軍し、四三年にチュニスで戦死した。

　塹壕戦への移行は兵士たちに自由な時間をもたらした。西部戦線で戦ったイギリス軍歩兵の場合、前線での活動は全体の五分の二にすぎず、残りの時間は後方で過ごした。[69] 将校たちは兵士の士気を維持するために休息時間を訓練にあてることが多かったが、休息を求める兵士たちには不評だった。しかし、なかにはスポーツを楽しむことができる幸運な兵士たちもいた。一九一四年八月に編成された猟歩兵第四十四大隊では、早くからサッカー選手ポル・モレルを中心にサッカーチームがつくられ、一五年九月のモレルの戦死後も活動を続けていた。一五年二月には歩兵第二百十四連隊の第五大隊と第六大隊によるラグビー試合がおこなわれた。同じころ、スタッド・フランセでラグビー選手として活躍した経験を持つ歩兵第百十九連隊のポール・アンドリヨン伍長は、兵士たちにラグビーを広めていた。歩兵第三百三連隊のポール・デュシャテルは朝に激しい爆撃があったこと、三百三連隊と百六十六連隊のサッカー試合がおこなわれ、三対二で三百三連隊が勝ったことを五月十一日の手帳に記

図62　ボワヨーの紹介記事。スポーツマンとしての活躍と飛行士としての活躍は無関係ではない
（出典：*La vie au grand air*, June 15, 1916.）

している。六月二十五日にはコメルシーの「兵士の公園」でイギリスとフランスの部隊によるサッカー、射撃、陸上競技などの試合がおこなわれた。「兵士の公園」は公式には「集団的精神療法センター」といい、演劇やスポーツなどの娯楽を通じて兵士の士気を維持するために設置された。これらの活動は、多くの場合、兵士のイニシアティブによってなされたものであり、場当たり的だった。その目的も娯楽が主で、ミシェル・メルケルによれば、スポーツはイギリス人にとって道徳的身体的安らぎ、団体精神の強化、戦闘の準備を意味し、フランス人にとって気晴らし、戦争と残虐さを忘れる時間を意味した。(70)

こうした状況が改善されるのは、一九一七年にフィリップ・ペタンが総司令官に就任してからである。この年五月、たび重なる消耗戦で戦意を喪失したフランス軍兵士が反乱を起こしており、ペタンにはその収拾をはかることが期待されていた。ペタンは環境の改善や娯楽の導入などを通じて士気を回復することに成功した。同年九月、ポール・パンルヴェ陸相は陸軍内のサッカーに公式の地位を与え、五千個のボールを前線に送ることを決定した。同月末、フランススポーツ競技連盟は軍関係者を交えて軍隊スポーツ会議を開催し、軍隊スポーツの組織・実践の問題を検討した。(71) 軍の公認を受けたスポーツは大いに発展した。前線部隊が刊行していた「塹壕雑誌」のひとつ「ルヴュ・ポワリュジエンヌ」は、一七年を振り返って「スポーツが軍隊のなかで目覚ましい発展を遂げた」と記している。(72)

アメリカの参戦もフランス軍でのスポーツの発展に大きく寄与した。一九一五年、フランス軍に「兵士の家」が設置された。これはＹＭＣＡのハットをモデルにしたもので、六・七五メートル×三十メートルの小屋に売店、読書室、楽器などを備えていた。この事業を推進したのが、フランスＹＭＣＡのリーダーの一人、エマニュエル・ソテであった。アメリカＹＭＣＡはこの事業に多額の援助をおこなっていたが、アメリカ参戦後は直接運営に関わることになった。兵士の家はフランス・アメリカの共同施設となり、その数も七十八から千五百以上に激増した。一七年にペタン将軍とのあいだで交わされた合意では、事業のひとつとしてスポーツ（球技、九柱戯、サッカー、バレーボール、その他フランス人の嗜好にあったゲーム）を推進することになっていた。当初、アメリカ

ＹＭＣＡの主事たちは、フランス軍将校が全くスポーツの訓練を受けていないことに驚いたが、やがてスポーツは兵士の家の主要な事業となっていく。事業は危険と隣り合わせであった。一八年七月の報告によると、試合中に野球場の三塁付近にドイツ軍の爆弾が落ちた。みんなでフィールドをならして試合を再開すると、またもや爆弾が落ちてきた。そこで彼らはアメリカン・スピリットを示すため、穴を埋めて試合を続行した。(73) こうしたＹＭＣＡ体育主事たちの地道な努力は、「ニューヨーク・タイムズ」で次のように評価された。

フランスでＹＭＣＡのハットの前でおこなわれた野球の試合が戦争の勝利とどれくらい関係があるのか、将校たちほどよく認識しているものはいない。これらのゲームは男たちの精神を変えた。それによって彼らは〔戦争のつらさを〕忘れ、元気づけられ、立ち直ったのである。(74)

ほかにもＹＭＣＡはさまざまな形でフランス軍のスポーツ事業を支援した。ＹＭＣＡ体育主事パーシー・カーペンターはフランス軍で直接スポーツの指導にあたった。一九一八年には十人のＹＭＣＡ体育主事がジョアンヴィル校に派遣された。彼らはのちに各地の訓練センターに送られ、フランス軍兵士にアメリカ軍と同一のプログラムを提供した。(75) バスケットボールの生みの親で、ＹＭＣＡ体育主事の一員としてフランスで活動していたネイスミスは、アメリカ軍兵士がバスケットボールで遊ぶのを見ていたフランス軍兵士が、試合後にぎこちない様子でボールをバスケットに投げ入れようとし、やがてじょうずにパスやシュートができるようになったという逸話を著書のなかで紹介している。(76) 一九年に作家でアカデミー会員のモーリス・バレは、「野球がアメリカ人に身体的特質を附与し、わずかのあいだに兵士に変えた」とアメリカ軍の優秀性を称え、野球の軍事的効用を評価した。(77) 軍当局も同じ認識を持っていた。フランス軍ではすべての訓練センターで野球が課されていた。(78) ただし、野球が結局フランスに根付かなかったことが示すように、フランスの身体文化に対するアメリカスポーツの影響は限定的かつ一時的で、ＹＭＣＡ関係者の主張を額面どおりに受け取ることはできないだろう。(79)

戦争は民間のスポーツ界にも多大な影響を与えた。イギリス軍が多数駐屯した英仏海峡沿岸の都市ではサッカーが盛んにおこなわれた。最初はイギリス軍内部に限られていたが、やがて民間人との試合もおこなわれるようになった。たとえば、ブローニュ＝シュル＝メールでは三十二の民間サッカークラブが誕生した。一九一五年秋には同地で、前線にスポーツ用具や楽器などを送る資金づくりのため、選手権大会が開かれた[80]。有名なサッカーのフランス杯が始まったのも大戦中である。この大会はサッカー界の領袖で一五年に戦死したシャルル・シモンにちなんで、シャルル・シモン杯とも呼ばれる。戦争はスポーツを中断させるどころか、スポーツの発展を促進する作用を果たした。戦後まもなくフランスサッカー連盟、フランスラグビー連盟、フランス陸上競技連盟が設立されたのがその明証である[81]。イギリス、オーストラリア、ニュージーランド、アメリカ、カナダなどから数百万人の兵士がフランスに駐留し、スポーツを通して交流をおこなうことで、それまでスポーツ界内部にとどまっていたよきスポーツマンはよき兵士であるとする新しい男性性は、スポーツ界の枠を超えて共有されるようになった[82]。

第一次世界大戦中にフランス軍がなぜスポーツを積極的に受容したのか。フランスのスポーツ史研究者ティエリ・テレは、アメリカとの関係を念頭に次のように論じる。一般に、男性性は戦争や暴力を通じてよりよく示されるものであり、戦争は男性性を強化すると考えられている。しかし、第一次世界大戦中のフランスにこの考えは当てはまらない。一九一七年の時点で、戦争の先行きは見えなかった。砲弾が飛び交うなかでの塹壕生活は、肉体的にも精神的にも男性性を損なわせる経験であった。自らがそうであるばかりか、周囲の人間もみな疲弊し、負傷していた。銃後に残してきた妻や恋人たちは、自分に忠誠でいてくれるだろうかという不安はしばしば現実のものとなった。兵士たちは自分の男性性に自信が持てない、モラル・クライシスに陥っていた。戦争はフランス人兵士を脆弱にしたのである。そんな折に参戦してきたのがアメリカ軍だった。彼らは元気潑剌で、自信にあふれ、実際に大きな戦果を挙げた。フランス人兵士がアメリカ人兵士の男性性に引かれたのは無理のないことだった。そのアメリカ人兵士が盛んにスポーツをしていたのだ。こうして子どもの遊びとしか思われていなかったスポーツが男性性の象徴になっていった、と。もっとも、スポーツ的な男性性への憧れは、アメリカ軍参戦以前に遡る。塹壕雑誌「アンクル」一九一六年六月十一日号はイギリス人の勇敢さをこう評していた。「戦争は彼らにとって危険で新しいスポーツである。トミーはそのようなものとして受けとめ、かつて銀行や商社にいたときと同じように、毎日の仕事をこなしている。そして夕方が訪れると、フットボールやテニスの試合に夢中になり、のんきに、たのしく、現在の宿命から距離を置いている。イギリス人の沈着さ！（略）大胆なトミーよ」。大戦後のフランスにおけるスポーツの隆盛、そしてその背後にある男性性の変化、これらをもたらした外的要因として第一に挙げるべきは、やはりイギリス軍の影響ではないだろうか。

4　連合軍対抗競技会

一九一八年十一月にドイツと連合国のあいだで休戦協定が締結された。帰国までの期間、兵士のあいだで風紀が乱れることを恐れたアメリカ遠征軍当局とＹＭＣＡは連合軍対抗競技会を企画した。大会の発案者はＹＭＣＡ体育主事ブラウンだった。大会報告書は大会の起源を一〇年のある日にマニラへ下り立ったブラウンのトランクに収められていたバレーボールと野球のボールに求めている。そしてブラウンが極東大会を通じて中国、日本、フィリピンの人びとを結び付けたように、連合軍対抗競技会が戦後の連合国間の紐帯となることを期待したのである。

大会の招待状は一九一九年一月に中国、日本、シャムを含む二十九カ国に送付された。中国はパリ講和会議の中国代表唐在礼が参加の意向を告げた。結局選手は派遣できなかったが、陸軍部総長の靳雲鵬、パリ講和会議主席代表の陸徴祥、中国駐仏公使の胡惟徳らがトロフィーを提供した。日本とシャムは返事を出さなかった。二月二十三日付の「東京朝日新聞」は「戦捷記念の大競技」というタイトルで、連合軍対抗競技会を報じるとともに、

図63　軍服姿のブラウン
（出典：George Wythe and Joseph Hanson eds, *The Inter-Allied Games: Paris, 22nd June to 6th July, 1919*, Games Committee, 1919, p.9.）

陸軍省副官松木直亮大佐の談話を掲載している。

そんな計画のあるといふ事は聞いて居たが（略）我陸軍にはその通知状は未だ到達して居ない。曾て斯くの如き企ては北清事変の際などに行はれた事も記憶してるが、今度の企ては或は目下巴里に居る各国陸軍軍人の間に催す事ではあるまいか。面白い事は面白い計画であるが、それが若し大きく見て国際間の公的の事なら或は日本から態々選手を出す事にもならうが今の所は判然しない。各国陸軍のオリンピックといふと彼等軍人には野球もフットボールも中々巧い選手が居るが、我陸軍はそんな事は孰れかといふと覚束ない。銃槍と来ては我陸軍は世界一と自信する。独逸は巧いといふが児戯に類するもので、剣術《フェンシング》だつて日本は一番だ。射撃などは標的の採点から比較しなければならんから今断言し得ない。戦後各国兵も無聊だらうからこんな計画も宜い事だと思ふ。(87)

松木がドイツを持ち出すのは、かつてドイツ大使館に駐在した経験があり、また熊本俘虜収容所長としてドイツ軍兵士を親しく観察した経験があったからである。ちなみに「東京朝日新聞」は「米国費府岡部生」、つまり岡部平太からこの大会の情報を得ている。当時岡部はペンシルヴァニア大学のロバート・タイト・マッケンジー教授のもとに留学していた。マッケンジーは一九一五年にカナダ軍に入隊し、新兵の訓練キャンプで体育プログラムを組織していた人物である。

連合軍対抗競技会の会場となったのがパーシング競技場である。四万人を収容できる当時のフランスでは唯一の総合競技場であった。同競技場は、フランス政府が寄付したパリ東南郊の土地に、ＹＭＣＡの資金によってアメリカとフランスの兵士を動員して建設され、開会式の日にフランスに贈られた。競技場そのものが、兵士＝スポーツマンというアメリカからもたらされた新しい男性性を示すモニュメントだったのだ。大会は六月二十二日から七月六日にかけて開催され、連合軍側の十八の国・地域から千五百人にのぼる軍人が参加した。競技種目は野球、バスケットボール、ボクシング、レスリング、ゴルフ、サッカー、水泳、テニス、陸上、フットボール、射撃などで、本大会独自のものとして手榴弾投げがあった。手榴弾投げに優勝し、二百四十五フィート十一インチ（約七十五メートル）の「世界」記録を樹立したフレッド・トムソンは、アメリカ軍の従軍牧師で、のちに映画俳優となった。アメリカは全二十四種目中十二種目に優勝し、圧倒的強さを見せつけた。アメリカ軍兵士は戦場だけでなく、競技場でも、フランス軍兵士に対して自身の優位を見せつけたのである。

　アメリカ軍のスポーツはヨーロッパ各国の軍隊に影響を与えた。アメリカ軍がイタリアに入ったとき、イタリア軍当局はアメリカ軍のスポーツに興味を持ち、ＹＭＣＡのアイデアやシステムを導入することになった。それは農民や労働者が多いイタリア人兵士に欠けていた機敏さや協調性を育成するのにも役立った。なかでもバスケットボールがイタリアに定着したのは、第一次世界大戦中の経験が大きかった。イタリアにバスケットボールが紹介されたのはこのときが初めてではないが、多くの兵士にとってバスケットボールは初めての経験であった[88]。イタリアは連合軍競技会でバスケットボールに参加し、翌年にはプロリーグが結成された。チェコスロバキア政府はＹＭＣＡから体育主事を招聘し、軍の体

図64　大会のポスター。右下には日本の国旗も見える
（出典：*Ibid.*, p.51.）

育将校の訓練を担当させた。そのうちの一人、ジョセフ・ピーパルはチェコスロバキアのオリンピック準備の最高責任者に指名された[89]。このほか、ポーランド、ベルギー、ルーマニア、ギリシャなどの軍隊でもYMCAの体育主事がスポーツを指導した[90]。YMCAを通じて、スポーツはヨーロッパ各国の軍隊に広まったのである。

アメリカ軍とスポーツ界、とりわけ国際スポーツ界との関係は一九二〇年代前半にピークに達する。二〇年のアントワープ・オリンピックで、アメリカ軍は多数の軍人がオリンピックに参加するのを許したばかりか、積極的に選手をリクルートしさえした。その結果、射撃、ボクシング、フェンシング、馬術、水泳、レスリング、陸上競技などで軍人が代表に選ばれた。さらに軍は議会で特別の承認を得て陸軍輸送船を代表団の交通・宿泊の手段として提供した[91]。一九年、陸軍士官学校校長に就任したダグラス・マッカーサーは、将校に必要な資質を養成する手段としてスポーツを教育体系のなかに位置づけた。陸軍士官学校の学生は野球、フットボール、バスケットボール、サッカー、ラクロス、陸上競技、テニス、ゴルフ、ホッケーなどの指導を受け、校内でのさまざまな試合への参加が義務づけられた[92]。陸軍はとくに軍事技術に関係するスポーツを奨励し、ライフル競技の全国選手権を主催したりした。海軍兵学校は二三年に全米大学体育協会に加盟し、スポーツへの参加はカリキュラムの一部となった。民間スポーツ界との交流は、ロバート・ボラード准将によれば、これまで国民とあまり密接な関係を持たなかった軍を国民に触れさせるためにおこなわれた[93]。二八年のアムステルダム・オリンピックで、アメリカ代表団の団長にマッカーサーが選ばれたのは、このような軍とスポーツ界の関係を象徴する出来事だった。

スポーツの国際競技会は国家間の競争を戦争以外の形式で表現した。近代社会で、国際競技会ほど国家間の力関係を明瞭に示すことができるものはなかったのではないだろうか。そして、そこに数多くの兵士、あるいは元兵士が参加していたとするならば、スポーツを通じた競争と戦争は単なる比喩にとどまらないことになるだろう。それはまさに国家の威信をかけた戦いとなるはずである。一九二〇年にアントワープ・オリンピックで、また二三年に大阪の極東大会で、日本のスポーツ関係者が目にした欧米列強やフィリピンの兵士＝スポーツマンの活躍は、まさしく第一次世界大戦後における軍隊とスポーツの新しい関係を反映したものだったのである。

5　ドイツ軍とスポーツ

　ドイツではナポレオン戦争下、フリードリッヒ・ルートヴィヒ・ヤーンが民族性を織り込んだドイツ式体操《ギムナスティーク》「トゥルネン」を編み出し、多くの体操家《トゥルナー》たちが祖国防衛に立ち上がり、義勇軍に参加して戦った。しかし解放戦争後のプロイセンでの反動政策のなかで、一八一九年にヤーンら体操教師が逮捕され、翌年にはトゥルネンが禁止されるにいたった。この禁令は四〇年に解かれるが、その間にもトゥルネンは軍事訓練に見せかけて実践者を増やしていた。四八年の革命前夜にその数は三百グループ、八万人から九万人に達した。しかし体操家たちは自由主義運動と深く結び付いていたために、革命後の反動のなかでトゥルネンはまたもや弾圧にあった。

　軍隊と学校ではトゥルネンに代わってリング式体操の導入が試みられた。その推進者はドイツ軍将校フーゴ・ロートシュタインだった。ロートシュタインは一八四三年と四五年にスウェーデンでリング式体操を学び、四七年にベルリンに新設された陸軍中央体育指導者養成学校（一八五一年に王立体操学校と改称）の教師に命じられた。同校は陸軍の体育指導者だけでなく、学校の体操教師の訓練にも関わっており、リング式体操の学校教育への導入をはかった。しかし教育界は従来のシュピース式トゥルネンを擁護したため、結局リング式体操は浸透しなかった。六〇年代にトゥルネンは再び活性化し、六八年には十二万八千の正会員を擁するドイツ体操連盟が設立された。体操家たちは政治運動から距離を置き、体制に順応することで、トゥルネンの繁栄をもたらした。

　ドイツでは漕艇（一八三六年）、フェンシング（一八六三年）、自転車（一八六九年）などのクラブが早くに設立されていたが、本格的にスポーツが導入されるのは普仏戦争後のことである。全国規模の組織には、ドイツ・オーストリア・アルペン協会（一八七一年）、ドイツ漕艇連盟（一八八三年）、ドイツ自転車スポーツ連盟（一八八四年）などがあり、ドイツサッカー連盟は一九〇〇年になって結成された。〇四年に同連盟には二百クラブ、一万人が所属していたが、大戦直前には二千二百クラブ、二十万人にまで増大した。[94]

新たに台頭してきたスポーツに対して体操界は敵対的な態度をとり、その結果「トゥルネン・スポーツ論争」が巻き起こった。両者の対立の軸は複数あったが、そのうちのひとつがトゥルネンの民族的性格とスポーツのコスモポリタンな性格の対立であった。[95]この対立は一八九六年の第一回オリンピック大会に際して明確になった。ドイツ体操連盟はオリンピックへの参加に反対し、ドイツ・オリンピアを計画した。ドイツ体操連盟の偏狭さに異を唱えていたヴィリバルト・ゲプハルトは、皇帝を説得してその支持と援助を得、オリンピック参加委員会を立ち上げてオリンピックに参加した。同委員会は一九〇四年に「オリンピック競技大会のためのドイツ帝国委員会（DRAfOS）」に改組され、ドイツの国内オリンピック委員会の役割を果たすことになる。[96]

スポーツの高まりはついにドイツ体操連盟を動かす。ドイツ体操連盟は一九〇六年にDRAfOSに加盟し、〇八年のロンドン・オリンピックに体操選手を派遣した。また連盟独自に陸上競技やサッカーの国内選手権大会を開いたほか、一〇年には各種スポーツ連盟との二重加盟を容認した。[97]

軍隊もスポーツの影響から逃れることはできなかった。一九〇四年、ヴィルヘルムスハーフェンの海軍基地で軍隊最初のサッカー試合がおこなわれた。翌年、ヴィルヘルムスハーフェン海軍スポーツクラブが設立され、北ドイツサッカー連盟に加盟した。〇九年夏、ヴィルヘルムスハーフェンはフランクフルトの歩兵第八十一連隊を破ったが、これは最初の陸・海軍対抗試合であった。[98]陸軍ではミュンスターの第七軍司令官モーリッツ・フォン・ビッシングがスポーツを奨励していた。とはいえ、規律の破壊を恐れてスポーツに反対する将校も多かった。[99]

しかし陸軍はついに一九一〇年五月三日発布の新歩兵体操令により正式にスポーツを導入した。新歩兵体操令について、ヴィルヘルム・グレーナー少佐は「全体として軍におけるひとつの進歩として歓迎された（略）これまでのきびしい体操訓練にともなう軍隊体操を（略）遊戯や競技をともなうゆるやかな体育活動に転換させた。（略）身体的訓練を促進しただけでなく、なによりも部隊のなかに若々しい、快活な、青年らしい活気を呼びさました」[100]と評価している。翌年、ハンス・ドナリース予備中尉は軍隊でのスポーツの強化を念頭に『スポーツと軍隊』を出版した。ドナリースにとって、スポーツの発展とドイツ帝国の世界列強への台頭は決して無縁なものではなかった。[101]

軍がスポーツの分野で積極的役割を果たすべきことは、国民・青少年遊戯会議やドイツ民族・青少年遊戯促進中央委員会などが主張していた。その理由は、スポーツが単に身体を強化して国防力の向上に貢献するからというだけでなく、スポーツを通じて青少年の取り込みをはかろうとしていた社会主義勢力に対抗するためでもあった。

このほか、軍事技術の発達によって、将校や兵士に対する軍隊の要求に変化が見られたことも挙げておかなければならない。一九〇八年の『陣中要務令』で、兵士は命令がなくとも、自ら考えて行動し、自らの義務に自覚的であることが求められた。これは、命令と服従を基本とする体操では養成できない資質である。一方、将校には貴族的な資質よりも実学的な知識が求められるようになり、一九〇〇年以降将校の門戸が拡大された。その結果、将校は徐々に「市民化」していった。かつての将校は、「激しい砲撃のもと、まるで宮廷で真っ先に踊り出すかのように、優雅な足取りで直立したまま進んでいく」と描かれた。彼らにとって宮仕えと軍務は同じことであり、いずれも貴族的な資質において評価された。二十世紀になると、そうした将校は軍隊にふさわしくないと考えられるようになった。〇七年に多くの将校が同性愛者として糾弾されたハルデン＝オイレンブルク事件は、将校の男性性に大きな影響を与えた。[102]

一九一二年、次回オリンピックをベルリンで開催することが決定した。翌年六月八日、オリンピックのメイン・スタジアムとなる「ドイチェス・シュターディオン」が落成し、皇帝ヴィルヘルム二世を迎えて盛大な式典が開かれた。式典では、スポーツに加え、近衛兵によるさまざまな演習が実施された。体操祭にたびたび招待されても出席しなかったのに、今回の式典に参加したことで、皇帝は体操界の反発を招いた。[103]

スポーツと軍の関係は明らかだった。DRAfOS事務長としてオリンピックの準備を手がけたカール・ディームは、スポーツ界と体操界の和解に努めた人物だが、かつて志願して陸軍に在籍した経歴を持つ。ディームは、スポーツが国家の軍事的能力の強化に貢献するものであり、オリンピックはドイツの経済力、生産力、そして軍事力を世界に示す手段となると考えていた[104]。これはディームだけの考えではなかった。一九一三年の「サッカーと陸上競技」のある論説は次のようにいう。

オリンピックは戦争であり、真の戦争である。(略)現代のオリンピックの観念は、われわれに世界戦争の表象を示している。公然と軍事的性格をあらわすことはないが、スポーツの統計を読むことができるものにとって、それは世界の順位についての洞察を十分に与えてくれる[105]。

ディームは一九一三年に「研究旅行」としてスポーツ先進国のアメリカへ赴いた。彼が同行者として選んだ人物の一人が退役軍人のヴァルター・フォン・ライヒェナウだった。ライヒェナウもまた軍がスポーツに強い関心を示すべきだと主張する人物だった[106]。帰国後の報告には「軍部内においても計画的・定期的に競技会を開催し、軍部内で育った優秀なスポーツマンを発掘すべきである」という一条があった[107]。

ディームの報告書刊行に先立つこと二カ月あまり、一九一三年六月十九日の勅令で軍人は支障がないかぎり体操やスポーツ競技会に参加してもいいことになり、オリンピック参加に備えることが求められた[108]。一四年六月に皇帝出席のもとで開かれた陸軍の競技会には七百五十人の将校が参加した。さらに六月二十六日から二十八日にかけて、オリンピックの本格的な予行演習が開催された。六月二十八日、ちょうど射撃の優勝が競われていたそのとき、サラエボ事件が起こった。まもなく本当の戦いが始まり、スポーツの戦い、ベルリン・オリンピックは中止に追い込まれた[109]。

ドイツ全体が戦争熱にとりつかれた。体操界、スポーツ界も例外ではなかった。スポーツ雑誌「シュポルト・イム・ビルド」は「スポーツマンよ、戦争へ」と呼びかけた[110]。短期戦という予想のもと、多くの体操家、スポーツ選手が大挙して前線に赴いた。たとえば南ドイツサッカー協会所属の五万九千八百二十六人の選手のうち四万千九百三十一人が従軍した(111)。スポーツは一時的に中断したが、戦争が長引くにつれて徐々に復活した。しかしながら、多くのメンバーがいなくなったうえに、サッカー場が畑になり、競技施設が病院などに転用され、用具も不足したことから、戦前に比べると民間のスポーツは大きく停滞した。それでもスポーツ界は試合を開いて戦争資金を集めたり、前線にボールやスポーツ雑誌を送ったりするなどして活動を続けた(112)。

スポーツ界はスポーツの有用性を盛んに主張した。ディームがかつて会長をつとめていたドイツ競技者スポーツ連合は一九一六年に「ドイツ・スポーツに対する戦争の教訓」という見解を発表する。

> 戦争というものは、競技において鍛錬された神経系統を必要とし、また克己的忍耐、艱難と困窮に対する抵抗力、冒険と勝利への男性的喜び、そして身体と精神との調和を必要とする。平和時においては、種々の闘争を平和的競争においてのみ習得する。これがスポーツというものである。（略）戦前、ドイツの軍部において始まったスポーツの実践は将校団や兵士連によって、熱狂的に受け入れられた。そして、スポーツは飛躍的に普及した（略）戦場において、兵士たちはスポーツで育成されたすべての能力を活用してきた。（略）戦争や軍部のみならず、学校や青少年育成活動もまた青少年の心を魅了する手段として、教育的・スポーツ的基本路線に適ったスポーツの実践に尽力・努力しなければならない(113)。

図65　大戦中、トゥルネンとスポーツはともによき兵士を養成すると考えられるようになった
（出典：Peter Tauber, *Vom Schützengraben auf den grünen Rasen: Der Erste Weltkrieg und die Entwicklung des Sports in Deutschland*, LIT, 2008, p.418.）

一九一七年にはDRAfOSがドイツ体

図66　アルザスでおこなわれた軍民対抗のサッカー試合を紹介する記事
（出典：*Aus Sundgau und Wasgenwald,* September 19, 1918.）

育委員会に改組され、スポーツ界と体操界の大同団結が実現した。委員会は純粋にドイツ的なスポーツを育成し、ドイツ民族を不敗にするまで国民的スポーツの伝統を伸ばすことを意図すると宣言した。ディームは事務局長に就任した。委員会は運動場の設置や学校体育の充実をはかるとともに、軍隊でのスポーツ振興にも尽力した。(114)

軍隊内部で体操・スポーツを主導したのは、体操やスポーツのクラブに所属していた兵士たちである。その数は百万以上（ドイツ体操連盟八十万、ドイツサッカー協会十七万など）といわれ、第一次世界大戦に従軍したドイツ兵千三百万の約八パーセントにあたる。(115) 以下、いくつか事例を挙げてみよう。ベルギー占領地区の司令官に任命された元第七軍司令官ビッシングは、各占領区に五百マルク、各中隊に二十五マルクの用具購入費を支給した。ボルクム島の要塞ではサッカーの選手権が開かれ、十一チームがエントリーした。一九一八年九月、セダンで第二回スポーツフェスティバルが開かれ、西部戦線から九十二チームが参加した。ブカレストでは元オリンピック水泳選手フリッツ・ニコライがスポーツ事業を推進していた。アルザスでは軍隊チームと民間人チームのあいだでサッカーの定期戦が繰り広げられた。一七年に「ドイツ・トゥルネン新聞」に掲載された占領地の体操・スポーツ関係の報告は五十以上にのぼった。各地で軍の体操・スポーツ組織が結成されたが、その多くは西部戦線、とくにベルギーに集中していた。一四年のクリスマスにドイツ軍とイギリス軍の兵士がサッカーを楽しんだという有名な話も西部戦線での出来事だった。西部戦線で盛んだったのは、気候、既存の設備、兵の質、移動の多寡などが関係していた。ただし、体操・スポーツの実践の程度は各部隊で大きな差異があり、しばしば上官の嗜好によって左右された。[116]

ドイツ兵は捕虜となっても体操・スポーツを続けた。スコットランドの収容所では一九一五年八月十五日にスポーツフェスティバルが開かれたが、それはすでに三回目であった。シベリアのような厳しい環境でもスポーツは存在した。[117] ドイツ国内に収容されていた連合軍の捕虜、とくにイギリス人捕虜のあいだでもサッカーが盛んだった。このことは、ヘルマン・クールが調査した百五十三の収容所のうち百二十九の収容所にサッカー場が設けられていたことからもうかがえる。

図67　ネルチンスク収容所のドイツ人捕虜。ファウストバルを楽しんだ
（出典：Tauber, *op.cit.*, p.345.）

軍隊内のスポーツは主として気晴らしのためにおこなわれた。戦争初期には休息時間に軍事訓練をすることもあったが、戦争が長引くにつれて認識が変わり、士気回復のために娯楽が取り入れられた。娯楽には体操やスポーツのほかに映画、講演、コンサート、読書、カードゲーム、買春などがあった。塹壕戦は神経を消耗させたが、体のほうはなまりがちになったので、休息時には体を動かして、神経の緊張をとく必要があった。そこで体操やスポーツがおこなわれることになったが、興味に富んだスポーツは体操よりも好まれた。また孤立した小集団で戦う塹壕戦にとって団結心は不可欠だったが、スポーツはそれを養成するのに最適とみなされた。とくにサッカーはボールひとつあれば十分で、安上がりな娯楽であった。水泳は衛生的な観点からも推奨された。手榴弾投げのようにスポーツは軍事化される傾向があったが、ピーター・タウバーはむしろ軍隊がスポーツ化された結果だととらえる。競争の原理を導入し、個々の能力を最大限に生かそうという発想は、体操が目指すところの厳格な規律や統制とは全く異なるものだった。軍隊のスポーツに対する態度は、軍の拡大や戦死による予備将校の増加によっても変化した。スポーツの経験を持つ将校が増え、彼らがスポーツを推進した。スポーツに対する肯定的な態度が広まるなかで、スポーツで体を鍛えた将校はタフだという認識が広まった。(118) 陸軍の命令でドイツ内の捕虜収容所のスポーツの状況を調査したクールは、とくにイギリス人捕虜の心身の優秀性をスポーツによるものとみなし、スポーツ、とくにサッカーが青少年の軍事教育に大きな意義を持つことを認めた。イギリスの勝利はスポーツの勝利でもあった。その教訓はヴァイマール期になって生かされることになる。(119)

休戦中の一九一九年二月、陸軍省は、各部隊で体育事業実施を担当する委員会を設立し、軍隊内での体操・スポーツを推進するよう指示した。病院に転用されていた陸軍体操学校（Militärturnanstalt）は一九年から体育課程を開設し、軍人だけでなく広く体育指導者の育成を目指すことになった。二一年に新しい『体操教範』が公布され、「戦争前の窮屈なる体操は全然反対となり自由にして陽気なるものとなれり。新教範は第一に将校が剣を帯び長靴若くは漆革の靴を穿ちて体操を監視することを希望せずして自から競技服を着して競技を共にし若くは率先して競技を行ふこととなれり」という効果をもたらした。(120) なかでもドイツ軍が奨励したのがハンドボールで、瞬間的判断と連繋能力が養成できると考えられていた。(121) ドイツ軍はヴェルサイユ条約でその規模を十万人に制限され、また軍事訓練の実施が禁止されていた。そんななかスポーツはレクリエーションとしてだけでなく、軍事訓練の代替としての役割も果たした。それればかりか、スポーツの名のもとに軍事訓練がおこなわれることさえあった。(122) 陸軍体操学校は三四年に陸軍スポーツ学校（Heeressportschule）に再編され、軍専門の体育指導者養成学校となる。(123) 校名が「トゥルネン」から「シュポルト」に変わったことは、この十五年間の軍隊におけるスポーツの発展を示しているだろう。

大戦は民間スポーツの発展も促した。大戦前、ドイツ体操連盟の会員は百万人を超えていたが、各種スポーツ連盟の会員はその七分の一にすぎなかった。一九三三年にはこの比率が逆転し、各種スポーツ連盟の会員は体操家の五倍を数えるにいたった。[124]また、ドイツサッカー協会の加盟者数は大戦前には二十万人だったが、二一年一月には七十五万六千人になっていた。ドイツ体育委員会はスポーツ・バッジ制度を実施し、一九年から三三年までに二百五十万人にバッジを与えた。体育は大学の正課にも採用され、大学スポーツが繁栄した。ドイツは二五年ごろから徐々に国際スポーツ界に復帰する。オリンピックの参加は二八年のアムステルダム・オリンピックで果たし、国別順位で二位の成績を収めた。しかし、タウバーが指摘するように、ドイツのスポーツが大戦を契機に発展したことはドイツにおけるスポーツのあり方を規定することになった。ヴァイマール期を通じて、スポーツと軍隊の結び付きはますます強まり、ナチス・ドイツへと継承されていった。[125]

第一次世界大戦前のドイツで男性性を体現していたのは軍隊であり、体操であった。スポーツはその外来性ゆえに、ドイツ的な男らしさを表象しえなかった。[126]第一次世界大戦の敗北は、ドイツの軍事的敗北にとどまらず、「ドイツ文化」の「西洋文明」に対する敗北だった。[127]ドイツの体操はイギリスのスポーツに敗れた。いや、すでに戦争前に敗れていた。こうして、スポーツが外来性ゆえに男らしさを否定されるという状況に変化が生じた。ヴァイマール期を通じて、スポーツは軍隊とともに男らしさを象徴する存在へと変わっていった。

6　捕虜収容所のスポーツ

ドイツ軍の影響ははるか極東の日本に及ぶ。日本は一九一四年八月二十三日にドイツに宣戦布告し、ドイツ軍が駐屯する青島に派兵した。ドイツ守備隊五千人に対して、日本軍は二万八千人を動員した。戦闘の結果、ドイツ人四千六百人あまりが捕虜となった。九月二十三日、東京に俘虜情報局が設置され、十月六日の久留米を皮切りに、東京、松山、丸亀、徳島、熊本、大阪、姫路、名古屋、福岡、静岡、大分などに捕虜収容所が設置された。[128]

このうち最も有名なのは板東収容所だろう。同収容所は日本で最初にベートーヴェンの『交響曲第九番』が演奏された場所として、また映画『バルトの楽園』(監督:出目昌伸、東映、二〇〇六年)の舞台として知られており、鳴門市ドイツ館が当時の面影をいまに伝えている。板東収容所でドイツ人捕虜がスポーツを楽しんでいたことは『バルトの楽園』やドイツ館の展示にも見え、山田理恵の『俘虜生活とスポーツ』でも詳しく取り上げられている。

板東収容所は一九一七年四月九日に徳島、丸亀、松山の各収容所にいた捕虜を移して開設された。丸亀収容所では体操と陸上競技が盛んだった。松山収容所の場合、所長がスポーツに対する理解を欠き、生活条件も劣悪で、スポーツはあまり盛んではなかったが、それでもテニス、トゥルネン、ファウストバル、クリケット、サッカー、ピンポンなどがおこなわれた(129)。板東では理解ある所長のもと、朝夕の集合・点呼と食事以外の自由時間にスポーツ活動が花開いた。収容所の内外に捕虜自身の手によって多数の競技場がつくられた。テニスコートは八面あり、サッカー場も別に存在した。こうした恵まれた環境で、サッカー、テニス、シュラークバル、ファウストバル、トライプバル、コルプバル、ホッケー、レスリング、ボクシング、重量挙げ、トゥルネン、競歩、散歩、遠足、水泳、九柱戯、ビリヤード、水上スポーツなどのスポーツがおこなわれた。板東テニスクラブ、板東ホッケークラブなどのスポーツ組織が結成され、スポーツ委員会が収容所全体のスポーツ活動を統轄した。板東でスポーツが盛んだったことは、移転後六カ月のあいだに、「シュラークバルでは十三チームで百五十六名の選手、サッカーでは十三チームで百四十三名、ホッケーでは五チームで五十五名、バスケットボールでは五チームで五十五名、ファウストバルでは十六チーム八十名の選手たちが活躍して」いたことにうかがえるだろう。

スポーツに対して劣勢に置かれたトゥルネンの支持者は、イギリス流の「スポーツ」のための時間はあっても、ドイツ体操のためには全く余裕がないという現状を憂慮した。トゥルネンとスポーツの対立は日本にまで持ち越されたのだ。板東では地元の学校の教師や生徒がサッカー、テニス、ホッケー、ファウストバル、器械体操など捕虜のスポーツ活動を見学したり、大日本武徳会徳島支部とのあいだでレスリング、ボクシング、フェンシングの交流があったりしたが、日本社会に与えた影響はスポーツ以外の分野に比べてはっきりしない。[130]

熊本収容所は一九一四年十一月から翌年六月までのわずか半年あまりしか開設されなかったが、一四年十二月には早くもスポーツに関する記録が見える。大阪収容所では一五年十月にスポーツ競技大会が開催され、また翌年三月の火災で出現した空き地でサッカーがおこなわれていた。名古屋収容所では一五年夏に運動競技会が開かれた。同収容所には体操場、サッカー場兼ファウストバル場、六面のテニスコートがあった。[131] 林田一郎所長は、一六年五月の「偕行社記事」に「俘虜ヨリ得タル教育資料」なる文章を寄稿し、ドイツ人の優れた体格や体力とスポーツとの関係を次のように論じている。

俘虜ハ能ク運動ス。彼等ハ朝夕ハ勿論、時トシテハ夜間ニ於テモ三三伍伍相伴ヒ、悠悠タル態度ヲ以テ闊歩ス。（略）「フートボール」、「フワゥストポール」、「テニス」ノ如キ運動ハ盛ニ之ヲ行ヒ、一日トシテ之ヲ欠キタルコトナシ。（略）畢竟彼等ノ運動ハ日本人ノ如ク強ヒラレテ行フニアラスシテ、全ク自己ノ意思ニ基キ、体軀ヲ愛護シ且之ヲ強健ナラシムルノ必要ヲ感シテ行フモノニ外ナラス。（略）要スルニ彼等ハ能ク遊ヒ能ク鍛錬スル国民ニシテ、飽食暖衣シテ怠眠ヲ貪ル国民ニアラス。彼等ノ体格頗ル偉大ニシテ筋骨逞シキ宜ナリト謂フヘシ。[132]

名古屋収容所は都市部に位置するだけに、休戦後は外部との交流が活発になった。一九一九年四月十七日には名古屋陸軍幼年学校の生徒が訪れ、体操演技や日常生活を見学した。同年十月五日には明倫中学で、捕虜と名古屋蹴球団（八中、明倫中学の生徒・ＯＢ）の混合チームによるサッカー試合が実施され、数百人の観衆が試合を見学した。[133] 二代目所長中島銑之助のもとで作成された『名古屋俘虜収容所業務報告書』（一九二〇年）には、「本邦軍隊ニ遊戯的体育ヲ奨励スヘシ」として、その理由を次のように記す。

独乙俘虜ノ体格ハ実ニ羨望ニ堪ヘス。是彼等カ室外運動ニ多大ノ興味ヲ有スルハ其最大原因ナリ。之カ為メ我体操教範ニ由ル体操ノミニテハ無趣味ニ過ク。休日等ニ自発的ニ興味ヲ感シツヽ不知不識ノ間ニ体軀ノ発達ヲナサシムルニハ体育的遊戯ニ若クハナシ。此方法ハ延テ民間ニモ当該体育法ヲ普及スルノ最大便法ニシテ、実ニ国民体格改良ノ最良法ナリ。(134)

これらの報告が陸軍当局のスポーツに対する認識を改めさせることにどれほど寄与したかはわからない。ただ、陸軍内でスポーツが勃興するのはこの直後であり、因果関係を全く否定することはできないだろう。

陸軍への影響という点では、東京に近い習志野収容所が注目される。習志野収容所は一九一五年九月に東京収容所(浅草本願寺)からの移転という形で開設された。本願寺では午前と午後の一時間、サッカーをすることが許されていた。捕虜たちはそのサッカーボールを持って習志野にやってきた。狭隘で人目が多い本願寺と違って、習志野は「広漠なる上に運動も自由なり。且、見物人も少きより非常に喜び居り。俘虜の嗜好は第一運動、第二音楽で、起床より消燈時間まで盛に運動し、暢気に日を送って居」た。健全な娯楽の奨励は「情欲を誘発する動機を与うるが如きことあらば、脱柵、逃走者を出す虞あるより、此点には特に周到の注意を払い、如何わしき服装をなせる婦女子は、成るべく周囲に近づけざる方針(135)」とセットだった。

習志野収容所のスポーツを目にした陸軍の軍人は少なからずいた。なかでも、一九一九年十一月七日に秩父宮が「塀外より住居及び運動の有様」を見学したことは特筆されるだろう。(136)習志野収容所の経験は、日本人の体力不足を危惧する陸軍軍人に大きな示唆を与えた。小原正忠は歩兵第三連隊大隊長時代に習志野収容所を見学したらしく、著書『新体育家の思潮』で次のように述べる。

何故に日本人は早癡であるか。之は運動に就ての真の理解がないからである。腹が張つたから運動しようと云ふ調子ではだめだ。運動と云ふものは終始一貫幼年から老年まで断え間なくやらなくてはいかぬ。日本人

図68　習志野収容所でサッカーを楽しむドイツ人捕虜
（出典：「第一次世界大戦と習志野——大正8年の青きドナウ」〔https://www.city.narashino.lg.jp/konnamachi/bunkahistory/rekishi/640120120510101326490.html〕）

は未だ此の理解と習慣がない。今、運動をやつて居る者は、先づ一部の学生と壮年者の一部位で、其の他は努めて運動すると云ふ者は甚だ少ない。習志野に居た独逸俘虜は、雨が降つても運動を怠らない。私は或る時、降雨中収容所の構内を、運動的に歩行する一俘虜に就て、『能く運動するね』と訊いたら、彼れ欣然として曰く、『運動は人生に最も必要で、雨が降つたとて廃止すべきではない、殊に吾等は此の無意味なる生活を数年間送らなくてはならぬ、吾等は此の期間に読書を以て世の進運に後れない様に努むると共に、身体を一層強健にし、釈放後は更に倍旧の活躍をして、此の停頓したる生涯の一部を恢復しなくてはならぬ』と語つた。[137]

ドイツ人の運動好きは小原が主張する国民体育のまたとない手本となった。小原が正面からは取り上げなかったスポーツそのものを評価する軍人もいた。一九二二年、「偕行社記事」で「青年将校ノ体力及気力ノ増進案」というテーマの懸賞論文が募集された。その当選論文のひとつを紹介しよう。

此点〔将校の趣味は養身養気に資するものでなくてはならない〕に於て近時頓に流行する、野球の如き、庭球、蹴球、或はゴルフ、ボート等、何れも吾人の娯楽として恰適のものであらう。若し対手を得可らざれば、馬術可也、弓術可也、単簡にしては散歩亦頗る可也である。斯の如きを児戯に類すと笑ふ者あらば、そは退嬰畏縮、早老主義者であり、スポーツの真味を知らざる、且つは、なほ、青年将校の本義を知らざるの言である。又機会云々の問題に於て、余は現今苟も衛戍地なるの都市に於ては是等運動機関の少くも二、三は必ず利用し得らる可きを信ずるのである。余は先年習志野に於ける独逸俘虜が、夕食後、老若の別なく、シャツ一枚となりて蹴球に打興じ、或は狭隘なる庭を単独にて、又は数人相組み、歩調を揃へて反覆往復して自発的に運動に努むるを見て、彼等独逸国民の精力旺盛なる所以の偶然に非るを識ると共に、更に余等の日常を顧みて、自ら赧然たるを禁ずること能はざりし事ありき。(138)

著者は騎兵第二十四連隊の西義章少尉（陸士第三十一期）である。西が習志野を訪れたのは、おそらく陸軍士官学校在学中だろう。「偕行社記事」で本間雅晴が「軍隊が国民の「スポート」を指導するの提唱」を発表するのは、この四カ月後だった。陸軍スポーツの勃興期に、外国の軍隊がスポーツに取り組んでいる様子を実際に見た経験を有する陸軍の軍人は少なからずいた。(139) 本間のように本国で直接目にした者は少なかったが、収容所のドイツ兵は多くの軍人が目にしたはずである。そして体格に優れたドイツ兵捕虜がスポーツに没頭する様子を見て、軍隊にとってのスポーツの可能性に思いを致した者も少なからずいただろう。もっとも、連合軍対抗競技会に否定的な反応を示した松木直亮のように、熊本俘虜収容所長としての経験がスポーツの重視につながらないケースもある。久留米俘虜収容所長の真崎甚三郎（一九一五年五月―一六年十一月在任）もそうした部類に入るだろう。ちょうど真崎が所長をしていたころにドイツ人がおこなった調査で久留米収容所は最もひどいグループに属すると評価されていた。そんな久留米収容所でもスポーツは非常に盛んで、一九一九年に入ると「トゥルネンとスポーツ」というスポーツ雑誌まで刊行されていた。(140)

ドイツ人捕虜が民間スポーツ界に影響を与えた事例として似島収容所を挙げておきたい。当時、サッカーは全国的に見てもまだ揺籃期にあったなか、広島では広島高師、広島中学、広島師範の三校でサッカーがおこなわれていた。一九一九年に神戸高商が主催した全国中等大会で広島中学が優勝した事実が示すように、広島のサッカーは高いレベルを誇ったが、その要因のひとつとしてドイツ兵捕虜の存在が挙げられる。似島収容所のドイツ人捕虜チームが広島高師にサッカーの試合を申し込んできたのは、高師チームの主将だった田中敬孝によれば、一八年のことだった。高師のグラウンドでおこなわれた試合は、ドイツの一方的な勝利に終わった。以来、田中は日曜ごとに似島へ渡り、ドイツ式サッカーを学んだ。夏休みには神戸一中、姫路一中、御影師範、八幡商業に行き、その技術を伝えた。(141) 瀬戸武彦が明らかにしたところによると、ドイツ人捕虜との試合がおこなわれたのは一九年一月二十六日のことで、高師、県師、高師付属中学、広島中学の合同チームが挑んだものの、一度もゴールできずに終わったという。高師の田中は翌年に広島中学の英語教師となり、サッカー部監としてチームを全国中等大会で準優勝に導いた。二一年には二度目の優勝を勝ち取り、極東大会に出場した日本代表チームを破る金星も収めている。(142) サッカーに関してはこのほか青野原収容所の捕虜が小野中学や姫路師範と、静岡収容所の捕虜が静岡師範と対戦した記録が残っている。(143)

図69　似島収容所のドイツ人捕虜と日本人学生の記念写真
（出典：瀬戸武彦『青島から来た兵士たち——第一次大戦とドイツ兵俘虜の実像』同学社、2006年、110ページ）

最後に、第1部の議論を男性性の視点から整理しておこう。イギリスの影響を強く受けた海軍では、スポーツに象徴されるイギリス的な男性性も基本的に肯定されていた。しかし、同じスポーツではあっても、ラグビーやサッカーは士官にふさわしいものとして、バレーボールやバスケットボールは下士官兵や職工にふさわしいものとして区別して扱われた。前者は士官にふさわしい資質を養成する鍛練としての側面が評価され、後者は気晴らし、思想善導、安全弁といった役割、すなわち娯楽的な効果が期待された。両者の男性性は区別され、後者は前者の引き立て役の地位に置かれた。

海軍はイギリス的な男性性を承認したが、それをそのまま模倣したわけではなかった。西洋スポーツに即して男性性を構築した場合、イギリスの優位は明らかだった。海軍兵学校では棒倒しのような独自の競技が編み出され、それが西洋スポーツに対して覇権的な地位を確立していった。また学問面での熾烈な競争も、イギリス的男性性とは異なる日本独自の点であった。

一方、海軍機関学校では、海軍兵学校とは異なる男性性が形成された。海軍機関学校を象徴したのは棒倒しではなくラグビーだった。それは純粋なスポーツとしてのラグビーであり、民間指導者の指導を受け、民間チームと対戦した。成績を席次という形でたえず視覚化した海軍兵学校と違い、海軍機関学校では卒業時まで成績を公開しなかったから、勉学の面でも実におおらかだった。クリスチャンも少なからずいて、イギリスのパブリックスクールにより近かった。

海軍機関学校が海軍兵学校と異なる男性性を志向した背景には、兵機一系化問題に代表される兵科と機関科の確執があった。兵科優位の海軍にあって、兵科士官と同じ男性性を志向すれば、機関科士官は従属的地位しか得られない。機関科士官たちは、士官としての誇りを維持するために、意識的に差別化をはかったのではないだろうか。言い換えれば、兵科士官が日本を代表してイギリス的男性性と対決したのに対し、機関科士官は兵科的男性性と対決するためにイギリス的男性性に依拠したのである。

陸軍はスポーツと無縁なまま男性性を形成した。陸軍幼年学校は例外だったが、それは生徒たちが陸軍の男性性を適用するにはまだ幼すぎたからである。陸軍幼年学校では民間の中学校にならって娯楽としてのスポーツ導入がはかられた。一九二〇年代、陸軍の男性性は深刻な危機に直面する。大戦によって明らかになった日本陸軍の後進性、デモクラシーや社会主義の台頭、米騒動や労働争議の鎮圧、スペイン風邪の流行、シベリア出兵、軍縮、平和主義、軍隊無用論、軍人軽視の風潮などその要因はさまざまだが、ともかく陸軍は新しい時代に適応した男性性を構築することを迫られたのである（この点で皇室と利害が一致した）。スポーツの導入はその対応策のひとつだった。スポーツは鍛錬としての側面とともに、娯楽としての側面も評価され、軍民関係改善の役割が期待された。当初、歩兵第三十九連隊や陸軍戸山学校などで実践されたのは、まさしく民間と同じ形式のスポーツであり、軍民間の交流も盛んにおこなわれた。陸軍当局は陸軍からオリンピックの選手を出すとの抱負を持ち、民間スポーツ界も軍人スポーツマンの活躍に期待を寄せた。

しかし一九二〇年代半ばを境に陸軍スポーツのあり方は大きく変化する。陸軍スポーツの総本山、陸軍戸山学校でスポーツ研究の中心を担っていた大井浩は、日本の軍隊にあった形でスポーツを導入すべきだと考えていた。最終的に陸軍は『体操教範』に籠球、陸軍独自の競技である投球戦と球戦を採用した。同教範では直接的鍛錬的な価値だけが評価され、スポーツの間接的効果や娯楽としての側面は捨象された。スポーツは独自の価値を否定され、完全に軍隊体育のなかに溶解し、それに従属してしまった。スポーツが軍事化された背景には、スポーツに対する根強い反発があった。陸軍のスポーツ推進者たちは、反対論者にスポーツの意義を説得する必要があった。彼らは娯楽化した民間スポーツを切り離し、ことさらスポーツの鍛錬面を強調することでスポーツを正当化した。その過程でスポーツマンシップと武士道精神の等号は取り消され、よきスポーツマンとよき兵士は一致しえなくなった。陸軍はスポーツを採用したが、その男性性を否認したのである。

一九二〇年代の日本軍のスポーツ熱に大きな影響を与えたのは、第一次世界大戦の経験だった。勝利の原動力となったイギリス・アメリカ軍ではスポーツが盛んにおこなわれていた。イギリスでは、パブリックスクールでアスレティシズムが盛んになるのは十九世紀半ばのことだった。アスレティシズムは勇気、愛国心、英雄崇拝、自制など、帝国の指導者にふさわしい資質を養成できると考えられた。そんな彼らが将校・士官となり、軍隊にスポーツを取り込んだ。それは彼らにとって娯楽でもあり、また自己の地位にふさわしい資質を持つことを証明する手段でもあった。パブリックスクール、スポーツ、軍隊は、いずれも帝国の指導者にふさわしい力強い男らしさの表徴となり、三者は分かちがたく結び付いていった。兵士のあいだにもスポーツは広がった。しかし、スポーツはあくまで自主的な活動にとどまり、軍に必須のものとは考えられていなかった。

よき兵士とよきスポーツマンを結び付ける新しい男性性は、第一次世界大戦を経て確固たる地位を得ることになる。総力戦となった第一次世界大戦はそれまでの戦争を質量ともにはるかに凌駕するものだった。大量の市民が兵士となり、砲弾、機関銃、毒ガスなどの犠牲となった。戦争の近代化は人間疎外の状況を生み出した。「shell shock（砲弾ショック）」という言葉が生まれ、戦争神経症が広く認知されたのも第一次世界大戦中のことだった。戦争神経症の蔓延は戦力を大きく低下させる。そこで兵士の人間性回復の手段として軍当局は娯楽を重視することになった。なかでもスポーツは、音楽や読書などと違って兵士の身体を鍛錬し、また兵士に男らしさを回復させる効果が期待できた。こうして大戦末期に軍当局はスポーツを統轄する機関を設置するにいたる。それまでスポーツは性病や飲酒の対策として注目されてはいたが、軍に必須の活動とは認識されていなかった。戦争形態の劇的な変化が軍当局のスポーツに対する認識を改めさせたのである。

イギリス・アメリカ軍にとって軍隊とスポーツの関係は、大戦によって加速された側面はあるものの、内発的な発展のなかで形成されてきたといっていい。これに対して、フランス軍やドイツ軍のスポーツは内発的発展の挫折によってもたらされたといえるだろう。フランスやドイツで軍隊の男性性を体現してきたのは体操だった。大戦でドイツは敗北した。フランスは戦勝国となったが、多大な犠牲を強いられ、また勝利も自力で勝ち取ったものではなかった。むしろフランスはほかの連合国から「救われる」存在だった。戦後、ドイツ・フランス両国の軍隊はスポーツを本格的に導入するが、これは国家を防衛できなかった体操に対する信頼が揺らいだことの裏返しであった。戦争で男性性の喪失を味わった両国は、スポーツに体現されるイギリス・アメリカ軍の男性性を承認し、それを取り入れながらも新しい男性性を構築していった。新たな男性性の模索は、敗戦国ドイツでは複雑な経緯をたどり、やがてナチスへと導かれる。

一九二〇年代の日本軍のスポーツ熱は、大戦後の欧米の軍隊における新しい男性性に触発されて生じたものだった。しかしながら、日本の軍隊（とくに陸軍）が直面した男性性の危機は、ドイツやフランスに比べると、それほど深刻なものではなかった。第2部で論じるように、陸軍のスポーツ熱が一過性のものに終わってしまったのも、日本の第一次世界大戦経験のあり方が一因になっているだろう。また欧米の軍隊でスポーツが導入された理由のひとつに性病対策があったが、日本軍のスポーツ論にはそうした議論はほとんど見られない。これも日本軍の大戦経験が短期戦の青島と、極寒の地シベリアだったことと関係するのではないか。冬が長いシベリアでは、戸外中心のスポーツは、性病対策として限定的な効果しか期待できなかったからだ。

注

（1）海軍に関する記述は主として田所昌幸編『ロイヤル・ネイヴィーとパクス・ブリタニカ』有斐閣、二〇〇六年による。

（2）十八世紀のイギリス海軍はこうしたイメージとはずいぶん違っていたようである。薩摩真介「海軍――「木の楯」から「鉄の矛」へ」（金澤周作編『海のイギリス史――闘争と共生の世界史』所収、昭和堂、二〇一三年）を参照。

（3）イギリス陸軍については以下の研究を参照した。Edward M. Spiers, *The Late Victorian Army, 1868-1902*, Manchester University Press, 1992, J. W. M. Hichberger, *Images of the Army: The Military in British Art, 1815-1914*, Manchester University Press, 1988.

（4）J. A. Mangan, *'Manufactured' Masculinity: Making Imperial Manliness, Morality and Militarism*, Routledge, 2012.

（5）Spiers, *op.cit.*, p.97.

（6）James Dunbar Campbell, "'The Army Isn't All Work': Physical Culture in the Evolution of the British Army, 1860-1920," *dissertation*, University of Maine, 2003, pp.14-15.

（7）ジョージ・L・モッセ『男のイメージ――男性性の創造と近代社会』細谷実／小玉亮子／海妻径子訳、作品社、二〇〇五年、七二―七三ページ

（8）Tony Mason and Eliza Riedi, *Sport and the Military: The British Armed Forces, 1880-1960*, Cambridge University Press, 2010, p.3.

（9）J. A. Mangan and Callum C. McKenzie, *Militarism, Hunting, Imperialism: 'Blooding' the Martial Male*, Routledge, 2010.

（10）会田雄次『アーロン収容所——西欧ヒューマニズムの限界』（中公新書）、中央公論社、一九六二年、一一〇、一一二ページ

（11）以下、イギリス陸軍のスポーツに関する記述は基本的に Campbell, *op.cit.* による。

（12）Mason and Riedi, *op.cit.*, p.6.

（13）*Ibid.*, p.9.

（14）*Ibid.*, pp.21-22.

（15）*Ibid.*, p.30.

（16）*Ibid.*, p.15.

（17）Andrew Riddoch and John Kemp, *When the Whistle Blows: The Story of the Footballers' Battalion in the Great War*, Haynes Publishing, 2011. chap.1.

（18）*Ibid.*, chaps.2-5. サッカー大隊の嚆矢は、エディンバラに本拠を置くハート・オブ・ミドロシアンだろう（Tom Purdie, *Hearts at War, 1914-1919*, Amberley Publishing, 2014.）。

（19）Victor Breyer, "Le sport chez 'Tommy', "*La vie au grand air*, June 15, 1917.

（20）*The Illustrated London News*, July 29, 1916.

（21）"Le Glorieux ballon," *L'Illustration*, June 29, 1916, Peter Hart, *The Somme: The Darkest Hour on the Western Front*, Pegasus Books, 2010. 戦場の近くのアルベールにあるソンム一九一六博物館と、ネヴィルの故郷にあるサリー歩兵博物館には、これらのボールを手にしたネヴィルの像が展示されている。

（22）Tim Tate, *For Team and Country: Sport on the Frontlines of the Great War*, John Blake, 2014, Ed Harris, *The Footballer of Loos: A History of the 1st Battalion London Irish Rifles in the First World War*, The History Press, 2009.

（23）Riddoch and Kemp, *op.cit.*, p.271.

（24）*Ibid.*, chap.14.

（25）Phill Vasili, *Walter Tull, 1888-1918, Officer, Footballer: All the Guns in France Couldn't Wake Me*, Raw Press, 2009.

（26）"The Major," *When I Join the Ranks: What to Do and How to Do It*, Gale & Polden, 1916, pp.20-21.

（27）Royal Navy and Royal Marines Sports Control Board, *Royal Navy and Royal Marines Sports Handbook, 1924*, R.N. and R.M. Sports Control Board, 1923.

（28）Campbell, *op.cit.*, p.242.

（29）シンシア・エンロー『策略――女性を軍事化する国際政治』上野千鶴子監訳、佐藤文香訳、岩波書店、二〇〇六年、一八三ページ

（30）Fred Mason, "Sport in the Service of Restoration: Sport as Physical Therapy during the First World War,"(http://www.cafyd.com/HistDeporte/htm/pdf/1-6.pdf)［二〇一五年五月二十八日アクセス］

（31）Robert Elias, *The Empire Strikes Out: How Baseball Sold U.S. Foreign Policy and Promoted the American Way Abroad*, The New Press, 2010, pp.6-15.

（32）Harold Seymour, *Baseball: The People's Game*, Oxford University Press, 1990, p.291.

（33）Jeffery Allen Charlston, "From Indifference to Obsession: Origins of Athletic Programs in the United States Military 1865-1935," *dissertation*, George Washington University, 2000, pp.21-26.

（34）S. W. Pope, *Patriotic Games: Sporting Traditions in the American Imagination, 1876-1926*, Oxford University Press, 1997, chap.4, Frederick L. Paxson, "The Rise of Sport," *Mississippi Valley Historical Review*, 4(2), September, 1917. 野球を「national pastime」と表現する事例は南北戦争前から存在する。

（35）Charlston, *op.cit.*, p.28.

（36）Joseph E. Dineen, *The Illustrated History of Sports at the U.S. Military Academy*, The Donning Company Publishers, 1988, p.243.

（37）Seymour, *op.cit.*, p.296.

（38）Charlston, *op.cit.*, pp.84-89, 113-114.

（39）Seymour, *op.cit.*, pp.304-305, Joseph A. Reaves, *Taking in a Game: A History of Baseball in Asia*, University of Nebraska Press, 2002, p.92.

（40） Janice A. Beran, "Americans in the Philippines: Imperialism or Progress Through Sport?," *The International Journal of the History of Sport*, 6(1), May, 1989, Pope, *op.cit.*, pp.142-144.

（41） Reaves, *op.cit.*, p.91. 以下、フィリピンの野球の歴史についてはおおむね同書に基づいた。

（42） *The New York Times*, December 28, 1902.

（43） 兼子歩「米西戦争・フィリピン戦争における男らしさ」「西洋史論集」第三号、北海道大学文学部西洋史研究室、二〇〇〇年三月、兼子歩「「男らしさ」の再編成――セオドア・ローズヴェルトと「男らしさ」の変容」「北大史学」第三十九号、北大史学会、一九九九年十一月、Kristin L. Hoganson, *Fighting for American Manhood: How Gender Politics Provoked the Spanish - American and Philippine - American Wars*, Yale University Press, 1998.

（44） Elias, *op.cit.*, p.51.

（45） *Ibid.*, pp.34-53.

（46） Charlston, *op.cit.*, chaps.6-7, Wanda Ellen Wakefield, *Playing to Win: Sports and the American Military, 1898-1945*, State University of New York Press, 1997, pp.12-13, Elias, *op.cit.*, p.88、松原宏之「第一次世界大戦期アメリカ軍の性病管理とアメリカ国民意識」、樋口映美／中條献編『歴史のなかの「アメリカ」――国民化をめぐる語りと創造』所収、彩流社、二〇〇六年。ウェイクフィールドは、レイクロフトがトロントに派遣されカナダ軍からノウハウを学んでいたことも含めて、フォズディックの発言を肯定している。一方、チャールストンは、ＣＴＣＡのスポーツはイギリス軍やカナダ軍ではなく、従来のアメリカ軍のスポーツの経験の延長だとする。ＹＭＣＡは米西戦争の際に陸・海軍部門を設置し、軍内部での娯楽を提供してきた。スポーツの認識をめぐる差異はＣＴＣＡとＹＭＣＡの対立に由来する。陸軍はＣＴＣＡを組織するにあたりＹＭＣＡをその傘下に入れたが、ＣＴＣＡにアメリカ本国、ＹＭＣＡにヨーロッパを任せることで両者の対立を回避した。

（47） "Editorial Comment: The Need for Universal Physical Education," *Physical Training*, 16(6), April, 1919, Paula D. Welch and Harold A. Lerch, *History of American Physical Education and Sport*, C. C. Thomas, 1981, p.175.

（48） 岡部平太「最近の競技思潮（上）」「福岡日日新聞」一九二二年一月三日付

（49）Elias, *op.cit.*, p.78.
（50）Wakefield, *op.cit.*, p.21.
（51）Elias, *op.cit.*, pp.82-83.
（52）Charlston, *op.cit.*, chap.8, Elmer L. Johnson, *The History of YMCA Physical Education*, Association Press, 1979, pp. 184-190, Pope, *op.cit.*, chap.8.
（53）アラン・R・ミレット／ピーター・マスロウスキー『アメリカ社会と戦争の歴史——連邦防衛のために』防衛大学校戦争史研究会訳、彩流社、二〇一一年、四九一—四九二ページ、中野耕太郎『戦争のるつぼ——第一次世界大戦とアメリカニズム』（レクチャー第一次世界大戦を考える）、人文書院、二〇一三年、第三章、Wakefield, *op.cit.*, p.46, Clifford Putney, *Muscular Christianity: Manhood and Sports in Protestant America, 1880-1920*, Harvard University Press, 2001, pp.182-194.
（54）清水重勇『フランス近代体育史研究序説』不昧堂出版、一九八六年、第一章、前掲『男のイメージ』七〇ページ、Jean-François Loudcher et Christian Vivier, "Gymnastique, éducation physique et sport dans les manuels militaires (XIXe-XXe siècles)," in Ministère de la Défense Commissariat aux sports militaires, *De Joinville à l'olympisme: rôle des armées dans le movement sportif français*, Revue EP.S, 1996.
（55）Maurice Cren, "Bégin, fidèle d'Amoros et précurseur du sport," in Ministère de la Défense Commissariat aux sports militaires, *op.cit.*
（56）Loudcher et Vivier, *op.cit.*
（57）前掲『フランス近代体育史研究序説』一三二ページ
（58）同書一九二ページ、Albert Bourzac, *Les bataillons scolaires, 1880-1891: L'éducation militaire à l'école de la République*, L'Harmattan, 2004.
（59）齋藤健司『フランススポーツ基本法の形成』上、成文堂、二〇〇七年、四二ページ
（60）Michel Merckel, *14-18, le sport sort des tranchées: un héritage inattendu de la Grande Guerre*, Le pas d'oiseau, 2nd edition, 2013, pp.25, 72-73, Loudcher and Vivier, *op.cit.*

（61）Paul Dietschy, “Du champion au poilu sportif: Représentations et expériences du sport de guerre,” *Guerres Mondiales et Conflits Contemporains*, 251, March 2013. 海軍についての研究は少なく、具体像は明らかではない。ニコラス・コシャールは、十九世紀の技術革新や国家へのより強い結び付きが海軍にスポーツを導入する要因になったと論じる（Nicolas Cochard, “Le sport et la marine française, fin du xixe siècle-début xxe siècle,” in Luc Robène et al., *Le sport et la guerre, xixe et xxe siècles*, Presses universitaires de Rennes, 2012.）。

（62）Alphonse Steinès, “Les footballeurs au feu,” *L'Auto*, November 21, 1914.

（63）Paul Dietschy, “Le sport et la Première Guerre mondiale,” in Philippe Tétart ed, *Histoire du sport en France: du second Empire au régime de Vichy*, Vuibert, 2007, Dietschy, “Du champion au poilu sportif.”

（64）Dietschy, “Du champion au poilu sportif.” ボワヨーの像は一九二四年にモーリス・ボワヨー競技場に立てられ、現存する。

（65）Dietschy, “Le sport et la Première Guerre mondiale.”

（66）Jacques Mortane, “Une escadrille sportive,” *La vie au grand air*, September 1, 1918. ピエールの兄弟、フランソワもラグビーのフランス代表選手で、第一次世界大戦中は第六十二飛行隊で活躍した。フランソワもドイツ軍の捕虜となった。山中は事故死した。

（67）Arnaud Waquet, “Sport in the Trenches: The New Deal for Masculinity in France,” *The International Journal of the History of Sport*, 28(3-4), March, 2011.

（68）Luc Robène, “Les sports aériens: De la competition sportive à la violence de guerre,” *Guerres Mondiales et Conflits Contemporains*, 251, March, 2013, Stéphane Tison, “Du *sportsman* au combatant: archéologie de la figure de l'as, 1910-1916,” in Luc Robène et al., *Le sport et la guerre, xixe et xxe siècles*, Thierry Le Roy, “Aviation et Grande Guerre, 1916-1939: la fin des sportifs?,” in Luc Robène et al., *Le sport et la guerre, xixe et xxe siècles*. ただし、一九一七年以後、戦闘の激化に伴う空中戦の大衆化とパイロットの来源の変化は空中戦をスポーツから暗殺へと変えてしまった。

（69）Waquet, *op.cit.*

（70）Merckel, *op.cit.*, pp.47-54, 69, 98, Hervé Jovelin, “Poilu's park (1914-1919), un parc d'attractions pour soldats sur le front," *Guerres mondiales et conflits contemporains*, 183, July, 1996.

（71）Waquet, *op.cit.*

（72）Merckel, *op.cit.*, p.90. いうまでもなく、すべての兵士がスポーツを楽しんだわけではない。スポーツへの興味は、年齢や社会階層、出身地などの要因に左右された（Dietschy, "Du champion au poilu sportif."）。

（73）Thierry Terret, "American Sammys and French Poilus in the Great War: Sport, Masculinities and Vulnerability," *The International Journal of the History of Sport*, 28(3-4), March, 2011.

（74）*The New York Times*, November. 7, 1918.

（75）Man F. Hui, *op.cit.*, pp. 126-127.

（76）James Naismith, *Basketball: Its Origin and Development*, Association Press, 1941, pp.151-152.

（77）Thierry Terret, *Les jeux interalliés de 1919: sport, guerre et relations internationales*, L'Harmattan, 2002, pp.77-78.

（78）Terret, *Les jeux interalliés de 1919*, p.63.

（79）Peter Marquis, "La grenade, la batte et le modèle américain: Baseball et acculturation sportive dans la france de la première guerre mondiale," *Guerres Mondiales et Conflits Contemporains*, 251, March, 2013.

（80）Arnaud Waquet and Thierry Terret, "Ballon ronds, Tommies et tranchées: l'impact de la présence britannique dans la diffusion du football-association au sein des villes de garnison de la Somme et du Pas-de-Calais (1915-1918)," *Modern & Contemporary France*, 14(4), November, 2006. 休戦成立以後もサッカーの地方への拡大は続いていた（Arnaud Waquet, "Football rural en guerre: la leçon de football des Tommies dans les villages de la Somme et du Pas-de-Calais (1918-1921)," in Luc Robène et al., *Le sport et la guerre, xix*[e] *et xx*[e] *siècles*.）。

（81）二〇一四年の第一次世界大戦勃発百周年を契機に、フランスのスポーツ史では第一次世界大戦の再評価が進んでいる。詳しくは、François Cochet et al, "Introduction," *Guerres Mondiales et Conflits Contemporains*, 251, March, 2013. を参照。

（82）Waquet, "Sport in the Trenches."

（83）Terret, "American Sammys and French Poilus in the Great War."

（84）Merckel, *op.cit.*, pp.64-65.
（85）George Wythe and Joseph Hanson eds, *The Inter-Allied Games: Paris, 22nd June to 6th July, 1919*, Games Committee, 1919, pp.11-14.
（86）Wythe and Hanson eds, *op.cit.*, p.54.
（87）「東京朝日新聞」一九一九年二月二十三日付。先述したように、松木はのちの台湾軍第一守備隊司令官時代、スポーツにも理解を示した。
（88）Wythe and Hanson eds, *op.cit.*, p.88, Hui, *op.cit.*, p.129.
（89）Johnson, *op.cit.*, p.194.
（90）Hui, *op.cit.*, pp.131-132, Johnson, *op.cit.*, pp.194-195, 245.
（91）Charlston, *op.cit.*, pp.339-341.
（92）Wakefield, *op.cit.*, p.61.
（93）Charlston, *op.cit.*, p.343.
（94）Christiane Eisenberg, "Football in Germany: Beginnings, 1890-1914," *The International Journal of the History of Sport*, 8(2), September, 1991.
（95）もちろん、フランスとドイツの対立もあり、クーベルタンはフランス体操連盟からの警告を受けて、オリンピック計画を提案したソルボンヌ会議（一八九四年）にドイツ代表を招かなかった。
（96）デイヴィッド・クレイ・ラージ『ベルリン・オリンピック一九三六――ナチの競技』高儀進訳、白水社、二〇〇八年、二九―三〇ページ
（97）望田幸男『軍服を着る市民たち――ドイツ軍国主義の社会史』（有斐閣選書）、有斐閣、一九八三年、八七ページ
（98）Richard A. Woeltz, "Sport, Culture, and Society in Late Imperial and Weimar Germany: Some Suggestions for Future Research," *Journal of Sport History*, 4(3), Fall, 1977.
（99）Peter Tauber, *Vom Schützengraben auf den grünen Rasen: Der Erste Weltkrieg und die Entwicklung des Sports in Deut-schland*, LIT, 2008, pp.139-140.

（100）前掲『軍服を着る市民たち』八九―九〇ページ

（101）Tauber, *op.cit.*, pp.138-140.

（102）前掲『軍服を着る市民たち』八六―八九、一一四―一六一ページ、Eisenberg, *op.cit.*, Marcus Funk, "Ready for War?: Conceptions of Military Manliness in the Prusso-German Officer Corps before the First World War," in Karen Hagemann and Stefanie Schüler-Springorum eds., *Home/Front: The Military, War and Gender in Twentieth-Century Germany*, BERG, 2002.

（103）Tauber, *op.cit.*, pp.51-52.

（104）前掲『ベルリン・オリンピック一九三六』五三ページ

（105）M. Berner, "Der olympische Gedanke in der Welt," *Fußball und Leichtathletik*, (14), 1913, quoted in Arnd Krüger, "The Role of Sport in German International Politics, 1918-1945," in Pierre Arnaud and James Riordan eds., *Sport and International Politics*, Spon Press, 1998.

（106）釜崎太「世紀転換期（一九―二〇世紀）のドイツにおける「トゥルネン＝スポーツ」抗争の対立軸としての身体――大衆社会の登場とシンボル」「弘前大学教育学部紀要」第百一号、弘前大学教育学部、二〇〇九年三月。ライヒェナウは一九三八年にＩＯＣ委員に就任する。

（107）加藤元和『カール・ディームの生涯と体育思想』不昧堂出版、一九八五年、三九ページ、都築真「Ｃ・ディームによるドイツ・トゥルネン連盟とドイツ・陸上競技連盟、ドイツ・フットボール連盟の和解の試み（一九一二―一九一四）」「体育学研究」第五十三号、日本体育学会、二〇〇八年

（108）Tauber, *op.cit.*, p.132.

（109）前掲『ベルリン・オリンピック一九三六』四九ページ、前掲『軍服を着る市民たち』九〇ページ

（110）Tauber, *op.cit.*, p.65.

（111）*Ibid.*, p.72.

（112）*Ibid.*, pp.71, 87, 89, 189, 216.

（113）前掲『カール・ディームの生涯と体育思想』五ページ

(114) 同書五ページ
(115) Tauber, *op.cit.*, pp.182, 211.
(116) *Ibid.*, pp.225-258.
(117) *Ibid.*, pp.277-318.
(118) *Ibid.*, pp.185-210, 254.
(119) *Ibid.*, pp.328-338.
(120) 「独逸陸軍と体育」、偕行社編纂部編「偕行社記事」第六百七十一号、偕行社編纂部、一九三〇年八月
(121) 前掲「列強軍隊体育の趨勢」
(122) Michael B. Barrett, "Soldiers, Sportsmen, and Politicians: Military Sport in Germany, 1924-1935," *dissertation*, University of Massachusetts, 1977.
(123) Krüger, *op.cit.*
(124) Tauber, *op.cit.*, pp.414-415.
(125) *Ibid.*, p.365.
(126) ディームは体操界からの批判に対して、ドイツのスポーツはドイツ的精神を体現し、ドイツ的だと反論した(Tauber, *op.cit.*, p.146.)。
(127) *Ibid.*, p.429.
(128) この問題に関する日本人の関心は高い。なかでも「チンタオ・ドイツ兵俘虜研究会」のウェブサイトが有益な情報を数多く提供している(http://homepage3.nifty.com/akagaki/indexb.html)〔二〇一五年五月二十八日アクセス〕。
(129) 前掲『俘虜生活とスポーツ』第四・五章、『ディ・バラッケ——板東俘虜収容所新聞』第二巻、鳴門市ドイツ館史料研究会訳、鳴門市、二〇〇一年、一〇七、一一二ページ、『松山俘虜収容所業務報告書』(前掲「JACAR」C10073196900〔三十五画像目〕)
(130) 前掲『俘虜生活とスポーツ』第一・二章、前掲『ディ・バラッケ』第二巻、一七一ページ。山田は地元でのスポーツの普及・発達にも寄与したと考えられると結論づけるが、あくまで推測であり、証拠は示されていない。

(131) 前掲ウェブサイト「チンタオ・ドイツ兵俘虜研究会」参照
(132) 林田一郎「俘虜ヨリ得タル教育資料」、前掲「偕行社記事」第五百二号付録
(133) 瀬戸武彦『青島から来た兵士たち――第一次大戦とドイツ兵俘虜の実像』同学社、二〇〇六年、岸本肇「名古屋俘虜収容所ドイツ兵捕虜のスポーツ活動とその特徴」「スポーツ史研究」第二十二号、スポーツ史学会、二〇〇九年
(134) 『名古屋俘虜収容所業務報告書』(名古屋市政資料館蔵)六七ページ
(135) 「東京朝日新聞」一九一五年九月七、十一日付、「東京日日新聞」一九一五年九月十一日付、一九一七年八月十二日付、九月十日付房総版。「東京日日新聞」房総版は(http://koki.o.oo7.jp/tokyo_nichnichi.htm)[二〇一五年五月二十八日アクセス]を参照。
(136) 前掲『雍仁親王実紀』二〇九ページ
(137) 前掲『新体育家の思潮』八九―九〇ページ。浅草のドイツ人捕虜を見た麻布連隊司令官和田亀治も、その堂々たる体格を羨み、国民の体育が肝要であると論じている(「名士と体育(二)」「野球界」第五巻第九号、野球界社、一九一五年九月)。
(138) 西義章「青年将校ノ体力及気力ノ増進案」、偕行社編纂部編「偕行社記事」第五百七十四号、偕行社編纂部、一九二二年六月
(139) たとえば、名古屋収容所では一九一九年に六百二十五人の軍人が見学に訪れている(前掲『名古屋俘虜収容所業務報告書』四六―四七ページ)。
(140) 前掲『俘虜生活とスポーツ』第三章、久留米市教育委員会教育文化部文化財保護課編『ドイツ兵捕虜とスポーツ』(『久留米市文化財調査報告書』第二百十三集、「久留米俘虜収容所三」)、久留米市教育委員会、二〇〇五年、前掲「JACAR」B07090910400(二十画像目)
(141) 「東京朝日新聞」一九七五年六月二十五日付
(142) 前掲『青島から来た兵士たち』一〇八ページ、前掲『広島スポーツ史』三〇六―三〇七ページ
(143) 岸本肇「青野原俘虜収容所捕虜兵のスポーツ活動」「体育学研究」第五十巻第三号、日本体育学会、二〇〇五年五月、岸本肇「在日ドイツ兵捕虜のサッカー交流とその教育遺産」「東京未来大学研究紀要」第二号、東京未来大学、

二〇〇九年三月、大津留厚『青野原俘虜収容所の世界——第一次世界大戦とオーストリア捕虜兵』（「ヒストリア」第二十七巻）、山川出版社、二〇〇七年、八六ページ

第2部

戦時下の軍隊とスポーツ

第5章　海軍とスポーツ

1　国内

海軍兵学校・海軍機関学校

一九三〇年代以降も海軍ではスポーツが盛んだった。戦局の悪化によって民間スポーツ界との交流こそ減少したものの、冒頭に挙げた海軍経理学校に見られるように、スポーツは戦争の最末期まで続けられた。

一九三二年から三五年まで英語教官をつとめたセシル・ブロックは、著書のなかで、海軍兵学校の体育についてとくに一章を割いて説明している[1]。海軍兵学校で最も重視されているのは剣道と柔道、そして漕艇と水泳である。スポーツは、ラグビー、サッカー、バスケットボール、野球、テニスなどが二年生以上の生徒によっておこなわれる[2]。ただ生徒は課業に忙しく、スポーツを楽しめるのは春秋の約一カ月程度に限られる。彼らの流儀は、技術的な面にこだわらず、自由にゲームを楽しむことで、敢闘精神にあふれている。海軍兵学校の体育は世界一猛烈であり、「全身を極度に鍛錬し、団体精神、勇気、忍耐力を養成することを目的とするのである。つまり、弱者を除外し、最も強く、最も優れた肉体を備へた若者を養成するのが、その目的であ[3]」った。

ちょうどこのころ皇族の朝香宮正彦王（海兵第六十二期）が海軍兵学校に在籍していた。同期の野村盛弘は、

「殿下は、日本の皇族として最初に講道館初段の免状をもらわれた人で、運動神経はよく発達しておられ、特に野球、ラグビーはお好きでもあり、またお上手でもあった。野球では名遊撃手として我々クラスの中心的存在で、折角の日曜日などでも真っ先にグラウンドに出て、教官チームや他学年との試合を計画、挑戦されたものである」[4]と、皇族が率先してスポーツを実践していた様子を書き残している。

サッカーについては、東京府立第五中学校ＯＢの伊藤敦夫（海兵第六十三期）の証言を引いておこう。

図70　卓球をする海軍兵学校の生徒。卓球の写真は珍しい
（出典：海軍兵学校編『昭和15年海軍兵学校卒業記念写真帖』海軍兵学校、1940年）

> 兵学校の蹴球は十一月から四月までがシーズンでその間は二週間に三回位の割合で体技（蹴球・籠球・ラグビー・排球）の訓練があります。靴もユニホームもあり、姿だけは立派なものですが、私なんかが単身ドリブル五十米許りシュートして一点取るなんてことが時々ある位だと言つたら何れ位の蹴球だか想像がつくでせう。でもシーズンの終りには試合が行はれます。分隊から一チームを出して試合するのですから内容は充実したものでドリブルとキックの競争の様なものですが、それでも仲々熱烈いや猛烈な肉弾戦を展開します。それは猛烈なもので五中の人が之位猛烈にやつたらと時々思ひます。私が一学年の時に八中と広島附中の選手だつた人と三人で九点入れて勝ったのが兵学校に於ける記録ださうです。[5]

一九三五年にはアメリカンフットボールもしていた。コーチは数学教官の北林琢男（戦後、広島大学教授）であった。[6] 四〇年の卒業写真帖には、サッカー、ラグビー、バスケットボール、野球、バレーボール、卓球の写真が収められている。[7]

最末期の状況については、一九四五年三月に開校した針尾分校を紹介しておきたい。服部洋（海兵第七十八期）は、母校熱田中学で四三年以降球技ができなくなったのに、海軍兵学校では「野球・バレーボール・テニスの用具が豊富に揃えられており、積極的に活用するよう奨励された」ことに驚いた。もっとも、バレーボールのボールやテニスのラケットは佐賀県の女学校を回って、野球の用具もまた校外からやっとのことでかき集めたものだった。針尾分校には武道館とともに、バレーボール、テニス、バスケットボールのコートが設置されていた。これらのコートは学生自身が整地してつくったものである。七月に同校は防府に移転するが、連日の空襲にもかかわらず、教官の指揮のもとコートづくりが進められた。同校の教官にはオリンピック水泳の金メダリスト鶴田義行と遊佐正憲がいた。また、海軍体操生みの親の一人で、落下傘部隊長としても名を馳せた堀内豊秋教官は、「ストレッチ　ユアアームズ　トゥ　ザ　サイド」という具合に、体操の号令をすべて英語でおこなっていた。学生たちは昼食が終わるやいなや、野球の用具を確保するために部屋を飛び出して練習に励んだ。野球、バレーボール、バスケットボールは分隊対抗で試合がおこなわれたが、バレーボールは「アタックなどもなしで、とに角相手へ返してさえやれば、いずれ相手がミスをして当方に点が入る」というレベルだった。八月に入ると赤痢が広がったが、それでも同月七日には野球の試合がおこなわれている。八分隊は三分隊と対戦し十五対十一で辛勝した。このとき海軍兵学校では下痢患者が続出しており、八分隊では戦後に中国文学者となる一海知義ら四人がベッドに伏せっていた。翌八日にはB24の爆撃で生徒館が燃え、そしてそのまま終戦を迎えた。[8]

海軍機関学校では、依然ラグビーが重視されていた。一九三九年の「訓育実施標準」によれば、ラグビーは一年で十二回、二年から四年で各二十五回実施されることになっていた。これは二年から四年の場合、ほぼ毎日おこなわれる体操や剣道（年五十回）には及ばないものの、遊泳術（年三十回）に次いで、海軍が熱心だった相撲（年二十回）、そして銃剣術（年十五回）よりも多い数字である。[9]

民間チームとの対戦は一九三〇年代を通じて続けられた。満洲事変前後の第四十三期（一九三四年卒）の生徒は、相手は三高だけだったと証言するが、第四十四期の生徒は、三高と神戸高商とは定期戦があり、京都帝大で冬合宿をした際には、京都帝大や立命館大と練習試合をしたと記している。第四十七期（一九三八年九月卒）の生徒は、三高、京都帝大ＯＢの神稜クラブと定期戦をおこない、同志社大、神戸高商、三重高農、明大と試合をしたとする。海軍機関学校が苦戦を強いられた相手は、京都帝大と同志社大で、明大には〇対七十六と大敗した。しかし、それ以外の学校にはたいてい勝利した。民間チームとの最後の対戦は、四一年五月十八日の対三高戦で、十八対十二で海軍機関学校が勝利している[10]。この試合を見学した海軍機関学校の生徒は「本日の見学中、感じたる事は流石に三高、彼等の三高魂あるを認めたり、「セイビング」「タックル」は実に猛烈なり」と相手の攻撃精神を率直に認めた。三高、京都帝大とのつながりはラグビーの試合だけではなかった。三高魂を認めたこの生徒は、三高チームに中学時代の友人を見つけている。四四年に心理学担当武官として着任した苧阪良二によれば、「本館二階の第二文官室は京大の哲学、史学、文学各科卒業の新鋭の文官教官ばかりで占められていた」という。苧阪は戦後、京大の教授となるが、海軍機関学校時代はバレーボールばかりしていたと回想している[11]。

図71　バスケットボールを楽しむ海軍兵学校針尾分校の生徒たち
（出典：水交会編『海軍兵学校・海軍機関学校・海軍経理学校』秋元書房、1984年、81ページ）

海軍機関学校の強さは、第一に体力だったが、技術の向上にも熱心に取り組んだ。関東大震災までは慶大にコーチを依頼していたが、舞鶴に移ってからは京都帝大からコーチを受けた。

図72　海軍機関学校でラグビーを指導する北島監督（右端）。明大の選手は紫と白の縞模様のユニフォームを着ている
（出典：「五十六期々会々報」第44号、熊本水頼、2000年12月10日）

それでもなお一九三〇年代の前半までは河口湖にあった慶大の合宿所で合宿をしたり、慶大から選手を招いたりして、慶大との関係が続いていたが、三六年四月に明大の北島忠治監督にコーチを受けてからは、明大との関係が深まった。明大の北島監督は四二年五月まで毎年選手を連れて指導に訪れた[12]。第五十二期の阿部秀夫は北島の指導について次のように語っている。

　北島流のランニングパスが一番苦しかった。バックラインを組んで一〇〇ヤードのランニングパスを全力疾走でやるわけだが少しでもミスすれば「ハイもう一回」とニコヤカにやり直しさせる。完全にパスが通るまで何度でも平気でやらせる。又帯同して来たバックローの現役選手はと見れば柔剣道合はせて十段を越えるような我々の猛者達を三人ぐらい腰の廻りにブラ下げて平気で全力疾走している。之だからタックルは膝から下にしなければダメなのですとニコヤカに云う北島監督の言葉には説得力が伴う。我々の訓練は総合的に物凄いものだと云う自負が明治大学のラグビーを見たらテンデ問題にならない程甘いものだと云う事がよくわかった[13]。

それほど北島の指導は厳しかった。北島自身は、海軍機関学校のラグビーについて、技術的にはうまくはないが、精神については大いに範とするに足ると称賛している。

平素、わが明大ティームが云々するラグビー精神即ち倒れてもなお止まざるの気魄を、機関学校のラガーに見せて貰ったような気がする。プレーに対する研究心の強いこと、自分のわからないことは率直に質問する、練習に出る際の支度の早いことは実に感心させられた。かかる点等は、大学選手の学ばなければならないことであろう。ラグビー技術に於ては、未だしと思う点が多々あるが、これは学校の性質上、時間的に余裕のないことであるから致し方ないと思うが、一年に三〇時間で四年間のプレーヤーとしては上手過ぎる位である。（略）機関学校のラグビーの行くべき道について、私の希望は現に機関学校に於て指導されているとおり、単に「上手な鮮かなプレーを行なわんとしてはいけない。飽くまでも頑強な、力強い、元気なプレーヤーを心懸けること」だ。そして、その間に体得した精神によって帝国海軍の向上に資せられんことを、国民の一人として希望する。[14]

北島はラグビーを通して帝国海軍の軍人らしさを感じ取り、ラグビーがさらに帝国海軍の資質を向上させると信じていた。もちろん、大学のラグビー選手に求められる資質と、海軍機関学校の生徒に求められる資質には違いがあったが、海軍とラグビーの男らしさは決して矛盾するものではなかったのだ。

一九四一年五月を最後に民間チームとの対戦はなくなったが、春秋二季のラグビーは続けられた。この時期、海軍機関学校の教頭は、山中朋二郎（海機第二十一期、一九三七年十二月—三九年十一月、四一年十月—四二年十月在任）や沢達（海機第二十二期、一九三九年十一月—四一年十月在任）らラグビーにゆかりの深い人物が続いた。そして四三年十月にはスポーツに熱心だった柳原博光中将が校長に就任した。

一九四五年四月に入学した野木茂（海機第五十八期）は、北野中学時代にラグビーの選手だった。中学では動員や空襲でラグビーどころではなかったのに、舞鶴ではラグビーが堂々とおこなわれていることにまず驚き、四三年に改正された新ルールが適用されていることにさらに驚いた。[15]最後のラグビー試合は、四五年五月二十七日

図73　1944年10月30日の行幸記念日におこなわれた斗球競技
（出典：西島安則編『56期』西島安則、1975年、134ページ）

の海軍記念日におこなわれた部対抗闘球競技だった。[16]

海軍航空隊

海軍最初の航空隊は、一九一六年に設置された横須賀海軍航空隊である。横須賀という土地柄、スポーツも盛んだったと思われるが、初期の状況は詳らかではない。一九二五年度体育計画は全隊員を銃剣術、剣道、柔道、相撲、野球、庭球、籠球・排球、「トラックフイルド」、弓術のいずれかに振り分け、さらに体操、遊泳、駆歩、行軍、登山、綱引き、蹴球については全員に課すと定めている。[17]

飛行機の操作にスポーツの経験が役立つことは早くから認識されていた。

> 雪靴隊、自転車隊、或は飛行機隊等の如くスポートを行ふ事と相関連して居る軍隊、即ち其の職務は特別な機械を用ふる事に存する特別隊に取つては彼等が個々の任務に就かしめられる程度に於て将校と雖も又兵卒と雖も一般にスポート的な練習を必要とするものであつて、前に述べたやうな規律的訓練に依る養成は必要な場合に応じてのみ目的に叶つて居るのである。[18]

この文章の著者、出口林次郎（明大競走部出身）は民間スポーツ人としての立場から、飛行機、自転車、スキーにはスポーツが有効であると認識していた。ただし、彼は軍隊一般には個人主義的なスポーツは向かないと考えていた。

横須賀航空隊は一九三〇年から予科練教育を開始した。予科練第二期生のアルバムには、

海上生活者が野球をやる？不思議に思ふ人もあらうが何うしてなか〳〵水兵さんの野球は上手なものだ。面《(ママ)》も其獰猛な打撃振りは素晴らしい。遠洋航海の時外国の港に入港し能く其の町の強チームと試合することもある。其の他籠球、テニス、蹴球何んでも御座レで、軍艦の乗組員も、陸上部隊の海の子も、其れ〳〵球技は大いに奨励されるのである。(19)

との文句があり、野球、ラグビー、バスケットボール、テニスなどがおこなわれていたことがわかる。とくにラグビーは「東京朝日新聞」でも写真付きで取り上げられた。

元気一ぱい今にもはち切れさうな体を潮風にさらし、打ち合ふ壮烈なラグビー、揃ひのユニホームは汗と泥で真黒だ。ポンと蹴上げたボールが海に飛び込むことなど平気なのも道理、お手のもののボートがちやんと用意してある。そして子供の遊びでも無心に見てゐるかの如く、航空母艦が近くに浮いてゐる。(20)

子どもの遊びといってあなどってはならない。一九三三年度についていうと、横浜OB倶楽部、横浜高等工業学校、横浜商業専門学校、海軍砲術学校商船予備生徒を相手に七戦七勝の成績を収めているのだ。

一九三八年に海軍機関学校を卒業し、翌年十一月に横須賀航空隊整備練習部に第二十七期整備学生として入校した十河義郎は、入校翌日の身体検査後におこなわれた野球の様子を書き残している。

六日に入校して七日午後身体検査、そのあと教官と野球の試合をしている。よき時代であった。その頃はま

図74　横須賀海軍航空隊の分隊対野球抗試合で優勝した9分隊の選手
（出典：『顧る三星霜　第2期予科練習生』横須賀海軍航空隊、1934年）

だ横空の整備練習部といった時代で、われわれの学生隊舎も横空寄りのオンボロ施設であった。その前のグラウンドで冗談を交しながらの教官との試合であった。結果は記憶にないが、盗塁したり落球したりした誰彼の姿が、遠い花弁のようにちらちら脳裏に躍る。[21]

日中戦争のさなかにもかかわらず、横須賀ではのどかな風景が広がっていた。

一九二二年、海軍三番目の航空隊が霞ヶ浦に置かれ、イギリスから来日したセンピル教育団によって最新の航空教育が実施された。この航空隊のイギリス人教官に目をつけたのが水戸高校庭球部である。同校は二一年四月から硬式を採用した。高校テニス界が硬式に転じるのは、三高が二二年、一高が二三年、二高、浦和高校、静岡高校が二四年であった。そのため、水戸高校は硬式に転向後、対戦相手が見つからない状態が続いていた。イギリス人教官がテニスをしていることを知った水戸高校庭球部の生徒は対戦を申し込み、二二年十一月二十三日に霞ヶ浦へ遠征、四対一で勝利を収めた[22]。ウィリアム・フォーブズ・センピル大佐は一年間日本に滞在し、帰国後も日本との交流に尽力し、東京オリンピック開催が決まったときには、ヨーロッパで宣伝役をつとめたいと申し出ている[23]。

一九三九年三月、横須賀航空隊から霞ヶ浦航空隊に予科練が移転してきた。水戸高校ラグビー部はさっそく予科練に勝負を挑んだものの、三九年五月十四日の試合では「少年ラガー」を相手に〇対二十四で完敗、翌年は六対四十七で大敗し、年下相手に苦杯をなめさせられた[24]。

図75　1942年発行の絵葉書から。ラグビーの名称は「ラ式蹴球」のままである　絵葉書（著者蔵）

霞ヶ浦の予科練が土浦に移転したのは一九四〇年十一月のことである。最高学年であった第十期乙種飛行予科練習生（一九三八年十一月入隊）は強者ぞろいで、サッカーは「付近の旧制高等学校チームを軽く一蹴」した。ラグビーは強豪として知られる成蹊高校を撃破、立大にも善戦した。立大とは技倆と体軀の面で大きな格差があったが、気魄では決して負けず、立大の監督をして「このチームを三年借してもらつたら必ずや世界無敵のラグビー選手に仕上げてみせる[25]」と感嘆させたほどだった。

一九四一年に教官として土浦海軍航空隊に赴任した片岡正一（海機第四十二期）は、「機校出身であるということでラグビーの指導官を命ぜられた。予科練養成員数の急増加で甲種八百名、乙種千六百名が入校、級の重なりがあり六面のラグビー場を作り、講義も一週間四十時間、午後三時からの体育時間は雨が降らないかぎりグラウンドに立ち走り回った[26]」と往事を回顧している。片岡は四二年七月に土浦を離れるが、ちょうどこのころ教官の堺和助が中心となって「闘球」が考案された。すでにラグビーは土浦航空隊の象徴になっていたが、修業年限の短縮や入隊者の急増で指導が行き届かず、ラグビーで訓練効果をあげるのが難しくなっていた。そこでルールを簡素化し、「ラグビー、送球、蹴球、籠球など渡来競技のもつ各特異性を巧に取り入れ、かつ競技場を接敵地帯、突撃地帯、陣翼、本陣に区分するなど実戦場を彷彿せしめ、殊に敵本陣突入を敵航空母艦の撃沈に比して弥が上にも敢闘精神を発揮せしむる如く仕組[27]」んだ。闘球は、ラグビーに代わって土浦航空隊を象徴する存在になる。

闘球は海軍兵学校など海軍部内だけでなく、学校や企業の健民修練の実施課目として民間にも広まった。一九四三年三月末の戦時下学徒体育訓練実施要綱によって学校スポーツが大幅に制限されると、アメリカンフットボールの地方組織、関西鎧球連盟は四月十六日に主将会議を開いて、アメリカンフットボールから海軍闘球に切り換えることを決定した。さらに五月二十三日の関東と関西合同の協議で、現役学生により海軍闘球連盟を設立すること、海軍航空隊の佐官級将校を顧問・幹部に迎えて海軍闘球研究会を設立すること、海軍闘球を中学校や実業団に普及させること、試合は軍隊式におこなうことなどを決定した。六月二十日には関学、関大、同志社大の連合チームが三重海軍航空隊に赴き、鎧球の模範試合と、同航空隊との闘球試合を実施した。服部慎吾によれば、鎧球連盟が海軍の闘球を採用したのはカモフラージュであり、外部の圧力や物資不足のなかやむをえず闘球によって心の憂さを晴らしたのだ。また、表向きは闘球と称しながら、実際にはアメリカンフットボールをする場合もあった。この時期に海軍の基地に遠征することは、「充分の食料にありつける」というメリットもあった[28]。しかし、こうした交流も長くは続かなかったようだ。

一九四二年から激増した予科練習生に対応するため、同年八月に三重海軍航空隊が開隊したのを皮切りに、鹿児島、松山など計十八カ所に海軍航空隊が設置された。三重航空隊では闘球が正課に採用され、先述のように大学生との試合もおこなわれた。また籠球や排球も「クラブ活動的によく行われ」ていた[29]。同校で教官をつとめた泉川清によると、授業終了後夕食までの一時間は「別科時間」で、好きな運動をすることが許されていて、柔道、剣道、野球、バレーボールなどがおこなわれていたが、「道場で裸になって、投げられたり、叩かれたりの武道は敬遠され、野球は一八人と人数が決まった上に走る事が多くて人気は無く、誰でも気軽で人数も多少の増減が出来るバレーボールが一番人気が有って、殆どの者が之に集まっていた[30]」。

同校が編纂した『体育指導参考書』は、球技について以下のように述べている。

> 球技ハ航空戦ニ近似セル性格ヲ備ヘ比較的広城《ママ》ニ於テ行フ闘球ト狭城《ママ》ニ於テ行フ籠球トヲ採上ゲ、其ノ複雑化セル規則ヲ改正シ、正々堂々敢闘ノ精神ヲ強調スルト共ニ、要具、施設及指導ノ簡単化ヲ計リ、速ナル実効ヲ期スル如クス。[31]

海軍のほかの部署とは違い、航空隊にとってスポーツは敢闘精神を養うだけでなく、実戦そのものを疑似体験するのにも役立った。「天翔る撃滅の闘魂座談会」で朝日新聞社の天藤明は海軍の清水中尉の次のような言葉を紹介している。

> これからの戦闘は単機づつの戦闘ぢやない。三機とか五機とか、チーム・ワークの戦闘になる。さうすると、全部の態勢がわかつてゐなければならない。その場合にラグビーとか、サツカーとか、ああいふ球技をやつてる連中は、敵の態勢と味方の態勢がよくわかつてゐて、ここでパスしなければならないといふやうな判断が出来る。それで戦闘にも非常に都合がいい[32]（略）。

飛行機を操縦し、隊を組んで戦うにあたって、運動神経やチームワークは非常に重要だった。一般に、運動神経は軍人としての資質に挙げられることはないが、飛行機では別だった。そのため、スポーツに消極的だった陸軍でも、陸軍航空隊だけはスポーツに積極的価値を見いだしていた（本書三〇四―三〇八ページ）。

一九四四年九月、四万人を超える第十四期海軍甲種飛行予科練習生の一部が三沢海軍航空隊に移った。そこには学徒出陣組の姿も数多く見られた。

> 昭和十九年の秋、戦闘機訓練のため青森県の三沢航空隊に移動して間もないときのことだった。時間があい

て、野球をやろうということになった。「希望者を募ると多すぎるんで、教官が、選手だったものに限るっていうんだ。僕は手をあげました。いえ、徳島の田舎の小学校で、セカンドをやってて、対抗試合にも出たことがあるもんでね」(33)。

相手ピッチャーはプロ野球名古屋軍の投手石丸進一だった。石丸は日本大学の夜間部に籍を置いていたことから、学徒出陣で召集されていた。石丸は佐世保第二海兵団、土浦航空隊、出水航空隊を経て三沢にやってきた。土浦でも出水でも、石丸はボールを投げた。出水で石丸のボールを受けたのは早大野球部出身の近藤清だった。出水には台北帝大から学徒出陣した岡部平一（岡部平太の息子）もいた。岡部は七月九日の日記に「スポーツがやりたい」と記していたが、九月九日の条には「一昨日久しぶりに野球をやったので、体の節々が痛い」と記している(34)。このときも投手は石丸だったにちがいない。『英霊たちの応援歌』は三沢の様子を次のように描く。

本格的な実戦機による訓練が始まるまで、三沢では野外スポーツとして野球がおこなわれた。ほかにバレーボールやバスケットボールのチームが編成されたが、野球を希望する者が多かった。ふしぎに海軍航空隊は、どこでも球、グローブ、バットといった野球道具をまがりなりに備えているらしい(35)。

確かに海軍航空隊はどこでもスポーツ用具を備えていたようである(36)。

石丸らより半年遅れで土浦航空隊に入隊した氏家昇が三沢航空隊に来たときには、もはや教育をおこなえる状況ではなく、「われわれには特別の命令はなかった。隊外の原野で兎狩りをやったり、模型飛行機づくりや、野球、果てはバレーボール、分隊対抗の綱引き大会などに興じて(37)」いた。このおよそ一カ月後には予科練教育が凍結された。

石丸と本田耕一は一九四四年十一月に霞ヶ浦航空隊に移った。翌四五年五月十日、二人は鹿屋の野里国民学校にいた。翌日の出撃を控え、石丸は本田にキャッチボールをしようと呼びかけた。

「――さ、名残りに一丁、元気でいこうぜ」ミットを構えた本田少尉に声をかけて、投球をはじめた。そして彼が一球投ずる毎に本田少尉の、「ストライク！」という声が青空を突きぬけるようにあたりにひびく。私はわれを忘れて球審の位置に立ってみたが、これほど野球が好きだったのかと思うと、残念ながら、眼がかすんで球はまるで見えなかった。たしか十本通して、ボールという声は一度も本田少尉の口から洩れず、「――ようし、これで思い残すことはない」躍りあがるように、ミットとグローブを校舎の中に投込んで、私に笑顔を向け、手を振りながら、飛行場へ馳け去った。むろん私もその後を追ってゆき、彼等の飛行機が蒼穹に吸い込まれてゆくまで帽子を振って立尽していたのだが、おそらく強制されて、やむなく特攻隊に加わったなどという陰はみじんもなかった。[38]

図76　最後のキャッチボールを主題にした映画『人間の翼』のパンフレット（著者蔵）

このエピソードは、当時海軍報道班員として鹿屋基地で取材していた山岡荘八の手によって伝えられ、広く知られるようになった。本田は法大野球部出身で、このキャッチボールの四日後に、特攻に参加し戦死した。特攻を前に最後のキャッチボールを楽しんだのは、石丸や本田だけではなかった。

【某基地にて松田報道班員十七日発】（略）敵の沖縄作戦は今や悲劇に終らんとしてゐる。この機を逸せずわが零戦隊は全力を挙げて機敵を撃滅せよ。○○司令長官からの指令がぐつと胸に迫る。神機今ぞ来つた。だが神鷲の日課には何の変哲もない総攻撃発進寸前といふに今日も無邪気に野球に興じてゐるのだつた。私はそこに絶対の勝利を信ずるもののみが知る神の真の姿を見た。（略）〔飛行長S少佐〕よく見て欲しいこの壮途を、何気ないこの搭乗員たちを。勇しくも悲壮な征途ではないか。全機還らざる翼なのだ。沖縄の敵機動部隊に全機命中するのだ。いま無邪気に遊んではゐるが、あの搭乗者達は戦闘機の特攻隊たるの幸福を身にしみて有難く感じてゐるのだ。(39)

報道班員の筆で美化された特攻隊員の姿。彼らが本当に「幸福」を感じていたかどうかは、まさに神のみぞ知る、である。

諸団隊・工廠

新兵教育機関である海兵団は一九三〇年代を通じて、組織的にスポーツを実施していた。四等水兵が修業記念に作成したアルバムを見ると、三〇年代のものにはたいていバレーボールやバスケットボールの写真が収められている。たとえば、三七年一月に呉海兵団第十八分隊に入団した水兵の修業記念アルバムにはバレーボールの写真が掲載され、「面白く愉快に知らずくに熱中するのは籠排球である　守れ後衛打込め前衛　敵に渡すな投げ込め「ボール」此処を先途と奮闘す　かくして協同一致の精神と敏捷性が養はれるのだ(40)」というキャプションが付けられている。

一九四一年十一月、新兵の急増に対処すべく、横須賀、呉、佐世保に第二海兵団が設置された（一九四四年一月にそれぞれ武山、大竹、相浦海兵団と改称）。四三年十月の最後の早慶戦に出場した早大の笠原和夫、同マネージャーの相田暢一が十二月十日に入ったのは、横須賀第二海兵団であった。笠原によれば、

海兵団の生活はそれほど厳しいものではなかった。いうなれば海兵団の生活は、学生生活の延長の感じもあ

った。われわれの分隊は早稲田と立教の合同組になっていた。下の分隊は全員早稲田だ。横を向いても下を向いても知っている顔が実に多い。またこの二カ月は軍事訓練主体だが、野球、相撲など、対抗戦が数多く組まれていた。(41)

図77　大竹海兵団でのバレーボール
（出典：大竹海兵団編『昭和18年　修業記念帖』大竹海兵団、1943年）

笠原が「学生気分」をくつがえされたのは、翌年二月に土浦航空隊に移ってからだった。笠原と入れ替わりに横須賀第二海兵団に配属された学習院大学野球部の児玉大造も、分隊の対抗戦があったことを記録に残している。(42) 児玉と同じ時期に同海兵団に入隊した京都帝大の藤森耕介は七月に海軍砲術学校へ移るまでのあいだ、さまざまなスポーツを楽しんだことを日記に記している。以下に抄録しておこう（相撲、武装駆足などは除く）。

三月一三日　第一限練兵場で体操の後球技。蹴球と排球に分かれてのびのび楽しむ。隔離以来意気消沈し運動不足に悩んできた我々にとり、生き返ったような二時間だった。
四月二五日　午後ラグビー。
七月二日　午前体育は十二分隊対抗野球籠球試合。学校時代の選手もいて見ごたえがあった。
一〇月二六日　一五〇〇課業終了、学生舎に戻り大掃除の日課だが、我が区隊は運動場でドッジボールの球技となり、久し振りの体育に喜々として興ずる。

一一月二三日　一四三〇　小運動場で球技（排球[43]）。

回数は決して多くないが、野球だけでなく、蹴球、排球、籠球、ドッジボールなど、実にさまざまな球技がおこなわれていたことがわかるだろう。

戦前最後の夏の甲子園を二連覇した海草中学の選手たち——嶋清一、真田重蔵、古角俊郎らは呉第二海兵団に入った。母校海草中学の野球部はすでに一九四三年夏に解散していたが、呉第二海兵団ではなお野球を楽しむことができた。真田は航空隊を志願したが、目が悪かったために失格し、横須賀の海軍通信学校に配属となった。同校には嶋がいて、その後二人はそろって紀伊防備隊に配属された。真田は「防備隊では、レーダー監視でしたから勤務は厳しくありませんでした。休憩時間になると、道ばたで昼寝したり野球もやりました。嶋さんが投げると全然打てなくてね、楽しかったです[44]」と往事を振り返る。

最後の早慶戦に出場した慶大の選手十一人のうち、阪井盛一主将ら六人が陸軍、大島信雄投手、別当薫外野手ら四人が海軍に入った（高松利夫は不明）。海軍の全員と陸軍に入った山県将泰は航空の道に進んだ。学徒出陣組全体の陸軍と海軍の比率は不明だが、蜷川壽惠の推計では大学で二対一、高専で三対一とするから、慶大野球部の海軍比率はかなり高い[45]。

『英雄たちの応援歌』で著者の神山は、相田マネージャーに「あいつ、あのときは岐阜商から明治にいった加藤三郎が、仮卒業で、十三期の飛行予備学生に志願すると云うのを聞いて、のぼせてしまったんです。でも僕たちはみんな、先生の御令息もいらっしゃる海軍の飛行予備学生になって、航空隊で野球をやろうって話し合っています。海軍は陸軍とちがって、野球に対する考え方も寛容だと聞きましたから[46]」と語らせている。「あいつ」とは近藤清で、学徒出陣より早く海軍の飛行予備学生に志願しようとしたのを、「先生」、つまり早大野球部顧問の飛田穂洲に止められたことをめぐる会話である。飛田の息子忠英は東京帝大で野球をやっていたが、このときすでに海軍飛行予備学生になっていた（飛田忠英大尉はのちに大井航空隊で相田の分隊長となる）。また、加藤三郎は岐阜商業出身で、近藤清、大島信雄らとともに甲子園優勝を果たし、明大に進んでいた。加藤は一九四五年四月六日に特攻で戦死する（岡部平一も同日に特攻で戦死）。戦後、加藤の弟は、兄について「海軍に入ったのは、陸軍で一兵卒から苦労するより、試験に受かればいきなり予備士官という海軍の方がいいと考えたのだと思います（略）おしゃれでね。短剣を差してスマートな海軍の方がいいと考えたに違いありません」[47]と語っている。

海軍には「スマート」というイメージがあったし、陸軍よりも学生を優遇したのは確かである。先ほど触れた「天翔る撃滅の闘魂座談会」は、まさに海軍が大学、専門学校出身者、なかでも球技の経験者を操縦士として求めていることを紹介していた。福岡高校排球部員の「戦時下とはいえ、海軍は格納庫などで、ことあるごとに、バレーをやっているようでした。その様子がニュース映画にも出るのに、高等学校では廃止とは。しかし、昭和十八年は廃部後もときどきやりました」という証言からわかるように、海軍でスポーツができることはよく知られていた。[48]慶大ソッカー部の石川重義（一九四三年卒）は当時の心境について、「当時でも誰だって軍隊や戦争なんか行きたくはなかった。しかし何といっても純真な若者である。心の一方では銃をとって立たねばならないという気持であった。同じ戦うなら海軍でという考えは多かれ少なかれ皆にあったのではないか。ましてスポーツマンである。ソッカー部だけでなく、体育会の連中に海軍とくにその航空隊を志願した人たちが多かったのは当然である」と語る。しかし石川自身は迷ったあげくに志願せず、結果的に陸軍に応召した。[49]これらの事情を考えれば、相田のセリフは当時の学生、とくに野球部員の気持ちをよく代弁したものと考えていいだろう。

次に海軍工廠を見てみよう。広島二中、早大出身で大日本排球協会の前田豊（戦後に日本バレーボール協会副会長、国際バレーボール連盟副会長）が一九三九年十二月のある座談会で、「バレーボールを実業団で最も盛んにやつてゐるのは、呉の海軍工廠とかそれに次ぎまして佐世保の工廠、或は横須賀工廠といつた方面でありますので、さういつた海軍工廠とかその他海軍団体の人達と結んで、出来れば海軍全体、或は全日本の軍隊にも是非ともこのスポーツを奨励して見たいと思つてゐます。今でも大体、呉にあります軍港では、軍艦の水兵さん達が必ず一つの艦船にチームを一つづつ作つてゐる状態でありますので出来ればこの海軍の大会といつたやうなことをして見たらどうか[50]」と述べているように、海軍各工廠のスポーツ熱は民間でも広く知られていた。

一九四〇年十二月の調査によれば、呉海軍工廠では「工員のスポーツ奨励に力を注いで、排球、野球、卓球、庭球などが盛んである。最近、常設球場が使用不可能となり、附近の山に登ることも制限されてゐるので、小学校の相撲場を一般に開放してゐ[51]」た。登山の制限は戦艦大和建造に伴う措置だろう。多少の不便はあったが、当時としては恵まれた環境であったことは確かである。というのも、広島高校排球部が呉水雷チームと対戦したとき、「我々はまともな運動靴が無く、炎天下裸足の者が多く、足に水をかけて冷やしながら戦った。然るに水雷チームは軍需工場のチームだけに、皆立派な運動靴をはいていた[52]」からである。実力も一流であった。呉海軍工廠チームは四〇年の明治神宮大会で準優勝、四二年の明治神宮大会で通算三度目の優勝を飾っている。このほか豊川海軍工廠でもバレーボールがおこなわれていたことが確認できる[53]。

海軍工廠のスポーツ奨励が、軍縮に伴う職工の大量解雇によって悪化した労使関係を好転させるための思想善導の役割を持っていたことはすでに指摘した（本書五二―五三ページ）。さらにここでは、労働強化に伴う労働者の不満の増大を軽減する役割があった可能性を指摘しておきたい。一九二四年から二八年まで呉海軍工廠長をつとめた伍堂卓雄は、工廠に科学的管理法を持ち込み、能率増進を達成したことで知られる。裴富吉は、当時の科学的管理法推進者は一般に労務管理や労働問題に関心が薄く、伍堂も例外ではなかったが、労働者の目立った反対もなく科学的管理法が制度化されたと論じている[54]。その理由

図78　海軍呉工廠水雷部のバレーボールチーム（1942年）
（出典：前掲『創立80周年記念誌』26ページ）

のひとつとしてスポーツが挙げられるのではないか。実際、伍堂はスポーツの普及に熱心で、二九年に満鉄の理事となるや、工廠での経験を同社に移植し、全社員にバレーボールを奨励した。[55] さらに満鉄はバレーボールを簡略にした体育ボールという競技を編み出したが、海軍はこれが甲板上でおこなうのに適したゲームだとして採用普及を企てたという。[56] 伍堂は戦時中、商工大臣、日本能率協会会長、軍需省顧問として日本産業界の軍需工場化を推進し、戦争遂行を支えた。

最後に、実業団の大会、リーグ戦について見ておこう。海軍省水路局は一九三三年春の実業団籠球選手権大会に参加した。成績は芳しくなく、三六年春には二部でプレーしていることが確認される。[57] サッカーでは三六年のリーグ戦に海軍省技術本部が参加した。注目すべきことに、翌年三月に開催された実業団蹴球大会では陸軍技術研究所が参加し、一回戦で日本徴兵保険に二対四に敗れている。[58] 陸軍機関の参加はきわめて珍しい。卓球は三七年春に海軍省Bチームが四部に所属していたことがわかる。同チームはいったん五部に転落したが、三八年春に五部で優勝し、昇格を果たした。このほか海軍技術研究所もリーグ戦に参加している。海軍チームの参加は三九年まで確認できる。[59] バレーボールはなかなかの実力を備えていた。海軍省チームは三八年七月三日の第二回関東実業団排球選手権大会で準優勝している。同年十月に関東実業団排球連盟が結成されると、海軍省も加盟した。四一年八月末の第一回東京府実業団排球大会で海軍省は再び準優勝した。同大会には海軍水路部も参加し、二回戦まで進んだ。初日の一回戦はチームの勤務の都合で午後七時からおこなわれたが、バレーボールのナイターは初めての試みで、物珍しさもあって満員に近い盛況ぶりを示した。[60]

海軍がいかに広範にスポーツを実践していたかについては、戦後に作成された軍需品目録からもうかがうことができる。たとえば武山海兵

表6　武山海兵団所蔵のスポーツ用具

一塁用ミット	2
野球用マスク	2
プロテクータ	3
野球用ネット	3
ベース	8
庭球用ネット	4
ラケット	19
蹴球外袋	4
排球外袋	9
排球用ネット	21
籠球外袋	7
…	
柔道用具	500
剣道用具	250
水泳帽	23,500
銃剣術防具	7,000

（出典：JACAR: C08011046800〔1-4画像目〕をもとに作成）

団の砲術科倉庫には、表6のような道具が保管されていた。学徒出陣組がさまざまなスポーツを楽しむことができたのもうなずける。海軍経理学校でも、スキー用具が五十セット、野球用具が五十セット、テニス用具が百セット、フットボールが十個など数多くのスポーツ用品が残されていた。さらに地方の施設、たとえば焼山送信所、徳山警備隊などのほか、海外の諸施設、たとえば上海海軍特別陸戦隊、高雄警備府などにもさまざまなスポーツ用品が備えられていた。(61)

2 国外

日中戦争が始まり、海軍が中国や太平洋に展開するのに伴い、行く先々で海軍の軍人軍属たちがスポーツをする光景が見られるようになる。

一九三八年十月二十七日に武漢攻略に成功した日本軍は、十一月十一日に湖南省岳陽を占領した。戦闘が一段落を告げるなか、早くもスポーツの便りが届く。

皇軍が岳陽に入場したころ満々と水を湛へてゐた洞庭湖は次第に水涸れ、碧水三丈余の第一鉄橋下もこのごろは騎兵部隊の馬場になつて洞庭、赤砂、青草の三湖が完全に分離、露出したその湖岸には細い青草さへ見える。湘江の真ん中に碇泊してゐる海軍部隊○○乗組員たちはお手のもののランチを飛ばして、初冬の午後の太陽を浴び芝草の上にバレーに興じてゐた。溯江の小型船には〝日章旗〟がなびき大陸の奥地とは思へない。(62)

この年、慶大のテニス選手山岸二郎は夏のデビス杯で敢闘し、秋の全日本大会ではシングルスで四度目の優勝、ダブルスでも優勝を果たした。翌年もデビス杯での活躍が期待されていた山岸だが、五月に海軍経理学校入学が決まったことから、日本はデビス杯への参加そのものを断念することになった。山岸にとって海軍入りはテニスのトップ選手としての経歴の終わりを意味したが、テニスの終わりを意味したわけではなかった。一九四〇年十二月に山岸は武漢にいて、同地のテニス界で活躍する様子を、前田豊が伝えている(63)。このように現地の日本人スポーツ界のイベントに海軍軍人が参加する光景はしばしば見られた。たとえば三九年八月六日に上海で開かれた上海日本人水泳選手権大会には海軍陸戦隊が参加した。自由形二百メートルと四百メートルは早大出身でベルリン・オリンピック代表にも選ばれた永見達明と陸戦隊の夏目との一騎打ちとなった。夏目は僅差で敗れはしたものの、「軍人らしい戦闘意識と執拗なる頑張りによつて終始永見を脅かし(64)」た。上海の海軍は表忠塔外苑競技場の敷地を提供するなど、現地スポーツ界に協力的だった(65)。

一九四〇年秋の北部仏印進駐からしばらくして、同地でのバレーボールの様子が報道された。

一度舞ひ上れば百発百中、狙つたらあてずにはおかぬ爆撃の荒武者連も地上を跳ね廻るのは大分勝手が違ふらしい。しかし勝負は早い。まことに速戦即決振りである。〝二十二対十七ツ！！〟一段高い審判台に坐つた審判の声も号令さながらで、ゲームがすむとサイダーの賞品が出る。〝皆のめツ〟。審判員いとも儼然と宣うたまではよかつたが、〝まづ審判員に敬意を表してのませろツ(66)〟。

太平洋戦争が始まると、海軍スポーツはさらに広がっていった。ニューギニア西部ファクファクに駐屯した第二十五特別根拠地隊では、午後の自由時間に体力の維持と増強をはかるため、午後四時からの一時間、バレーボールとバスケットボールをすることになった。ボールはどこからかドッジボール用のボールが調達され、コートはオランダ副理事官らが使っていたらしいテニス用のコートを使用した。バレーボールのネットはテニス用のものので代用し、バスケットボールのゴールは大工や漁師出身の応召兵がこしらえた。ほどなくして、バスケットボ

図79　ラバウルの野球（1943年10月撮影）　写真提供：毎日フォトバンク

ールは熱帯での運動としては過激すぎるということで中止となった。応召兵のほとんどはバレーボールの経験がなく、横須賀防備隊時代にバレーボールを覚えた福室信四郎ら数人が指導にあたった。[67]

一九四三年はじめにマーシャル諸島のクェゼリン島に着任した高島清（東京帝大ラグビー部出身）によれば、当時は「まだ空襲もなく、何することもなく、毎日野球、テニスをやってい」た。石橋湛山の次男、石橋和彦海軍主計少尉もメンバーの一人だった。高島は同年末に離島するが、その後しばらくしてクェゼリン島はアメリカ軍の攻撃を受け、日本軍は全滅した。戦死者のなかには、石橋和彦のほか、海軍兵学校でスポーツに万能ぶりを発揮した音羽正彦（もと朝香宮正彦王）が含まれていた。[68]

ゴルフが趣味だった軍医の堀慶介は、ニューブリテン島に上陸すると、さっそくクラブを持って飛行場にゴルフの練習に出かけ、「久し振りにグリーンの上で力一杯クラブを振り心持ちよい汗を流して悦に入った」。一九四二年二月に訪れたラバウルの状況を堀は次のように記す。

市街地の庭と言う庭は白い花の花盛りだ。近よってよくよく見れば、ゴルフのボールだ。何れもダンロップとかスポルディングの超一流品で、それならクラブも残ってはいないかと捜して見たが全然見当らない。ボールがあってクラブが無いとは不思議に思って居たら、やっとその原因が分った。陸さんが自動車に将官、佐官、尉官を標示する為に使って居る。本当に奴等は野蛮人だ。しかもクラブのヘッドをブッタ切って、シャフトだけを使って居るのだからヤリキレない。[69]

陸軍と海軍のスポーツに対する態度を反映しているようで興味深い。アメリカ軍来攻前の南洋では、「故国の香りを満載した輸送船の入来、排球、相撲、水泳、野球、魚釣、映画、演芸会等々」が「将兵達の大きな慰安」となっていた。[70]

3　体育方針

一九四〇年の夏以降、スポーツの新体制が叫ばれ、外来スポーツに対する圧力が強まりつつあったなかで、海軍砲術学校体育科長の鬼束鉄夫中佐（海兵第四十七期）は、「武道を穿き違へて居ながら、一様に外来スポーツを排撃するは当らぬ（略）体育理念さへ明確となれば、外来スポーツであれ、国防スポーツであれ、棄捨する理由はない」とスポーツを擁護していた。[71]

図80　鬼束鉄夫
（出典：「野球界」第30巻第20号、野球界社、1940年10月、49ページ）

鬼束は堀内豊秋らとともに海軍にデンマーク体操を導入した功労者であり、一九三五年から二年間、神戸高商教授として、軍事学教練、技業の課目を担当した経験を持つ。四〇年二月の第十回明治神宮大会冬季大会にはスキー部の軍隊委員として参加し、同年夏の第十一回明治神宮大会夏季大会には海洋競技などの委員として参加、以後、四三年十一月の第十四回大会まで明治神宮大会に関わった。こうした民間

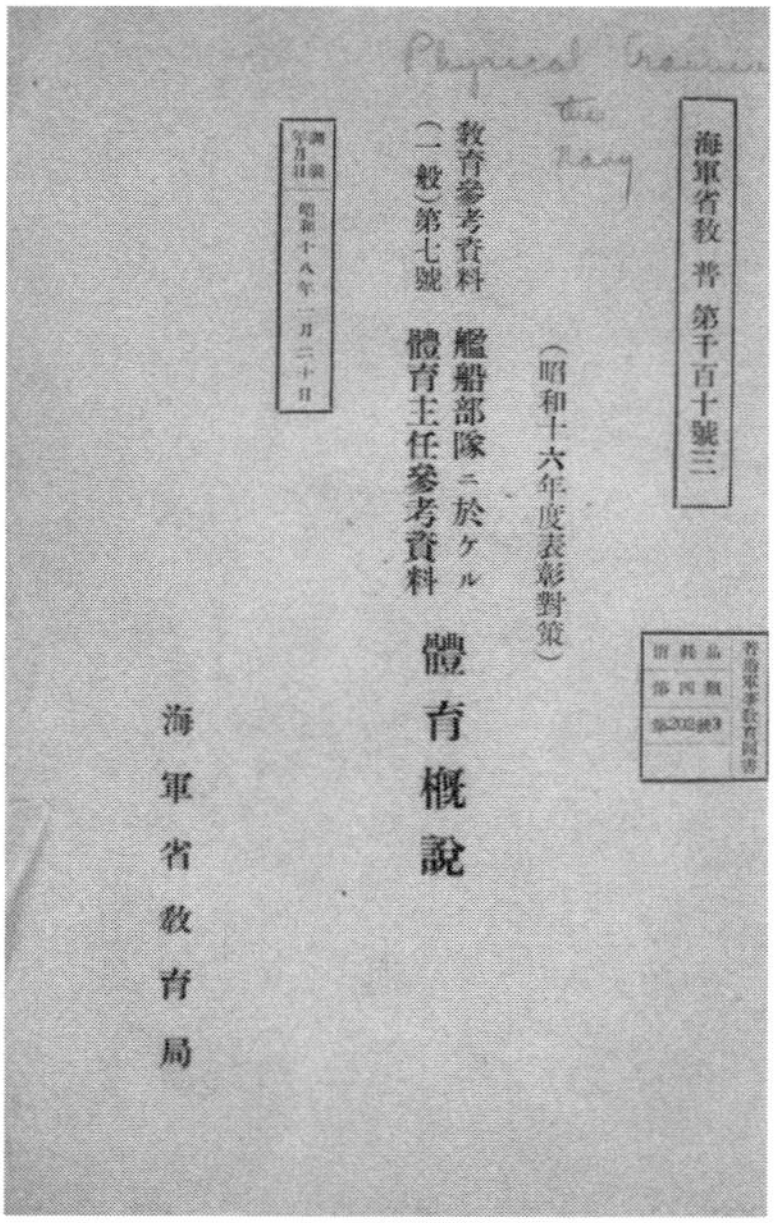

図81　海軍省教育局編『艦船部隊における体育主任参考資料　体育概説』（海軍省教育局、1943年）の書影

スポーツ界との交流の経験を踏まえて、鬼束は高度国防国家建設という時代の要請に即した体育論を構築していった。鬼束以前の海軍体育は、堀内が『海軍体操教範』について「陸軍体操教範ノ丸写シトモ称ス可ク、基本体操ハ瑞典体操ノ形骸ノミヲ採リ、全ク不自然ニシテ、如何ニモ形式的ニシテ、運動ハ無味乾燥ナリ」と酷評したように、陸軍に大きく依存していた。鬼束の登場によってはじめて海軍独自の体育が形成され、彼のもとで新しい『海軍体操教範』（一九四二年）が編纂されることになる。[72] 以下、鬼束の体育論を、彼の著作「錬成の真髄」、『体働教育に就いて』、海軍省教育局編『艦船部隊における体育主任参考資料　体育概説』（以下、『体育概説』）に基づいて紹介する。『体育概説』の編者は磐手砲術長の棚田次雄だが、その内容はおおむね鬼束に依拠していて、ここでは鬼束の体育論として扱う。

　鬼束にとって体育とは、身体の修錬であるだけでなく、精神の修錬でもあった。[73] 体育は、個人のためにするのではなく、民族国家のためにするものであり、それは国民の義務でもあった。身体と精神の修錬を究極にまで高めたのが武道である。武道とは要するに生きるか死ぬかであり、それを決めるのが「仕合」である。「仕合」こそ実技であり、戦争が必要とするものであって、人を殺さない「試合」は仮技であり、第二義的なものにすぎない。「戦闘、即ち最後の仕合の場、それは武技に相当する。この仕合の圏に於てこれに馴れるように、身体をつくつて行く」ことこそ体育の目的にほかならない。

　こうして武道は人の「体働」（身体のはたらき）の局限に位置づけられる。鬼束によれば、同心円状をなす「体働」の中心に生活体育圏があり、ついで体操体育圏、体技体育圏、武技体育圏と広がる。日常生活を通して形成された体働を体操体育圏へと押し広げる、鬼束の言葉でいえば「プーッと空気を膨らますもの」が体操である。体操は身体各部を均斉に発達させて身体の基本をつくる。こうして鍛えられた身体を基礎にして、体技や武技を実践することになる。体技や武技は身体・精神をさらに発達させるが、それには方向性があって、体操のように全面的ではない（図82のR_1、R_2。非戦時には武技（R_1）は体働の限界＝仕合の直前までしかいかない）。多種多様な体技と武技を通じて、体働の範囲を真円に近づけていくこと、それこそが鬼束の理想とする体育であった。

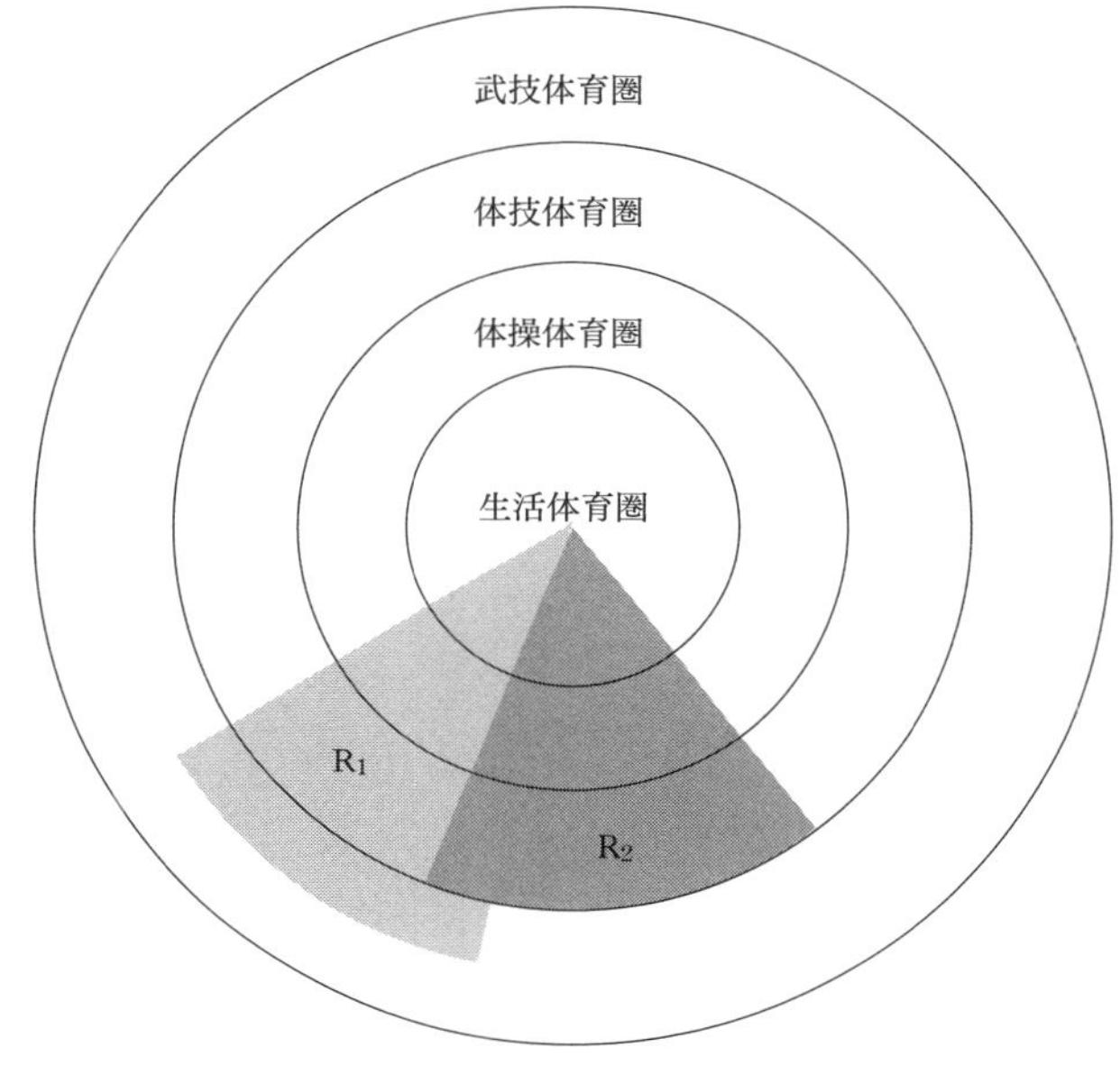

図82　鬼束鉄夫の五輪図（著者作成）

体操、体技、武技という体系は、『体育概説』に「即我海軍ニ於ケル体育ハ、之ヲ要約セバ、体操ヲ以テ身体ノ育成強化ヲ図リ、武技ニ依リ主トシテ精神力ヲ養ヒ、体技ニ依リテ更ニ之ヲ補充強化シ、以テ完全ナル体育効果ヲ心身両面ニ亘リ収メント期スルニアリ」と示されるように、一九二〇年代以来海軍でおこなわれてきた体育そのものである。欧米の体育と日本古来の武道の長所をとってつくられた鬼束の「体育五輪の説」は、武道を頂点に既存の海軍体育を統一するものでもあった。そこでは「武術ト体育ト決シテ個々ニ対立スベキモノニアラズ（略）彼ノ競技体動（「スポーツ」）ノ如キモ武道体育ノ一手段タルコトニ想到セバ有意義ナル体育ナルコトハ言ヲ俟タズ」ということになる。スポーツは「一般ニ団体的対抗運動多ク、体育ニ依リテ得ラレザル諸徳性ヲ涵養シ得ルノミナラズ、体育錬成上モ極メテ有効」であって、「競技ニ当リテ要求セラルル遵法ノ精神、従順公正誠実ノ美徳、更ニ又相手ヲ制セントシテ要求セラルル創意工夫、果断、敢闘、犠牲、献身、協同、堅忍持久等ノ諸要素ヲ涵養」することができた。だからこそ、イギリスがスポーツを通して「大国民的態度」を養い、ドイツでは「健全ナルスポーツハ国防力ノ根基ナリ」と唱えられているのだ。

スポーツの弊害の根源としてしばしば糾弾の対象となった選手制も鬼束は否定しない。「体育本来ノ立場ヨリ言ハバ、選手ハ出ヅベキモノニシテ造ルベキモノニアラズ」であり、ドイツがベルリン・オリンピックで第一位の栄冠を占めたのも、体育の結果なのである。問題は、「享楽又ハ興行ヲ主トスル米国式体育」を模倣した点にあり、適切に実施しさえすればスポーツは大きな効果を期待できるのだ。

野球についても、今日種々の弊害が見られるが、興味深く、広く普及し、体育的にも教育的にも価値があると基本的にその価値を肯定する。この文章が刊行されたのは一九四三年一月、ちょうど民間では野球禁止ののろしが上がった時期である（本書三二九ページ）。鬼束の体育論の意義は、こうした時代背景を考慮すれば、よりいっそう明瞭となるだろう。大学で野球をやっていた多くの学生が海軍を目指したのも当然だった。当時プロ野球では用語の日本語化に頭を悩ませていたが、大川内伝七少将は「そんなことを気にすることはない。野球はわれわれにも非常に参考になる競技だ。杭州湾の上陸作戦にも、野球のスクイズ・プレーからヒントを得たものを取り入れているくらいだ。野球は大いにやりなさい」と励ましている。また彼は早大野球部の合宿所が徴用されそうになったとき、「野球部の合宿所は必要なものだ」と口添えしたともいわれる。[74] 大川内は三八年四月から四〇年九月まで海軍砲術学校長をつとめ、鬼束の上司でもあった。

野球以外について見てみよう。バスケットボールは航空体育としての価値を認められていたが、鬼束は水泳の飛び込みやスキーのジャンプにも同じような価値を認めていた。[75] 蹴球はラ式、ア式ともに錬成にふさわしいが、より戦闘的であるという点でラ式が推奨された。興味深いのはバレーボールである。

排球ハ競技規則簡単ニシテ、相当ノ人数ヲ擁シ、容易ニ実施シ得ル利点アリ。劇烈ナル運動ニアラザルモ、球ノ所在並ニ方向ニ常ニ注意ヲ集注スルヲ要シ、又前衛中衛ノ一部ハ相当活躍ヲ要求セラルル等、体育的並ニ教育的効果少カラザルモノアリ。排球ハ其性質上一般ニ女子ニ最好適セル運動ナリトセラル(76)。

海軍はバレーボールを女子に適したスポーツとみなしながら、それを盛んに奨励していたのである。海軍はスポーツに男らしさだけを求めなかった。その実際的な理由として、長期の艦上生活で衰えた体力を回復する手段として、身体への負担がさほど重くない運動を海軍は必要としていた。この点について、長石一治はバレーボールが「戦地から着任した者の運動としては最適だったことであろう(77)」と推測している。海軍はスポーツの娯楽的な側面を認めたものの、『体育概説』に「体育ハ鍊成ノ面ト娯楽ノ面トヲ有セリ。軍隊ニ於ケル体育否我国ノ体育ハ鍊成ノ面ニ絶対重点ヲ置カレザルベカラズ」とあるとおり、鍛錬的なものがより重視されたことはいうまでもない(78)。そのひとつの典型が闘球であった。

〔陸軍の〕児玉〔久蔵〕大佐が「土浦航空隊で闘球といふものをつくつた。あゝいふものがいゝのぢやないか」といはれるのは、今までのラグビーといふものは国際的の一つのルールがついてゐて、それは本当の実戦的（仕合的）ではない。軍隊の要求はこれを仕合に適するやうにしたもの、さういふ球技があるんぢやないか、さうするにはこのルールをもう少し何とかしなければいかんのではないか、それが「闘球」ではないか、といふやうに解せられます(79)。

海軍は既存のスポーツをそのまま活用してきたが、闘球は数少ない例外であった。海軍が独自の体育を構築しつつあった時期に闘球が発明されたのは、決して偶然ではないだろう。もっとも、鬼束の体育論からすれば、闘球もまた方向性を持ち、体技体育圏の一部分をカバーするものでしかなく、それだけで十分というわけにはいかない。陸軍がスポーツの種類を絞り込み、最終的にはスポーツそのものを排除しようとしたのに比べると、その違いは明らかである。

『体育概説』の問題意識の根底には、もともと優秀な体力を持っていた壮丁が猛訓練でかえって体力を損なうという経験があり、また国民一般の体位が低下しその影響が壮丁に現れつつあるという深刻な現実認識があった。後者に関して、鬼束は体錬圏、回健体育圏、治療圏体育という三つの圏を設定して、こう説明する。体錬圏には最低限の健康を維持している人びとが属し、治療圏には医師による治療が必要な人びとが属する。そのあいだにあるのが回健体育圏で、病気ではないものの体位が徴兵の基準に達しない人びとがこのカテゴリーに入る。従来の軍や民間の体育・スポーツが対象としてきたのは体錬圏の人びとであり、回健体育圏は全く顧みられてこなかった。国民の体位低下を食い止めるには、回健体育（陸軍の健兵対策に相当しよう）を重視する必要がある。ただし、鬼束は回健体育の具体像を提示する前に戦死してしまった。

鬼束の体育論は一見リベラルな印象を受ける。身体面で全方位的な発達を重視した鬼束だが、精神面ではそうではなかった。鬼束は宮本武蔵の弟子寺尾求馬助の事例を挙げて、修錬の到達点の姿を「今切腹しろ、ハイ畏まりました。といふところまでゆけばいゝ。（略）所謂絶対服従。命のまにくである」として描き、「今度のハワイ海戦あたりでも、あゝいふ風にスボンく若い人々が自爆をし、或は潜水艦で飛び込んで」いったことを称賛した。[80] 特攻隊員の最後のキャッチボールがこの延長上にあることは、もはやいうまでもないだろう。鬼束の体育論はあくまでよき皇軍兵士を養成するためのものであり、よりよく死ぬための体育であった。

注

（1）セシル・ブロック、浜田昇一解説『英人の見た海軍兵学校』飯野紀元訳、内外書房、一九四三年（原著は Cecil

Bullock, *Etajima, The Dartmouth of Japan*, S. Low, Marston, 1942.)。
（2）一九三三年十二月の生徒隊規定からは「剣道、柔道、相撲、銃剣術、小銃、短艇、水泳、体技、ア式蹴球、ラ式蹴球、籠球、野球、庭球」がおこなわれていたことがわかる（前掲『続・海軍兵学校沿革』二五六ページ）。
（3）前掲『英人の見た海軍兵学校』一〇八ページ。ブロックは帰国にあたって「特に生徒に蹴球其の他体育に関し努力貢献したる功績甚大なり」と評価され、賞与五百円を支給されたが、これは外国人教師としては異例の措置だった（同書二一四ページ）。
（4）海兵六二期私史刊行委員会編『無二の航跡』海軍兵学校第六二期会、一九八七年、四二一ページ
（5）伊藤敦夫「所感」、前掲『誕生十年』所収
（6）「東京朝日新聞」一九三五年三月三十日付
（7）海軍兵学校編『昭和十五年海軍兵学校卒業記念写真帖』海軍兵学校、一九四〇年
（8）第七十八期会期史編纂特別委員会編『針尾の島の若桜――海軍兵学校第七十八期生徒の記録』海軍兵学校第七十八期会、一九九三年、一四五、二〇〇、二〇一、二五三、二九三、三一四、三一五ページ
（9）村田駿『海軍機関学校史――同窓の友とその遺族のために』アジア文化総合研究所出版会、二〇〇七年、三〇四―三〇五ページ
（10）阿部三郎「青春ラグビー」「機第四十三期級会々報」（海上自衛隊舞鶴地方総監部蔵）、「加藤静治」（海軍機関学校第四四期級会『我が青春の記録――海軍機関学校入校五〇周年記念会誌』所収、海軍機関学校第四四期級会、一九八二年）、座光寺一好『海軍少佐　小林平八郎の生涯』画禅堂、一九八二年、四五―四六ページ、斉田元春「海軍機関学校第五三期生徒の生活記録」（海上自衛隊舞鶴地方総監部蔵）
（11）苧阪良二「教えざるの記」「五十六期々会々報」第十三号、熊本水頼、一九八四年三月三十一日
（12）北島〔忠治〕監督「機関学校生徒のラグビーをコーチして」（平川正巳『第四十七期生の記録――海軍機関学校入校五〇周年記念』所収、同誌編纂委員会、一九八五年）、芹澤進『追憶――海軍機関学校五十四期ノ記録』海軍機関学校五四期会、一九七六年、六八―七七ページ
（13）阿部秀夫「生徒館生活のエピソード」、海軍機関学校五二期会『海機五二期の記録と追憶』続編所収、ホンヤク出

版社、一九九〇年
(14) 前掲「機関学校生徒のラグビーをコーチして」
(15) 野木茂「機関学校ラグビー」「五十六期々会々報」第二十三号、熊本水頼、一九八九年五月十五日
(16) 「五十六期生徒生活」「五十六期々会々報」第三十五号、熊本水頼、一九九五年十二月十五日
(17) 前掲「JACAR」C08051421300(二八—二九画像目)
(18) 出口林次郎『運動哲学』文書堂、一九二七年、四二一ページ
(19) 『顧る三星霜　第二期予科練習生』横須賀海軍航空隊、一九三四年
(20) 「東京朝日新聞」一九三二年二月二十日付
(21) 十河義郎「前期整備学生」、海軍機関学校第四十六期級会編『海機四十六期生の記録』所収、海軍機関学校第四十六期級会、一九八二年
(22) 水戸高等学校同窓会水戸高等学校正史編纂委員会編『水戸高等学校史』水戸高等学校同窓会、一九八二年、四四七ページ
(23) 「東京朝日新聞」一九三七年四月七日付
(24) 前掲『水戸高等学校史』五七四—五七五ページ
(25) 下平忠彦編『海の若鷲「予科練」の徹底研究』光人社、一九九〇年、一五一ページ、原田種寿『翼の蔭——予科練教官の記録』講談社、一九四四年、七六—八〇ページ
(26) 片岡正一「松岡茂兄に語る」、菅原勲編『懐旧五十年——海軍機関学校入校五〇周年記念誌』所収、機四二期級会、一九八〇年
(27) 前掲『海の若鷲「予科練」の徹底研究』一五一—一五二ページ、「東京朝日新聞」一九四二年十一月二十一日付
(28) 川口仁『岡部平太小伝——日本で最初のアメリカンフットボール紹介者』関西アメリカンフットボール協会、二〇〇四年、附「改訂版　関西アメリカンフットボール史」二八ページ、服部慎吾「我が国における戦前のアメリカンフットボール活動の記録」(http://www.americanfootball.jp/hof/hattorireport.pdf)［二〇一五年五月三十一日アクセス］
(29) 梶山治/赤平弘編『世紀の予科練史——三重海軍航空隊の記録』博秀社、一九八六年、六四五ページ

(30) 泉川清『雲下雲無し』第三巻、泉川清、刊行年不明、四一ページ
(31) 前掲『世紀の予科練史』六二四ページ
(32)「天翔る撃滅の闘魂座談会」「週刊朝日」一九四三年五月三十日号、朝日新聞社
(33) 前掲『戦没野球人』二二七ページ
(34) 台北帝国大学予科士林会編『雲と波の果てに――岡部平一・原田信一遺稿追悼文集』台北帝国大学予科士林会、一九八三年、四一、四八ページ
(35) 前掲『英霊たちの応援歌』七七ページ
(36) 呉海軍航空隊と佐伯海軍航空隊は一九三五年に三菱重工業などから竣工記念として野球用具一式を贈られている（前掲「JACAR」C05034317700［一―六画像目］、C05034318400［四画像目］）。同様のことは艦船の竣工に際してもおこなわれていて（本書四六ページ）、日中戦争前の海軍では広く見られた慣行だったのだろう。
(37) 氏家昇『湖辺の食卓――土浦海軍航空隊予科練麦めし日記』新風舎、二〇〇二年、一四四ページ
(38) 山岡荘八「庶民の中の士魂（六）」「週刊時事」第五巻第二十号、時事通信社、一九六三年五月十八日
(39)「読売新聞」一九四五年四月十八日付。ちなみに知覧特攻平和会館には、野球を楽しむ特攻隊員の写真が掲げられている。
(40) 呉海兵団編『昭和十二年一月入団　四等水兵修業記念　呉海兵団第十八分隊』呉海兵団、一九三七年
(41) 笠原和夫／松尾俊治『学徒出陣　最後の早慶戦――還らざる球友に捧げる』恒文社、一九八〇年、六八ページ
(42) 前掲『野球と戦争』一七〇―一七二ページ
(43) 藤森耕介『ある学徒出陣の記録――海軍兵科予備学生』日経事業出版社、一九八九年
(44) 山本暢俊『嶋清一――戦火に散った伝説の左腕』彩流社、二〇〇七年、二二四ページ
(45) 蜷川壽惠『学徒出陣――戦争と青春』（歴史文化ライブラリー）、吉川弘文館、一九九八年、六六ページ
(46) 前掲『英霊たちの応援歌』一九ページ
(47) 前掲『戦没野球人』二一一―二一二ページ
(48) 楠浩一郎「朝日新聞への恨み」、旧制福高排球部五十周年記念事業会編『白顆――旧制福岡高等学校排球部五十年

史』所収、旧制福高排球部五十周年記念事業会、一九八〇年

(49)石川重義「クマさん追悼を中心に」、三田ソッカー倶楽部編『風呼んで翔ける荒鷲よ――慶応義塾体育会ソッカー部五〇年』所収、三田ソッカー倶楽部、一九七八年

(50)「興亜スポーツの黎明　皇紀二千六百年を迎へる　日本各競技界を語る」「アサヒスポーツ」第十八巻第一号、朝日新聞社、一九四〇年一月

(51)朝日新聞中央調査会編『地方娯楽調査資料』朝日新聞中央調査会、一九四一年、一二三ページ

(52)広高排球部史刊行委員会編『広島高等学校排球部史――われらの青春皆実が原』広高排球部史刊行委員会、一九八八年、四二ページ

(53)桜ヶ丘ミュージアム編『豊川海軍工廠資料集』桜ヶ丘ミュージアム、二〇〇五年、九三ページに「機銃部庁舎女子バレー部優勝記念」の写真が掲載されている。ただし、詳細は不明。

(54)裴富吉『伍堂卓雄海軍造兵中将――日本産業能率史における軍人能率指導者の経営思想』三恵社、二〇〇七年、六〇ページ

(55)「満洲日報」一九二九年十一月十三日付

(56)岡部平太「体育とスポーツの一致　体育ボール時代出現の趨向（下）」「満洲日報」一九三〇年八月二十三日付

(57)「読売新聞」一九三三年五月二十七日付、一九三六年四月二十三日付ほか。一九三八年には同チームの存在は確認できない。

(58)「東京朝日新聞」一九三六年十二月十四日付、一九三七年三月十五日付ほか。

(59)「読売新聞」一九三七年四月二十日付、一九三八年五月二十一日付、一九三九年四月二十三日付、九月十四日付ほか。

(60)「東京朝日新聞」一九三八年七月四日付、十月十二日付、一九四一年八月三十一日付、九月一日付、日本バレーボール協会五十年史編集委員会『日本バレーボール協会五十年史――バレーボールの普及と発展の歩み』日本バレーボール協会、一九八二年、二〇四ページ

(61)前掲「JACAR」C08011257500（二画像目）、C08011474700（三画像目）、C08010828500（四―五画像目）、

C08010577900（二―三画像目）。
(62)「大阪毎日新聞」一九三八年十二月十日付
(63)「東京朝日新聞」一九四〇年十二月十二日付
(64)「大陸新報」一九三九年八月七日付
(65)「大陸新報」一九四一年八月二十六日付
(66)「大阪朝日新聞」一九四一年一月二十九日付
(67)福室信四郎『海軍勤務回想録――一兵士の太平洋戦争　改訂版』福室信四郎、二〇〇〇年、四〇三ページ
(68)回想の東大ラグビー編集委員会編『回想の東大ラグビー――昭和十三・十四年前後』東大ラグビー「キヨセ・ボールの会」、一九七九年、一〇二ページ
(69)堀慶介『軍医のお笑い従軍記――帝国海軍で一番駄目な男の話』新興医学出版社、一九七五年、三二、七一ページ
(70)藤田義光『東太平洋征空隊』研文書院、一九四三年、二〇六ページ
(71)鬼束鉄夫「新体制下の体育理念」「野球界」第三十巻第二十号、野球界社、一九四〇年十月
(72)堀内豊秋「海軍体操ニ関スル所見」（堀内豊秋追想録刊行会編『堀内豊秋追想録』堀内豊秋追想録刊行会、一九八八年、前掲『海軍砲術史』六〇一―六〇二ページ）。なお、堀内は体操至上主義で、鬼束ほどスポーツを評価していなかった。
(73)海軍省教育局編『艦船部隊における体育主任参考資料　体育概説』海軍省教育局、一九四三年、鬼束鉄夫「錬成の真髄」「体育日本」第二十一巻第二号、大日本体育会、一九四三年二月、鬼束鉄夫講述『体働教育に就いて』鳴海研究所社会事業部清明会、一九四三年
(74)鈴木龍二『鈴木龍二回顧録』ベースボール・マガジン社、一九八〇年、一三六ページ
(75)前掲「新体制下の体育理念」
(76)前掲『艦船部隊における体育主任参考資料　体育概説』三二ページ
(77)長石一治「海軍工機学校高等科学生（前期）の思い出」、前掲『海機四十六期生の記録』所収
(78)前掲『艦船部隊における体育主任参考資料　体育概説』三三ページ

（79）前掲「錬成の真髄」

（80）同前。一九四二年十二月三日に公開された『ハワイ・マレー沖海戦』（東宝、監督：山本嘉次郎）には、予科練でラグビーをするシーンがある。

第6章　陸軍とスポーツ

1　反スポーツの底流

一九二〇年代の軍隊にとって、スポーツの経験はどこまで普遍的なものだったのか。この問いに明確に答えることはできないが、陸軍の場合、何らかの形でスポーツを経験した兵士は、最大に見積もっても一割に達しなかったのではないだろうか。学校や海兵団で組織的にスポーツを実践していた海軍と違い、陸軍ではスポーツをするかしないかは上官の嗜好に大きく左右された。そして陸軍の内部にはスポーツを否定する人たちが少なからずいた。

フランスに駐在中パリ・オリンピックを見学した儀峨徹二少佐（陸士第十九期）は、帰国後、とある中学校で「オリンピック大会といふ奴（略）は、其の競技種目のどれを見ても、みんな毛唐人本位の、毛唐人中心の競技であつて、あんなもの（略）のために遙々日本から選手を送つて競争させるなどゝいふことは、全く意味のない話で、日本はあんなものに参加しない方がよいと思ふ(1)」と語った。その場にいた競技部長の顔は苦りきり、柔道と剣道の先生がニヤニヤしていたという。

紳士道＝スポーツマンシップはスポーツ擁護派がスポーツを正当化する際の重要な論拠であった。紳士道は日本の武士道に等しく、軍人である以上、必ず備えておくべきものだった。たとえ現実のスポーツ界に問題があったとしても、それは紳士道が欠如しているからであり、スポーツの本来の姿ではないということができた。しかしスポーツ反対派は、紳士道そのものを問題にした。

イギリスから帰国してしばらくたって、本間雅晴は上原勇作元帥に呼び出された。上原は「三年間の駐在で、英国の最も良い点と感じたところ、最も悪い点と感じたところは、何だった」と尋ねた。本間は「良い点は、紳士道といいましょうか、実に礼儀の正しいことです。悪いところと申せば、保守主義で、他国のことを学ぼうとしないことです」と答えた。上原は「君は三年もおって、まるで逆に見ている。英国の紳士道という礼儀は、国内だけの話、国際間のことになると完全に非紳士的だ。（略）又英国の悪いところは保守的だという。英国はそとに対しては、あのように、おおっぴらに不作法な利己主義を振舞いながら、国内では全英人の団結保持のため、おおいに国粋と民族の優越性とを説いてやまない。この保守こそ大英帝国を堅持している、唯一のつよみといえる。（略）君はもう一ぺん、英国の歴史や、英民族の性格を研究しなおさなけりゃいかん」[2]と本間を責めたという。イギリス観をめぐる両者の対立は、実のところ第一次世界大戦をどのように総括し今後の陸軍をどのような方針で改革していくのかという問題と関わっていた。

片山杜秀の整理によれば、日本の陸軍軍人たちは第一次世界大戦に鑑み、今後の戦争が科学力や工業力、経済力など物量によって決定されることを理解した。しかし、日本の現状の国力はとうてい物量戦に対応できるまでにいたっていない。このアポリアをどのように克服するかという点で二つの派閥が生まれてくる。一つは総力戦を勝ち抜くために「持たざる国」を「持てる国」に改造しようと考える人たちで、いま一つは短期決戦と包囲殲滅戦によって国力の劣勢を打開しようと考える人たちだった。前者の代表が田中義一や宇垣一成であり、永田鉄山や津野一輔、そして本間雅晴もこの系譜に連なる。彼らは長期戦の展望のもとに、資源の確保や工業力の発展、予備兵力の充実をはかろうとした。これはつまり欧米列強と同じ路線で軍の改革を進めることを意味する。そこから欧米の軍隊で盛んだったスポーツを日本の陸軍に導入する必要性が生まれてくる。

これに対して、上原勇作や福田雅太郎、小畑敏四郎らは即決戦という戦略のもとに常備軍の拡大と精神主義を求めた。片山によれば、小畑の念頭にあったのは「そう強くない相手と短期局地の限定戦争」であり、それは日本の国力を踏まえたそれなりに合理的な考え方だったが、やがて精神主義が肥大化していき、「玉砕の軍隊」につながっていくことになる。[3] 皇道派の精神主義は、その名が示すように、日本の特殊性を強調するものだったから、スポーツとは敵対的にならざるをえなかった。これには小畑や荒木貞夫が観戦武官としてロシアから戦争を見ていたことも関係しているだろう。東部戦線は西部戦線ほどスポーツが盛んではなかった。[4]

皇道派のスポーツに対する態度を具体的に見てみよう。真崎甚三郎は二・二六事件の「聴取書」で、大正末期の陸軍士官学校の様子を「当時予科生徒ノ中ニハ化粧道具ヤ『スター』ノ写真ナトヲ持ツト謂フ状態テアリ、休養室ノ者カ脱棚《ママ》シテ『カッフェー』ニ行クト云フ状態テアリマシテ、或ル時ハ一度ニ四名ノ者カ脱棚《ママ》シテ退校処分ニシタ事カアリマス」[5] と振り返っている。当時の軍人は男らしくなかった、と真崎は言いたいのである。真崎は一九二三年に陸軍士官学校本科長となり、二六年に陸軍士官学校校長、そして翌年に第八師団長に転じるまで約四年間（途中に半年の欧米出張があった）を陸軍士官学校で過ごした。この四年間はまさにスポーツ全盛時代であり、真崎は苦々しい思いをしながらも、沈黙を余儀なくされたのである。

二・二六事件の前年に相沢三郎中佐が永田鉄山少将を殺害するという事件が起きた。相沢は一九二〇年から二五年まで陸軍戸山学校で剣術の教官をつとめた。これまたスポーツの全盛時代である。その相沢が永田を殺害する直前に訪れたのが、陸軍省整備局長の山岡重厚中将であった。陸軍士官学校教官だった山岡がサッカーボールを切り裂いたことはすでに述べた。また永田がスポーツを支持していたこともすでに記した。相沢事件とは、陸軍内部で武道がスポーツを圧倒する過程の一コマだったと読み替えることもできるだろう。

皇道派の領袖ともいうべき荒木貞夫は一九三八年に第一次近衛文麿内閣の文部大臣に就任すると、武道の奨励と学生野球の統制を進めることになる。東京のイギリス大使館が本国に送った記録によると、荒木はスポーツについて次のような考えを持っていた。

荒木文部大臣は、世界中で共有されているところのスポーツマンシップの精神は、日本においては適していないとし、国策により合致した「新しいスポーツマンシップ」の確立を企てています。ヨーロッパやアメリカからの「借り物の精神」は取り除かねばならず、スポーツマンシップは武士道（武士のしきたり）と一致しなければならない。文相は、日本の伝統的な競技を偏愛し、多くのヨーロッパ産のスポーツが消え去るのを望んでいます(6)（略）。

皇道派にとって、武士道とスポーツマンシップは決して一致しえなかった。荒木は、少なくとも表向きは、野球の価値を真っ向から否定することはなかった。一九三八年九月のインタビューで荒木文相は野球を見たのは一度きりだが、「流石アメリカで発達したものだけに大いに進取の気象に富んだ男性的なスポーツでボールをカーンと打つたり、弾いたりする真剣な風景は中々に快適で魅力がある」と語っている。ただ、問題は、選手がアメリカのレビューーやサーカスのような人間になってしまうことで、日本式の風格のある野球を創造し、欧米に輸出し、さらにはオリンピックの種目にも加えるべきだと述べた(7)。しかし、その後の荒木が野球の試合の文相祝辞を代読で通し、野球場に足を運ばなかったことを考慮すれば、「男性的なスポーツ」という評価は単なるリップサービスだった可能性が高い。

皇道派の台頭と入れ替わるように陸軍のスポーツ熱は急速に冷めていく。その兆候は一九二〇年代後半から見られた。二八年に改正された『歩兵操典』では、「第一次世界大戦後に現れた無謀な攻撃主義への疑問、戦闘法則への企図心などの合理主義は全く影を潜め、軍の歴史に淵源するという「必勝の信念」が前面に躍り出た(8)」。陸軍は物質的なハンディーを克服するため、精神主義に傾いていく。

社会ノ組織、又ハ軍隊生活、乃至人類共存ノ目的ヲ達スル為メニハ、互ニ法律、規定、条約等ヲ忠実ニ履行シ秩序ヲ維持シテ行クコトカ必要テアル[9]。

これは海軍の『運動競技提要』の一節だが、陸軍でも事情は同じで、スポーツの奨励とはこのような合理的協調的な世界観を背景に、人格の尊重や自覚的な服従が強調された結果でもあった。

満洲事変は陸軍をめぐる状況を大きく転換させた。厳しい批判にさらされてきた陸軍は、一転して世論に支持される存在となり、軍人の地位も高まった。これまで社会の空気を取り込み、社会に合わせようと努めてきた陸軍は、逆に軍隊の空気を社会に押し付けようとし始める[10]。こうした変化のなかで、軍隊内のスポーツの意義は大きく後退してしまうのである。

一九三四年の『軍隊内務書』改正はこの変化を如実に示している。改正理由書に「時流迎合ノ嫌アルカ如キ字句条項ヲ修正又ハ削除セリ。欧洲大戦後滔々トシテ風靡セル誤レル「デモクラシー」的思想ハ、軍紀ヲ振作シ軍ノ団結ヲ完ウスル所以ニアラサルノミナラス、特ニ皇軍意識ノ徹底ヲ害スルモノアルヲ以テ、旧軍隊内務書ノ記述中、之ニ関シ動モスレハ誤解ヲ招クカ如キ字句条項ハ之ヲ修正又ハ削除セリ」とあるように、今回の改正は第一次世界大戦後の教訓をリセットするものだった。新しい軍隊内務書で否定された自覚的な服従、軍隊内務の緩和は、一九二〇年代に軍隊スポーツを意義づけ、正当化する根拠であった。それが失われたことで、軍隊スポーツは、存在そのものに疑問符を突き付けられることになった。

満洲事変後の陸軍はもはやスポーツの男性性を必要としなかった。陸軍は自らの男性性をより日本的なものに求めた。軍刀の変化はその一例である。一九一二年以来、将校が持つ軍刀は洋刀だったが、三四年の陸軍服制改正で日本刀に変わった。このころから「皇軍」という呼称が使われるようになるのも、こうした日本の軍隊の変化をよく示している。軍隊の男性性の変化は、社会全体の男性性にも影響を及ぼした。中川雄介と加藤千香子は爆弾三勇士を契機として、モダン・ボーイから日本男児へと男性性が変化したことを指摘している[11]。都市的・産業的・近代的な男性性から農村的・伝統的な男性性への変化は、陸軍での皇道派の台頭と相関関係にあった。

こうして陸軍は、民間スポーツ界から教えを請う従来の姿勢を改め、逆に民間スポーツ界を指導しようとするようになる。一九三四年の極東大会への「満洲国」参加問題は、陸軍の変化を示す最も早い事例のひとつといえるだろう。[12] このとき、陸軍、とくに関東軍は同大会への「満洲国」の参加を強く支持し、「満洲国」体育協会と協力して、「満洲国」参加を断念した大日本体育協会に圧力をかけた。日本国内でも陸軍体育の総本山である陸軍戸山学校の教官たちが立ち上がった。四月二十一日に体操科長小野原誠一ら同校の教官が緊急会議を開き、「軍人の立場をはなれ同じ日本民族のスポーツマンとして徹底的に反省を促すこと」を決定した。二十五日には深沢友彦校長から「スポーツマンとしての立場から戸山学校体操科が憤起するのには異存がない、重大なる国策を離れてスポーツなし」との了解も得て、翌日に次のような声明を発表した。

わが国の体育は皇国の大国是に基き、皇道精神の涵養を第一義として実施せらるべきものなり。陸軍戸山学校はこの大方針に基き国民体育を一層健実ならしむるため寄与するところあるを期す。[13]

当初、小野原らは体協や文部省の幹部に直接会って「日満両国の親善を害し靖国社頭に眠る英霊十二万の鮮血を無視してまで極東大会に参加の必要があるか」と詰問するつもりだった。[14] さすがにそこまではしなかったようだが、陸軍戸山学校の一連の行動は体協にとって十分な圧力になっただろう。小野原はもともとスポーツ界と関係が深い人物だった。彼はスポーツ全盛時代の陸軍戸山学校でホッケーの選手として活躍した。一九二五年三月のスポーツ関係者との協議会でホッケーを極東大会の種目として採用するよう希望したこともある。[15] また同年四月から体協の理事をつとめ、三〇年に東京で開催された極東大会で公開競技に採用されたホッケーの役員をつとめてもいる。しかし、三二年には「スポーツ国、又体力の最も旺盛な国として自負して居る彼の英国が、戦後時の宰相ロイドジヨージをして、体力訓練上に欠陥があつたと絶叫せしめて居る[16]」と、間接的な表現ではあるが、国民体育の手段としてのスポーツの価値に疑問を呈するようになっていた。陸軍戸山学校の一連の行動は、軍ではなく「スポーツマンとしての立場」からなされ、結果的に要求を貫徹させることはできなかったが、国策の名のもとに陸軍が民間スポーツ界に干渉する先例となった。

このような状況を考えると、陸軍からスポーツが徐々に消えていったことは不思議ではない。スポーツ全盛時代の陸軍士官学校を経験した岩永宝（陸士第三十七期、一九二五年卒）は、一九三〇年代はじめに教官として同校に戻ってきたときの様子をこう語る。

私らの陸士時代は第一次大戦後の澎湃たるデモクラシー思想時代で、運動時間には、野球、テニス、ホッケーなどを自由に楽しむことが出来、私もホッケーのセンターで度々戸山学校に練習試合に行かされた時代であった。そんな感じで本科の区隊長になって、打って変わった反動復古の状態に先ず驚かされたが、生徒は一向に苦にする様子もないのに感心もし安心もした。(17)

わずか七年ほどのあいだに、陸軍士官学校は大きく様変わりしていた。とはいえ、陸軍からスポーツが完全に消えてしまったわけではない。

一九三三年に陸軍戸山学校は「小競技」と題する小冊子を刊行した。同冊子は「遊戯及競技（団体競技をも含む）中より軍隊練成の為若くは青少年訓練等に於て利用し有効なるもの」を収録したもので、「厳正確実を主とする軍隊教育に於ては、不軍紀に流れ不適当なりと謂ふものあるも、そは指導者の不明の致す所にして決して小競技の罪にあらざるなり」と、小競技を弁護している。同冊子には多数の競技が収録されているが、そのなかに「稍々複雑なる小競技」として、球渡（キャプテンボール）、攻城球（ドッチボール）、簡易籠球（センターボール）、簡易野球（キックボール）、投球戦（ハンドボール）、籠球（バスケットボール）が含まれている。これらの競技は『体操教範』を大きく逸脱するものではない。『教範』の範囲でスポーツは認められていたのだ。当時、陸軍戸山学校教官をつとめていた温品博水によれば、「小競技」は彼が教育用として独自に編纂したもので、「軍隊教育と教範には無いが、体操教育に当って、気分転換や機敏性を養成する補助的な遊戯に類するものを蒐録し」たもので、従来学生が入ってくるたびに教材を謄写版で刷っていたものを、近くの本屋に印刷してもらってできたものだった(18)。

一九三〇年代前半は陸軍戸山学校のホッケーもなお健在だった。温品も代表選手に選ばれ、全日本選手権にも出場している。温品はホッケーについて、「ホッケーの球は野球の球よりも硬く、時折顔面にあたり、又足の向脛に当って、度々外傷を生ずることもあり、多少危険もあるが勇壮な競技であり、試合中外傷等にて欠員が生じてもそのまゝ競技を続行するルールになって居り、軍隊向の競技であったと思う」と高く評価している。スポーツを通じた民間スポーツ界との交流も続いていた。横浜の在日外人クラブとは毎年ホッケーの定期戦をしていた。日本女子体育専門学校の二階堂トクヨ校長は「大の戸山びいき」で、陸軍戸山学校の学生たちは必ず一度は同校に招かれ、ときにはバスケットボールの試合をした。陸軍戸山学校は『体操教範』の改正後も、スポーツの研究を続けていた。これについて温品は次のように証言する。

体操教範の一部に団体競技の要領が示され利用する様に示されているが、入隊する兵員が毎年一〇〇名内外(中隊単位)のものに対し、団体競技を実施するとして全員に行わたるには相当の時間を要し、実際問題として訓練に不向の感じが無いでもない。勿論体育訓練に馴れた指導者であれば一度に同じ訓練を行わずして、他の訓練課目を混ぜて代る代る或団体競技を実施する様時間のやり繰りを考えるが、多くは一種訓練を課して他は休憩しながら見ている様な形の指導が多い様に思われる。そこで団体競技の訓練が同時に多人数で出来る様に仕組めないものかと、例えば蹴球でゴールを互に二個づゝ作り多人数従来のルールを利用したまゝで出来ないものかと、考えて見たりバレーボールを人数を倍にして実施したりして見たが、遂に適確なる成案は得られなかった(19)。

一九二九年の『体操教範』は軍隊教育で実施すべき団体競技を籠球、投球戦、球戦に限定していた。したがって、バレーボールの活用をはかった陸軍戸山学校の取り組みは、陸軍にスポーツを再導入しようとする試みといえる。結局、陸軍戸山学校は訓練に適さないというきわめて現実的な理由で、スポーツの再導入を断念した。スポーツは男性性の点からも実際の効果の点からも、陸軍にそぐわないものになった。

2　国外

華北

一九三七年七月七日に日中戦争が勃発すると、北支那方面軍は九月二十四日に保定、十月十日に石家荘を占領し、十月下旬までにほぼ華北の主要地域を制圧した。三八年四月には徐州作戦が実施され、北支那方面軍の一部がこれに参加した。このため華北の防備が手薄となり、その間隙を突いて共産軍を主体とするゲリラ活動が活発化した。北支那方面軍は六月までにゲリラ勢力の排除を完了する予定だったが、結局敗戦まで弾圧と懐柔（宣撫）を織り交ぜた対ゲリラ戦を強いられることになる。[20]中国大陸の陸軍からスポーツの便りが届くのは、ちょうど対ゲリラ戦が始まる直前の時期だった。

ソレ打つた、遊撃ゴロ、ゴロ、アツ！アウト！アウト！…神宮野球の早慶戦の最高潮時によく見られる投手の一投球、打手の一打撃の動き毎に息づまる様な重圧、其緊張の度には、たゞ「ワツ!!」と云ふ敵も味方もない破れる様な喚声、この興奮が今この太原の元師範学校の校庭から只ぢつとしてゐても汗ばんで来さうな春の日を破つて陽炎と共にもつれあがつてくる。今日ぞこの山西戦線の陣中に迎へたひと時、住吉部隊諸勇士の喜びをもつて将校対下士の敵前五十メートル突撃の興奮に似た大熱戦が行はれてゐるのだ。[21]

支那軍の執拗な長期抗戦に対応して、わが皇軍前線勇士はいづれも長期膺懲の決心を固めてゐるが、こゝ石家荘に展開された長期膺懲風景二つ――（一）石家荘の〇〇部隊では「長期応戦は体力から」とばかり、将校兵士間にスポーツ熱が非常に旺盛である。たとへば〇〇部隊では、真崎隊長の音頭取りで、毎日勤務の暇を見て二時間づゝ各自好みの運動に熱中してゐる。運動は国技相撲や撃剣から、最近はグラウンドを造つて棒高跳、走幅跳、ランニング、テニスと近代スポーツに及んでゐる。重い軍隊靴でドタ〳〵と幅跳の助走をするのなどはちよつとほゝゑましい風景だ。テニスのラケットは支那の鉄道局が残して行つたのに、足りないのを北京から取寄せたものださうだが、兵隊さんは相かはらず靴ばきのまゝで、前衛が後衛に「うまくサーヴしてくれ」といふところを「班長殿、よく照準して下さい」と、どこまでも軍隊式である。(22)

徐州作戦が終わると、一九四〇年夏の百団大戦まで、華北では大きな戦闘が生じなかった。この小康状態のなかで、スポーツが再び活発化する。華北にいた松村甚之助（慶大野球部出身）は、当時の軍隊内でのスポーツの状況を次のように伝える。

昨秋〔一九三八年秋〕は戦地に於ても不撓不屈の精神を作興し体位向上の意味でスポーツが大いに奨励され、忽ち各部隊や民団に野球チームが組織せられ対抗ゲームが各所に行はれたが、我チームは八戦八捷、目下当地最強のチームと折紙をつけられた。母国を離れる時戦場で野球がエンジョイ出来ようとは夢にも思はなかつたが、昨今では野球をやる余裕も生じたといふ。(23)

前早大野球部監督八戸市出身の大下常吉伍長は病気のため北支〇〇病院で加療中だつたが全快し、再び第一線に向つたが、不幸再び痔病再発、〇〇病院に入院した旨、八戸市の友人に二十七日便りあつたが、野球だけは忘れられぬと見え、手紙の中に左の如く織込んであつた。…北支ではスポーツによる宣撫工作が第一であるともいはれ、石家荘では野球、テニスの試合がもう五回もあり、僕も投球をしたり審判をしたりしました。(24)

そんな彼らにとって悩みの種だったのがスポーツ用具の問題である。梶原英夫（東京帝大野球部出身）は、「北支は寒くはありますが霜解けなどはありません。グラウンドは何処にもあります。惜むらくは道具が都々的没有《トトデーメイユー》〔全く無し〕で、徒らに腕を撫して居ります。近く佐伯〔喜三郎〕中尉と小生の連名で母校に古品の用具の慰問袋の無心をしようと思つて居ります」(25)と、個人的に解決をはかった。山西省にいた浜野春夫（明大野球部出身）は「最近当部隊内にては野球熱盛んで、退屈凌ぎと保健の為、野球の試合を致して居ります。用具は後方より購入或は手製で、第一線での野球も乙なものです」(26)と、別の手段で用具を確保した。このように用具に事欠くなかで、しかも真冬の華北で、兵士たちは白球を追っていたのだ。一九四〇年に入ると、スポーツ用具の入った慰問袋が山西省の奥地にも届くようになる。山西省沁県で警備に就いていた尾坂雅人によれば、

ある時、慰問品としてテニスのラケット、ネット等が届いた。私達は早速広い河原にコートを急造して、久方振りにラケットを握った。ワイワイ騒ぎながら

図83　1938年3月、石家荘を訪れた歌謡慰問団の小林千枝子、徳山環と記念撮影をする大下常吉
（出典：毎日新聞社編『日中戦争勃発——昭和12－13年』「昭和史 決定版」第8巻、毎日新聞社、1984年、61ページ）

図84 「陣中にカッ飛ばす熱球　わが森本部隊に陣中野球ティームが組織され、心臓クラブの名の通り腕自慢の勇士たちが、戦闘の合間の僅かな時間を利用して、元気一ぱい、賑やかな応援団も繰り出し大いに余裕綽々たるところを見せてゐます」(1938年4月撮影)　＊撮影地は不明　写真提供：毎日フォトバンク

テニスを楽しんでいる最中、対岸から小銃を撃ち込まれて慌てたこともあった。[27]

もちろん、誰もがスポーツを楽しめたわけではない。巨人軍のエース沢村栄治は従軍中に野球をする機会に恵まれなかった。沢村は一九三八年一月に歩兵第三十三連隊に入隊、四月に中国に渡り徐州会戦に参加、大別山で左手を負傷し、野戦病院に送られた。四〇年四月に満期除隊した沢村は軍隊で野球をしたかという質問に対して、戦闘に次ぐ戦闘で「全然余暇はない」「全然野球のことは考えなかった[28]」と答えている。しかし「読売新聞」には、野戦病院の庭でボール投げをする沢村の写真が掲載されているから、全くボールに触れなかったわけではない[29]。このとき沢村の対談相手で、広東から戻った笹崎僙《たけし》（プロボクサー）は、掃討戦が終わって警備に入ると余裕が出てトレーニングをしたと語っている[30]。陸軍は決して組織的にスポーツを導入したわけではないが、戦況と部隊長にさえ恵まれればスポーツをすることが可能だった。

沢村静男は一九四二年夏、大日本学徒体育振興会が主催したいわゆる幻の甲子園に広島商業の投手として出場し、準決勝まで勝ち進んだ。卒業後、四四年十一月に北支派遣軍通信隊員として北京で現地入隊した。北京では、軍隊のなかで野球がうまいものを集めて、日本人の民間チームとの試合や中隊対抗の野球大会が催された。そこで活躍した沢村は、班長から優遇されるようになった[31]。都市部では民間のスポーツ大会に軍隊チームが参加するという光景も目にすることができた。三九年十月に張家口で開催された第二回全蒙疆野球大会では、

軍隊のチームが二つまでも代表権を得て出場し、異彩を添へ、軍官民一体の前線スポーツにふさはしい成果を挙げると共に、試合においてそのユニフオームの如く将校も軍属もさらりと一色に溶け込み、スポーツの持つ明朗さのみが躍動する様は勝敗など全く度外視された快さだつた。兵団の投手後藤中尉はかつて静岡高校の名三塁手だつたとかで、軟球を握るのははじめてで会心の投球が出来なかつたといふが、その強肩を利しての剛球は堂々たる大投手であつた[32]。

同地では一九四一年六月に約二十チームが参加して張家口野球協会が結成されたが、そのなかには「皇軍将兵チーム」も数多く含まれていた[33]。このほか、同年九月に大同で開かれた慶祝施政躍進化体育選抜大会の卓球競技には明治神宮大会に出場した経験があるという久保田という兵士が参加しているし、四二年八月二十七日の張家口入城五周年記念聖地巡拝駅伝競走では響五三三一部隊が優勝している[34]。現地の軍当局もさまざまな形でスポーツを支援した。三九年九月に「満洲国」の新京で開かれた日満華交驩競技会に際して、興亜院は五千円を助成した[35]。四〇年七月に天津で日本軍とアメリカ海兵隊の野球試合が挙行され、第二十七師団（もと支那駐屯兵団）の師団長本間雅晴中将と参謀長太田公秀大佐が出席し、アメリカ軍士官とともに観戦した。四〇

図85　野戦病院でキャッチボールをする沢村。手榴弾投げには自信があると記者に語っている
（出典：「読売新聞」1939年1月5日付）

図86　天津で日米対抗戦を観戦する本間雅晴（前列左端）
（出典：前掲『昭和スポーツ史』100―101ページ）

年八月に開催された中日交驩陸上競技大会では「北京陸軍特務機関」が後援者として名を連ね、九月に太原で開催された第二回華北都市交驩体育大会では山西省陸軍特務機関副長が出席している。[36]

華中

華中では南京攻略戦前の一九三七年十一月に上海大場鎮の吉川部隊が野球をしている様子が「読売新聞」に掲載された。[37] その直後に南京攻略戦が始まり、南京陥落後も徐州作戦、漢口作戦と大規模な戦闘が続いた。前線が遠ざかるにつれ、上海の日本軍のあいだでスポーツが盛んになった。作家、火野葦平は三八年五月に中支派遣軍報道部に配属されたが、小倉中学時代に捕手として活躍した経験を買われ、特務部との野球試合では、報道部チームの投手をつとめた。[38] 特務部は宣撫工作の一環として、中国人のスポーツ活動を支援していた。三八年に新中国体育学会（のちの新中国体育協会）が創設された際、特務部総務科主任の田中邦彦が全面的に協力し、田中は秘書長として学会の実質的な運営に携わった。特務部長で新中国体育学会名誉顧問の原田熊吉少将と相談のうえ企画されたサッカーの維新杯は「聯絡中日情感、実現親善提携」を趣旨としていた。[39] 上海では日本人のスポーツ活動も盛んで、陸軍の兵士もこうした競技会に参加することがあった。たとえば、四一年十一月の第一回中支陸上競技選手権大会では、一万メートル走で陸軍牧野部隊の奥山一等兵が四位に入賞した。[40] 四三年五月の天長節奉祝体育錬成大会では、陸軍チームが軟式野球に参加している。[41] 上海には運動具の工場が日本側三工場、中国側四工場あり、豊富な皮革を利用して大量の運動具を生産し、上海だけでなく中国の諸都市に供給しており、用具の点では日本よりも恵まれた環境にあった[42]。

地方都市でも野球が盛んだった。一九三九年二月ごろ、九江の某グラウンドでは、バッターボックスに立った白髪の老兵が「よいかッこんどはレフト・オーバーで廬山までカッ飛ばすゾ」と元気のいい声を上げていた。松井部隊長である[43]。同年四月から十月にかけて九江に駐屯した近衛輜重隊の松本小隊長は「めっぽう野球上手だし好きだった。九江居留民団と大塚隊の対抗試合となり、非番員全員応援のもと大合戦となった[44]」。九江駐在の間、三、四回は試合したのではないかと東海林善吉は回想している。

一九四二年の浙贛作戦で日本軍は浙江省金華県を占領し、第二十二師団が同地で警備の任に就いた。同師団隷下の歩兵第八十五連隊の大竹清照によれば、四三年に入ると金華では治安も回復し、師団はこれまでの戦闘で減退した戦力増加のために健兵教育対策に取り組み、銃剣術大会や射撃大会などを催した[45]。肥塚喜一は四三年七月の金華の状況についてこう記す。

> 平穏な日々が続くと師団本部ではいろいろ考える。若者の集団だから、どうやってエネルギーを発散させるか、師団会報で各部隊対抗野球試合を実施することになる。各部隊によくも野球の道具があるものだナと思った。後方の兵站基地ならともかく前線の部隊。さすが帝国陸軍。遊び道具をこんな所まで持って来ているとは。千曲部隊にもくたびれたグローブはあったが、選手交代の時はそのグローブを渡して使用していた。勤務が終わってから練習を始める。出場選手は補欠合わせて十名としても練習の時は十八名は必要なので隊長ドノまで――――。試合は小学校の校庭を借りて実施した。師団長以下観戦だ。応援の兵隊が遠くで声を張り上げ熱戦が続く。千曲部隊は人数が少ないので、野球のうまい兵隊が少ない。一回戦で善戦空しく敗退した。それからしばらく野球熱。休みの日には班対抗の野球が―――[46]。

次に内陸の都市、武漢に目を移してみよう。一九三八年十月に陥落した武漢でスポーツが見られるようになるのは、三九年に入ってからである。慶大ソッカー部ＯＢの山下耕也中尉は三九年二月十三日付の手紙で武漢の状況を次のように報告している。

> 待望のフットボール漸く四日前に支給になり、喜んで毎夕食後漢陽商業（?）の校庭で蹴つてゐます。此処にはホツケー、バスケツトの設備と四百のトラツクもあります。兵隊さんは勇ましく足を蹴るので（ママ）軍靴をやめて地下足袋でやらしてゐますが、皆夢中です。平素オトナシイ初年兵が、我を忘れて伍長さんをブーンと振りとばしたりして大騒ぎ、審判も笛がなくて、慰問の紙笛でやつても感じが出なく、片手に撞木、片手にドラをさげて駆け廻り、球が出るとボワーンとたゝく始末、コーナーにはフラツグがはりに残飯貰ひの子供がアグラをかいてゐるといふ訳です。ゴール前の混戦には、私の命令一下『突撃』つていふと、忽ちにして物凄い格闘が演ぜられ、隊長の私も遂にウメボシを蹴り上げられて名誉の戦傷をしました。で三十分ゲームで流石の大別山越の勇士もフラ〳〵です。負けた方はズラリと一列横隊に並んで土下座をします。もう少ししたら支那の中学生あたりとゲームをやり度いと思つてゐます。支那の子供達にはドロツプを賞品に競走をやらせてゐますが、リレーはテンデ興味がないらしく直ぐ止めます。こゝにも国民性が見られて可笑しいです。自分が勝つても次の者が負けるのがつまらないのでせう。[47]

漢口作戦に参加し、武漢西北郊の孝感県に駐屯していた第十六師団輜重兵第十六連隊でも、ちょうどこのころにスポーツが始まった。同連隊第四中隊の医務室に勤務していた小原孝太郎は、一九三九年一月八日の日記に「二小隊へいったら、小隊本部前の広場で野球をやってゐたのには驚いた。ボールやグラヴを小包で送ってもらったと見える」[48]と記している。二月四日には「経理室から自家製のミットとボールをかりて来てキャッチボールをした。何んと戦争に来てこんな事をやるなんてーー予想もしてゐなかった所でーー、とても〳〵愉快だった。羽子つきも面白かった」と記す。二月十三日は休養日だったが、小原はボールづくりに励んだ。すでに仲間の一人はグラブを、もう一人はミットをつくっていた。孝感県から京山県へ移ってのちの四月二十三日の日記には「表では経理室がキャッチボールをやってゐる。スポンヂとグラヴも、吉岡君が昨日内地から送って来たのださうな。明日は外出日だから聯隊本部と試合をするのだといふので、猛練習をしてゐる」[49]とあり、連隊内部で対抗試合がおこなわれていたことがわかる。武漢南郊の五里界に駐屯していた野戦重砲兵第十三連隊では、一九三九年秋ごろから庭球や野球、卓球がおこなわれるようになる。十一月三日の明治節には、班対抗リレー、剣道、庭球、卓球などの試合がおこなわれた。各中隊でもそれぞれ競技がおこなわれ、一中隊はマラソン、二中隊は競技大会、三中隊は庭球大会、段列は相撲大会だった。同連隊の波多野皖三が「中隊毎に幹部の好みが見えて面白い」と記すように、幹部の趣味でその部隊の娯楽が決まる傾向があった。[50]

一九四四年四月、武漢の兵站が軟式野球の大会を挙行し、二十八チーム、三百人の兵士が参加した。決勝は第十一軍司令部と海上輸卒隊油隊とのあいだでおこなわれた。当時、日本内地ではストライクとかセーフなどの敵性語は使用禁止になっていたが、「ストライクとか、ボールとかいわなければ、気分が出ない」ということで、前線ではおおっぴらに英語の用語を使った。[51]このころ漢口では兵站主催で二月に剣道大会、三月に武装駅伝競走とたて続けに催し物が実施されていた。この点に関して、油隊の記録『九師二水記』は、当時「一号作戦」の準備が進行中で、漢口にはいろいろな兵団マークを付けた部隊が集まっていて、これらの催し物が作戦のカモフラージュに利用されたのではないかと推測している。[52]

華南

華南での戦闘は一九三八年十月の広東作戦で始まった。仏山近郊の大鎮に駐屯していた小林康正は三九年一月十七日に、三五会慰問品を利用し、経理班、兵器班、獣医班の三チームが野球の試合をしたことを日記に記している。[53]

中支派遣軍報道部の火野葦平は一九三九年五月に南支派遣軍報道部に配属された。火野はここでも野球チーム

図87　広東の中山大学での一コマ（1938年12月撮影）　写真提供：毎日フォトバンク

を結成した。報道部チームが勝ったときだけ記事になったことから、火野は「軍報道部チームは、ジャーナリズムの上に不敗の歴史を確立した」と自嘲ぎみに語る。実力はともかく、ユニフォームまでそろえていたというから、相当な熱の入れようである。スポーツは戦後の復興にも役立った。火野はある青年知識人から、「自分は広東から逃げてゐたのであるが、最近、広東市内で棒球（支那ではさういふ）が行はれてゐるといふことを聞き、安心して帰つて来たのです」という話を聞かされたことを紹介し、野球のおかげで「戦後復興の速度がどれくらゐ早められたか知れない」[54]と述べている。もちろん、火野は個人的な楽しみだけのために野球をしたのではない。火野は広東で居留民に「兵隊クラブ」をつくれと提唱していた。元体協理事で国家主義スポーツのイデオローグでもあった李相佰は、ちょうどこのころ在外特別研究員として北京に滞在していた。「興亜建設と厚生運動」と題する記事のなかで、李は前線の厚生娯楽問題に対する銃後の奉仕の問題を取り上げ、火野の「兵隊クラブ」が中国各地で「比較的に反響を呼び起したやうに見受けられ」、北京でも新聞紙で火野と同じ意見が主張されたものの、居留民の貧弱な財政では実現させることができなかったと論じている。[55] 戦争が長期化するなかで、士気の維持は重要な問題となりつつあった。

一九四一年三月九日、広東で往年の早慶野球選手が集まり、早慶戦を挙行した。始球式では作間喬宜《たかよし》報道部長がマウンドに立った。選手たちは「軍袴に地下足袋、戦闘帽といういでたちで真摯敢闘し、結局二対二の引分け」に終わった。この試合の様子は「日本ニュース」第四十二号として日本でも放映された。(56)

用具の供給

ここまで中国大陸で広くスポーツがおこなわれていた様子を見てきた。このほか、フィリピンなどでもスポーツはおこなわれていた。(57) 野球をはじめスポーツには用具が欠かせない。前掲の資料からは、自分でつくる、中国側の用具を使う、日本から送ってもらう（慰問品を含む）、購入する、陸軍から支給されるなど、さまざまな方法で用具が確保されたことがわかる。ここでは慰問品と陸軍による支給について詳しく検討してみたい。

戦争の長期化に伴い、皮革や金属製品に制限が加わり、日本国内でさえスポーツ用具を入手することは困難になりつつあった。一九三八年十月、ＹＭＣＡ体育主事柳田亨は、ＹＭＣＡの第五回皇軍慰問班の一員として中国に赴くにあたり、次のような所感を発表した。第一次世界大戦の際、あのアメリカでさえ戦争中に厚生運動をやることには反対があった。しかし実際にボールを持っていくと兵士に大変喜ばれ、戦闘力が増加し、ホームシックで意気消沈していた連中が元気を取り戻した。これをそのまま日本に当てはめるつもりはないが、第二回皇軍慰問班で大阪ＹＭＣＡの松葉徳三郎体育主事がスポンジボールを持っていったところ、非常に歓迎された。ボールはすぐに破損したが、犬の革で手製のボ

図88　フィリピン・ストーツェンバーグで野球をする兵士たち
（出典：松村高編『比島戦——私のアルバム』松村高、1990年）

ールをつくってキャッチボールをした。そこで今回、スポンジボールやフットボールをできるだけ多く持っていき、同時に種々のスポーツの指導をしようと計画している。スポーツは健全な娯楽となるばかりでなく、宣撫工作にも適していて、スポーツや遊戯を通して占領地の中国人と融和をはかり、文化工作の実を挙げることができる、と。[58]日本YMCAは日露戦争や第一次世界大戦、シベリア出兵に際して軍隊慰問事業を実施し、シベリア出兵の際にはスポーツも事業の一環として取り上げていた（本書一〇三ページ）。日中戦争勃発後は、日本YMCA同盟内に時局特別事業部を設置して、軍隊慰問事業をはじめさまざまな事業を展開していた。[59]スポーツと同じく外来の産物であるYMCAは戦時日本で不安定な立場に置かれていた。そのため彼らは国策に積極的に協力する姿勢を見せる必要があったのだ。

中国大陸の日本軍兵士がスポーツ用具を強く要望していたことは、一九四〇年に満洲を訪れた日本陸上競技連盟会長の平沼亮三も言及している。

ソ満国境に駐屯してゐる我が将兵は、（略）慰安方法は至つて少ない。（略）だから兵士達はたまの休日には野球の真似事をやつたり、或は所によつて籠球、排球、蹴球などやつて居るのもあつたけれど、それとてもネット一つある訳でなく僅に縄を張つて排球を試み竿を立てゝ蹴球をやるといふ程度のものであり（略）それで註文もあつてスポンヂボールやミットなどを帰つてから多少送つたが、慰問品に運動具類を入れることは守備地に在る将士をどんなにか慰めることになるか判らぬと思つた。[60]

一九三九年一月ごろ、南支派遣軍では「支那人を宣撫する一助として、又皇軍将兵慰安のため」娯楽品を仕入れるべく、報道部星野二郎伍長を日本に派遣した。星野が各方面と折衝した結果、陸軍省恤兵部からラジオ百五十台、蓄音機六百台、レコード一万二千枚、碁将棋千八百組、軟式野球具百組、相撲の締め込み五百組、フットボール、バスケットボールなどの支給を受けることになった。[61]実は南支派遣軍への娯楽品支給は、陸軍によるより大規模な娯楽品支給の一部にすぎなかった。このとき恤兵部は戦線に送るべく、大量のスポーツ用品を発注していた。その内訳は、軟式野球、テニス用品が各千七百チーム分、フットボール一万五千個、ピンポン用具八千台、アイススケート用具二千足などだった。陸軍当局はボールの製造禁止や金具の制限を考慮して、代用品でもかまわないという意向であった。

戦線でスポーツが将兵の体力鍛錬精神慰安の目的のために大規模に採用されたのは欧洲大戦当時西部戦線でアメリカ兵が野球に興じイギリス兵がフツトボールに戦闘精神を練つた前例はあるもの丶、わが国の戦史には全く未曾有のことでそこに軍当局が長期戦対応の覚悟の深さも語られる[62]（略）。

陸軍省恤兵部の「恤兵金品月報」によれば、一九三九年四月分として、卓球具四千組、バスケットボール七十五組、庭球用具千七百組、同年七月分として、野球具千七百組、同年八月分として、フットボール一万五千個、同年九月に野球具と庭球具が各五十組と記録されており、大規模なスポーツ用具購入が確かに実施されたことがわかる[63]。恤兵部によるスポーツ用具購入は四二年八月（「恤兵金品月報」は同年十月まで見ることができた）まで、毎月ではないものの続けられた。四二年を見ておくと、一月に「野球ネット用マニラ麻　外」が千四百六キログラム、二月に軟式野球用ボールが五千ダース、三月に軟式庭球用ボールが五千ダース、五月に卓球用ボールが一万五千ダース、七月は内訳は不明ながら、野球、フットボール、スケートなどの購入に約八万円が計上されている[64]。スポーツ用品の支給は、戦場でのスポーツを刺激した。

野球、相撲は大流行で各隊に対し恤兵品として野球道具が配給されてゐる。各隊対抗の試合も盛にやつてゐる。手榴弾投げの練習にもなるわけで、将兵はとても明朗で、一等兵の名投手のカーヴに悩まされて隊長殿が三振してゐる図なんか、やはり戦場ならではみられぬ微笑しい風景である[65]。

しかしながら、平沼の証言にもあるように、陸軍省からの現物支給では、とうてい現地の需要を満たせなかった。一九三九年十二月になっても、江西省の下川部隊は「野球をしたくとも道具がない」ために苦労していた。バットは木でつくったものの、ボールがない。ようやくある都市でボールを見つけたが、一個が二円八十銭もした。そこでボールをなくしたり、壊したりしたらボール代を弁償するというルールのもとで野球をやらなければならなかった。そのため「両軍とも胸のすくほど打ちたいことは打つて見たいが下手にフライでもかつ飛ばすとボールが行方不明となり忽ち二円八十銭也といふわけで」思い切って楽しむことができなかった。[66]

野球やサッカー、テニスなどに比べると、バスケットボールをする機会は非常に限られていた。池上虎太郎（慶大籠球部出身）は、「応召してから〇年と〇ケ月、其間ボールは一度も持たなかつたが満月がボールに見えたりゴールを見て走つたり矢張り籠球的良心があるんだと自負してゐる」という「バスケットの虫」だった。そんな池上が詠んだ俳句が

名月やボール懐し露営かな

であった。[67]といっても、ないのはボールだけであって、安永弘（日大水泳部出身）が「広い南支も相当歩いてみましたが未だプールらしいのに見当りません、その代りどんな辺鄙な片田舎に行つてもバスケツト・ボールの設備を見受けます。極東大会当時の支那のバスケツト・ボールが強かつた訳です」と述べているように、ゴールはどこにでもあった。[68]陸軍が支給したのは野球、テニス、サッカー、卓球の用具であり、バスケットボールが支給されることはあまりなかった。陸軍は『体操教範』でバスケットボールを採用していたにもかかわらず、である。陸軍は明らかに前線のスポーツを「娯楽」と考えていたのだ。

中国大陸の部隊にスポーツ用具やその資金を支給することは、実は日中戦争以前からおこなわれていた。一九

三二年の冬、恤兵部はサッカーボール千五百個、スケート二千組を注文した。これを北満駐在の兵士に配布して、「敵前で大いにフットボール競技や凍結した河川や雪野を利用してスケーティングを楽しましめて防寒と娯楽と体育の目的を同時に達[69]」しようとした。関東軍隷下の第一独立守備隊は三六年十月に野球用具と庭球用具に加え、野球場と庭球場の維持費の支出を報告した。野球用具の内訳は、ミット二個、グローブ十五個、バット十本、ボール四ダース、マスク二個、ユニホーム十五着、ベース一組、スパイク十五足、計二百六十五円五十銭であった。なかなか本格的である。より大規模な例としては、三七年四月、支那駐屯軍経理部が提出した恤兵金使用計画書に、庭球のボール二十五ダース、ラケット百個、軟式野球のボール二十ダース、グローブ八十個、ミット四十個、卓球のボール三十五ダース、バット（ラケット?）百四十個が計上されているのを挙げられる[70]。

恤兵金でスポーツ用具を購入するという手段もあった。一九三八年五月に関東軍司令部が提出した恤兵金使用計画には、各部隊における恤兵金の用途が記されている。映画、蓄音機、レコード、写真機、雑誌、碁盤、将棋盤、映写機、草花種子などに交じって各種スポーツ用具が列挙されているが、興味深いことに部隊によって総額と内容に大きな違いがある。三百円の映写機と百二十五円のラジオを購入した阿部部隊は総額が五百十円と最多だが、スポーツ関係の用具は購入していない。内藤部隊本部はサッカーボール二個（計十円）、小島部隊本部は卓球具一組（計五円）を購入した。岩松部隊は二百円近くをつぎ込んで、野球、庭球、相撲の用具を購入し、相撲場や運動場の整備費用まで計上していて、スポーツに非常に熱心だったことをうかがわせる[71]。

前線のスポーツに関する同時代の報道は一九四二年以降、ほとんど見られなくなる。これには二つの原因があるだろう。一つは戦況の悪化や物資の不足などにより、前線のスポーツそのものが減少したことであり、いま一つは国内でスポーツへの批判が強まるなかで、前線のスポーツを報道することがはばかられたことである。後者については、メディアが自己規制したのかもしれないし、軍の圧力があったのかもしれない。

3 国内

日本国内に目を転じると、陸軍内部でスポーツがおこなわれていた形跡を見いだすことはきわめて難しい。一九三三年の夏の甲子園準決勝で中京商業と延長二十五回の死闘を演じた明石中学の中田武雄投手は四二年二月一日に戦車第六連隊補充隊に入隊した。このとき中田と同じ部隊にいた横尾英三は「入隊直後に、野球の試合がありましてな。みんなグローブはめとんのに一人だけ、素手でやっとんのがおる。（略）中田やった。ゆるい球を投げてくれてね、楽しそうやった」と、一度だけではあるが野球の試合があったことを証言している。(72) 四二年夏の幻の甲子園で優勝した徳島商業の選手妹尾和治は、卒業後に徳島の歩兵第四十三連隊に入った。そこでは連隊同士による野球の対抗戦がおこなわれていた。妹尾の先輩で、明大野球部の投手として活躍していた林義一がいたおかげで、歩兵第四十三連隊は「滅法、強かった(73)」。この事例は、二〇年代のような連隊単位の野球が実施されていたことを示唆する。ほかの連隊でもこのようなケースがあったかもしれないが、当時の新聞・雑誌で報道されることはなかった。むしろ次のような事実が、スポーツの不在を物語っている。四四年十月のことである。

東部第四部隊（近衛騎兵連隊）の機関銃中隊に見習士官として入隊した。一ヵ月ほどして夕食後に兵隊に訓話しろと上官に命ぜられ、私は即座に「こんな素晴らしい緑の練習場で戦争の練習は当然必要だが、自分はここでラグビーをやればよいと思う」と前置きして、ラグビーの格闘の姿勢、精神は軍人精神に通ずることを説いた。あとで直ちに中隊付将校室に呼ばれ「貴官の言うことは日本陸軍の兵隊にはムリだ。気持ちはわかるが…」とやんわり叱られた。その時初めて知ったのはその人は先に慶応ラグビー部を出た下村少尉だった。(74)

以下に見る諸例は、日本国内の陸軍でもスポーツが継続的におこなわれていたことが確認できる例外的な事例である。

陸軍幼年学校

図89　バスケットボールをする陸軍予科士官学校の生徒
（出典：陸軍将校生徒試験常置委員編『輝く陸軍将校生徒 1938年版』大日本雄弁会講談社、1938年、121ページ）

一九三七年版『輝く陸軍将校生徒』は、陸軍幼年学校の遊戯について「随意運動の時間が五十分あつて、テニスもやれば野球もやる。蹴球もやる。自転車にも乗る。とても楽しい時間だ」と紹介する。また陸軍予科士官学校の随意運動の時間については、「競技は球戦が盛んだ。蹴球も籠球もやるが、試合規則は独特のもので、その猛烈なことも他に見られない位だ」と紹介し、バスケットボールの写真まで掲載している。[75]球戦とバスケットボールは『体操教範』に挙げられた種目で、いわば陸軍公認のスポーツである。これが四〇年版になると、陸軍幼年学校の随意運動は「駆歩をする者、ボールを追ふ者、或は鉄棒上で得意の大車輪をやる者、逆立もやる。蹴球もやる。自転車にも乗る。とても楽しい時間だ」と書き換えられ、「野球」「テニス」が削除された。陸軍予科士官学校でも蹴球やバスケットボールの記述が削除され、写真もなくなった。[76]さらに四三年の『陸軍幼年学校の生活』では「戦友と道場で武技を練る者、鉄棒で思ふ存分身体を錬磨する者もある。駆足をして学校の周囲をめぐつてゐる者、ボールを追ふ者、或は逆立に神技を発揮して自慢してゐる者、若人の身体は軽い。白い運動服は、縦横に運動場をかけめぐる」と、武技が加わり、楽しさよりも鍛錬が強調されるようになった。[77] これらは陸軍の各学校を受験しようと考えている子どもたちを対象とした本であり、陸軍の自己イメージの変化を反映している。

一九四〇年以降、「野球」「テニス」という言葉はなくなったものの、「ボールを追ふ者」という記述が最後まで残ったことからわかるように、スポーツは決して消滅したわけではなかった。四四年三月二日のある生徒の日記には「随意運動時、同寝室ノ者ト篭球ヲ為ス」[78] と記されている。四四年四月に大阪の陸軍幼年学校に入学した沢田実は、入学早々物置で野球用具一式を見つけた。中学生気分が抜けていなかった沢田たちは、休日ごとに野球の練習をし、ほかのクラスと試合をしたが、あるとき三年生から「貴様等は、将校生徒としての自覚はあるのか」「決戦下の日本の現状をなんと心得とるか」と叱られてしまう。沢田は内心、「使っていけないものならどうして置いてあったんだ」と思いながら、やはり悪いことをしたと反省し、以後野球をやめた。沢田は、その後、先輩、同期生とも野球をしているのを見なかったと記している。[79] しかし、四五年四月に同校に入学した前田祐吉が日々野球を楽しんでいたことは、すでに本書冒頭で紹介したとおりである。実に戦争の最末期まで陸軍幼年学校ではスポーツを楽しむことができたのである。

陸軍航空隊

陸軍幼年学校がスポーツをいわば黙認していたのに対して、陸軍航空隊では積極的にスポーツを推進していた。のちに軍神と称される加藤建夫（陸士第三十七期、一九二五年卒）は、飛行第二大隊第一中隊長として日中戦争に参加した。一九三七年の冬、石家荘にいた加藤隊長は気分転換と体力づくりを兼ねて、しばしばスケートや野球の機会を設けた。加藤の日記には、十二月三日に「愈々寒さ烈し。午前は野球大会。午後はピンポン。スケート場検分す。運動せる為心地よし」、三八年一月二日に「午前九時より野球大会、稍寒きも一同愉快に実施す。午後は余等も曹長以上にて一チームを編成し力闘す」などスポーツに関する記述が随所に見られる。戦時中に刊行された加藤の伝記は、日記を引用しながら、スポーツマンとしての側面を描写している。

図90　厳寒のなか野球をする加藤部隊の兵士
（出典：陸軍航空本部監修『軍神加藤少将写真伝記』東洋経済新報社、1943年、38ページ）

> 「戦闘は気力である。気力は強壮な体力から生れる」といふ持論の加藤隊長は、また、部下の体力を鍛へる目的で、部隊長に願ひ出て野球道具を揃へ、中庭にはピンポン台を据ゑつけてゐた。野球は陸士予科時代、水野ヶ原でユニフォーム姿の府立中学チームを相手に、軍靴巻脚絆といふいでたちで対抗した区隊チームの主将として投手盤に立つた腕前である。野球大会も、かういふ和やかな機会を通じて、一兵に至るまで、部下全員と親しまうといふ心遣ひの現れであつた。[80]

とくにスケートは「戦闘機乗りに必要な運動神経と柔軟強靭な体を練り上げるのに最も適当だ」ということで、作戦の合間に隊員総出でスケート場をつくるなどして奨励した。加藤の部下だった檜與平によれば、華北から転じて広東にいたとき、加藤は「チームワーク」「体力増強」「危機のときも自信を持つ」ことを戦技訓練の基礎としていた。「チームワーク」を重視する加藤は、撃墜数の多寡を論じる隊員に対して、「撃墜ができたのは、僚機の援助と他の人たちの上空援護の成果である。また、飛行機が戦闘能力を十分に発揮できるよう整備してくれた整備の将兵の努力のたまものであり、決して個人の功績と思ってはならない」と訓示

図91 「“重慶までカッ飛ばせ！” 酷暑の陽のもと陸鷲の勇士たちは至って元気だ、奥四川の悪天候に阻まれて爆撃休止の日など、闘志発散に部隊対抗の野球戦が始まる、打者は名爆撃手のH中尉、投手は射手のS曹長“重慶までカッ飛ばせ”と地上整備員も挙って声援だ」（1940年8月撮影） 写真提供：毎日フォトバンク

する。檜はこの訓示を、「バレーボールの試合でスパイクを決めるのも、セッターがよいトスを上げてこそ成功する。空中戦闘もこれと同じである」と、加藤が日頃から強調していたスポーツ精神と結び付けて理解した。[81]

陸軍の航空部門がほかと違うのは、スポーツを娯楽としてだけでなく、訓練の一環として取り入れ、学校などで組織的に実施していた点である。その理由は、「航空兵業ハ他ノ兵業ニ比シ、空中勤務ニ於ケル加速度及気圧ニ依ル血液偏在ノ均衡保持、平衡器官ノ能力保持、及諸筋ノ協同動作能力、並ニ窮迫姿勢ニ対応スル動作等異ナル所」[82]が多いからだった。陸軍熊谷飛行学校教官平岡寛は「一般に学生は運動体育で錬成され、操縦に必要な神経系統も発達している。習得が実に早く、現在のように短期に大量の人を空へ送るときに有利である。ことに野球をやっているものは断然優秀であり、操縦者として欠くべからざる注意力は、野球で自然にできてくる」[83]と野球を高く評価した。東京陸軍航空学校が編纂した『体操教育之参考』では応用体操のなかに球技運動の項目が設けられ、投避球、球送、籠球、排球が挙げられている。うち籠球は「大ナル全身運動ニシテ、巧緻性ニ富ミ、且一瞬ノ判断及協同動作ノ敏速ヲ要スル点ニ於テ興味深キ競技ニシテ、価値極メテ大ナリ」、排球は「同時ニ多数ノ人員ヲ以テ為シ得ル適良ナル

図92　館林集成教育隊の野球
（出典：堀山久生編『館林の空――第30戦斗飛行集団館林集成教育隊』堀山久生、2002年、8ページ）

全身運動ニシテ、微妙ナル協同動作ヲ要スル特性アリ。特ニ中年以上ノ年齢層ニ適ス[84]」と評価している。

　陸軍の航空関係の学校や部隊でスポーツをしたとする記述は少なくない。東京陸軍航空学校で学んでいた陸軍少年飛行兵第十二期生の一九四一年四月十六日の日記には、「体操でシュウ球をやった。久しぶりでやったのでとても面白かった[85]」という一節がある。同十四期生の反省日誌の四二年四月三十日の条には「「バレー」ヲ練習、大キナ音許リセシモ球アガラズ。（略）女ガヤルコトト思ッテ居タ「バレー」モ、ヤリ出セバ興味湧キヌ」、十一月九日の条には球技に対して「相互ノ連携ヲハカレ。球ヲ見捨テルナ」という注意を受け、これは球技だけでなく、何事にも通じる言葉だと記されている[86]。所沢の陸軍航空士官学校ではバスケットボール、ラグビー、サッカー、バレーボールなどが盛んだった[87]。館林集成教育隊でも兵舎前の広場で野球がおこなわれていた。「一九二隊長内藤中尉を「アンパイヤー」と英語で呼び「ストライク」「アウト」とやっていた。当時民間では「英語」は「敵性語」で排斥されていたのに、特攻隊では平気で使用して一寸世間に申し訳無い[88]」と同隊の堀山久生は記す。詩人竹内浩三は四三年九月に筑波の滑空部隊へ配属され、訓練に明け暮れていた。竹内は四四年三月二十四日から二十六日まで、「ヒルカラハ、野球デアッタ。カクベツ面白イワケデモナカッタガ、イヤイヤヤッテイタワケデモナカッタ」「朝ハ体操デアッタ。枯草ノ上デ、デングリ返ッタリ、トンダリハネタリシテイタ。蹴球ヲシタ。面白カッタガ、体ガエラカッタ」「ヒルカラ、飛行場ノ枯草ノ上デ蹴球ヲシタ。裸デアッタ。ボールヲ小脇ニ抱エテ、トット、トットト走ッテイタ」[89]と三日連続で野球や蹴球（ラグビー）をしたことを日記に記している。

図93　1939年1月の「少年倶楽部」はバッターボックスに立つ傷痍軍人を表紙に取り上げた
（出典：「少年倶楽部」1939年2号、大日本雄弁会講談社、表紙）

陸海軍でも航空関係の方から最近庭球部会への申込が相次いで居るのは面白い。例へば立川陸軍航空研究所とか、海軍の方では土浦海軍航空隊とか土浦海軍航空廠等で、その申込要旨は軍事的見地より体育作業極めて旺にして緊急なる処、今般庭球コート二面新設せられ候云々と云つたものである。慶応の山川恵三郎君が卒業後土浦に入隊し有名な闘球の選手に選ばれて活躍した等は庭球が決してほかの運動に劣るものでない一証左である。[90]

これは一九四三年夏の「日本庭球」に掲載された記事である。「日本庭球」は一九四二年十一月に「庭球が婦女子の行ふ可き競技でありとされ、真に男子の行ふ可きものではない」という観念を正し、「新に日本特種の庭球を樹立」することを目指して刊行された雑誌で、庭球が高度国防国家の建設、そして戦争に役立つことを必死でアピールしていた。[91]陸・海軍の航空部門の庭球熱はテニス界を大いに元気づけたことだろう。しかしながら、それは陸軍首脳部のスポーツ観を変えるまでにはいたらなかった。

陸軍病院・工廠

一九三八年八月二十一日、陸軍戸山学校のグラウンドで、臨時東京第一陸軍病院の傷痍軍人による野球試合がおこなわれた。

> 白衣勇士の職業戦線への雄飛が相踵いで伝へられる折柄、東京第一陸軍病院の鉄脚チームと神経チームとの野球試合が廿一日午前陸軍戸山学校グラウンドで行はれた。何れも北、中支の野に名誉の戦傷を負うた勇士許りだが、不自由な義肢を蹴つてグラウンドの勇士振りを遺憾なく発揮、精神創痍治療の目的は見事に果された。院長三木〔良英〕中将以下各病棟から出動した白衣勇士が芝生スタンドを埋めて熱心に観戦、試合は鉄脚軍（義肢チーム）の先攻で開始、市本上等兵が金属製の作業義肢を引摺つてボツクスに立てばスタンドの鉄脚軍応援団から爆弾のような声援だ。劈頭の大飛球を神経軍（軟部盲管銃創による神経麻痺チーム）の足立左翼手転びながら素手で捕へるの美技、軍医も応援団も涙ぐむファイン・プレーが続出する。(92)

結果は八対〇で神経軍が大勝した。野球の試合で敗れた鉄脚軍だが、軍医の話によると「初めは杖をついて歩いても危かしかつた連中だが、義肢を着けて僅か二ケ月、今ではランニングでもバスケット・ボールでも銃剣術でも自由にやつてゐます、何でも出来るという自信、その張切る精神力は恐ろしい位です、さうした自信を増させるには野球のやうな全身運動が一番いゝのです」と、精神面でのリハビリに大きな成功を収めていた。もちろん軍人として戦場に戻ることはできなかったが、職業戦線で新たな戦いを始めるにあたってスポーツは彼らに大きな自信を与えたのだ。言い換えるなら、彼らはスポーツによって男らしさを（完全ではないものの）取り戻すことができたのである。

彼らの「活躍」を喜ばない人もいた。早大競走部の田中弘によれば、

> 昭和一四年ぽかぽか暖くなりはじめた春、グラウンドの隣、東京第一陸軍病院の裏の鉄条網を倒し、境界の

溝に板をわたして白衣の傷病兵達がグラウンドに入り込むようになった。はじめは散歩がてら練習風景を見ている情況であったが、俺達も機能回復にと、野球をあちらこちらではじめ、走路にテニスコートを二面も作った。[93]

こうして傷痍軍人はグランドを「侵略」してしまった。その後、田中が投げた円盤が傷痍軍人を慰問にきた女性に当たるという事件が起き、それがもとで陸軍省が傷痍軍人の運動場への出入りを禁止し、一件落着した。

傷痍軍人によるスポーツの競技会はたびたび開かれた。一九三九年の陸軍記念日には学習院の生徒三百四十人が臨時東京第一陸軍病院を訪れ、六年生の「学習院チーム」と「十七外科チーム」の野球試合を観戦した。学習院チームには、野球好きの賀陽宮恒憲王の息子、治憲王がいた。[94] 三月十九日には陸軍戸山学校で将兵慰問体育大会が開かれ、臨時東京第一陸軍病院からも多くの選手が出場することになっていた。[95] 四一年四月に開かれた同病院の野球大会には十三チームが参加して熱戦を繰り広げた。[96]

中国大陸の陸軍病院でも傷痍軍人は野球を楽しんだ。関東軍奉天病院の五竜背分院には農業部、野球部、園芸部があった。一九四四年七月時点で六十五人の患者がいて、うち野球部に二十人、農業部に二十人、園芸部に十人が所属していた。野球部は毎日午後に野球をし、一週間に一、二回ほどおこなわれる部対抗や五竜背部落の青年たちとの試合では、患者は原則として全員見学して応援することになっていた。[97]

陸軍病院でのスポーツは日中戦争以前からすでにおこなわれていた。一九三四年十一月、福知山衛戍病院は「還送患者慰安並娯楽設備ノ為メ」受理した恤兵金でキャッチボール、ベビーゴルフ一式などの購入を申請した。三五年四月、新京衛戍病院は、「職員以下並ニ患者ノ健康増進、治療促進ノ為メ」、テニスコート二面の新設（費用は六百円）を申請、新站衛戍病院は三六年四月に野球用具一式、同年十月にスケートとピンポン球の購入を申請した。[98] このように国内外の陸軍病院（衛戍病院は旧称）では、テニス、野球、卓球、バスケットボール、バレーボール、スケートなどの用具が設置され、なかでも卓球は「戦傷勇士の外科的療法に偉大な効果を表はしてゐる」といわれていた[99]。

患者だけではない。軍医や衛生兵も野球に加わった。

○○病院長として傷病兵の収容治療に寧日のない三宅幹部隊長は、白衣の勇士の看護にあたる衛生部隊の将兵の身体が虚弱では申訳ないといふ見地から、戦場にあつても絶えず部下の体位向上を奨励してゐるが、その一例として、有志をもつて野球ティームを組織し、多忙な軍務の中、昼食後の一と時を割いて毎日野球の試合だ。院内における試合はひとり体位向上のみならず、入院中の白衣の勇士の慰安にもなり、一石二鳥の名案である。けふも暖かい新春の陽ざしがさん〳〵とはね返る広い病院の芝生で試合が初まつた。味方の不振に気をいらいらさせてゐた部隊長が「ようし、俺がホームランを飛ばすから見とれ（略）」と勢ひよくバッターボックスに立つたまではよかつたが、三振で惜しくもアウト[100]。

軍医に体力が必要なことはいうまでもない。しかしここでは体位向上の理由として、白衣の勇士に対して「申訳ない」ことが挙げられている。これはどういうことだろうか。軍医や衛生兵は軍人としては亜流の存在である。つまり、軍人のなかでは男らしさに欠ける存在である。しかし、傷痍軍人に対してであれば、彼らは引け目を感じずにすんだ。傷痍軍人の前で野球をしてみせることで、彼らは男らしさをいくらかでも回復できたように感じ、自信を持って本来の業務に励むことができたのではないか。

小仲正道は一年間戦地にあったが、病気のため後送され、「満洲国」新京の北支派遣軍岡田訓練隊（満百四十五部隊）で敗戦までの約二年間を過ごした。

岡田隊ほど凡ゆるスポーツに長じた部隊は他に比を見ない。精鋭な訓練隊だった。数々のスポーツの内ラグビーほど敏捷、果敢、旺盛な気力で終始流動する激しいスポーツはないであろう。隊では、当時既に二チームが編制され、寺田、望月両班長殿が両チームの主将として練習が積まれていた。千代田公園のグランドで前後列に分れ両チームを応援したものだ。甲子園球場のようになつているグランドの観覧席に陣取り、両応援団は団長指揮のもと軍歌北支派遣軍の歌を駆足軍歌調で盛んに声援した。隊長殿自ら上半身裸体、半袴下姿で陣頭に立ち、一個のボールを中心にスクラム戦から試合が開始される。楕円形のボールを小脇に抱え、敵陣地に突入するが、これを阻止せんと争奪戦が繰返される。歓声が湧く時、既にボールはリレーされて、これを追う熱戦が展開されトライされる寸前、最高潮に達す。その間入り乱れてボールを追う、運ぶ、激しい流動は正に壮歓（ママ）で男性的な超人スポーツだ。斯くして練習に練習を積み、在満各地のチームとの試合にも幾度か遠征して実力を磨き、ついに満洲国最強チームとして令名、その名も高き隣接する満洲医大チームと対戦の日が来た。この日は暑い日差しのグランドで開始され、善戦よく健斗（ママ）したが一勝二敗で涙をのんだが、短時日の間に最強チームと対戦できるまでに成長した。影には隊長殿の卒先陣頭指揮と旺盛な軍人精神の発露であった。選手の五体には何時も赤チンの跡が痛々しく、激しい練習を物語っていた。[101]

小仲は繰り返し岡田隊の男らしさを強調する。だが、「精鋭な訓練隊」という表現自体、すでに自己矛盾を含んでいる。というのも、精鋭な部隊であれば直ちに前線に送られるはずだからである。病気やケガで前線に立てないからこそ、訓練隊に編入されたのだ。傷ついたプライドを取り戻すために、岡田隊は最も男らしいスポーツに全力で取り組んだ。それは傷ついた身体にはかえってマイナスであったかもしれない。しかしそうすることで、自らの男らしさを確かめることができたのだ。

次に工廠関係を見ていこう。陸軍の工廠で早くからスポーツがおこなわれていたことは、一九二一年春の関東実業野球大会に砲兵工廠が出場していることからもわかるが、詳細はなお明らかではない。[102]三八年十一月に開かれた第一回日本厚生大会で陸軍省整備局の石光栄主計少佐は、陸軍作業庁の状況を次のように報告した。

野球とか蹴球とか庭球とかバスケット、バレーボール、これ等は何れも結構でありまして、私の方の工場に於きましても中々盛んにやつて居るのでありますが（略）陸軍の工場と致しましては事変後設備拡張をやつて居りまして、従来これ等慰楽に使つて居りました場所迄も取り上げて設備を拡張すると云ふ結果になつて居るのであります。(103)

これまで娯楽に使っていた場所がなくなったことから、石光はあまり場所をとらない「ガーデンテニス」なるものを考案した。一九四〇年度（昭和十五年度）の『陸軍兵器廠歴史』によると、兵器廠では「体力ノ維持増進」のため、作業時間中に体操や武道の修練を実施するとともに、休憩時間に各自が卓球、庭球、野球、排球、弓術をおこなっていた。(104)

一九四四年春から学徒の勤労動員が本格化するが、彼らのなかにもスポーツを楽しんだ経験を持つ者がいる。北野中学野球部の鈴木浩は、在学中の四三年五月に野球部が廃部になるという憂き目を見たが、四四年春から四五年六月まで勤労動員で過ごした大阪桜島の陸軍兵器補給廠では、「体を鍛えよう」という若い大尉のかけ声のもと、毎日昼に軍人対学生の野球試合を楽しんだ。用具も一通りそろっていた。投手だった鈴木は「いったいどれだけ投げたのか。補給廠にいる一年以上の間、毎日、投げまくった(105)」と証言している。

以上、陸軍内部のスポーツの状況を見てきた。結局のところ、陸軍にとってスポーツは単なる娯楽にすぎなかった。そのため軍隊教育のなかにスポーツの痕跡を見いだすことは難しい。逆にいうと、軍人としての男らしさを要求されない人たちは、スポーツを許されていた。病院や工場は説明するまでもないだろう。

陸軍幼年学校は将校の卵を養成する学校ではあったが、第2章第2節で論じたように、軍人としての男らしさはまだ強く要求されなかった。ただ、いずれの場合も、生産能率の向上、不満のはけ口、精神的・肉体的リハビリ、発育期の生徒に対する配慮などの目的が伴っていた。戦時には、楽しみのためだけの娯楽は許されていなかったからである。

しかし、同じ軍人でも、国外で実戦に参加している軍人には娯楽が許されていた。それは士気の維持のためにも必要不可欠な措置だったし、国外であったがゆえに国内の士気に影響を与える心配が少なかったからでもあるだろう。あるいは、河野仁が指摘するように、前線では階級の上下関係が緩やかになり、軍隊組織が「民主化」する傾向があったことも関係があるかもしれない。(106)前線のスポーツの記事では上下に関係なく楽しむ様子が強調されることが多いのもそのためだろう。

一方、航空関係の軍人には、全く異なる男らしさが求められた。それは航空戦の性格によるものであり、スポーツに寛容だった海軍でも、とくに航空部門はスポーツをきわめて重視していた。

4 民間スポーツ界との関係

大日本体育協会とその周辺

一九三六年五月、陸軍省医務局長小泉親彦は徴兵検査の結果に基づき、壮丁の体位が低下しているという衝撃的な「事実」を発表した。これが事実ではなく、統計処理上のフィクションであったことは高岡裕之が指摘するとおりである。(107)一方で壮丁体位低下問題を契機に、陸軍が民間のスポーツ界との関わりを強めていったことも事実である。

一九三六年十二月、大島又彦陸軍中将が体協会長に選出された。体協の会長職は三三年十月に岸清一会長が死去してから空白が続いていて、近衛文麿や松平頼寿（全日本馬術競技連盟会長）の名が挙がることはあったが、なかなか決まらなかった。三六年十二月十五日の理事会で会長に推薦されたのは日本ヨット協会会長竹下勇海軍大将であった。しかし、竹下が固辞し、副会長の平沼亮三も固辞したため、大島専務理事が「昇格」した。(108)こうした経緯からわかるように、予備役であった大島中将の会長就任は、陸軍によるスポーツ界への干渉と見ることはできず、また体協側に陸軍と関係を強化しようという積極的な意図があったわけでもない。ただ、結果として、両者の関係が深まる契機になったとはいえるかもしれない。

一九三七年六月十九日に体協は体育振興調査委員会（原案では「国民体位向上委員会」）を設置して、国民体育振興の具体策を検討し始める。実はその前日、体協は小泉親彦を迎えて、国民体位向上とスポーツに関する座談会を開いており、体協の「国民体育」が陸軍の支持のもとでなされたことが推察される。(109) ちょうどこのころ東京朝日新聞社は、小泉親彦、陸軍戸山学校長鷲津鈆平、海軍医務局長高杉新一郎らを招いて「国民体力向上座談会」を開催し、その模様を六月二十四日から七月十日まで連載していた。日中戦争が始まったまさにその時期に、国民体育をめぐって軍とスポーツ界の関係は強まりつつあった。そして戦争の勃発が両者の関係をさらに強化していくことになる。

さらにスポーツ界はスポーツそのものが戦争に貢献することをアピールする。一九三七年十月から「東京朝日新聞」に連載された「スポーツマン奮戦録」はそうした試みの最初のものであり、同種の企画は三九年の「戦線のスポーツマンから」や四〇年「戦争とスポーツマン」で繰り返される。日中戦争勃発直後、安川伊三は戦時下のスポーツに関して次のように述べた。

> 幸にも世界に周知の名選手達が出征の栄を荷ふ様な事があつて、抜群の戦功を立てとるか《ママ》、万一戦場の露と消える様な事が起れば、国民一般のスポーツに対す考《ママ》、ひいては政府のスポーツに対する態度も、現時とは亦もつと変つたものになつて来るに違ひない。スポーツ名選手の戦死！それは全世界にセンセイションを起すに違ひない。(110)

すでに安川の文章が出る前に、職業野球名古屋軍の後藤正選手が戦死していて、「読売新聞」は「バットを剣にかへて颯爽と活躍した〝職業野球の華〟」(111)とたたえていた。そして安川の文章と時期を前後して、多くのスポ

表7　スポーツ選手の戦死記事一覧

新聞掲載日	名前	出身校(所属)	競技名	備考
1937年8月6日	後藤正	名古屋軍	野球	
1937年10月2日	都志悌二	明大	ラグビー	主将
1937年11月18日	中尾長	明大	野球	主将
1938年4月28日	永井武雄	慶大	野球	
1938年5月10日	矢田部勇治	日大高師部	レスリング	ベルリン・オリンピック候補
1938年6月24日	下村秀	早大	ボート	
1938年7月23日	土井修爾	早大	水泳	ロサンゼルス・オリンピック(水球)
1938年9月2日	鶴田勝次	早大	野球	追悼試合（永井・鶴田）
1938年10月2日	植木剛	法大	ラグビー	
1938年10月7日	入江盛夫	帝国拳闘会	ボクシング	
1938年10月10日	蔀正義	京都帝大	卓球	
1938年10月28日	緒方芳郎	法大	ラグビー	
1938年12月14日	荒木文雄	東京商大	蹴球	
1939年1月12日	松本次郎	京都帝大	籠球	主将
1939年2月17日	原崎武	東京文理大	蹴球	主将。ベルリン・オリンピック候補
1939年3月10日	木南勝三	帝国拳闘会	ボクシング	追悼試合（入江・木南）
1939年3月16日	新井慶一	明大	排球	主将。追悼試合
1939年5月12日	斎藤盈夫	早大	ボート	ロサンゼルス・オリンピック
1939年6月10日	梶上初一	慶大	野球	主将
1939年7月14日	前田守之助	一高	籠球	マネージャー
1939年7月16日	鈴木聞多	慶大	陸上競技	ベルリン・オリンピック
1939年7月17日	根上博	立大	水泳	ベルリン・オリンピック
1939年8月12日	佐伯喜三郎	早大	野球	主将
1939年8月16日	立岩袈裟松	東京商大	ボート	
1939年8月22日	水野正二郎	慶大	籠球	
1939年8月26日	佐藤正雄	早大	野球	追悼試合（佐伯・佐藤・久慈次郎）
1939年9月8日	山本健一	同志社大	籠球	
1940年1月11日	落合正義	明大	陸上競技	ロサンゼルス・オリンピック
1940年2月10日	阿武巌夫	中大	陸上競技	ロサンゼルス・オリンピック
1940年2月16日	中村邦衛	早大	ボート	
1940年6月20日	柿崎兵庫	拓大	ボート	マネージャー
1940年6月20日	徳永恒之介	一高	ボート	
1940年8月31日	北沢ほか		ボクシング	追悼試合（11人）
1940年11月17日	田所武	明大	野球	追悼試合
1941年10月23日	山内政治	東京文理大	排球	主将
1942年1月11日	大江季雄	慶大	陸上競技	ロサンゼルス・オリンピック
1942年5月20日	山下勝	専大	陸上競技	
1944年12月15日	三輪八郎	阪神軍	野球	

（出典：「読売新聞」をもとに作成）
＊初出記事だけ採録した
＊武道、相撲は採録しなかった

ーツマンの戦死が新聞で報道されるようになる。表7は「読売新聞」に掲載されたスポーツ選手の戦死と追悼試合の記事の一覧である。野球選手に関するものが多く九件、以下、ボート六件、陸上競技五件、バスケットボール四件と続く。記事の数は一九三九年が最多で、その前後の年にも数多く見られる。[112]

「国防競技」の誕生は、このような軍とスポーツの新しい関係の産物である。織田幹雄によれば、織田がドイツの新聞や雑誌に載っていた国防競技のことを大島鎌吉（大阪毎日新聞）に紹介し、中沢米太郎（大阪商大）を加え三人でお茶を飲みながら、日本でもやってみようということになった。[113] ヨーロッパ各国の国防訓練、陸軍戸山学校の『体操教範』、青年訓練所の教練などを参考にして草案を作成し、一九三七年十月二十日に大阪府立青年学校教員養成所主催の大阪府下青年学校「国防スポーツ」大会で披露された。草案作成には、第四師団司令部付の北条藤吉中佐も加わった。十一月二十三日には大阪毎日新聞社の主催で、大阪府下青年学校国防スポーツ第一回競技会が西宮球場で開かれ、百六校から約千人が参加した。翌年は第一回関西青年国防体育大会として、百三十四校から千九百三十人の参加を得て開かれ、陸軍戸山学校からは外園進と高園繁が参観に訪れた。一方、東京では北沢清が中心となって三八年五月十五日に東京日日新聞社主催で第一回関東地方青年学校国防体育運動大会が開かれていた。六月十九日には国防体育訓練の要目を制定するための委員会が開かれ、軍からは海軍省

図94　元早大主将の佐伯喜三郎は、有名スポーツ選手のなかでは早くに応召、戦死したこともあり、その活躍は多くのメディアで報道された。佐伯の活躍はしばしば野球の能力と結び付けられた
（出典：「アサヒスポーツ」第18巻第5号、朝日新聞社、1940年5月、22ページ、「東京朝日新聞」1937年11月22日付）

人事局第一課の浮田信家、陸軍戸山学校教官の河野省介、第一師団司令部付の重松徹、陸軍省人事局徴募課の土井元武が出席した。最終的に国防体育訓練は「国防競技」という名に改められ、三九年の明治神宮大会から正式種目として実施された[114]。

国民体位の向上と国防の充実をはかるべく、一九三九年八月に体力章検定が制定された。同検定は「大日本連合青年団、陸軍戸山学校、全日本体操連盟等の検査標準を基礎として」、厚生省体力局の栗本義彦が中心となって作成した。北沢清の回想によれば、栗本は「前年〔一九三八年〕からひたすらこの仕事に打込み、陸軍戸山学校の意見を聴いたり、母校東京高師体育科の協力を得たりして案画し」たという。四三年に厚生省鍛錬課長宮脇倫はある座談会で体力章検定制定のころを振り返り、「あれを決める時は相当軍の方との連絡が多かつたのです」と語っている。そもそも体力章検定が青年男子だけを対象とし、初級合格が徴兵検査の甲種合格者を標準としていた点からも、また体力章検定の内容が陸軍戸山学校の運動能力テストの系譜に連なることからも、陸軍の意向がかなり反映されていると見て間違いないだろう[115]。

一九三九年九月に「満洲国」の首都新京で日満華交驩競技会が開催された。日本のサッカー代表は、中華を三対〇、「満洲国」を六対〇で下した。フォワードで出場した慶大の二宮洋一は、この試合について戦後にこう語った。

あの当時は、軍がいちいち口を出すんですよ。『あまり点を入れるな』と言う一方で、『負けろ』とは言わず、『勝て』といった具合にね。そんな話が、サッカー協会の上のほうにはいくわけですよね。極端に言えば、八百長ですよ。サッカーの国際試合をするにも、国策上、いろいろあったみたいです[116]。

日本は民族の優秀性を示すためにも勝たなければならなかったが、東亜新秩序の友好的関係を演出するためにはあまり点差が開きすぎてもまずかった。そこでこのような指示が出されたというわけである。

国防競技の生みの親の一人で、東京日日新聞運動部副部長であった北沢清は、一九三九年のスポーツ界を振り返って次のように述べる。

国防競技は今年のスポーツ界に鋭角的な存在を明瞭にしたと同時に、スポーツ観衆量の多寡は必らずしもスポーツの普及を測る物指とならないことを示唆したものといへよう。軍部方面ではかゝる視角からスポーツ界に向つて積極的な関心を払ひ出したが、単に国防競技に止まらず、国防能力増強に必要なスポーツを、一言にしていへば戦力増強に直接的に効果の多い銃剣術を初め射撃、馬術、水泳、スキー、自転車等の運動競技を重視すると共に、スポーツ界に対して軍部が直接間接に示したこの一年間の指導協力振りは従来にみられないほど熱が籠つてゐた。(117)

図95　文部省体育運動課長時代の北沢清
（出典：「新武道」第1巻第5号、新武道刊行会、1941年8月、29ページ）

北沢はもともと国家主義的なスポーツに共感していて、日本自転車連盟専務理事としていち早く明治神宮大会の自転車競技を軍事化していた。一九四一年五月、北沢は文部省体育局運動課長に抜擢され、学生スポーツ界をよりいっそう戦争協力へと導いていく。機を見るに敏な北沢は、陸軍に行くときは陸軍の服装で陸軍式の敬礼をし、海軍に行くときは海軍の服装で海軍式の敬礼をするなどして、軍と良好な関係を維持していた。銀輪部隊の提言をしたのも北沢だった。(118)

一九四一年四月以降、健兵対策が問題となるなかで、壮丁の供給源となる民間社会、とりわけ学校の体育に陸軍は強い関心を持つようになる。陸軍のこうした変化については、同年七月に開かれたある座談会で「最近、所謂健兵対策といふことがはつきりして来たから、軍が民間のやることに力も借してくれ、乗出してもくれるやうになつたのですが、従来はもう絶対に、軍は軍、民間は民間で、総力戦ではなかつたのです」[119]と指摘されている。陸軍省兵務課長の児玉久蔵が体協参事に選出されたのは、まさにこのようなときであり、スポーツ批判を繰り広げる児玉の圧力で、体協は根本的な変革を迫られることになる。

一九四一年秋からスポーツ界再編へ向けた動きが加速し、体協に代わる総合的体育団体設立に向けて厚生省主催で官民懇談会が開かれた。その席上、田中隆吉兵務局長は「従来の複雑にして弊害続出の各種団体を刷新、整理統合し、その組織に当つては所属団体を国家目的に強力に統制し得るとともにその指導理念を確立し国民必須の重要種目を十分に普及発達せしめること、また新団体は命令二途に出で実行機関がその方途に迷ふことのないやう、また所属団体は従来の性格のまゝ放置することなく精神、内容ともに大刷新すること」[120]という要望を提出した。厚生省人口局長武井群嗣によれば、この懇談会は権限縮小を恐れる文部省と、「武道団体をも併せて統合すべし」と主張していた陸軍省とのあいだにあった厚生省が主導性を発揮すべく開いたもので、文部省に対して協力を、陸軍省に対して主張の撤回を要請したという。また、スポーツ団体側は軍の監督下に移るのを恐れていたとも証言している。[121]

陸軍は学校の教練や体育にも改革を迫っていた。一九四一年八月二十九日に陸軍現役将校学校配属令が改正され、大学学部での教練が必修となり、その成績は進級や卒業に影響を及ぼすことになった。また軍司令官、師団長が学校教練の細部に関して補導できるようになった。この改正を受けて文部省では十一月に学校教練教授要目を改正した。陸軍省兵務局は学徒体育組織の改革にも関与していた。田中隆吉は学徒体育を一元化すべく大日本学徒体育振興会を設立しようとしていた文部省の懇談会のメンバーだった。[122]

一連の改革の結果、まず一九四一年十二月に大日本学徒体育振興会が成立した。ついで四二年三月に大日本武徳会が改組され、新しい大日本武徳会が結成された。さらに同年四月に大日本体育会が誕生し、大日本学徒体育振興会をその下部組織とした。陸軍はこれら一連の改革のなかで、体育・スポーツ・武道界に干渉した。大日本武徳会剣道部会長に就任した木村篤太郎は、人事をめぐって田中兵務局長と激論を交わし、軍の要求を退けた。

大日本銃剣道振興会が武徳会に入らなかったのは、藤沼庄平によれば、「武道の本山は陸軍だというので審査は陸軍でする。会はその称号の証書を出せと、兵務課長児玉大佐を通じて申し込んできた。会はこれを拒絶しました。横暴にして非常識極まるものだった」からである。坂上康博が指摘するように、新団体設立にあたって軍の要求がすべて採用されたわけではなかったが[123]、強く干渉したのは事実だった。

スポーツ界の立場は武道界に比べると圧倒的に弱かった。全日本陸上競技連盟は一九四二年十月に大日本体育会陸上戦技部に改組され、国防技能の充実と総合体力の錬成を二大目標とし、従来のオリンピック主義と決別した。新役員には理事として兵務課の河野省介、陸軍戸山学校の村岡安、そして師尾源蔵らを迎えることになった。戦場運動連盟の役員として理事入りした師尾は、高度国防国家完成のためには軍政を敷くべきで、武道体育行政は陸・海軍が掌握すべきだと、軍よりも過激な主張を展開していた[124]。日本山岳連盟は四一年八月の理事会で人事を刷新し、参与・参事は陸軍軍人と官僚で占められることになった。さらに十二月に同会は大日本体育会行軍山岳部に改編され、部会長に鈴木春松中将、副部会長に大野宜明少将が就任、このほか陸軍戸山学校の野地嘉平、森村経太郎、兵務課の児玉久蔵、情報局の井上司朗らが準備委員として新部会の設立に関わり、「半軍事組織化」した[125]。

陸軍とスポーツ界の関係が緊密になっていたことは、陸軍戸山学校の温品博水が「学徒体育のみならず一般体育も国運急なる傾向にあり、漸次総力戦は軍事訓練に近い型のものに変りつゝあり、自分も御茶の水にある日本体育協会に少くとも一月に一回は招かれ、体育界の会合に色々と話合ふ機会が増して忙しかった」と証言していることからもわかる。スポーツに理解のあった温品だが、スポーツの軍事化に手を貸したことに後ろめたい気持ちがあったのか、戦後の回想で「段々軍事訓練に近い型のものは残り其他は衰亡して行ったことは已むを得ないと思われる」と弁解している[126]。

ちなみに、海軍も一九四一年ごろから民間スポーツ界の「指導」に乗り出し、四一年七月二日付の官房第三千六百十九号で、海軍省軍務局第四課（「海軍軍事関係団体ノ指導ニ関スルコト」を管掌する）が漕艇協会、ヨット協

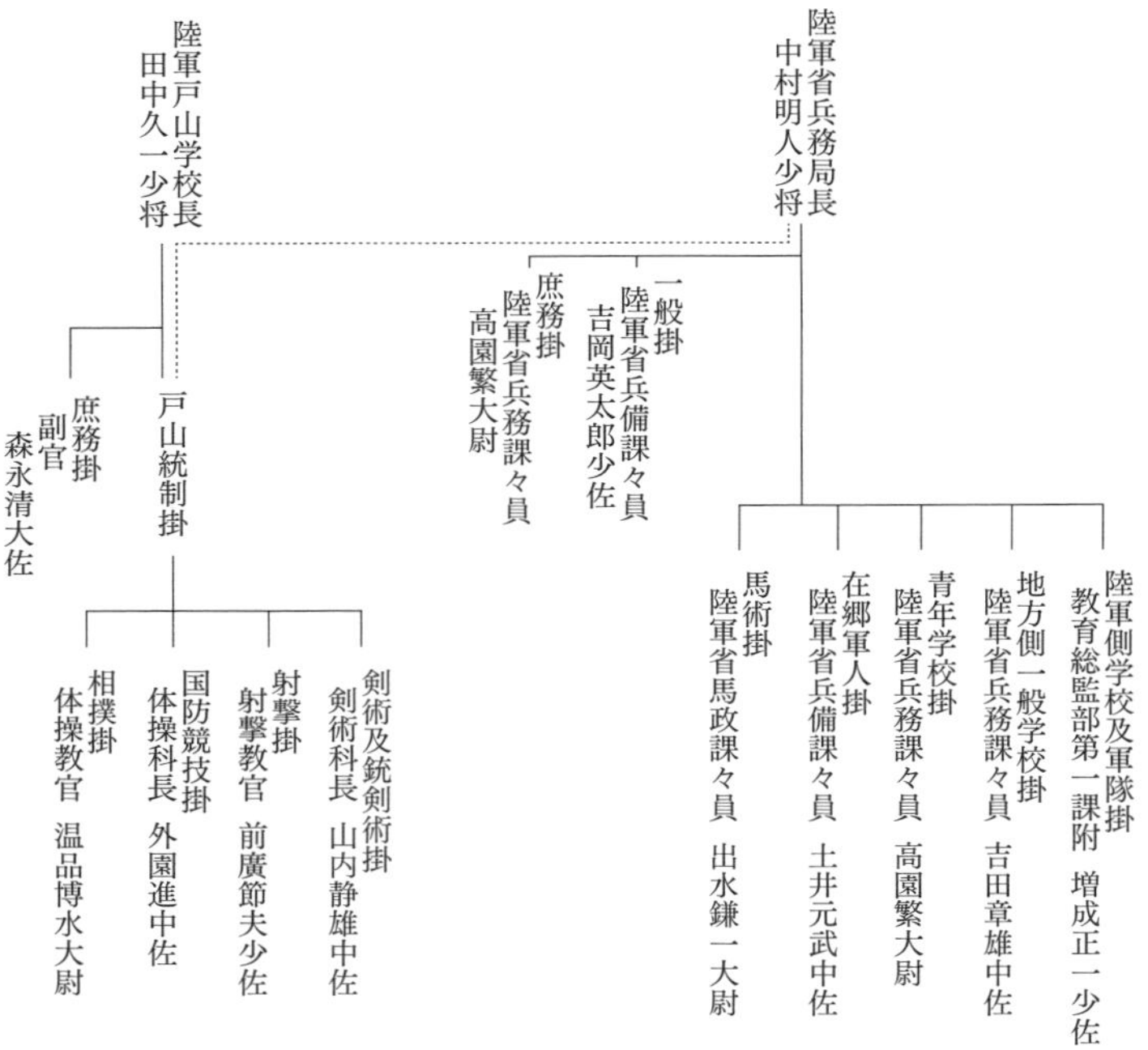

図96　明治神宮大会組織図（著者作成）

会を、教育局第一課が「大日本青少年団、大日本海洋少年団、海洋学生団、学校報国団、部外学校学徒関係団体、大日本体育協会、銃剣術振興会、武徳会、講道館、其ノ他体育団体」を指導することが確認されている。(127)

明治神宮大会

日中戦争開始後まもない時期に開催された一九三七年の第九回明治神宮大会では、騎兵第十六連隊長の賀陽宮恒憲王が総裁をつとめた。賀陽宮は「現下ノ時局ニ思ヒヲ致シ銃後国民トシテノ決意ヲ鞏ウシ尽忠報国ヲ神明ニ誓ヒ恒ニ其ノ覚悟ヲ以テ各人ノ職分ニ一層恪洵センコトヲ切望ス」という言葉で令旨を結んだが、明治神宮大会で戦時色や軍事色が強まったわけではなく、大会はこれまでとほぼ同じ形式で開催された。(128) 三八年二月に挙行された冬季大会では番外競技として軍隊競走がおこなわれたものの、出場したのは予備役のものばかりで、陸軍が直接関与した形跡はない。(129)

一九三九年の第十回大会より、主催者が明治神宮体育会から厚生省に変わった。陸軍は「本務ニ支障ナキ限リ勉メテ之ニ協力シ国民体位ノ向上ニ資スルコト」という姿勢に転じ、陸軍省兵務局と陸軍戸山学校は図96のような体制で明治神宮大会に臨んだ。[130]このほか、大会顧問に陸・海軍大臣、そして新設の参与に、陸軍省兵務局長、同医務局長、陸軍戸山学校、海軍省教育局長、同医務局長、海軍砲術学校長が名を連ねた。新たに大会に採用された国防競技、銃剣術には多くの陸・海軍人が関わった。冬季大会のスキーも、今回は現役軍人が参加した。皇紀二千六百年の記念大会でもある四〇年の第十一回大会は空前の規模で実施されたが、軍人の参加という点でも空前の規模であった。多数の軍人選手が参加しただけでなく、大会委員として多くの軍人が関わった。

陸・海軍、とりわけ陸軍が明治神宮大会のあり方にまで口を挟むようになるのは、一九四一年の第十二回大会からである。同年九月十三日に秋季大会の実施種目が発表され、卓球、ハンドボール、重量挙げ、ホッケーが大会種目から外され、滑空訓練と行軍訓練が加えられた。実はこの発表の三日前に参与会が開かれ、①基礎的体力の練成をはかるとともに国防的・訓練的種目に重点を置くこと、②広く国民各方面の体育を実施し、性、年齢、職業などの別に対し国家が奨励する体育を範示すること、③国民のあいだに広く普及性があるものを考慮すること、④時局に鑑み大会期間を努めて短縮すること、⑤以上の趣旨により種目の選択は特に厳選すること、という運営方針が定められた。これは従来の明治神宮大会からの大きな転換であった。参与会には陸軍省兵務局長田中隆吉、海軍省教育局長徳永栄が出席していて、陸軍の意向を汲んだうえでの決定であったと推察される。[131]さらに今大会では、従来の顧問、参与だけでなく大会委員に陸軍報道部長、陸軍省兵務課長、同交通課長、海軍省軍務局第四課長、同教育局第一課長が加わり、軍がより実質的に大会運営に関与できる体制が整えられた。[132]

一九四三年には、東条英機首相が大東亜共栄圏をスペクタクル化するために明治神宮大会を利用した。東条は大東亜会議に合わせるべく、厚生省に日程をずらして開催するよう指示した。明治天皇の誕生日である十一月三日を外すことに対して、大会企画担当者であった厚生省健民局の加藤橘夫は「根本精神の破壊だ」と強く反対したが、結局従うほかなかった。政府と軍による干渉は明治神宮大会の性格を根本から変えてしまった。[133]大会の企画係の名簿を見ると、加藤橘夫以下、角田市朗、森永清、村岡安、鬼束鉄夫、大迫隼夫（略）と陸・海軍の軍人がずらりと並んでいる。[134]加藤自身はスポーツが独自の意義を持つと考えていたが、[135]森永、村岡ら陸軍の軍人はスポーツに批判的だった。この大会が武道、体操、訓練に終始し、スポーツが完全に排除されたことからも、陸軍の影響力を見て取ることができるだろう。加藤はこうした干渉に耐えられず、辞職を決意、文部省体育局訓練科長北沢清の斡旋で、東京帝大の学生主事に転出した。(136)

図97　外園進
（出典：前掲『卒業記念写真帖』）

ホッケー

ホッケーは陸軍戸山学校が中心となって普及させたスポーツで、同校は一九三〇年代半ばまでホッケー界をリードし続けた。たとえば同校の関係者で組織された戸山倶楽部（大和倶楽部）は、三三年度の関東予選決勝（事実上の全日本選手権決勝であった）に進出している（慶大に〇対四で敗れる）。このときのメンバーには、大寺三郎、村岡安、温品博水らがいた。三五年度は関東選手権のリーグ戦で七勝一敗一分けでクラブチーム二位の成績を収めている。同年度の大日本ホッケー協会役員は、副会長に加藤真一、名誉理事に後藤十郎、小野原誠一、野地嘉平、理事に外園進、幹事に大寺三郎と、十六人中六人が陸軍戸山学校関係者で占められていた。(137)

一九三九年春、元陸軍戸山学校教官外園進は、大日本ホッケー協会に宛てて次のような便りを送った。

> 今次聖戦に当初より参加の光栄に浴し（略）ホツケーに依つて鍛へ上げし私の心身は一年有八ケ月の間何の障もなく益々頑健御奉公に邁進致し居候へば何卒御放念下され度候、ホツケーは実に非常時日本の青壮年に最も相応しき心身鍛練の競技にして、それによつて養ひ得たる堅忍持久の心身こそ真に現下の長期戦に堪へ得るものと確信致し居候。(138)

外園は実戦のなかでホッケーの有用性を確認した。ホッケーを重視した陸軍戸山学校の方針は正しかったわけ

図98　「国防と体育」座談会
（出典：「体育日本」第17巻第4号、大日本体育会、1939年4月、8—9ページ）

だ。外園の便りが紹介されたのと同じ誌面で、「国防と体育」座談会の模様が報じられた。そのなかで、末弘厳太郎からホッケーについて尋ねられた陸軍戸山学校の河野毅は「あれは研究的に一つの方法と致しまして、軍隊で適当な団体競技はないかと云ふやうなことで色々やつたのですがホツケーあたりが大分よささうであると云ふので、研究的にやつたものです[139]」と答えた。「研究的」を繰り返す河野の口調には、外園のようなホッケーに対する確信はうかがえない。

陸軍戸山学校関係者のホッケーに対する態度の変化は、陸軍ホッケーの創始者である加藤真一の足跡をたどることでいっそう明らかになる。加藤は陸軍戸山学校を離れたあと、一九二八年に札幌連隊区司令部に移った。翌年には加藤の尽力で北海道ホッケー連盟が成立し、加藤は会長に就任する。春秋トーナメントの優勝チームには加藤が寄贈した「加藤旆」が贈られた[140]。このほか加藤は一般人に対しても「手拭体操」を推奨するなど、同地で体育の振興に尽くした。加藤は三四年八月一日付で待命となり、三六年にはベルリン・オリンピックのホッケー日本代表総監督をつとめた。その後、兵器本廠付、地元名古屋の師団兵務部付を経て、四一年十一月に教育総監部付となり、陸軍戸山学校教官に復帰した。この間、大日本ホッケー協会副会長、明治神宮大会ホッケー部顧問などをつとめ、一貫してホッケーとの関係を維持してきた加藤だったが、陸軍戸山学校に復帰してまもなく、ある座談会で次のような発言をしている。

> 兎に角勝たなければ駄目だ（略）丈夫な兵が入つて来て、直ちに軍の要求する所謂訓練が出来たらこんな結構なことはない（略）従来の錬成方法では駄目だと思ふ（略）本当の戦は皆さんの想像以上だ（略）日本の強いのは統帥、軍の運用が一番抽《ぬき》んでゝをる。その次には迫兵力、迫兵力といふのは銃剣術です。この二つしかない（略）一般国民として銃剣術をしつかり研究してこれで敵を圧倒する力をウントつけて戴きたい。これが世界一卓越してゐる。最近非常に銃剣術を奨励されてをることは洵に力強いが、全面的に眺るめる《ママ》とこんなことではいかん。もつともつと発達させなければならん。(141)

ここにはホッケー推進者だった加藤の面影はない。このとき加藤が重視したのは銃剣術であった。「本当の戦」について語る加藤だが、日露戦争の直後に陸軍士官学校を卒業した加藤はおそらく実戦経験を持たない。加藤が銃剣道に打ち込んだのは、実戦経験がないというコンプレックスをはねのけるためだったのではないだろうか。陸軍戸山学校剣術科長であった大藪直市郎によれば、

> 加藤真一先生は賀陽宮校長の下、学校付大佐で勤務していられたが、元々体操専門家の大佐が、森永〔清〕教官、振興会の蒲池〔源六〕大佐とタイアップして専ら銃剣道振興会に協力し銃剣道の振興に心魂を傾倒せられていた。(142)

皮肉なことに、「スポーツの宮様」といわれた賀陽宮恒憲王の校長在任中（一九四二年三月―四三年三月）、陸軍戸山学校にホッケーは存在しなかった。そして、かつてホッケー選手だった同校教官たちが、スポーツ批判を繰り広げていたのだ。

加藤がホッケーとの関係を断ち切ったのは、ちょうどホッケーが卓球、ハンドボール、重量挙げともども明治神宮大会の実施種目から外されたのとほぼ同じ時期である。前述のとおり、この決定には陸軍の意向が反映されていた。なぜ陸軍は、これまで最も推奨してきたスポーツを外すよう要求したのだろうか。「国民の間に広く普及性のあるものを考慮すること」という基準に合致しなかっただけなのか。ホッケーだけではない。ハンドボールも陸軍と関係が深いスポーツで、『体操教範』の球戦はハンドボールをモデルとしている。ドイツ軍がハンドボールを活用していることもよく知られていた。こうした状況を考慮するならば、陸軍がホッケーの除外を要求したのは、それによって陸軍がスポーツ全体の価値を否定していることを示そうとしたのではないか。軍隊に役立つとされてきたホッケーでさえ戦時中にする価値がないとするなら、ほかのスポーツはいわずもがなである。ホッケー除外に託された陸軍のメッセージをスポーツ界がどのように受け止めたのかはわからない。明治神宮大会から除外されたとはいえ、ホッケーそのものは存続していた。陸軍はより明瞭な形でスポーツ界に戦争への協力を求めていく。

野球

一九三〇年、陸軍戸山学校の外園進は、野球が一八三九年にダブルデー少将によって考案され、複雑で変化が多く、頭脳を要し感情に富み、「投手打者の対戦は古武士の一騎打勝負を髣髴せしめ、弾丸の如き熱球は男性的痛快味を喚起」する、と軍人によって考案された野球の男らしさを評価した。同時に外園は、日本では多くの観衆が野球に魅了され、その感化力は非常に大きく、国家的に重視すべきものだが、実際には競技者は虚栄心に駆られ、観衆は勝敗にとらわれ興奮に溺れており、野球の本質は見失われ、堕落するにいたっている、と野球の負の側面も指摘した。(143)

一九四一年七月十四日、配属将校を集めて「学校教練を語る」と題する座談会が開かれた。日々学生と接する陸軍将校の野球観は次のようなものだった。

野間少佐：野球と国防競技の問題でありますが、野球は非常に熱中してやつてをります（略）悪いことをした者は必ず野球部の生徒だといふことになつてをる。それから反対に国防競技の方は、体操の先生も、兵役に関係の方は歓迎されますけれども、さうでない者は、あゝいふ無趣味のものはやれといつてもやらんわけだ、といふやうなことをいつて、生徒の好きな野球部の方に何となしに靡いてゐるやうな形で、それに賛同しない（略）日本がもつと国防体制を完全にとらうとするならば、野球部なんといふものは廃してしまつて、もつと権威あるところで、国防競技に専念してしまふやうな施設を設けたらどうだといふことを、私は非常に強く感ずるのであります。

森本大佐：それについては戸山学校で調査した結果を申上げますが、われ〳〵はヤンキーの国技としてゐるものを何も修練する必要はないだらう、といふのが戸山学校の方針です。われ〳〵も野球をやつたことがあります。大体あれをやつてゐる者の体格を調査して見ますと、ピツチヤーなんかでも脊柱は側彎です。みな曲つてゐる。曲がらぬ奴は有名なピツチヤーではない（略）あれだけの人間をフアンに持つて、観る者の血を沸かす、外のくだらぬものを見るよりは、心臓を昂奮させるだけの体育的効果はありますが、実際体育的な価値はあまりないとわれ〳〵は断定するね。(144)

野間秀吉少佐は足立中学、森本犇太郎大佐は東京帝大の配属将校である。森本は一九二〇年代前半、スポーツ全盛時代の陸軍戸山学校で教官をつとめていた。森本は手榴弾投擲に役立つ以外、野球は見るべきものはなく、より実戦的なラグビーやフットボールやホッケーに変えたほうがいいとまで述べている。彼らの発言からは、野球の価値を客観的に評価しようという姿勢は感じられない。この座談会の二カ月後に「より実戦的な」ホッケーが明治神宮大会の実施種目から外された。

アメリカ・イギリスとの開戦後、野球の立場はいっそう悪化した。飛田穂洲によれば、「学生野球に対する弾圧の手が動き初めたのは昭和十七年の春ごろだった」[145]。陸軍戸山学校の村岡安は、一九四二年夏の「幻の甲子園」を観戦したときの経験を引きながら、野球についてこう論じた。

全く敵アメリカの謀略に掛つてゐるやうなものであります。銃後の生産拡充を大いにやらん《（ママ）》ければならん時に、何万人といふ人間が野球に酔つてヘタ〳〵に疲れて帰るといふやうな状態では生産拡充も何もあつたものでない。近頃何処の競技場に行つても出征軍人将士の武運長久の祈念、戦没英霊に対する黙禱をやつてをりますが、如何に祈念して貰つても、敵アメリカ人の発明した野球を内地で夢中になつてやつてゐる様を米鬼を相手に死闘をしてる第一線の兵隊が見たら何と思ふでありませう。又中には野球をやると手榴弾投が強くなるといふものもありますが、野球をやらん百姓出身の倅でも五六十メートルは投げるものもありませう。先般早稲田大学の野球の選手だけ集めて手榴弾を投げさして見ましたが大概六七十メートル位です。大したことはありません[146]。

手榴弾投げで六十メートル七十メートルも投げれば大した記録である。また「野球をやらん百姓出身の倅」が五十メートル六十メートル投げるというのもあまりありそうにない話である。体育の専門家であるにもかかわらず、村岡は客観的な評価を全く放棄しているとしか思えない。このような反米を論拠とする野球廃止論は、対米戦勃発後すぐにではなく、太平洋戦線で日本軍が不利な立場に転じるなかで、徐々に高まっていった。

その端緒が、一九四三年一月二十一日の愛知県県政調査会内政部委員会による「米英撃滅体制を確立するには米国の国技とする野球そのほか米英的な競技はこの際徹底的に排撃し日本古来の武道並に銃剣道を昂揚させよ[147]」との決議、いわゆる野球排撃の決議であった。この決議は愛知県内にとどまらず、また野球だけにとどまらず、日本での学生スポーツ終焉ののろしとなった[148]。文部省体育局長の小笠原道生は「この際右とも左とも申したくない」と言葉を濁しながら、種目整理は必要であり、アメリカ・イギリス的なものはやりたくなく、国民戦力培養の基礎となるべきものを選ぶのも当然の趨勢だと述べている。[149]

決議の一週間前、愛知県内政部長山田武雄も参加した全国内政部長会議で、橋田邦彦文相は皇民錬成に主眼を置いた新学制に関する訓示をおこなった。同会議の議題には「戦時下学徒の体育訓練に関する件」「学徒体育振興団体に関する件」も挙がっていた。[150]このとき文部省は戦時学徒体育訓練実施要綱を作成中であり、三月末に通達された同要綱は学徒が重点を置くべき訓練種目を示し、球技に関しては「闘球其他適切ナルモノ」と規定し、ラグビー以外の球技を暗黙裡に否定した。[151]

こうした状況を考えると、山田内政部長は文部省の意向を汲み、それを先取りする形で野球排撃の決議をしたのだろう。[152]のちに文部省体育局振興課長北沢清が山田内政部長に真意を尋ねたところ、山田は、報道されているようにアメリカで生まれたから野球を排撃するというのではなく、「野球をやつてゐる者も戦力増強といふ見地、また米英撃滅といふ建前から、この際自発的に野球は遠慮をす」べきだからであると答えた。これには北沢も「全く同感」であった。[153]山田内政部長と文部省の見解に違いはなかった。愛知県の決議がなかったとしても、野球排撃はもはや避けられない趨勢だった。一県の内政部委員会による決議がかくも大々的に取り上げられたのも、いよいよ来るべきものが来たと感じられたからだろう。『高松宮日記』によれば、この決議にはスポーツ界と関係の深い陸軍軍人が関与していた。

愛知県で、野球、蹴球等々と米英の「スポーツ」を学校から閉め出して今後やらぬことに決めたと新聞に出てゐた。聞けば加藤真一少将が連隊区司令官とかになつて行つて云ひ出して、山田〔武雄〕内政部長とかがすぐ賛成する「たち」の人なれば、そのためだらう。銃剣術、剣柔道で代へるのだとか。それにしても軽率なる記事である。[154]

高松宮の情報源は不明だが、この前後の加藤の言動と決議の内容を見れば、加藤が決議に関与したとしても決しておかしくはない。加藤は一九四二年十二月一日付で名古屋連隊区司令官となるが、それまで陸軍戸山学校で銃剣道に傾倒していたことは先述したとおりである。陸軍でスポーツを最もよく理解したはずの人物が、スポーツを排撃する契機をつくることになったわけである。加藤は名古屋でも銃剣道振興に尽力し、「司令官就任以来ここに一年、郷軍〔在郷軍人会〕名古屋支部長としても鮮やかな陣頭指揮ぶりを発揮して中京地方に銃剣道熱を燃えあがらせ民間体育の決戦調につくしたことは有名である」[155]と評された。この間、第四十三師団長として名古屋にやってきたのが、皮肉にも野球好きの賀陽宮恒憲王だった。

戦時学徒体育訓練実施要綱で学生のスポーツを大幅に制限した文部省は、ついで東京六大学野球リーグの解散を企てる。これに対して、東京大学野球連盟理事の飛田穂洲と藤田信男は、陸軍省兵務課長児玉久蔵に「軍部や文部省の野球に対する仕打ちは、多数の野球ファンに不快の念を与えている。反省して欲しい」と申し入れた。児玉は「軍は野球を排撃していないが、文部省のことは知らない」と矛先をかわし、「自分も少年時代に野球をやり、いわば同じ穴のむじなである。ただ、今は軍部に協力してほしい」と要請した[156]。もちろん、陸軍が文部省のことを知らないわけはない。ただ、大谷武一が「学校当事者は、この如き球技を以て、学校教育の破壊者と看做して内心これを嫌悪し、表面的には僅かにこれを敬遠する態度を持してゐるわけである」と指摘したように、学生スポーツの排除を求めたのは、陸軍や文部省だけではなかった[157]。一九四〇年八月末に文部省が報国団体組織を指示するや、東北、北陸、信州、北関東の中学校で野球をはじめ運動競技を廃止するものが続出したという[158]。宇野庄治は学校当局が文部省の趣旨を曲解したのではないかと推測しているが、陸軍の「弾圧」や文部省の指示を待つまでもなく、学生スポーツはすでに存亡の危機に立たされていたのである。多くの野球部は四三年で活動を終えた。盛岡中学の桜小路善治によれば、対外試合が禁止になったあとも、野球部はあったし、ボールも握っていた。桜小路が四四年三月に卒業したときにも、五年生七人が部員として登録されていた。四四年五月一日に文部省が「野球部とか庭球部とかの旧体制は依然として一部に残つてゐるのでこれらを一切清算」せよと通牒を発したのは、盛岡中学のような事例がほかにも存在したからだろう[159]。

陸軍省兵務局が中心となったスポーツ界への干渉と違って、プロ野球への干渉は主として陸軍報道部を通してなされた。このことは、プロ野球が映画や音楽と同じく娯楽として統制の対象となったことを示している。プロ野球を統括する日本野球連盟の理事長であった鈴木龍二によれば、連盟は一九四〇年に時局に対応するため自主的にプロ野球の日本化をおこなった。具体的には、引き分け試合の廃止、日本語の使用などである。陸軍の干渉は四二年ごろから始まった。鈴木は陸軍報道部の山内一郎から、引き分け試合の廃止とアルファー付きの試合（最終回表の終了時点で後攻チームがリードの場合に、裏の攻撃をせずに試合を終了すること）の廃止を「命令調で言われた」[160]。勝負がつくまで、そして負けるとわかった場合でも最後まで戦うこと、これが山内の求めた日本精神であった。さらに四三年に再び山内から呼び出しがあり、いまだ日本語化されていなかった「ストライク」「ボール」などの用語をすべて日本語化するよう求められた。強制するわけではない、とのことだったが、鈴木によれば、「半ば命令と受け取れるニュアンス」だった[161]。その結果、ストライクを正球（審判は「ヨシ一本」）、セーフを安全（審判は「よし」）などに変え、四月三日の公式戦から実施された。将来の幹部候補とみなされた学生と違い、プロ野球選手は陸軍にとってさほど重要な存在ではなかった。いきおい、プロ野球に対する圧力も、学生野球ほど強くはなかった。学生野球がほぼ消滅したあとも、プロ野球は細々と続けられた。高津勝が「プロ野球は、学生野球と異なり、最終的には、「弾圧」ではなく、兵役や軍需産業への徴用と思想統制、いわば戦時動員体制の強化にともなう「兵糧攻め」に屈した」と指摘するように、プロ野球はそれ自身に対する「弾圧」によって消滅したのではなかった[162]。

ラグビー

学生野球の父、飛田穂洲が「軍部を背景とした文部省は、海軍部内等で行われていた蹴球、ラグビー等にこそ干渉の手を拡げなかつたけれども、軍部に何等関係を持たぬ野球、庭球に対しては頗る強硬の態度を示しつつあつた」[163]と語っているように、戦時下のスポーツでラグビーは特殊な地位にあった。実際、戦時学徒体育訓練実施要綱で訓練種目として具体的に示された球技はラグビーだけだった（海軍への配慮だろう）。とはいえ、陸軍は決してラグビーに干渉しなかったわけではない。

一九四二年九月のこと、朝日新聞社運動部長のもとに、早大ラグビー部の後輩が相談に訪れ、ずいぶん迷った様子でこう尋ねた。

方々でいろんな話しを聞くが、どうもラグビーは英国の競技だから、国家として好んでゐないのではないか。殊に軍部あたりは非常に反対なのではないか、われわれが今やつてをることは反国策的なことをやつてをるのではないか。[164]

ここには飛田がいうようなラグビーの特権的な地位は微塵も感じられない。こうした不安を耳にしてか、文部省体育局運動課長北沢清は、一九四三年一月におこなわれた文部省・大日本学徒体育振興会共催の全国中等ならびに専門学校ラグビー蹴球大会の開会式で、「現在いまだその一部において外来競技は、すべてこれを禁止すべしなどの意見は絶えないのにたいし、当局の方策を明確にした上、選手に堂々と、しかも自信をもつて競技を行へよ、さうすることこそ御国への御奉公でもあると激励[165]」したのである。この大会で準優勝した福岡中学の副将久羽博によれば「引率者は軍事教官の石蔵中尉、大会参加章は突撃する兵隊のメダルに〝選士章〟と書いた布がつけてあった[166]」。選士を兵士と、またラグビーの試合を戦争と重ね合わせることで、ようやく試合の存在意義を担保することができた。

西野綱三が陸軍戸山学校に呼び出されたのは、ちょうどこのころと思われる。

突然陸軍戸山学校から、ラグビー協会〔正しくは大日本体育会ラグビー部会〕の規約書を持って出頭するよう電話があった。なにごとかといぶかりながら指定の日時に出かけると、私を待っていた将校は、早速持参した規約書をバラバラとめくり、ラグビー協会の目的及びその事業の項を特に指差し、ラグビー協会は戦争に協力していると思えない。もしラグビーの存続を考えるなら、書き改めてもう一度出直すよう言い渡された。(167)

西野に対応した将校は村岡安ではなかっただろうか。スポーツ界に顔が広い西野が、村岡を知らなかったはずはない。また二人はともに一月末に体育調査委員に就任している。ここではあえて名前を出さなかったのだろう。のちに村岡はラグビーについて「猛烈で敢闘精神を錬り好い運動であると云ふけれ共、之れに依つて錬磨せらるゝ体力精神力の錬成は他のもので出来ない訳ではありません」(168)と述べている。最も戦争に役立つスポーツとされたラグビーでさえ、この程度の評価でしかなかったのだ。

図99　選士章（1942年の幻の甲子園大会のもの）
（出典：松商野球部百年史編纂委員会『松商野球部百年史』松商学園高等学校硬式野球部100年推進プロジェクト、2013年、134ページ）

西野は大日本体育会理事長郷隆にも呼び出され、戦時下体育の第一着手としてラグビーの邦訳を考えてほしいと告げられた。そこで大日本体育会ラグビー部会は二月二日の役員会で「決戦下真に日本的な球技を創造するといつた建前から、従来のラグビー競技規則に根本的な再検討を加へ、ラグビーといふ名称を邦語化し、さらに団体的戦闘要素の錬成、滅私挺身、果断即決などラグビーの持つ長所をあくまで生かす」という方針を決定した。ラグビー部会は「戦闘球」という訳語を提示したが、郷は「戦時下のスポーツをラグビーが、ひとり占めするようなものだ」として、「闘球」に圧縮するよう意見した。「闘球」は土浦海軍航空隊がラグビーをもとに考案した新競技の名称としてすでに使っていて、同隊の了承を得たうえでの決定だった。[169]さらにルールも改められた。前述したように、翌年には海軍機関学校でこの新ルールが使われていた（本書二四九ページ）。

四月十一日、陸軍戸山学校に都下五大学の闘球部の最高学年選手約五十人が集まり、銃剣術の訓練を受けた。彼らは九月まで、日曜ごとに射撃や総合戦技の訓練を受けることになっていた。[170]半年繰り上げで九月に卒業した慶大ラグビー部の選手のうち、七人が海軍、一人が陸軍に志願し、海軍の四人と陸軍の一人が飛行機乗りの道を目指した。[171]闘球は優遇されていた分、ほかの競技以上に軍への協力姿勢を明確にする必要があった。

一九四三年十月十六日、早稲田の戸塚球場で最後の早慶戦がおこなわれていたちょうどそのとき、明治神宮外苑競技場で出陣学徒闘球錬成会が開かれていた。こちらには都下大学高専十五校の選手約二百五十人が参加し、文部省体育局の北沢清も出席した。[172]新聞記事としては野球の早慶戦に後塵を拝したが、文部省当局が期待を寄せたのは明らかに闘球だった。十一月二十三日には闘球の早慶戦がおこなわれたが、明治神宮外苑球場が使用できたことからも、その優遇ぶりがうかがえる。[173]慶大の学徒出陣組は五人が海軍（うち三人が飛行予備学生）、一人が陸軍に進んだ。[174]

海軍機関学校と交流を続けていた明大ラグビー部も厳しい立場に追い込まれていた。大学ではスポーツよりは銃剣術や射撃をやるべきだという考え方が広まり、軍事教練が優先された。一九四二年には萩原健ら三人が、召集されるよりはと海軍予備学生に志願した。北島監督は予備学生や召集で学生がいなくなるたびに「手足を一本一本もがれていくみたい」に感じたが、「軍隊に行く以上は立派な戦争をしてこい」という心境で彼らを送り出した。戦後に北島は「やっぱり僕らは戦争に積極的に参加した口ですね」と述べているが、まさにそのとおりだった。ラグビーが戦争に役立つという固い信念を持っていた北島だが、「職業軍人の間にはスポーツマン精神のかけらもなかった。いざというとき、槍の前に裸ででも出ていくだけの気迫は僕らの方がよっぽどあったように思う。それはおそらくスポーツによって培われたものだと思うんだな」と、軍人には厳しい見方をしていた。北島が槍玉に挙げたのは陸軍の軍人で、なぜなら「陸軍には残念ながらラグビーを知っている者」がいないからで

図100　最後の東京帝大と京都帝大のラグビー試合
（出典：回想の東大ラグビー編集委員会編『回想の東大ラグビー――昭和13・14年前後』東大ラグビー「キヨセ・ボールの会」、1979年、289ページ）

ある。明大ラグビー部は陸軍の配属将校からも圧力を受けていた。あるとき、校内で執銃帯剣の行軍レースが開かれ、ラグビー部が上位を独占した。北島は配属将校中島弟四郎に対して、「いくら射撃がうまくても銃剣術がうまくても、敵に弾の届くところまで、銃剣の届くところまで進めなかったら、何にもならないではないか」「そんな訓練は駄目だ。好きなスポーツをみんなに思い切って伸び伸びやらせたらいいんだ」と言って日頃の憂さを晴らした。四四年の新学期、もはやラグビーをやろうという部員も十五、六人まで減り、十分な練習もできない状況のなか、北島はついに休部を決断する。[175]

　三高では一九四三年五月一日の記念祭で、蹴球部（ラグビー）以外のすべての球技部が閉部式を挙行した。一方、闘球班と名を変えて存続した蹴球部は、四三年度は春に京都帝大と大阪高校、秋に大阪高校、浪速高校、同志社大と対戦した。十二月二十四日に予定されていた伝統の対慶大戦は、文部省が許可しなかったため実現しなかった。四四年五月に三年生が引退、同月十九日の同志社高商戦が最後の試合となり、二十二日から大阪兵器工廠で勤労動員に従事した。残る二年生も八月下旬から勤労動員で三高を離れるが、それまでのあいだ、京都一商、京都三中と練習試合をした。九月からは一年生がようやく確保したボールで練習を続けたが、もはや試合はできない状況であった。[176]

　浦和高校では、一九四三年一月にホッケー、バレーボール、卓球、陸上競技、庭球部が廃止された。「廃止」

といっても、予算をなくし、新入生も入れさせないが、続けたければ続けてもよいということで、二年生は六月まで活動を続けた。一方、一年生は、新二年生になった四月に海洋班を組織した。海軍がバレーボールをやっているから、海洋を名乗ればなんとかバレーボールを続けられるのではないかと考えたからである。しかし実際にはそうまくはいかなかった。ラグビー部は「海軍がやっているから残った」ものの、四三年五月の一高との試合が最後の試合となった。七月に「闘球部」と名を改めるが、十一月には廃止となり、部員は航空班と海洋班に入った。四四年四月に入学した山本精は海洋班に入ったが、そこでは月・水・金に水泳、火・木・土にラグビーがおこなわれていた。六月には航空班との試合がおこなわれた。十二月には一、二年生送別ラグビー試合がおこなわれ、これが最後の試合となった。四五年三月には全員が勤労動員に駆り出され、班活動は中止となった。[177]このほか、成蹊高校と成城高校が四四年十二月にラグビーの試合をしていて、『近代ラグビー百年』はこれを「戦時下最後のゲーム」とみなしている。

大学のラグビー部は高校よりも早く活動を停止していた。東京帝大は一九四三年十月十九日の対京都帝大戦が最後の試合となった。翌年には部員は二、三人となり、「ユニフォームを着て、御殿下グランドで走り出したものだが、たちまち空襲警報で、そのままグランド脇の防空壕で解除迄待」つというような状態だった。早大ラグビー蹴球部は四四年三月で活動を終えている。[178]

5　体育方針

日中戦争が勃発して一カ月半後の一九三七年八月二十五日、陸軍は四〇年に予定されていた東京オリンピック馬術競技への参加準備を中止することを発表した。三八年三月七日の衆議院国家総動員法案委員会でオリンピックについて質問された杉山元陸相は、「事変がオリンピック開催までにすむことがあるかも知れぬしすまぬかも

図101　大寺少佐の陣中体験談
（出典：「東京日日新聞」1938年12月6日付）

知れぬ、オリンピック開催決定当時考へてゐたやうな大規模に非ずして分相応のものならばやつてもよいと思ふ（略）重大な事変が勃発すれば直にやめる」[179]と答えた。この発言は海外で大きな反響を呼び、オリンピック準備委員会は火消しに奔走しなければならなかった。陸軍はオリンピックの開催を積極的に支持したわけではなかったが、さりとてこれを中止するよう圧力を加えたわけでもなかった。戦時下の民間スポーツ界に圧力をかけたのは、むしろ軍以外の人たちであった。

一九三八年二月八日、衆議院に「文部省に武道局または武道課を新設する件」「明治神宮外苑に国費を以て武道殿を建設する件」を提出した藤生安太郎は、武道の改革を訴える一方で、激しいスポーツ批判を繰り広げていた。藤生によれば、スポーツは語源からして娯楽、行楽、遊戯であって、そこに付された精神的な価値も非国家的、個人主義的なものでしかない。国策で求められている精神鍛錬、体位向上という点からすれば、武道により多くの価値があり、「興味中心の個人主義的体育」から「修行本位の国家主義的体育」に全国民を動員すべきである。戦時下に対応すべく、スポーツを武道化せよとの声もあるが、それは

牽強付会の企図であつて、所詮は断髪ハイヒールの西洋陶酔婦人に剣舞を演ぜしめて、古武士の風格を偲ばんとする愚に過ぎない、と。若し夫れ、武道をスポーツ化せんとするに至つては誅滅に値する。スポーツの誇るフェアプレイなるものゝ対象とする所は、衆人の歓声であり観客の拍手感激であり、又時に観覧婦人よ

りのキッスの投与である（略）武士若くは兵と称呼する代りにスポーツマンを以て、武士道の代りにスポーツマンシップを以てして、果して国威の維持発揚が出来るであらうか。[180]

藤生にとって、武道とスポーツ、武士とスポーツマンは全く相容れないものだった。ドイツはスポーツを奨励しているが、「戦敗国の汚名を持つドイツ」に学ぶ必要はなく、「寧ろドイツこそ吾を学ぶべき」なのである。日本の軍人はあくまで日本精神を持つ武士でなくてはならない。こうして西洋婦人、断髪、ハイヒール、キッス、そしてスポーツは、日本軍人の男らしさの対極に位置づけられた。ジョージ・L・モッセがいう「対抗的タイプ」である。[181] 理想的な男らしさは、対抗的タイプと対照されることでしか成立しえない。スポーツは外来性、娯楽性という徴を付与され、日本軍人の男らしさを際立たせる道具にされたのである。

では当時の陸軍はスポーツに対してどのように考えていたのだろうか。一九三八年十二月に「東京日日新聞」に掲載された「大寺少佐の陣中体験」は、日中戦争勃発後に陸軍軍人がスポーツについてまとまった考えを述べた事例としては、比較的早い部類に属する。大寺三郎は二六年以来、陸軍戸山学校教官をつとめ、ホッケー選手としても活躍した人物である。大寺の名は火野葦平『麦と兵隊』（改造社、一九三八年）に二度ばかり見える。このときは、日本の陸軍病院で療養中だった。大寺はまず「運動競技を経験したものが戦場に立つた場合、偉大なる能力を発揮しつゝある事実はいまさら事新しく取立てゝ強調する必要がないくらゐだ」と述べ、戦時におけるスポーツの価値を肯定したうえで、最も必要なのは持久力、そして運搬力、投擲力で、長距離の早駆や行軍、水泳、剣術、銃剣術が有効であると指摘した。また、運動競技では機敏持久と団体動作に重点を置く「ラグビー、蹴球、ホッケー、籠球」が重要だが、日本精神に基づく国内試合規則をつくってもよいではないかと提案する。さらに、中国の軍人の体力は侮るべからざるものがあり、国民全体が心身鍛練に励む必要があるとも述べている。[182]

一九三九年三月六日、体協と陸軍戸山学校、陸軍省兵備課の関係者が「国防と体育」をテーマに座談会を開いた。[183] スポーツは実戦に役立つかという点について、陸軍戸山学校の野副昌徳は、「何か特有の技能のある人は嘗て自分のやつて居つた事のある競技種目に類似の場面に於て、得意の働を為し得るといふ事は争はれぬ事実でありますから成るべく体育運動を盛にやつた方が宜いと云ふことになります」とスポーツの価値を認めている。野副は歩兵第五十五連隊長として広東攻略戦に参加し、前年十二月に帰国したばかりであり、実体験に基づいた発言とみなすことができるだろう。ついで指導精神が話題となり、陸軍省兵備課の友森清晴は「現在では直接時局に役立つ体育といふ事にならねばならぬ。時局について行くのではなくて時局に先行しなければならぬ」と時局との関係を強調した。

どのような種目を実施すべきかという問題に関して、体協報道部幹事の北沢清は「従来からの陸上競技や水上競技其の他ボールを中心とする団体競技、若しくはスキー、スケートを初め陸軍体操教範にも採り上げられてゐるバスケットボール等があるわけです。従つてこれ等の運動種目のうち何が国防能力に資する点が多いか具体的に承はつて、不足の点は我々としても大いに補整し、長所は大いに助長して行きたいと思ひます」と陸軍側の意見を求めた。おそらくこれは今回の座談会でスポーツ界側が最も聞きたかった問題だろう。陸軍戸山学校の森桂は「ラグビーや蹴球、バスケット或はホッケー等精神的方面を良く考へて指導したならば、戦場に於て必要な企図心、独断専行或は協同連繫、敢為、犠牲等の大事な徳目や瞬間的の判断に伴ふ軽捷機敏な活動力を養成する上にいゝ団体競技と考へます。又手榴弾を投げる力をつくるために野球の投げる動作も結構と思ひます」と述べ、野球の価値をも部分的に肯定した。ここで興味深いのは、体協理事長の末弘厳太郎が陸軍が奨励する剣道について、「恐くもなし痛くもない剣道」で役に立つのかと疑問を投げかけていることで、陸軍戸山学校の河野毅は「余り痛いことをやると却つて精神が萎縮する」と、いささか苦しい弁明を強いられている。

陸軍側からスポーツ界への改善要求としては、兵備課の土井元武は個人本位、興味本位が多いことを挙げ、陸軍戸山学校の河野毅は種目の整理とルールの日本化を挙げた。ルールの問題は、大寺少佐も挙げていたように、陸軍にとってはスポーツの日本化の大きな指標であった。そして、実際に陸上競技や水泳はオリンピック主義との決別という形で、国防力増強のため独自の種目を採用することになる。しかし、複雑なルールで成立する球技の場合、事はそれほど簡単ではなく、用語の日本語化には応じたが、ルールの日本化は遅々として進まなかった。それが陸軍をいっそう苛立たせることになったのはいうまでもない。一九四三年になって陸軍がラグビーに圧力をかけたのは、土浦海軍航空隊の闘球という先例があったからだろうし、またラグビーだけがルールを変えてでも存続する価値があると認めていたからでもあっただろう。ルールに対する陸軍のこだわりは、『体操教範』にスポーツを取り入れる際にも見られた。海軍が民間のルールを適用したのに対して、陸軍は民間のスポーツをアレンジして、独自のスポーツを創案していた。

とはいえ、日中戦争が始まってまもない時期、陸軍はスポーツの価値を基本的には認めていた。こうした陸軍の姿勢に変化が現れるのは、前節で論じたように一九四一年の春から夏にかけてであり、とりわけ陸軍省兵務課長児玉久蔵が体協参事に就任した四一年六月以降のことである。同年八月末、児玉は「青年の体力修練に就て」という論文を「東京朝日新聞」に発表した。児玉はスポーツ界の現況について、一部の選手が関わるだけで、体力の向上を必要とする大多数の青年は閑却されていると苦言を呈し、さらに種目について「取捨判別することなく世界各国の有ゆる運動を輸入し、然も外国人の性格そのまゝにて輸入し、日本人的性格の陶冶に欠くるところあり（略）堂々たる青年男子にして恰も婦女子乃至は老人向きの運動を練習し得々たるものあるが如きは、尤も恥づべき所ならずや」と批判した。青年は国民皆兵の本義に則り、「軍事の要求に適応する基礎的体力の養成に邁進」すべきである。軍事の要求するものとは、体力章検定の種目であり、加えて相撲、柔道、遊泳、銃剣道、射撃であった。野球などの運動競技は、たとえそれらに長じていても、「青年必須の能力に欠くる所あらんか、国家の要望する青年といふを得ざる可」しと一蹴された。こうして児玉はスポーツ界が恐れていた種目整理に賛成し、しかも体協が管轄するほとんどのスポーツの価値を否定してしまったのだ。兵務局からすれば、入営前の青年に、軍隊教育を受けるのに必要な最低限の体力、すなわち小泉親彦の定義にいう体格、作業力、精神力をつけさせるのが最小限の要求であった。兵務局、とくに兵務課は、直接戦争に役立つかどうかという基準で、スポーツ界の再編を要求していくことになる。

図102 「戦時武道体育に対する要望」の講演をする児玉久蔵大佐
(出典：「新武道」第3巻第3号、新武道刊行会、1943年3月、13ページ)

児玉は一九四二年八月十五日にラジオ放送で「国防と国民体力の錬成」と題する講演をおこない、再びスポーツ界を批判した。[184] 児玉は、スポーツが「職業的一部の選手」に限られていて、また「体力修練の目標は剛健なる心身を育成鍛錬して各々分に応じて献身奉公の誠を致すにある」にもかかわらず、欧米の自由主義にかぶれ、スポーツは個人の趣味から出発すべしとか、スポーツに国境はないなどと言って興味的・娯楽的になり、精神的に堕落していると批判した。児玉によれば、体育運動そのものは「武的」な起源を持つが、近世アメリカ・イギリスのスポーツが興味娯楽から発達し、その結果スポーツ化されて堕落したのだ。日本人であれば、まず武道（銃剣道、射撃、相撲など）、游泳、戦場運動（一九四二年十二月に大日本学徒体育振興会が設立されたとき、「国防競技」は「戦場運動」に改称）、登山、山野跋渉、スキーなどに取り組むべきで、「日本人必須の種目の演練を怠りこれらの娯楽的のものを重点として没頭してゐる如きに至つては本末転倒」であった。児玉はスポーツ＝娯楽とみなし、それでは日本精神を養成できないと考えていた。そうだとすれば、スポーツを日本化し、訓練として実施すればどうか。実際にスポーツ界はそのように主張するが、この点に関して陸軍はどう考えていたのか。

一九四〇年十一月二十八日、陸軍戸山学校は運動の一流選手を集めて、体力章検定種目をおこなわせた。「東京日日新聞」はその結果について、「流石は精鋭揃ひ」と評価した。級外甲が一人いたものの、残り二十九人は全員初級以上であり、上級が三人（スキー、野球、体操）もいたからである。しかし当初から陸軍は不満だった。陸軍戸山学校の外園進は、一般の検定会に比べると申し分ないとしながらも、種目間のばらつきが大きい点、とくに手榴弾投げ、重量運搬の不振を指摘していた[185]。実際、体験した選手たちも従来の訓練の偏りを痛感していた。たとえばテニスの選手は肩を壊すのを恐れて懸垂は一度もやったことがなかったし、スリ足ばかりやっている剣道の選手は二千メートル走で足が上がらなかったという具合である[186]。

一九四三年になると、軍関係者はこの調査を取り上げてスポーツの有用性を問題視した。たとえば陸軍戸山学校の村岡安はこの調査をもとにして次のように論じる。

軍隊に於て、スポーツは盛んになつたが兵の体力は少しも向上しないではないか、寧ろ昔の兵隊より弱くなつたと云ふ事を、屢々耳にした。（略）兵の間に相当スポーツは普及されては来たが、演習場裡に於ける状態から見て、体力は殆んど向上されたとは思はれない、寧ろ低下したと見られました。そうして体力優秀なる兵はいつの時代に於ても農村出身者でありました。稀には運動選手の中にも居りました[187]。

村岡は、特別優秀な身体的素質を持った者が数年かけて猛鍛錬を実施した結果にしては貧弱な成績だとして、スポーツは軍隊に必要な体力の向上にほとんど寄与せず、「今後は従来の各種運動の総合体力錬成上の価値を検討して無益な運動は整理する必要がある」との結論を導くのである。体力の低下は、スポーツの問題というよりも、むしろかつてであれば門前払いされていたような体格の持ち主まで軍隊に入るようになっていたことに主たる原因がある。それに、開戦以来、軍は武道を奨励してきたはずで、それでもやはり体力が向上しなかったということは、スポーツより武道に責任があると見るべきではないか。この点について、児玉兵務課長は同じく一九四〇年の調査をもとにして次のように説明している。

先年戸山学校に於て行つた一流学生選手の体力検定に於て、その半数以上が初級以上にも達することが出来なかつた事実に顧みても、いかに錬成が永年に亘つても、一種目の訓練では体力の養成に十分でないことが理解されるのである。目下軍隊に於ては健兵対策上、入営兵中の虚弱者を集め、特別の教育を施してゐる部隊が多数ある。その某部隊に於ては虚弱者の約半数が、かつての選手の経歴を有するものであり、又某部隊に於ては選手の経歴を有するもの丶中、二割強が虚弱者の中に入つてゐるのであつて、しかもその比率は中等学校以上の選手に多く、運動選手以外の虚弱者の約二倍に当る比率となつてゐるのである。(188)

児玉が挙げた数字が何に依拠するのかは不明である。体力検定の結果も明らかに誤っている。だが、児玉が言わんとするところは明白である。スポーツは錬成の役に立たないのだ。ならば、青少年は何をすべきか。児玉は体操と体力章検定、戦場運動、行軍、国防スキー、滑空機訓練、武道としては銃剣道と射撃を推奨する。前年夏のラジオ放送と比べてみると、あれほど軍が重視していた剣道がないことに気づく。陸軍は板の間の剣道、畳の上の柔道を激しく批判し、より実戦に役立つ武道に改めることを要求していた。一九四一年に創刊された「新武道」は、高度国防国家という時代的要請のなか、武道の新体制を確立することを目指した。一九四三年三月号から同誌は兵務局の指導を受けることになり、那須義雄ら兵務局関係者の論説が冒頭を飾るようになる。(189)そこで主張されたことは、突き詰めていえば、新武道とは軍事訓練にほかならず、より具体的には銃剣道、射撃、そして体力章検定種目であった。こうして従来の武道の中心だった剣道と柔道は後景に退くことになる。であれば、スポーツ界がどれだけスポーツ自体の有用性を強調しても、戦時の限られた時間と資源のなかで、直接戦争に役立つ銃剣道や射撃に優先されることはありえなかった。戦況にまだ余裕があるうちは、スポーツがもたらす間接的な効果に期待することができた。しかし、戦況が逼迫し、今日明日のことが最優先されなければならない状況にあって、陸軍はより直接的な効果に頼らざるをえなくなる。陸軍は戦時の要請という論理によって、スポーツへの干渉を正当化していった。四一年十二月に陸軍戸山学校の森永清はこう論じた。

若し、戦争などあり得ない泰平無事な時代であれば、（略）野球、庭球、排球、卓球、柔道、その他竹刀をもつてする道場剣術等の各種運動競技等は、みなそれぞれ特徴があり、一概に排斥すべきものではなく、寧ろ各人の好みに委せ、暢然と思ふ存分に満足する迄精進させれば、その効果も多く、また国家的にも裨益するところも少くないであらう。（略）「戦争に勝つ為の一切の準備、一切の力」となるものが、即ち国の政治であり、外交であり、経済であり、事業であり、国民の日常生活でなければならない。従つて、戦争に勝つことを直接目的としない、見物本位、趣味本位、歓楽本位の体育や武道は、この際遠慮すべきである。[190]

森永はスポーツにも価値があることを認めてはいるが、戦時には「遠慮すべき」なのである。

一連の陸軍軍人によるスポーツ批判は、国民全体にではなく、「堂々たる男子」「国家の要望する青年」、とりわけ学生に向けられたものだった。一九四三年十月、東京師団兵務部の高浪金治は学生の重要性をこう説明する。

国軍幹部の大部分は幹部候補生出身者であつて、中等学校以上に於いて配属将校の行ふ教練に合格したものの中から選抜補充するのである。（略）軍隊に於ける幹部候補生教育も亦其の期間著しく短縮してゐるので、これ等幹部の素要《（ママ）》は、入隊前に於ける学校の武的訓練即ち教練の成果に絶大の期待をかけられ、殊に方今戦力の重点中の重点たる航空戦備に、陸海軍共に急速且多数の学鷲の召募を見たのは、這般の消息を如実に物語るものである。学校教練を行ふ学校を予備士官学校の予備校とさへ目されてゐるのも、これがためなのである。今や一歩進めて軍隊教育の極限――学校より直ちに戦場へを想定し、学校即ち戦場、教学即訓練――所謂兵学一如と叫ばれるに至つた次第である。[191]

陸軍では従来のように入隊後に十分な軍隊教育を施す余裕はなくなっていた。そこで幹部の養成を学校に期待することになる。しかし学校も年限の短縮や配属将校の応召、資材の欠乏などによって、陸軍が期待するような教育をおこなうことは困難な状態にあった。一九四四年二月に出された学徒軍事教育強化要綱は、北沢清によれば、「国民学校から大学に至るまでの一貫した軍事教練の教育体系を整へ、特に中等学校以上の軍教を実戦即応の訓練とすると共に、学校教練を単なる入営前に於ける軍事的予備教育として実施するといふ考へ方を一歩飛躍せしめて、軍教育の一部を学校がその責任に於て分担することゝした」(192)というものだった。北沢はこれを「兵労学一如の戦時教学」と呼んだが、そこに「学」の実態はなかった。

陸軍はあらゆる学生を幹部候補生とみなし、そのため最も厳格な軍人としての男性性を求めることになった。その背景には以下のような学生認識があった。

> 現在一番役に立つものは何かと言へば、体が丈夫で、学問があつて、気力旺盛な者である。そこへ行くと大学の卒業生は学問があるから、これが一番丈夫で働きがなくてはならん。その次に高等専門学校、中等学校、国民学校といふ順にですネ。ところがその体が逆なんです。これは非常な問題です。(略)こんなことでどうなります。われわれ軍の方から言つてもさういふ学問のある練れた者が結局戦をやつても強いので、さういふ人が欲しく、国家としてもさういふ能力のある人がやはり欲しい。ところがそれらの人が一番体が弱くて、肺病に罹つたりなんかで倒れて行つて役に立たんといふことは、国家としてこんな憂ふべきことはない。(193)

加藤真一は腑甲斐ない学生の対極に農村の青年を置いた。陸軍戸山学校の村岡安も「体力優秀なる兵はいつの時代に於ても農村出身者でありました」と述べている。陸軍にとって理想的な兵士は農民であった。しかし、学生出身者から見れば、農民の体力にも問題があった。早大を卒業し、日立製作所につとめていた池田武一は、徴兵検査で第一乙種と判定され、一九四二年八月に善通寺の砲兵連隊に入隊した。四三年七月十四日、体力検査がおこなわれた日の日記にこう記している。

農村出身者は見掛けはいい筋骨をしているのに、鉄棒の懸垂などもまるで駄目である。やはり補充兵だと思う。それに運動神経は、全然経験のない者と学生生活で多少でもスポーツをしたのとでは、まるで違ってくるものだと痛感した。(194)

しかし、学生出身者のこうした見解に陸軍軍人が耳を貸すはずもなかった。学生とはそもそも皇軍兵士の男性性に合致しない存在であり、実際にどれだけ軍事的な能力を持つかという問題ではなかったからである。したがって、個々の学生、個々のスポーツマンがどれほど優秀であっても、総体としての学生、スポーツマン像は変わらなかった。

ところが、同じ学生であっても、敵国イギリス・アメリカの学生は違った。陸軍報道部の杉本和朗はイギリスの学生と日本の学生を次のように比較した。

そこに行きますと、イギリスのケンブリッヂ、オックスフオードなどの学生は、今度の大戦ではもちろん、この前の大戦の時なんか、本当にみな志願してどん〳〵学校から出て行つてしまつた。（略）そのくらゐに彼等の方は、普通の日本の青年学徒よりも挺身国家の難に赴くと云ふ精神に於て一段上ぢやないかと思ふ。(195)

第二次世界大戦でも、欧米各国では早い時期から多くの学生が武器を取って戦線に立っていた。キャンパスの軍事化という点では、むしろアメリカのほうが日本よりも先行し、太平洋戦争勃発後数カ月で「学校を全く軍隊化又は生産要員の養成所」にしてしまい、学生たちは「朝から晩までスポーツとダンスに遊び暮ら」す生活にピリオドを打ったのだ。(196) これに対して日本では、学生は徴兵猶予の特権を手放そうとせず、「果して戦争意識があるかどうか、敵愾心があるかどうか考へてみました時、殆んど敵愾心の愾の字も見当らんものがある。敵愾心のなきところ戦争意識の昂揚といふことは到底望まれない」というありさまだった。[197] スポーツ界はスポーツの軍事的有用性を主張していたが、立派な体格を持つ学生運動家たちはスポーツを母国のために積極的に活用しようとはしなかったのである。そのため、陸軍は学生に最も厳格な男らしさを要求したのだ。

陸軍は学生のスポーツを問題視したが、スポーツそのものを否定したわけではない。児玉自身、「学徒の体育訓練と、厚生を主目標とした一般産業人の体育との間には、厳然たる相違があ」ると述べているように、陸軍は、産業青年に対しては健全な娯楽の必要性を認め、野球やテニスでさえ否定しなかった。[198]

厚生省と内務省は一九四三年五月から部落会や町内会に健民部を、職場に健民会を設置して健民運動を展開するが、これと連動して大日本体育会は「勤労人の士気を昂揚し活力を培ふため構成的体育」を奨励することになる。

学徒の訓練的立場から否定された野球、庭球のごときものも一般勤労人の厚生体育の点から、むしろ「軟球」に限つて奨励する。また籠球、排球の如きも徒らに競技本位や形式本位に堕しないやう人員の編成や演技方法を改良し誰でも参加し勤労の余暇を娯しみ明日の生産活力を培ふやう指導する。[199]

一九四四年六月、戦況が悪化の一途をたどるなかで厚生省は「勤労体育の徹底普及と職場明朗化運動の一助として籠球、排球、避球等慰楽球技の普及指導」をはかり、大日本体育会に大小各一万個のボールを生産して産業戦士に配給するよう指示した。さらに学童用にフィリピン方面の前線勇士から贈られた牛皮を使って数万個の避球（ドッジボール）を製作させていた。[200] これは陸軍の協力なしでは不可能なことであり、陸軍が決してスポーツを全否定したわけではないことを示しているだろう。

最後に、陸軍の体育・スポーツの方針に大きな影響を与えた陸軍戸山学校の戦時中の状況に触れておきたい。

日中戦争が勃発すると、多数の学生が原隊に復帰し、教官の動員も相次ぎ、陸軍戸山学校は一時教育の停止を余儀なくされた。一九三九年に教育が再開されるが、この間校庭内のいたるところに陸軍病院の病棟が設置されていた。再開後の教育内容は、障碍物突破、城壁攻撃（攀登を含む）、トーチカ攻撃（手榴弾投擲を含む）、耐熱行軍、水泳など、より実戦的なものが増加した。スキーの研究も盛んだった。第七師団、第八師団、陸軍被服廠との合同研究の成果として、『「スキー」教育ノ参考』（教育総監部編、武揚堂、一九四〇年）が刊行された。三九年に陸軍戸山学校に着任した温品博水はスキー研究に深く携わり、民間スキー界の協力も得て、実験を重ねた。四〇年に外園に代わって体操科長となった温品は「学生教育の統轄の外、各隊の出張教育や文部、厚生、地方よりの時勢に応ずる指導で多忙な日を送った」。秋からは落下傘降下の研究にも携わった。四二年末から高山岳の突破に関する研究がおこなわれ、『山岳通過の参考』を作成した。四四年には南方密林戦や夜間視力増強訓練の研究が実施され、『夜間視力増進訓練の参考』を完成させた。このように研究内容が多様化複雑化する一方、教育期間は当初五カ月だったのが、四二年に三カ月、四四年には二カ月に短縮されていた。四四年末までにはほとんどの教官助教が転出してしまい、陸軍戸山学校は再び教育研究を停止せざるをえなくなった[201]。

戦闘に関わる特殊技術の研究と並んで、陸軍戸山学校がこの時期に重点を置いたのは、健兵対策である。陸軍の健兵対策は、一九四一年四月十一日に東条英機陸相が師団長会議での訓示でその徹底を訴えたことで、本格的に始まった。この背景には「現下ノ軍隊ノ実情ハ教育時間ノ短少、諸行事ノ繁雑、転出入ノ頻繁、幹部ノ能力低下、教育資材ノ不足及ビ徴集人員ノ増加ニ伴ヒ、兵ノ体力低下ヲ予想セラルル等悪条件ガ多イニモ拘ラズ、時局ノ要望スル所ハ益々累加シツツアル[202]」という認識であった。そこで「身体虚弱兵を以て特別教育班を編成し体操を主とし体力を漸進合理的に養成訓練するとともに軍隊内務との連繫を適切ならしめ訓練と休養と給養との調和を図[203]」ったのが、健兵対策であった。健兵を強兵にすることを前提とした従来の軍隊教育を見直し、各兵士の体力に応じた「漸進合理的」な手段を考慮しなければならないほど、兵士の素質は低下していたのだ。弱兵を健兵化する手段としては体操が重視された。体操は訓練的な軍隊体操と保育的な保健体操に分けられ、前者は基本体

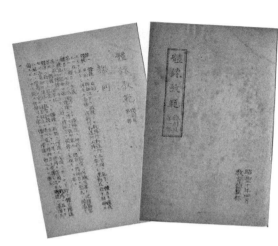

図103　『体錬教範』（防衛研究所戦史研究センター蔵）

操、応用体操、団体競技から構成されていた。ただし、団体競技が具体的にどのようなものを指すのか、ここでは全く説明がなされていない（基本体操、応用体操は具体的な指示がある）。一方、保健体操は一般兵、病後衰弱者、工務兵などに分けて説明がなされる。工務兵に求められるのは「心気転換シ精神ヲ爽快ナラシムル運動」で、「基本体操、小競技等ヲ主体トシ一部応用体操ヲ加」えるよう指示している[204]。温品が編纂した『小競技』の改訂版が一九四二年十一月に出されたのは、この方針に基づいたものと思われる。

　このころ陸軍戸山学校では『体操教範』の改正に取り組んでいた。新しい教範は一九四四年に教育総監に提出されたが、審議中に終戦となってしまう。温品によれば、基準科目を数値化し、団体競技を多く採用したのが新教範の特徴であった。防衛研究所に所蔵する『体錬教範』がおそらく温品がいう新教範だろう。現存する『体錬教範』は四五年四月に教育総監部が作成したもので、第一部だけ、しかも付表の類いも添付されていない。従来の教範と比べて顕著な違いは、補助運動と競技が主たる項目として独立したことである。これらが兵士一般の体位低下に対応するものであったことはいうまでもない。なお、温品がいう団体競技はおそらく第五篇の団体競技だろう。これはバスケットボールのようなスポーツではなく、「通常基本運動並ニ戦場運動ヲ団体ヲ以テ実施セシムルモノ」である。現存の『体錬教範』と温品の証言をあわせて考えると、新教範は軍隊体育を精兵の養成から健兵の養成へと後退させたものと位置づけることができる。軍人はもはや最高の男性性を

表8 『体錬教範』目次

第1篇　基本運動	走力、懸垂力、運搬力
第2篇　戦場運動	行進、攀登・降下、重量物運搬、跳躍、手榴弾投擲、障碍通過、綜合鍛錬
第3篇　補助運動	基礎運動、準備運動、調整運動、軽運動
第4篇　応用運動	徒手運動、器械運動
第5篇　競技	個人競技、団体競技
附録	相撲、団体競技（籠球、投球戦、球戦）、眩暈対性運動

（出典：『体錬教範』〔防衛研究所蔵〕をもとに作成）

体現する存在ではなくなった。軍事的男性性の破綻は大日本帝国の崩壊を予示するものだった。

6　スポーツの「弾圧」と男性性

一九三〇年代に軍隊の男性性が大きく変化した結果、二〇年代に一時盛んだった陸軍のスポーツは衰退していった。そして戦争が始まると、陸軍は総力戦の要請からスポーツ界、とりわけ学生スポーツ界への干渉を強めていった。いわゆるスポーツの「弾圧」を理解するために作成したのが図104から図106である。図104の縦軸は男らしさの度合いを示し、上に行くほど男らしく、下に行くほど男らしくないことを表している。男らしさの度合いは、鍛錬（錬成）の度合いにも対応する。鍛錬の対極には娯楽が置かれる。この両極は、国家主義と個人主義、修行と興味、国民と非国民といった言葉に置き換えることもできるだろう。

A、B、Cは武道、体操、スポーツをグループ化し、男らしさに対応させたものである。A群は最も男らしく、陸軍が最も重視したものである。ここには銃剣道、射撃、水泳、馬術、グライダー、行軍（登山）、戦場運動（陸上）、剣道、柔道、弓道、相撲、体力章検定種目、体操などが入る。C群はその対極で、最も男らしくなく、陸軍が最も重視しなかったもので、バレーボール、テニス、野球、卓球などが入る。B群はその中間で、『体操教範』で採用されたバスケットボール、投球戦（ハンドボール）、球戦（サッカー）と、陸軍戸山学校でおこなわれていたホッケー、そ

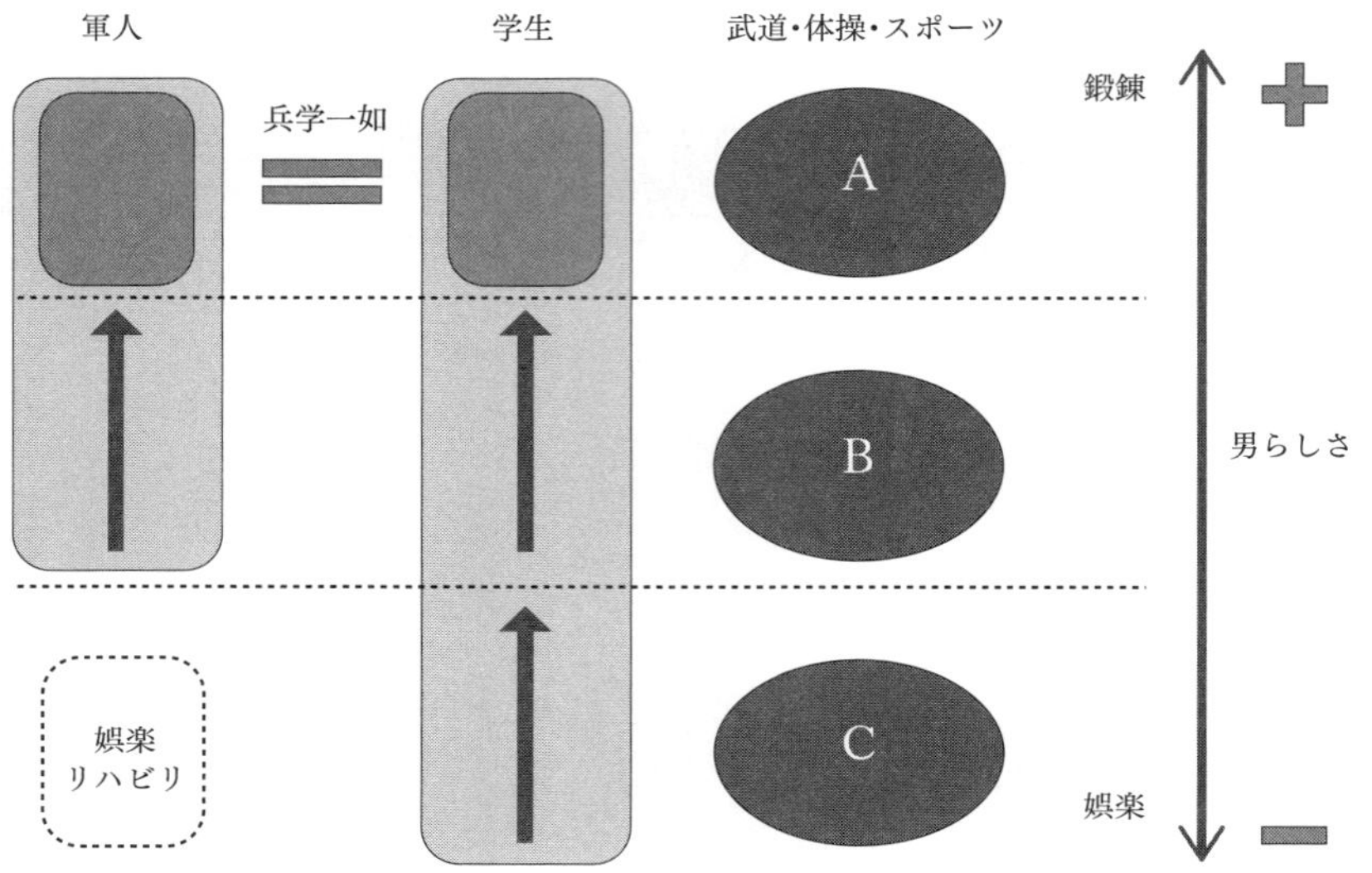

図104　男性性から見た軍隊とスポーツ（著者作成）

してラグビーから構成される。これらは軍人にふさわしいスポーツとみなされていたが、やがて軍人にふさわしいものではなくなっていく。一九四一年秋に明治神宮大会の種目からホッケーとハンドボールが除外されたことが、まさにこの変化を示している。最終的には、戦争に直接役立つと陸軍が考えたA群だけが軍人にふさわしいものとみなされた。また、A・B・C各群のなかでも序列が存在し、たとえばA群では銃剣道、射撃が最上位に、弓道や相撲は最下位に位置した。ただし、これも時期によって若干の推移があり、剣道と柔道は徐々に序列が下がっていった。

スポーツの価値と男らしさが結び付けられていたことは、次のような証言にうかがうことができる。

一体、卓球は女性的スポーツだから、練習だといって屋内でポンポンやっていると何だかサボって遊んでいるみたいで気がひける。舎外では泥だらけになってラグビーやったり、汗みどろでサッカーやっているのに。卓球選手一同、口では「分隊を代表して。」とか「分隊の名誉のために。」等と大きな事を言っているが、内心では「もっと男性的スポーツの方が面白いだろうなあ。」と思っているに違いない。流石は日本男子である。[205]

これは海軍の予備学生の言葉だが、陸軍の場合も事情は同じである。バレーボールやテニス、卓球は男らしくない、婦女子の遊戯だという言説は、すでに何度も見てきた。それは堂々たる男子がすべきことではないのだ。もっとも、軍人にも序列があり、一般の軍人は、傷痍軍人や軍属よりも男らしい存在とみなされていた。軍人のなかでも、歩兵は輜重兵や看護兵よりも男らしい存在だった。より男らしい軍人には、より男らしい武道、体操、軍事訓練が求められ、より男らしくない軍人・軍属はスポーツをしてもさほど問題にされなかった。学生の男らしさにはA・B・C群いずれも含まれたが、陸軍から見れば、A群を実践する学生はより男らしい学生であり、C群を実践する学生はより男らしくない学生であった。戦争が始まり、B群とC群、すなわち外来スポーツへの圧力が高まるなかで、スポーツ界はスポーツをより鍛錬化する（＝男らしさを高める）ことで存続をはかろうとした。

蓋し皮相の見方をすると庭球は動作優柔なるが如く恰も婦女子の遊戯であるかの如き外観を呈するが故に大なる誤解を招き易いと云ふ点はあるが、所謂「運動」として行はれる庭球と「練成」として行はれる庭球との間には形こそ趣を同ふするが其の練成の方法なり精神に於ては全然その趣を異にして居るのである。（略）庭球は外来のスポーツに相違なきも、已に換骨奪胎して最も日本的最も古武士的に育成されつゝある日本独特のスポーツとなつて居ると云つて過言でない。[206]

古武士は軍人とともに最も男らしいとされた存在であった（剣道の重視もここに由来する）。外来の、婦女子の遊戯ではなく、日本独特の、古武士的な錬成であると主張することで、テニスの男らしさを高めようとしたわけだが、こうした努力は報われなかった。一九四三年春、戦時学徒体育訓練実施要綱は学生スポーツの範囲を大幅

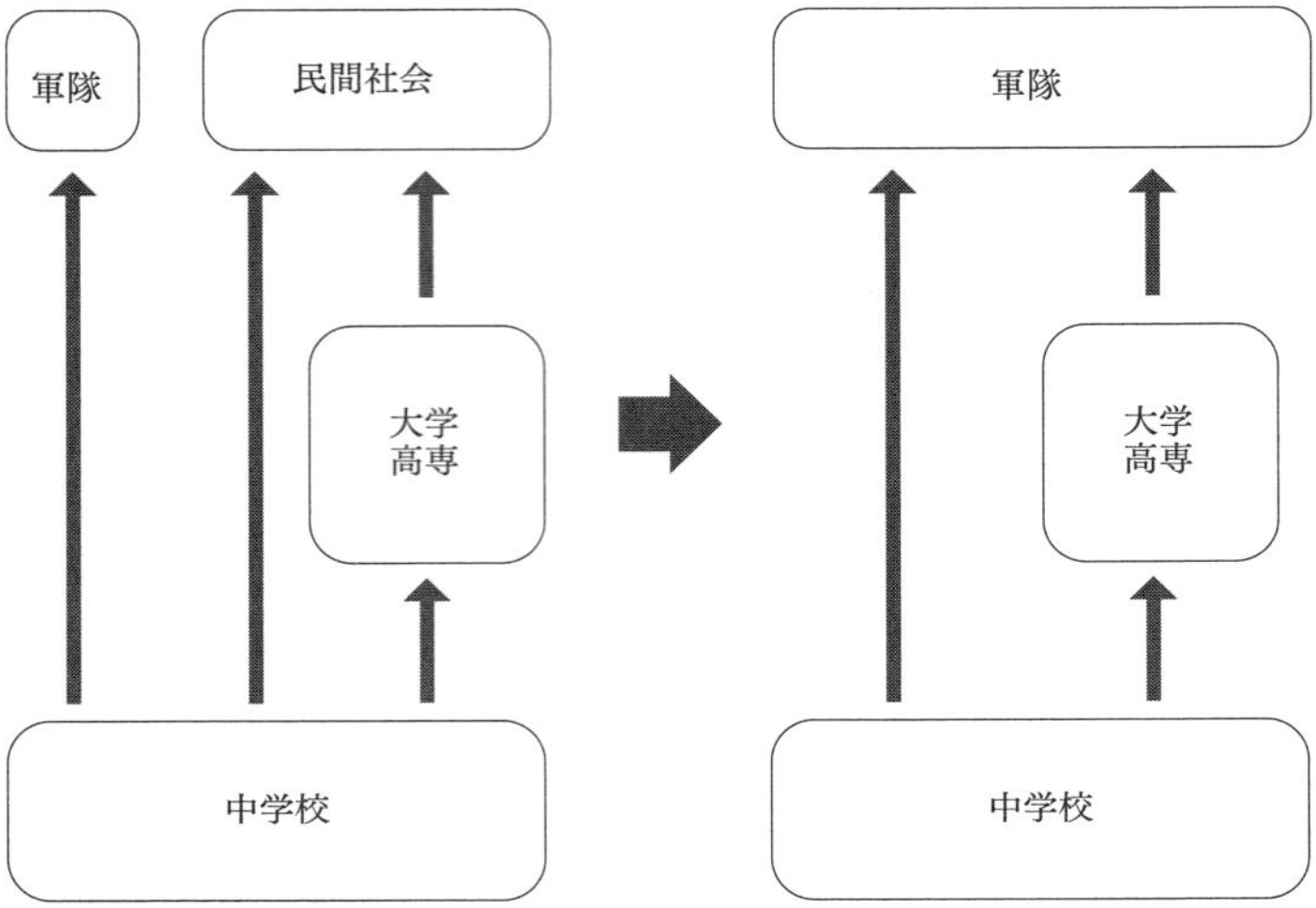

図105　兵学一如への変化（著者作成）

に制限し、A群とラグビーだけが許されることになった。そのラグビーも四三年秋以降、ほぼ活動を停止した。ここに、軍人に求められた男らしさと、学生に求められた男らしさは一致することになった。「兵学一如」である。

図105はライフコースの視点から「兵学一如」への変化を図式化したものである。従来、中学校の卒業生には、さらに上級の学校に進学する、軍学校に入学する、社会人になるといった選択肢があった。陸軍からすれば、中学生の一部が陸軍士官学校に入学し、また兵役に就くことから、中学校にある程度の軍事的な男らしさの養成を求めないわけにはいかない。学校教練はその代表だろう。ところが、戦況が悪化するなかで、中学校は軍学校化し、軍人を養成することが教育の第一義となった。中学生は、なかには上級学校に進学する者がいるものの、いずれはみな軍隊に入ることが想定された。このため、軍は軍人としての男らしさを中学生にも求め、スポーツよりも軍事訓練を優先した。一般の中学校に相当する陸軍幼年学校でスポーツが許されていたことを考えると、陸軍は軍学校以上に、一般の中学生に軍人としての男らしさを要求したのだ。また中学校以上の学校については、岡部長景文相が「今日の上級学校は皇軍の幹部養成所たる実情にあると訓示したように、よりいっそう軍人としての男らしさが要請された[207]。

学生スポーツの弾圧とは、学生の軍人化、より正確にいえば青年男子の軍人化の一側面だった。青年男子とは、おおよそ十五歳から二十五歳までの男性で、体力章検定の対象者でもあった。彼らは陸軍が将校・兵士（の候補）とみなしていた層である。図106は一九四〇年の人口ピラミッドを図式化したもので、網掛け部分が青年男子にあたる。青年男子は全人口からすれば一部にすぎない。その他の人びとは、スポーツなどによって心身を鍛練し、産業人や軍人の妻、軍人の母、あるいは防空の指導者として、前線の軍人を支える役割を果たすことが求められていた。女らしさも軍事や鍛錬によって定義されるようになったのだ。(208)

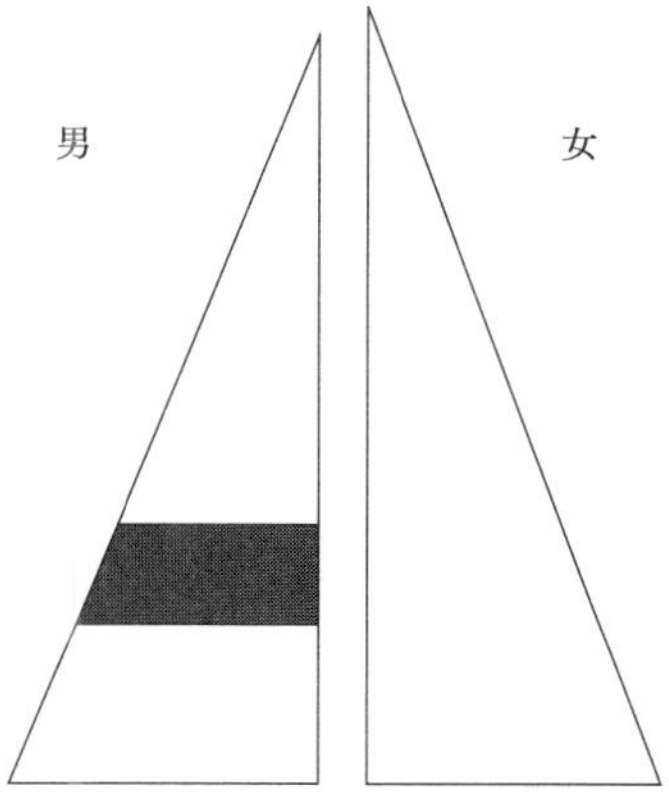

図106　青年男子の位置（著者作成）

「ジェンダーの軍事化」は、青年男子のスポーツを排除する方向にはたらいたが、それ以外のスポーツを排除することはなかった。戦後、スポーツ界では軍部によるスポーツ「弾圧」というイメージが形成されるが、実際には戦争末期ほど陸軍や政府が国民全体の体育を重視したときはなかった。このときスポーツ界自身も国民体育を推進し、男子学生を戦場へと送り込む手助けをしていた。スポーツの「弾圧」とは、男子学生によるエリート・スポーツに局限した、そして多分に戦争責任の転嫁を含んだ戦時下スポーツの一解釈でしかない。

航空隊はスポーツと相性がよかった。飛行機乗りには運動神経が求められ、飛行機での戦闘にはチーム・スポーツと共通する点が多いと考えられていた。陸軍の少年飛行兵や海軍の予科練習生はしばしばスポーツマンとして描かれた。さらに、岡部文相がアメリカの飛行機搭乗員の八割が学生出身であることを念頭に置きながら、「飛行機の精密性とその戦闘の智能性から見て、これが操縦整備に当る者特に幹部指揮者たる者には、高等教育を受けたる者が最も適当であることは論を俟たない」(209)と述べたように、飛行機には学生が適していると考えられていた。したがって、学生のスポーツマンは二重の意味で理想的な航空要員だった。

航空戦の重要性が認識されるにつれ、陸・海軍やメディアは少年たちに空への夢を煽った。「空だ、男の行くところ」――少年飛行兵募集のポスターはこう呼びかける。しかしそれだけでは飛行兵は集まらない。陸軍情報部長の谷萩那華雄が「少年兵募集の主力は航空関係にあるが、志願者の母や姉が航空を危険視し、又子弟を溺愛するあまりこれに賛成同意せぬといふことがよくある。これらの女性をしてよく航空を理解せしめ進んで子弟を大空に活躍せしむる適任者はやはり学校の先生である」[210]と語るように、女性へのはたらきかけも重要であった。小説家古川真治は東京陸軍少年飛行兵学校を訪問した際、十人の少年飛行兵に話を聞いたところ、母親が入学を許可したのは一人だけで、母親がいない三人を除く残りの六人全員が、入学通知を受け取ってはじめて母親が諦めて許してくれたと語った。かつて古川は熊谷陸軍飛行学校を題材にした小説「空だ、男子の行くところ」で、飛行機好きの母親を登場させていた。この母親は生前、息子に少年飛行兵になるよう勧めていて、息子は母の死後、見事に試験に合格するという設定だった。古川は現実との違いに愕然としたにちがいない。「母のともすれば盲目的な愛にひきかへ、父の愛は一と廻り大きい」[211]――それが古川のコメントだった。

少年たちの空への「熱狂」は強制される場合もあった。一九四三年七月五日、加藤真一の母校愛知一中で三年生以上の生徒大会が開かれ、七百人全員が海軍甲種飛行予科練習生に志願するという「快挙」があった。当時愛知一中の学生だった江藤千秋は戦後に『積乱雲の彼方に』を著してこの事件の真相に迫った。同書によれば、この「快挙」は校長をはじめとする一部の教師や上級生の強い誘導のもと、生徒大会の熱狂的な雰囲気のなかでなされたものだった。多くの生徒にとってそれが本意でなかったことは、実際の入隊者が五十六人しかいなかったことからもわかる。当時、名古屋で連隊区司令官をしていた加藤真一も遠望訓練を推奨するなどして、視力不足で空への夢を断念した生徒たちを空へ駆り立てようとしていた。[212]総決起事件は、まさしく内田雅克が論じたウィークネス・フォビア(「弱」に対する嫌悪と、「弱」と判定されてはならないという強迫観念)の産物だった。[213]

最後に皇室の役割に触れておこう。皇室が一九二〇年代の軍隊スポーツに大きな役割を果たしたことは第1部で論じた。三〇年代後半以降、皇室とスポーツ界の関係はそれ以前と比べるとかなり希薄になっていた。皇族が総裁をつとめた明治神宮大会と東亜大会はその数少ない例外だが、[214]その明治神宮大会も軍事化され、スポーツが排除されていった。二〇年代、自らスポーツを実践していた昭和天皇、秩父宮、高松宮もこのころには四十歳前後になっていて、皇族として軍人として多忙な日々を送っていた。スポーツの宮様、秩父宮は東亜大会のころから体調を崩し、肺結核と診断されて療養生活に入っていた（同年秋の第十一回明治神宮大会も欠席）。野球好きの賀陽宮も野球の禁令に口を挟まなかった。スポーツ界の側も軍部の圧力をかわすために皇室の力に期待することはなかった。二〇年代の平民的な皇室が媒介となって結び付いた軍隊とスポーツは、天皇が神格化されるなかでつながりを失い、「皇軍」とスポーツは対極の男性性をなすにいたった。菊と星と五輪のトライアングルは、星と五輪のあいだだけでなく菊と五輪のあいだでも切断されてしまったのだ。

注

（1）法本義弘「儀峨さんの快気焔」「新武道」第三巻第一号、新武道刊行会、一九四三年一月、五三ページ

（2）この逸話を書き残した今村均は本間と同時期にイギリス駐在武官をつとめ、本間の一週間前に上原に呼び出されて絞られていた。二人の結論は、上原は「えらいおやじだ」というものだった（今村均『私記・一軍人六十年の哀歓』芙蓉書房、一九七〇年、一二二一―一二三ページ）。なお、上原の娘愛子は大塚惟精の妻となるが、夫婦でともにテニスを楽しんだ。

（3）片山杜秀『未完のファシズム――「持たざる国」日本の運命』（新潮選書）、新潮社、二〇一二年

（4）ドイツ軍についていえば、気象条件の厳しさはもちろんのこと、スポーツ設備の貧弱さ、部隊の移動の多さ、兵士の年齢の高さなどがスポーツの障害となった（Tauber, *op.cit.*, pp.253-254.）。

（5）原秀男／澤地久枝／匂坂哲郎編『匂坂資料8　検察秘録二・二六事件Ⅳ』角川書店、一九九一年、四四ページ

（6）「イギリス公文書館所蔵史料（FO371/22189/22248）」（坂上康博『にっぽん野球の系譜学』〔青弓社ライブラリー〕、青弓社、二〇〇一年、一七一―一七二ページから引用）

（7）「東京朝日新聞」一九三八年九月九日付

（8）荒川章二「兵士たちの男性史」、前掲『モダニズムから総力戦へ』所収

(9)前掲『運動競技提要』三七ページ
(10)一九二五年のいわゆる学校教練の導入は例外にあたる。とはいえ、当時の陸軍はきわめて慎重な姿勢を取らざるをえなかった。学校教練と男性性の関係については、前掲「軍隊と社会のはざまで」を参照。
(11)吉田裕/森茂樹『アジア・太平洋戦争』(「戦争の日本史」第二十三巻)、吉川弘文館、二〇〇七年、六八ページ、中川雄介/加藤千香子「「爆弾三勇士」と男性性――〈モダン・ボーイ〉から〈日本男児〉へ」、細谷実編『モダン・マスキュリニティーズ 二〇〇三年』所収、細谷実、二〇〇四年
(12)この問題については、拙稿「「満洲国」の誕生と極東スポーツ界の再編」(「京都大学文学部研究紀要」第四十七号、京都大学大学院文学研究科、二〇〇八年)、前掲『帝国日本とスポーツ』を参照。
(13)「東京日日新聞」一九三四年四月二十二、二十六、二十七日付
(14)「東京日日新聞」一九三四年四月二十二日付
(15)前掲『大日本体育協会史』上、七七―七八ページ
(16)小野原誠一「軍隊体育」、前掲『現代体育の施設と管理』所収
(17)岩永宝「第四十四期生と私」、陸士第四十四期生会編『回想録――五十年の歩み』所収、陸士第四十四期生会、一九八二年。陸士第四十四期は一九三二年卒である。
(18)前掲「我が体育歴考」第四章。温品は一九二九年十二月から三四年三月まで陸軍戸山学校教官をつとめた。
(19)同論文
(20)山本昌弘「華北の対ゲリラ戦、一九三九―一九四五――失敗の解析」、波多野澄雄/戸部良一編『日中戦争の軍事的展開』(「日中戦争の国際共同研究」第二巻)所収、慶應義塾大学出版会、二〇〇六年
(21)「東京朝日新聞」一九三八年四月十七日付
(22)「大阪毎日新聞」一九三八年四月二十日付
(23)「東京朝日新聞」一九三九年一月十二日付
(24)「東京朝日新聞」一九三八年十二月二十九日付
(25)「東京朝日新聞」一九三九年一月三十日付

(26)「東京朝日新聞」一九三九年一月十五日付
(27)尾坂雅人『戦塵の足跡』尾坂雅人、一九七八年、一三一ページ
(28)沢村栄治・笹崎僙「帰還二勇士戦争とスポーツを語る」、文藝春秋編『「文藝春秋」にみるスポーツ昭和史』第一巻所収、文藝春秋、一九八八年
(29)「読売新聞」一九三九年一月五日付
(30)前掲「帰還二勇士戦争とスポーツを語る」
(31)早坂隆『昭和十七年の夏　幻の甲子園――戦時下の球児たち』文藝春秋、二〇一〇年、二八八―二八九ページ
(32)「大阪朝日新聞」一九三九年十月二十一日付北支版
(33)「大阪朝日新聞」一九四一年六月二十五日付北支版
(34)「蒙疆新報」一九四一年九月四日付、「大阪朝日新聞」一九四二年九月二日付北支版
(35)拙稿「戦時下の平和の祭典――幻の東京オリンピックと極東スポーツ界」「京都大学文学部研究紀要」第四十九号、京都大学大学院文学研究科、二〇一〇年三月
(36)毎日新聞社編『昭和スポーツ史――オリンピック八〇年』毎日新聞社、一九七六年、一〇〇―一〇一ページ、「大阪朝日新聞」一九四〇年八月十五、十八、二十二日付、九月十三日付北支版
(37)「読売新聞」一九三七年十一月五日付
(38)火野葦平「戦線スポーツ漫談」、前掲「アサヒスポーツ」第十八巻第一号
(39)「南京新報」一九三八年九月二十八日付、「新申報」一九三八年十一月四日付
(40)「大陸新報」一九四一年十二月一日付
(41)「大陸新報」一九四三年五月三日付
(42)「大陸新報」一九四二年五月三十一日付
(43)「読売新聞」一九三九年二月五日付
(44)東海林善吉『東海林善吉――雑草のたわごと　自叙伝』東海林善吉、一九八八年、一八二ページ
(45)大竹清照「歩兵第八十五連隊南文作戦」、平和記念事業特別基金編『軍人軍属短期在職者が語り継ぐ労苦（兵士

編）』第三巻（平和の礎）所収、平和祈念事業特別基金、一九九三年
（46）肥塚喜一『江南春秋――従軍記』まいほーむ編集部、一九九〇年、二四二―二四三ページ
（47）「戦線から」、大日本蹴球協会編「蹴球」第七巻第一号、大日本蹴球協会、一九三九年四月
（48）小原孝太郎著、江口圭一／芝原拓自編『日中戦争従軍日記――輜重兵の戦場体験』（「愛知大学国研叢書」第一巻）、法律文化社、一九八九年、三四三ページ
（49）同書三五三―三五四、三五七―三五八、四一三ページ
（50）波多野皖三『続・特務兵日記――一九三七〜四〇華中戦線にて』第一巻、葦書房、一九九八年、四五六ページ
（51）山田清吉『武漢兵站』図書出版社、一九七八年、一七七―一七九ページ
（52）九師二水会編『九師二水記――油隊・無線兵の追想』九師二水会、一九八九年、四三ページ
（53）小林康正『戦争と知性――大学生の前線手記』教育図書、一九四一年、七〇ページ
（54）前掲「戦線スポーツ漫談」
（55）李想白〔李相佰〕「興亜建設と厚生運動（下）」「東京日日新聞」一九三九年十二月十八日付
（56）「大阪朝日新聞」一九四一年三月十一日付
（57）前掲『帝国日本とスポーツ』二四二―二四八ページ
（58）「読売新聞」一九三八年十月二十日付
（59）奈良常五郎『日本ＹＭＣＡ史』日本ＹＭＣＡ同盟、一九五九年、三三二―三三六ページ
（60）平沼亮三「満洲皇軍慰問の旅」「体育日本」第十八巻第十号、大日本体育会、一九四〇年十月
（61）「東京朝日新聞」一九三九年二月七日付
（62）「読売新聞」一九三九年二月四日付
（63）前掲「JACAR」C07091155700（六画像目）、C07091260300（七画像目）、C07091289000（七画像目）、C07091341200（六画像目）。ちょうどこのとき、一時的にゴムの配当が緩和されたという事情もある（「東京朝日新聞」一九三九年二月十一日付）。
（64）前掲「JACAR」C06030017700（十一画像目）、C06030052200（八画像目）、C06030066700（八画像目）、C06030

102000（八画像目）、C06030155200（九―十画像目）。陸軍によるスポーツ用品購入の報道は一九三九年二月以降は見られない。

(65)「続従軍夜話③」「大阪朝日新聞」一九四〇年九月二十六日付

(66)「大阪毎日新聞」一九三九年十二月十五日付

(67)「東京朝日新聞」一九三九年一月四日付

(68)「東京朝日新聞」一九三九年一月二十五日付

(69)「読売新聞」一九三二年十二月三日付

(70)前掲「JACAR」C04012421300（七―九画像目）、C04012513800（四画像目）

(71)前掲「JACAR」C04012628100（四―八画像目）

(72)前掲『戦没野球人』一〇八ページ

(73)前掲『昭和十七年の夏　幻の甲子園』三二二ページ

(74)伊藤健一郎「戦争末期のラグビー部」、前掲『回想の東大ラグビー』所収

(75)陸軍将校生徒試験常置委員編『輝く陸軍将校生徒』大日本雄弁会講談社、一九三七年、二一、一一〇、一二一ページ。球戦は陸軍戦車学校の少年兵のあいだでも盛んだった（「東京日日新聞」一九四〇年十月八日付）。

(76)陸軍将校生徒試験常置委員編『輝く陸軍将校生徒　改訂版』大日本雄弁会講談社、一九四〇年、二〇ページ

(77)今村文英『陸軍幼年学校の生活』越後屋書房、一九四三年、五九ページ

(78)前掲『わが武寮』二八三ページ。同書は『輝く陸軍将校生徒』の一九三七年版と四〇年版の違いについても言及している。

(79)大阪幼年学校史編纂委員編『大阪陸軍幼年学校史』阪幼会、一九七五年、三四八―三四九ページ

(80)朝日新聞社編『軍神加藤少将正伝』朝日新聞社、一九四三年、一一七ページ。加藤が陸軍士官学校の予科本科を過ごした一九二〇年代前半は同校のスポーツ全盛時代だった。

(81)檜與平『隼戦闘隊長加藤建夫――誇り高き一軍人の生涯』光人社、一九八七年、三二、六五ページ

(82)陸軍航空総監部編『体操教育之参考』陸軍航空総監部、一九四三年、二ページ

(83) 植村陸朗「スポーツ談義」「アサヒスポーツ」第二十巻第十七号、朝日新聞社、一九四二年九月、「読売新聞」一九四三年七月二十日付
(84) 前掲『体操教育之参考』一七六、一七八ページ
(85) 少飛十二期会編『誰に叫ばん——元陸軍少年飛行兵第十二期生の記録』少飛十二期会、一九八三年、六一ページ
(86) 少飛第十四期生会事務局編『少飛第十四期生のあゆみ』少飛十四期生会事務局、一九九八年、七一、九七ページ
(87) 石井幸雄編『写真集陸軍士官学校』秋元書房、一九八九年、一〇三ページ
(88) 堀山久生編『館林の空——第三〇戦斗飛行集団館林集成教育隊』堀山久生、二〇〇二年、七二ページ
(89) 小林察編『竹内浩三全集』第二巻、新評論、一九八四年、七〇—七一ページ
(90)「陸海軍の庭球熱」「日本庭球」第二巻第八号、日本庭球社、一九四三年八月。海軍からの申し込みを受け、大日本体育会庭球部会は七月下旬に土浦航空隊（二ダース）と第一海軍航空廠（一ダース）にボールを配給した（後藤光将「戦中期の日本におけるテニスボールの配給に関する研究」「明治大学教養論集」第四百九十四号、明治大学教養論集刊行会、二〇一三年九月）。
(91) 針重敬喜「日本庭球の新発足」「日本庭球」創刊号、日本庭球社、一九四二年十一月
(92)「東京朝日新聞」一九三八年八月二十二日付
(93) 田中弘「侵略されたグラウンド」、早稲田アスレチック倶楽部編『早稲田大学競走部七十年史』所収、早稲田アスレチック倶楽部、一九八四年
(94)「東京朝日新聞」一九三九年三月十一日付
(95)「東京朝日新聞」一九三九年三月十日付
(96)「東京朝日新聞」一九四一年四月十六日付
(97) 大津喜一『軍隊末期の初年兵と戦争　改訂版』大津喜一、一九七〇年、七八ページ
(98) 前掲「JACAR」C04012043300（四画像目）、C04012132700（三画像目）、C04012330500（五画像目）、C04012423000（五画像目）
(99) 遠藤喜美治「祭儀と競技」「学校体錬」第一巻第九号、目黒書店、一九四一年九月

(100)「大阪毎日新聞」一九三九年一月九日付
(101) 小仲正道編『思い出――岡田隊とともに』後編、岡田戦友会、一九七三年、四六―四七ページ
(102)「東京日日新聞」一九二一年三月二十八日付
(103) 日本厚生協会編『第一回日本厚生大会報告書』日本厚生協会、一九三九年、一一八ページ
(104) 陸軍兵器本部『陸軍兵器廠歴史』昭和十五年度（防衛省防衛研究所蔵）、一四四ページ
(105) 前掲『野球と戦争』一七二―一七三ページ
(106) 河野仁『〈玉砕〉の軍隊、〈生還〉の軍隊――日米兵士が見た太平洋戦争』（講談社選書メチエ）、講談社、二〇〇一年、八三ページ
(107) 高岡裕之「大日本体育会の成立――総力戦体制とスポーツ界」、坂上康博／高岡裕之編著『幻の東京オリンピックとその時代――戦時期のスポーツ・都市・身体』所収、青弓社、二〇〇九年
(108)「東京朝日新聞」一九三五年七月九日付、一九三六年十月十六日付、十二月十六日付
(109) 前掲「大日本体育会の成立」、「東京朝日新聞」一九三七年六月十九日付、「読売新聞」一九三七年六月二十日付
(110) 安川伊三「体育漫語」「体育と競技」第十六巻第十号、大日本体育学会、一九三七年十月
(111)「読売新聞」一九三七年八月六日付
(112) 一九四一年以降、スポーツ選手の戦死記事は極端に減少する。また、表には見えないが、四〇年と四一年にはドイツ、フィンランド、フランスなど外国人スポーツ選手の戦死記事が多く掲載されている。日本人選手の戦死記事が減少した原因は明らかではないが、大江季雄については軍の検閲で掲載不許可となっていたことがわかっている。戦中から戦後にかけてのメディアにおける大江選手の表象の変化については Skabelund, *op.cit.* を参照。
(113)「座談会」、北沢清追想録刊行会『北沢清追想録』所収、北沢清追想録刊行会、一九八二年。中沢は東京オリンピック返上が決まったあと、大島とジンギスカン鍋をつつきながら話し合ったとするが、時期的に合わない（中沢米太郎『国防体育訓練指針――戦場運動・海洋訓練・自転車訓練』青年教育普及会、一九四三年、四―五ページ）。
(114) 前掲『国防体育訓練指針』四―一一ページ、前掲『帝国日本とスポーツ』一三六ページ
(115) 北沢清「体力章検定とその前後」、「基礎体力の養成座談会」「新武道」第三巻第十一号、新武道刊行会、一九四三

年十一、十二月、木下秀明「いわゆる「運動能力テスト」に関する陸軍戸山学校の系譜と体力章検定」「研究紀要」第五十一号、日本大学文理学部人文科学研究所、一九九六年、「東京朝日新聞」一九三八年九月七日付、栗本義彦「体力章検定に就て」「東京朝日新聞」一九三九年二月十六日―二月二十六日付。海軍は水泳を体力章検定に入れることを要望していて、一九四二年七月に実現した。

(116) 日本蹴球協会編『日本サッカーのあゆみ＝The progress of soccer in Japan』講談社、一九七四年、九〇ページ

(117) 北沢清「スポーツ界この一年（完）」「東京日日新聞」一九三九年十二月二十六日付

(118) 前掲「座談会」、前掲『帝国日本とスポーツ』一三九―一四〇ページ

(119) 「現代武道を語る座談会」「新武道」第一巻第五号、新武道刊行会、一九四一年八月

(120) 「東京朝日新聞」一九四一年十月二十四日付

(121) 武井群嗣『厚生省小史――私の在勤録から』厚生問題研究会、一九五二年、七九―八〇ページ。大日本体育会の設立経緯については前掲「大日本体育会の成立」に詳しい。

(122) 「東京朝日新聞」一九四一年十月二十九日付

(123) 坂上康博「武道界の戦時体制化――武道綜合団体「大日本武徳会」の成立」、前掲『幻の東京オリンピックとその時代』所収

(124) 「東京朝日新聞」一九四二年十月七日付、「戦局と指導者の覚悟を語る座談会」「新武道」第三巻第八号、新武道刊行会、一九四三年八月

(125) 西本武志『十五年戦争下の登山――研究ノート』本の泉社、二〇一〇年

(126) 前掲「我が体育歴考」第六章

(127) 「海軍公報」第四千二百二十七号、海軍大臣官房、一九四一年七月三日

(128) 明治神宮体育会編『第九回明治神宮体育大会報告書』明治神宮体育会、一九三八年、八ページ。賀陽宮が総裁就任を受諾したのは、日中戦争勃発前のことだった。

(129) ホッケーには加藤真一や陸軍戸山学校の河野省介らが関わっていたが、これは日中戦争以前からそうだった。

(130) 前掲「JACAR」C01001779200（二―五画像目）

(131)「東京朝日新聞」一九四一年九月十一日付、九月十四日付
(132) 厚生省編『第十二回明治神宮国民体育大会報告書』厚生省、一九四二年、二三―二六ページ
(133) 前掲『帝国日本とスポーツ』二二三―二三〇ページ
(134) 厚生省編『第十四回明治神宮国民錬成大会報告書』厚生省、一九四四年、八ページ。角田は陸軍省兵務局兵務課員。大迫は海軍省教育局で体育を担当していた。一九三三年から翌年にかけて砲艦鳥羽機関長として揚子江の警備に当たっていた大迫は、あるとき長沙で岳麓大学の女子テニス部員と混合ダブルスの試合を楽しんだ。大迫はのちにこの出来事を「可愛いざかりの女の子ばかりでスポーツに国境はなくおまけに日支の感情が殊の外いゝ時だったのでとても好い思い出になっている」と振り返っている（『海軍同期生回想録――海軍兵学校第五十五期・海軍機関学校第三十六期・海軍経理学校第十六期』二洋会本部、一九七四年、九七ページ）。
(135) 加藤橘夫「運動競技の再出発」、前掲「野球界」第三十巻第二十号
(136) 加藤橘夫「文部・厚生の仲」、前掲『北沢清追想録』所収
(137) 前掲『日本ホッケー七十五年』二〇四、二一二ページ、前掲『大日本体育協会史』下、一一三〇ページ
(138)「体育日本」第十七巻第四号、大日本体育会、一九三九年四月、一三ページ
(139)「国防と体育座談会」、同誌
(140) 北海道大学ホッケー部ＯＢ会編『北海道大学ホッケー部五十年史』北海道大学ホッケー部ＯＢ会、一九七七年、一七ページ
(141)「興亜教育に於ける体育文化の位置　座談会」、東亜教育協会編「興亜教育」第一巻第十二号、目黒書店、一九四一年十二月
(142) 大藪直市郎「回想録」、前掲『陸軍戸山学校略史』所収
(143) 外園進「極東選手権競技大会に就て」、偕行社編纂部編「偕行社記事」第六百六十九号、偕行社編纂部、一九三〇年六月
(144)「学校教練を語る配属将校座談会」「新武道」第一巻第六号、新武道刊行会、一九四一年九月
(145) 飛田穂洲『球道半世紀』博友社、一九五一年、一四八ページ

(146)村岡中佐「戦力増強の体錬」、学徒体育刊行会編「学徒体育」第三巻第十二号、目黒書店、一九四三年十二月
(147)「中部日本新聞」一九四四年一月二十二日付
(148)前掲『帝国日本とスポーツ』二二七―二三三ページ
(149)「東京朝日新聞」一九四三年一月二十二日付
(150)「東京朝日新聞」一九四三年一月十六日付
(151)前掲「帝国日本とスポーツ」二一七―二一九ページ
(152)山田はかねてから銃剣道を提唱していた(「中部日本新聞」一九四三年一月十六日付)。
(153)「『戦時学徒体育訓練実施要綱』を中心に文部当局に訊く(座談会)」、学徒体育刊行会編「学徒体育」第十八巻第六号、目黒書店、一九四四年六月
(154)高松宮宣仁親王『高松宮日記』第六巻、中央公論社、一九九七年、六三―六四ページ
(155)「中部日本新聞」一九四四年一月八日付
(156)飛田によれば、六大学リーグ解散にまつわる情報は一九四二年秋ごろから耳に入り始めていたという(前掲『球道半世紀』一五一―一五二ページ)。
(157)大谷武一「スポーツに日本的性格を与へよ」、学徒体育刊行会編「学徒体育」第二巻第三号、目黒書店、一九四二年三月
(158)宇野庄治「体育暦」「新武道」第一巻第四号、新武道刊行会、一九四一年七月
(159)盛岡一高野球部創設百周年記念誌編集委員会編『白堊熱球譜――盛岡一高野球部創設百周年記念誌』盛岡一高野球部後援会、一九九九年、七九ページ、中村哲也『学生野球憲章とはなにか――自治から見る日本野球史』(青弓社ライブラリー)、青弓社、二〇一〇年、九三―一〇四ページ、中村哲也/切刀俊雄「学生野球の国家統制と自治――戦時下の飛田穂洲」(前掲『幻の東京オリンピックとその時代』所収)。
(160)前掲『鈴木龍二回顧録』一二四ページ
(161)同書一三一―一三二ページ
(162)高津勝『日本近代スポーツ史の底流』創文企画、一九九四年、三二九ページ

(163) 飛田穂洲編『早稲田大学野球部五十年史』早稲田大学野球部、一九五〇年、四六三―四六四ページ
(164)「報道の転換と学徒体育を語る」、学徒体育刊行会編「学徒体育」第三巻第三号、目黒書店、一九四三年三月
(165)「東京朝日新聞」一九四三年一月十三日付
(166) 池口康雄『近代ラグビー百年――香山蕃追悼』ベースボール・マガジン社、一九八一年、二〇三ページ
(167) 西野綱三「闘球の命名」、郷隆追想録編集委員会編『郷隆』所収、郷隆追想録刊行会、一九七五年
(168) 村岡中佐「戦力増強の体錬」、学徒体育刊行会編「学徒体育」第十八巻第十二号、目黒書店、一九四三年十二月
(169) 前掲「闘球の命名」、「東京朝日新聞」一九四三年二月四日付、三月六日付
(170)「東京朝日新聞」一九四三年四月十二日付
(171) 慶應義塾体育会蹴球部黒黄会編『慶應義塾体育会蹴球部百年史』慶應義塾大学出版会、二〇〇〇年、二七一ページ
(172)「東京朝日新聞」一九四三年十月十七日付
(173)「読売新聞」一九四三年十一月二十四日付
(174) 前掲『慶應義塾体育会蹴球部百年史』二七一ページ
(175) 北島忠治『重量フォワードを育てて――ラグビー人生回顧録』ベースボール・マガジン社、一九七七年、七三―八九ページ
(176) 第三高等学校蹴球部史刊行会編『三高蹴球部史』第三高等学校蹴球部史刊行会、一九八四年、九六―九九ページ。「東京朝日新聞」では出陣学徒闘球錬成大会を報じた十月十七日付、「読売新聞」では十二月六日付を最後にラグビーの記事はなくなった。
(177) 旧制浦和高等学校ラグビー蹴球部瑶玅クラブラグビー部史編集委員会編『旧制浦和高等学校ラグビー蹴球部部史』旧制浦和高等学校ラグビー蹴球部瑶玅クラブ、一九七八年、旧制浦和高等学校同窓会旧制浦和高等学校創立七十周年記念事業委員会編『浦和高等学校史』旧制浦和高等学校同窓会旧制浦和高等学校創立七十周年記念事業委員会、一九九二年、旧制浦和高等学校海洋班の集い海洋班史編集委員会編『旧制浦和高等学校海洋班史――その生い立ちと歩み』旧制浦和高等学校海洋班の集い海洋班史編集委員会、二〇〇三年
(178) 濱田博也「戦時下の二十五番教室で、「風と共に去りぬ」をみる」、前掲『回想の東大ラグビー』所収、前掲『近代

ラグビー百年』二〇三―二〇四ページ
(179)「東京朝日新聞」一九三八年三月九日付
(180)藤生安太郎『四股を踏んで国策へ』大日本清風会、一九三八年
(181)前掲『男のイメージ』二〇―二一ページ
(182)「大寺少佐の陣中体験」「東京日日新聞」一九三八年十二月六、七日付
(183)「国防と体育座談会」「体育日本」第十七巻第四号、大日本体育会、一九三九年四月
(184)「東京朝日新聞」一九四二年八月十六日付
(185)「東京日日新聞」一九四〇年十一月二十九日付。外園は『国防競技の話』(〔青年新書〕、目黒書店、一九四二年、三七―三九ページ)で、在来の運動競技は「自由主義であり、個人主義であつて、国防国家の建設といふことから考へると、甚だ物足りないものがあ」り、時局下の運動競技は「皇道翼賛の精神に基き、国家の公器として我が身体を完成し、これを君国に献げ奉る皇道体育でなくてはならぬ」と述べている。
(186)「東京日日新聞」一九四〇年十一月三十日付、十二月二日付
(187)村岡安「戦争と体育」「体育日本」第二十一巻第一号、大日本体育会、一九四三年一月
(188)児玉久蔵「戦時武道体育に対する要望」「新武道」第三巻第三号、新武道刊行会、一九四三年三月
(189)「配属将校教練振興座談会」「新武道」第三巻第九号、新武道刊行会、一九四三年九月
(190)森永清「戦場と銃剣術」「新武道」第一巻第九号、新武道刊行会、一九四一年十二月
(191)高浪金治「学校教練に望む」「新武道」第三巻第十号、新武道刊行会、一九四三年十月。すでに同年六月に陸軍情報部長の谷萩那華雄が「今日の国民学校、青年学校は実質的に軍の予備校であり、中学校以上の諸学校は予備士官学校である」と述べていた(谷萩〔那華雄〕少将「決戦下の教育者に望む」「東京朝日新聞」一九四三年六月二十日付)。
(192)北沢清「兵・労・学一如」、学徒体育刊行会編「学徒体育」第四巻第五号、目黒書店、一九四四年五月
(193)前掲「興亜教育に於ける体育文化の位置　座談会」
(194)池田武一『ある軍隊日誌』プレジデント社、一九八二年、二二一ページ
(195)「戦局と指導者の覚悟を語る座談会」「新武道」第三巻第八号、新武道刊行会、一九四三年八月

(196) 伊藤安二『日米学徒決戦論』越後屋書房、一九四四年、六五、七七―七八ページ。当時の大学がいかに軍事化していたかについては V. R. Cardozier, *Colleges and Universities in World War II*, Praeger, 1993. を参照。
(197)「学徒決戦態勢座談会」「新武道」第三巻第四号、新武道刊行会、一九四三年四月
(198) 児玉久蔵「戦時学徒体育訓練に望む」「新武道」第三巻第七号、新武道刊行会、一九四三年七月
(199)「東京朝日新聞」一九四三年十二月二十日付
(200)「読売新聞」一九四四年六月二十一日付
(201) 前掲『陸軍戸山学校略史』三二―三六、七五、二二二ページ、前掲「我が体育歴考」第六、八章
(202) 陸軍戸山学校編『健兵対策の参考』陸軍戸山学校将校集会所、一九四二年、二二ページ
(203) 前掲『陸軍戸山学校略史』七〇ページ
(204) 前掲『健兵対策の参考』八八―八九ページ
(205) 片岡幸三郎『海軍予備学生の手記』片岡英幸／吉田佐木子、一九九八年、二三〇―二三一ページ
(206) 岡田四郎「誤れり矣　庭球抹殺論」「日本庭球」第二巻第四号、日本庭球社、一九四三年四月
(207)「東京朝日新聞」一九四三年六月十一日付
(208) もっとも、国家が求めるこうしたジェンダーのあり方はあくまで表向きのものであり、それが末端まで浸透していたかどうかは別問題である。この点、中央と地方の運動会の差異を論じた鈴木楓太「戦時期における市町村民運動会――明治神宮地方大会の考察」(「一橋大学スポーツ研究」第三十三巻、一橋大学スポーツ科学研究室、二〇一四年)が示唆的である。
(209)「東京朝日新聞」一九四三年六月十一日付
(210) 前掲「決戦下の教育者に望む」
(211) 古川眞治『僕らの航空読本』玉川学園出版部、一九四四年、六一―六九ページ、古川真治「空だ、男子の行くところ」「小学四年生」一九四一年九月号、小学館
(212) 江藤千秋『積乱雲の彼方に――愛知一中予科練総決起事件の記録』法政大学出版局、一九八一年
(213) 前掲『大日本帝国の「少年」と「男性性」』一三ページ

(214) 明治神宮大会の総裁は、第九回(一九三七年)が賀陽宮、第十回(一九三九年)と十一回(一九四〇年)が秩父宮、第十二回(一九四一年)と十四回(一九四三年)が高松宮、第十三回(一九四二年)が三笠宮だった。また、一九四〇年六月の東亜大会の総裁は秩父宮だった。

第7章　軍隊とスポーツの日米比較

1　アメリカ軍とスポーツ

第一次世界大戦末期、アメリカの陸・海軍に士気対策を担当する部局が設置された。陸軍に関していうと、終戦後まもなく参謀本部の士気部は廃止されるが、軍の娯楽福祉は軍が責任を持つべきだという考えに変わりはなく、総務局が士気対策の業務を引き継いだ。一九四〇年七月に総務局に士気課が設置され、翌年には先の大戦と同じく参謀本部のもとに士気部が置かれた。四二年に陸軍で大規模な組織改革がおこなわれ、参謀本部のもとに地上軍、航空軍、補給軍が置かれると、士気対策業務は補給軍所属のスペシャル・サービスに引き継がれる。スペシャル・サービスが担当する業務は幅広く、福祉（保険、裁判補助、赤十字など）、運動競技、演劇、出版、音楽、美術工芸、ラジオ、教育活動、図書館、映画などを含んでいた。アメリカ軍の士気対策の根底には、良好な士気は行き当たりばったりで得られるものではなく、徹底的な計画と組織的な推進によって得られるものであるとの考えがあった。(1)

スポーツは娯楽だけでなく、鍛錬としての意義も持っていた。レオン・T・デイヴィッド少佐は運動競技が「リーダーシップ、攻撃性、イニシアティブ、闘争心、兵士に必須のあらゆる性質」を発達させると主張した。

ドワイト・D・アイゼンハワーは陸軍士官時代にフットボールで膝を壊したが、彼はフットボールこそ将校に必要な資質を養成するスポーツであると考え、自分のスタッフ全員を元フットボール選手で固めたいと語った。ただし、フットボールは負傷の危険が高く、装備をそろえるのも大変なので、正式なフットボールはあまり奨励されなかった。敏捷性が要求される航空部門の士官候補生には、バスケットボール、ボクシング、フットボール、体操、サッカー、水泳、陸上、タンブリングが課された。(2)

陸軍のスポーツ部門の長官は、野球のようなスポーツが、軍の訓練プログラムの補完ではなく、基本的な一部であると主張した。ビッグ・テン・カンファレンスの理事、ジョン・L・グリフィス少佐はスポーツの効用をドイツ軍との対比で次のように説明した。ドイツ人兵士は将校が死ぬというような作戦中の予期しない混乱でまごついてやる気を失うが、アメリカ人兵士は同様の状況で高い志気を維持することができる。それはドイツ人が兵士の健康維持にカリセニクスやマス・エクササイズを利用しているが、アメリカ軍は野球のような団体スポーツのプログラムを取り入れているからである。スポーツは仲間意識やリーダーシップの性質、素早い決断的思考を兵士たちに植え付けることができると考えられていた。(3) まさに本間雅晴の「硬性軍隊」に関する議論を彷彿させるが(本書四二一ページ)、いうまでもなく実際には本間のほうがイギリス・アメリカのこうした考え方を取り入れていたのだ。

一九四二年五月にスペシャル・サービス官のマニュアル(*TM21-205*)、スポーツとゲームの指導マニュアル(*TM21-220*)が作成された。これらのマニュアルで推奨されるのは、バスケットボール、ボクシング、バレーボール、野球、テニス、簡易フットボールであった。このほか、バドミントンや蹄鉄投げ、タッチフットボール、六人制フットボール、サッカーも挙げられている。(4) 四四年秋、それまでの経験に基づいて *TM21-205* が改訂された。その経験とは、多くの兵士はスポーツになじみがないというものである。(5) 確かにスポーツは、アメリカ軍の大きな特徴ではあったが、誰しもがスポーツを楽しんだわけではない。

アメリカ軍では陸・海軍それぞれでスペシャル・サービスに従事する将校を養成するプログラムが実施されて

いた。陸軍ではミード基地（メリーランド）のスペシャル・サービス部学校、海軍ではヴァージニアのノーフォーク海軍訓練基地が有名だった。先ほど挙げたデイヴィッド少佐はスペシャル・サービス部学校の副校長である。一方、ノーフォークで養成プログラムを担当したのは元ヘビー級チャンピオンのジーン・タニーだった。タニーは一九二六年にその名も『戦う海兵隊』（監督：スペンサー・ゴードン・ベネット）という映画に主演した経験を持っていた。多くの民間のスポーツ選手が、タニーのようにアメリカ軍内でスポーツを指導していた。たとえばベルリン・オリンピック背泳の金メダリスト、アドルフ・キーファーは海軍で水泳を指導していた。陸軍は訓練段階で、訓練に差し支えるような団体スポーツへの参加を禁止していたが、海軍は逆に訓練段階でもスポーツを奨励したことから、海軍最大の訓練基地、グレートレイク海軍訓練基地には多数のプロ選手が集められ、強力な野球チーム「ブルー・ジャケッツ」が編成されていた(6)。軍隊のスポーツチームは軍隊同士だけでなく、現地の民間人チームやプロチームとも盛んに交流した。これは軍隊イメージの向上につながり、基地に対する市民の理解を得ることにも役立った。一方で、民間の学校は軍隊に運動場やスポーツ施設を提供したことで、戦争のあいだスポーツを中断しなければならなかった。

図107　TM21-205（右）と TM21-220（左）
（出典：War Department, *TM21-205: Special Service Officer,* War Department, May 12, 1942, War Department, *Technical Manual, No. 21-220: Sports and Games,* War Department, May. 13, 1942.）

アメリカ国内の訓練基地でスポーツに親しんだ兵士たちは、海外の戦場でもスポーツを楽しんだ。ヨーロッパの戦線で最も有名なのは、元大リーグ選手のジーク・ボ

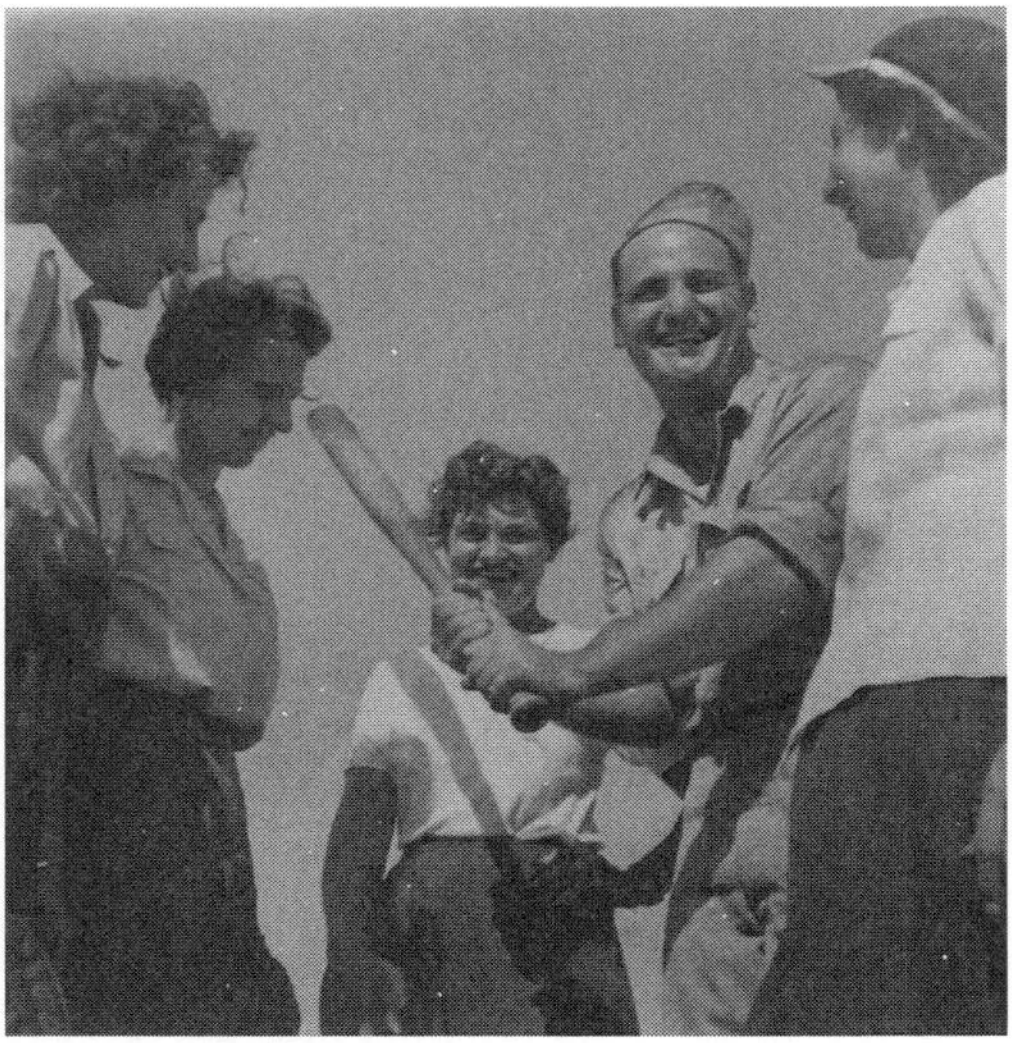

図108　北アフリカで軍の女性ソフトボール選手と談笑するボニューラ
（出典：Anton and Nowlin eds., *op.cit.*, p. 64.）

ニューラが北アフリカで組織した野球リーグだろう。同リーグは六つのリーグで構成され、百五十チームに千人以上の選手が所属した。一九四三年十月にはアルジェで北アフリカワールドシリーズが開催され、カサブランカ・ヤンキーズが優勝した。この試合の模様は、地中海一帯にラジオで放送された。同月末、ボニューラは軍隊スポーツに対する貢献によりアイゼンハワーから勲章を授与された。ボニューラはフランスでも野球を組織し、「Sports Lights」と題する雑誌の刊行も手がけた。(7)

ドイツの降伏後、アメリカ軍はヨーロッパに大量の野球用具（バット十三万本、ボール七万二千個、グローブ八万五千個）を送った。その年の夏、第三回ヨーロッパ作戦戦域ワールドシリーズが開催され、選抜段階を含めて約二十万人の兵士が参加した。九月にニュルンベルクで開かれた決勝戦では陸軍の二チームが優勝を争った。五万人の観衆を集めたその会場は、かつてナチスの党大会が開催された場所だった。ちなみに第一回のヨーロッパ作戦戦域ワールドシリーズはイギリスで開かれた。イギリスではアメリカ軍の影響もあって戦時中を通じて軍隊野球が盛んだった。(8)

次に太平洋戦線に目を移してみよう。日本軍との死闘が演じられたガダルカナル島では、アメリカ人兵士が戦闘が続いているあいだもスポーツを楽しんでいた。実際、飛行場を偵察していた辻政信は「ユニホームを着たような敵兵が、滑走路の片隅で「テニス」をさえやっている」のを目撃している。戦闘が終わるとさっそくさまざまな競技会が開かれた。(9)一九四四年に入ると、プロ野球チーム、シアトル・レニアーズの副会長ロスコ・C・トランスが海軍設営隊を動員して二十一個のダイヤモンドを建設した。その結果、それぞれ十チームからなる三つの野球リーグが設立された[10]。海兵隊第三師団の競技および士気担当官であったトランスは、ガダルカナル島をはじめ、グアム島侵攻の途次に立ち寄ったスミス島など、いたるところで野球や競技を組織した[11]。グアム島で第三師団は「トリンブル・フィールド」を建設した。競技場の名称は、第三師団のオールスターチームで投手をつとめ、硫黄島で戦死したジェームズ・トリンブル投手にちなんで名づけられた[12]。

マリアナ諸島のある島では、なんと六十五のダイヤモンドが建設され、うち四つはナイター設備を備えていた。このすばらしい環境で、十のリーグが編成された[13]。陸軍航空隊所属の大リーグ選手イーノス・スローターはマリアナ諸島でこうしたダイヤモンドの建設に携わった一人である。スローターがサイパン島にやってきたとき、まだ多くの日本人が山間部の洞窟で抵抗を続けていた。アメリカ軍兵士が野球をしていると、日本人が洞窟から出てきてその様子を眺めだした。「彼らは野球の試合を見ていて殺されてもおかしくなかった。本当のファンとはこのことだ」とさすがのスローターもこれには舌を巻いた[14]。おそらくこの日本人たちもついこのあいだまで野球をしていたのだろう。サイパン島の日本人のあいだでは野球が盛んで、一年に二回のリーグ戦が催されていた。アメリカ軍はマリアナ諸島で日本人が残したダイヤモンドをいくつか接収している[15]。

ニュージョージア島での戦闘後、ある海兵隊員は憲兵チームとソフトボールの試合をした。そのとき二十人ばかりの日本人捕虜が笑ったり、応援したり、しゃべったりしながら彼らの試合を見ていた。彼らはガダルカナルの戦いで捕虜となった日本人兵士であった。海兵隊員はとまどいを隠せなかった。この

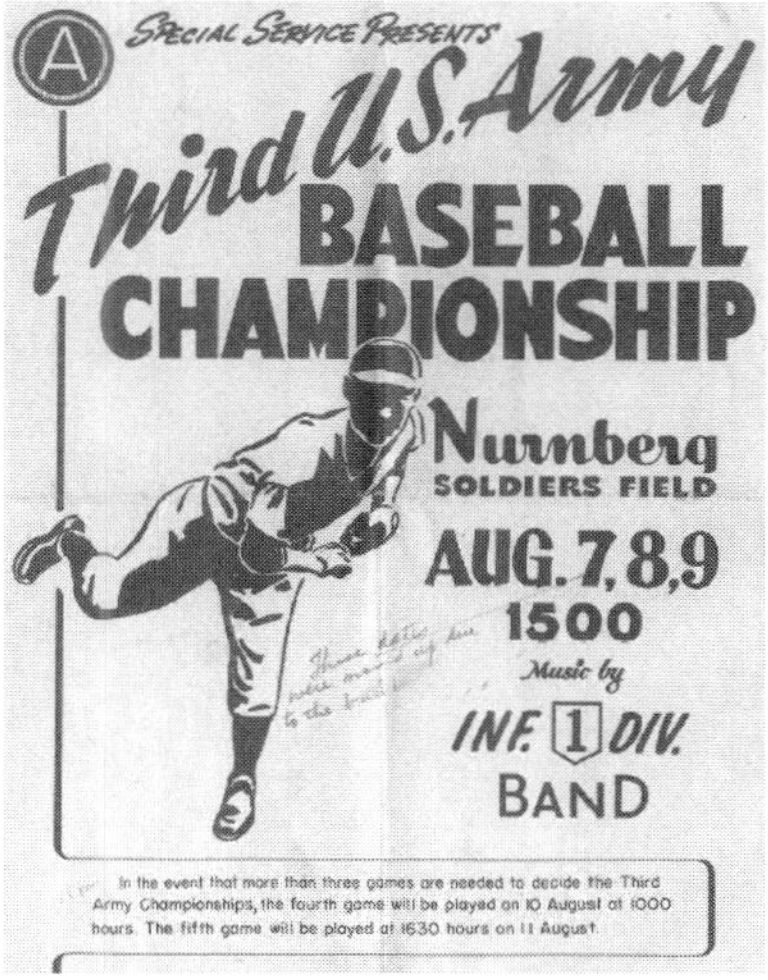

図109　野球戦のポスター
（出典：http://www.collectorsquest.com/blog/2012/08/12/baseball-championship-series-in-august-yes-it-happened-in-1945/）

図110　太平洋でのリトル・ワールド・シリーズ（1944年）
（出典：Anton and Nowlin eds., *op.cit.*, p. 168.）

日本人たちは彼がムンダ飛行場をめぐる戦闘で木陰から自分たちを狙撃した敵と同じ人びとだった。つい一週間前まで戦っていた日本人が自分たちを応援しているのである。[16]

一九四四年十月、マッカーサー率いるアメリカ軍がレイテ島に上陸すると、翌年はじめには早くも兵士たちが野球をする様子が報じられた。[17] 二月、アメリカ軍はマニラに侵攻した。激戦地となったリサール競技場で野球を始める前に、アメリカ軍は八百体以上の日本軍兵士の死体を運び出さなければならなかった。そして四月までに競技場は見違えるばかりに整備され、野球が始まっていた。[18]

太平洋戦線で最も大規模にスポーツが実施されたのはハワイだろう。一九四四年九月に軍人ワールドシリーズがおこなわれ、陸・海軍代表が対戦した。陸軍は選手の到着が遅れたためにベストメンバーで臨むことができず、大リーグ選手をずらりとそろえた海軍に大敗した。遅れてやってきた陸軍代表のなかには先述のスローターもいた。海軍は多くのプロ野球選手を南太平洋の駐屯地に派遣し、公開試合をさせて兵士の士気を鼓舞した。陸軍も同様の措置をとり、スローターも南太平洋の島々を野球の試合をして回った。ときにはアメリカ軍の服を着た日本人が観客に紛れ込むこともあり、デトロイト・タイガースのバーニー・マコスキーはそうした日本人が取り押さえられるのを目撃したと語っている。[19]

太平洋のアメリカ軍兵士はいったいどれくらいの頻度でスポーツを楽しめたのか。軽巡洋艦モンペリエ号の水兵ジェームズ・J・フェーイーの日記からスポーツ関連の記事を拾ってみよう。一九四二年十月にフェーイーはグレートレイク海軍訓練基地に入る。そこは「世界最大の訓練センターで、国内一のフットボールチームがあった。ミネソタ州出身のオールアメリカのバック、ブルース・スミスと話せるんだからうれしい。一九四一年の国内最優秀選手で、誰からも好かれる男だ」。この基地でフェーイーは柔道やボクシングで痛め付けられた。フィラデルフィアでモンペリエ号に乗船したのは十二月十三日のこと、船ではボクシングが楽しめた。元日のフットボールでアラバマがボストン大学に勝ったことは新聞で知った。ニューヘブライズに着くと、近辺でパトロールに回る日々が続いた。五月、前ミドル・ウェイト級世界チャンピオンのフレッド・アポストリがボクシングをしにやってきた。七月四日の独立記念日の日記には「僕らは一ヵ月もしたら、いまは敵基地になっているところで野球ができるだろうとも言う」と記される。それから一週間後に「レクリエーションといえば七ヵ月間に何回かジャングルに遊びに行っただけだ」と愚痴をこぼす。八月から停泊したエスピリッツ・サントは「いままで最高の遊び場だった[20]」。

野球もバスケットボールもできる。屋台店でボ

図111　戦場と化したリサール競技場
（出典：「Manila WWII Day Trip」〔http://corregidor.proboards.com/thread/977/manila-wwii-day-trip〕）

図112　復興したリサール競技場
（出典：Anton and Nowlin eds., *op.cit.*, p. 199.）

ールもグローブもボクシンググラブも買える。認識票の番号を言えばいいのだ。船には野球やソフト・ボールのチームがあって、港にいるあいだは試合をしていた。ソフト・ボールのリーグ戦が始まると、メリル提督が始球式をして、モンペリエ・チームが緒戦を勝った。僕らのは強いチームなんだ。なにせピッチャーがいい。トービン艦長、クーン中佐、それにほかの船から来た大佐たちも試合に加わった。(21)

その年の年末、パービス湾にいたフェーイーは日記に「僕らのレクリエーションは月に一度、一時から四時までが平均どころだ」と記すが、翌年一月五日にはエスピリツ・サントで野球をしていた。(22)一月九日にも野球をした。二月末の日記にはこう記す。

> スティーブと僕は浜でペプシコーラを飲んで、キャッチボールをした。野球をしている奴も、ソフトボールやバスケットボールや馬蹄投げをしているのもいたし、ココナツの木の下で座っているだけの奴もいた。隅では、そういう運動を嫌って、サイコロ遊びをしているものもいた。(23)

三月にはプロ野球選手の話題が二つ記される。一つはクリーブランド・インディアンのボブ・フェラーが新戦艦ニュージャージーに乗っていて、太平洋で最初の試合で十五の三振、二度目の試合で十八の三振を奪ったというもの。もう一つはニューヨーク・ヤンキーズのビル・ディッキーが海軍入りしたというもの。母国のスポーツに関する情報はしばしば日記に記されていて、関心の高さがうかがえる。サイパンの戦いに際しては、「海岸では男達が殺し合い、苦痛にうめいているというのに、こっちは魚を釣っていたり、艦尾でボクシングをしたりというのも、変な感じだ」と記す。十月末にホノルルに寄港し、フットボールの試合をみて楽しむ。その後、フィリピンやパラオでパトロールや訓練の日々が続く。同乗した海兵隊は暇さえあればソフトボールをしていた。レクリエーションの機会は何度かあったが、夏になると「暑すぎて、バスケットボールやソフトボールをやる気にもなれな」かった。[24] このようにフェーイーの日記にはスポーツに関する記述が随所に見える。なかでも興味深いのは、敵地の占領を野球によって表す記述だ。野球の存在はその場所がアメリカのものになったことを示す確たる印だった。

陸軍省の調査によれば、戦争中に七五パーセントの兵士が野球をするか見るかした。野球は国民的娯楽というだけでなく、「Baseball is the people」とアメリカ人そのものと重ね合わされた。野球はアメリカ社会のなかだけでなく、軍隊のなかでも、人種的・宗教的に多様な人びとを結び付ける「アンカー」の役割を果たした。ある兵士の回想によれば、野球ほど多くの人に受け入れられる話題はなかった。そのため、ドイツ人のスパイかどうかを見破るには、野球の話をするのがいちばんだった。野球をするアメリカの少年たちにとって、「ハイル・ヒトラー」ではなく「プレー・ボール」というのが鬨の声であった。[25] アドルフ・ヒトラーはアメリカから野球を奪うことはできなかった。

逆に日本軍はアメリカ人の野球好きを利用して士気をくじこうとした。たとえば、野球放送の電波を妨害したり、野球のスターをおとしめたりした。数年前に日本で歓待されたベーブ・ルースは「くそくらえ！」とののしられた。その話を聞いたルースは、自分の名前を口にした日本人がみな殺されることを望んだという。[26]

そんな野球も、とくにプロ野球は微妙な立場にあった。開戦早々の一九四二年一月十五日、ローズヴェルト大統領は「わたしは野球を続けることが国にとって最善であろうと率直に思います」と記したいわゆる「青信号の手紙」を大リーグのコミッショナーに送り、プロ野球の継続を支持した。ある病院で傷痍軍人にプロ野球の続行の可否を尋ねたところ、可とするものが三百人、否とするものが三人であった。[27] こうして公私にわたる支持を得ていたプロ野球だが、次のような疑問も当然わき起こってきた。

これらの男たちが、身体的に兵役に適しないとされながら、体力を必要とするゲームにおいてこの国で最も偉大な運動選手と戦うことがどうしてできるのか、一般人には理解しがたいし、たしかに私も理解しがたい。[28]

この言葉の主は、戦時動員局長官ジェームズ・バーンズである。彼は徴兵検査で4-F（兵役不適）と判定されたプロ野球選手全員の再検査を命じた。その結果、多くの選手が兵役に適すると判定された。幸いにも戦争がほぼ終わろうとする時期だったため、実際に兵役に就いたものは少なかった。ちなみに、一九四四年のシーズン開始時に百五十七人の大リーグ選手が兵役免除になっていたが、うち百十三人が4-Fと判定されていた。大リーグのオーナーたちは選手たちに、遊びにふける様子を写真に撮られたり、自分の荷物を運ぶなど戦時の「困難」に不平をこぼすのを報道されたりしないよう求めた。カモ狩りに興じるところをスクープされたジョー・ゴードン選手は兵役忌避者という批判を受けて、兵役に就いた。彼はホノルルの軍人ワールドシリーズで大敗を喫した陸軍チームの一員だった。[29]

愛国的な対外強硬論が当時の言葉であった。プロ野球ほど、それを声高に叫び、みずからを戦争準備と密接に結びつけた組織はない。[30]

第一次世界大戦であやうく中断を迫られるところだったプロ野球界は、積極的に戦争協力の姿勢を打ち出した。

陸・海軍に多額の寄付をしたほか、大量の野球用具を国内外の兵士に提供した。また軍隊チームと対戦して兵士の士気を高めた。試合の際には、選手自ら国旗を掲揚し、国歌を歌った。

こうしたパフォーマンスだけでなく、実際に多くのプロ野球選手が軍隊に入り、戦争に直接貢献した。すでにパール・ハーバー以前から、ヒュー・マルカヒーとハンク・グリーンバーグ（一九四〇年のアメリカンリーグＭＶＰ）は兵役に就いていた。グリーンバーグはパール・ハーバーの直前に除隊していたが、再び入隊した。ボブ・フェラーはパール・ハーバーの翌日に海軍に志願入隊した。一九四二年のシーズン終了時までに約半数のプロ野球選手が兵役に就いていた。最終的に、兵役に就いたプロ野球選手は約五千四百人にのぼったが、これはプロ野球選手の九割以上に相当する。一九四〇年に三百十四チームあったマイナーリーグは、四三年には六十二チームにまで減少した。これとは対照的に、海軍訓練基地は多数のプロ野球選手を集めて強力なチームを擁することになった。大リーグは球団の解散こそ免れたものの、残った選手は兵役不適格者でなければ、徴兵年齢に達しない少年か徴兵年齢を超えた年寄りで、片腕の選手が活躍するような状態だった。しかし大リーグはレベルを下げてでも、黒人選手を受け入れようとしなかった。ニグロリーグからも百人以上の選手が応召した。戦後、ジャッキー・ロビンソンがブルックリン・ドジャースと契約し、最初の黒人大リーガーとなったとき、大リーグのコミッショナーは「彼らは南太平洋の沖縄やガダルカナルで戦い、そして死ぬことができたのだから、アメリカで野球をすることだってできる[31]」と述べた。野球でひとつになった軍隊が、今度は野球をひとつにしたのだ。もちろん、それは長い道のりの始まりでしかなかった。

軍隊に入った大リーガーの多くは、実際の戦闘から免除され、野球の試合に出たり、野球の指導をしたりして、軍隊の士気を高めることに貢献した。彼らはその地位ゆえに優遇され、軍当局も彼らを死にさらすことには消極的だった。こうした措置は双方にとって都合のいいものだった。ある海兵隊員の言葉によれば、「ジョー・ディマジオはライフル銃でできたであろうよりも、より多くのいいことをバットでした」のである。スポーツ選手を一介の兵士として遇した日本軍とは対照的に、アメリカ軍はスポーツ選手に適性を生かした任務を与えた。それは大リーグ選手の戦死者数に顕著に現れている。第二次世界大戦で戦死した大リーグの選手はわずか二人（〇・四パーセント）にすぎない。フェラーのように、優遇措置を拒否し、自ら戦闘業務を志願して活躍した選手もいたが、例外的な存在であった。(32) 同じプロ野球選手でも、マイナーリーグの選手は百三十六人（三・三パーセント）が亡くなった。マイナーリーグのある選手は、陸軍にいたあいだ一度しかボールに触ることができなかったと語っている。(33)

2 捕虜・占領・スポーツ

第二次世界大戦中、約十三万人のアメリカ人兵士が捕虜となり、約一万九千人の市民が抑留された。うち九万四千人がドイツ軍の捕虜となり、三万六千人が日本軍の捕虜となった。総じてドイツ軍の捕虜に対する待遇は良好で、捕虜となったアメリカ人兵士の死亡率はわずか一・一パーセントだった。これに対して、日本軍の捕虜となったアメリカ人兵士の死亡率は、なんと三七・三パーセントに及ぶ。オーストラリア軍などは、戦闘で死亡した兵士よりも捕虜になって死亡した者のほうが多いといわれている。(34)

日本は一八九九年のハーグ条約を批准していたが、一九二九年のジュネーヴ条約は枢密院や陸・海軍の反対で批准していなかった。陸軍は日中戦争を「支那事変」と称して戦争とみなさず、捕虜をとらないとの方針を採用し、正式の捕虜収容所を開設しなかった。しかし実際には捕虜収容所が存在した。たとえば上海の海軍特別陸戦隊の捕虜収容所には三八年三月時点で五十人あまりの中国人捕虜がいた。そこでは休憩時間に捕虜たちがバスケットボールを楽しむ光景を目にすることができた。(35) 対イギリス・アメリカ開戦後、日本はジュネーヴ条約を「準用」することを連合国に通告する（第十七条で知的体育的娯楽の奨励を規定）。四一年十二月二十三日に「俘虜収容所令」が公布され、ほどなくして香港、上海、善通寺などに捕虜収容所が設置された。戦線の拡大につれて捕虜

図113　上海の収容所でバスケットボールをする中国人捕虜
（出典：「大阪毎日新聞」1938年3月10日付）

収容所の数は増えていった。捕虜を取り巻く環境は劣悪で、貧しい食事、激しい労働に苦しみ、多くの捕虜にスポーツを楽しむ余裕はなかった。それでも捕虜収容所でスポーツがおこなわれていたことを示す記録は存在する。なかでもアメリカ人捕虜が最も慣れ親しんだのが野球だった。彼らは野球をすることで、収容所内に「リトル・アメリカ」を再現しようとしたのだ。(36)

日本軍の捕虜収容所には国際赤十字社を通じて救恤品が届けられたが、そのなかにはスポーツ用具も含まれていた。たとえば、一九四三年三月二十日のＹＭＣＡによる寄贈物リストのなかには「軟球、硬球、蹴球」、四四年四月二十九日のリストには野球用具一式が含まれていた。(37)収容所でおこなわれた野球は、多くの場合、道具やスペースをあまり必要としない「ソフトボール」であった。ほかにも、バレーボール、バスケットボール、サッカーなど多様なスポーツがおこなわれていた。以下に、各地の実例を見ていこう。

アメリカ人捕虜が最も多かったのはフィリピンである。マニラのサント・トマス大学には多くの民間人が収容されていた。捕虜たちは娯楽委員会を結成し、野球（ソフトボール）、サッカー、バスケットボール、バレーボール、ボクシングなどの活動を展開した。一九四二年四月の段階で、野球は百六十八人の選手を擁し、同年九月までに八チームからなるナショナルリーグが成立した。女性のリーグも存在した。看守が参加することもまれではなかった。四四年四月二十五日に着任した吉江協中《やすなか》所長は野球の愛好者だった（加藤真一と陸士の同期である）。四月三十日に比島俘虜収容所長洪思翊が訪問するというので、吉江は野球の試合を開くよう命じた。洪は現れなかったが、吉江は日米代表による試合を指示、自らマウンドに立った。試合は五対三でアメリカ側が勝利した。数日後にも同様の試合があり、その後吉江はバナナを配給したという(38)。サント・トマスの捕虜の一部はのちにマニラ南方ロス・バニョスの収容所に移される。ここでも、アメリカ人捕虜たちは野球を楽しむことができた。しかし、収容所の管理者が民間人から軍人に代わると、野球どころではなくなってしまう(39)。

ヌエバ・エシハ州カバナトゥアン収容所にはフィリピン赤十字社によって、野球、バレーボール、ソフトボール、卓球の用具がもたらされた。しかし、少なくとも野球に関してはあまり実施された形跡はなく、数少ないスポーツの記録も一九四三年までで終わっている。同収容所では一万二千人のうち三千人が餓死したという証言もあり、劣悪な環境がスポーツの実践を妨げたのだろう(40)。

ウィコード中佐ら百五十人のアメリカ人兵士はラグナ州カラウアンの作業班に配属された。同班を率いるワカモリ大尉（漢字不明）は日本の一流大学出身で、流暢な英語を話し、捕虜を虐待しないように命令した。四二年五月、サン・イシドロ教会の祭りのとき、日米両チームが親善試合をおこなった。ワカモリは一イニングごとに、日本人チームとアメリカ人チームに交代で加わった。日本軍でも、理解ある指揮官のもとでは、友好な関係を築きえた。しかしこれはあくまで例外的な状況だった。マニラから視察に訪れた神谷保孝大佐は、日米間の野球試合を見て、捕虜は帝国軍人と戦うのにふさわしくないと発言、ワカモリを困惑させる一幕もあった(41)。

サント・トマス収容所にいたロイヤル・A・ガニンソンはのちに上海の捕虜収容所へ送られる。看守のボスはソフトボールの愛好者で、ある日試合を申し込んできた。捕虜チームは初回に二十七点を入れたが、日本人が機嫌を損ねるのを恐れ、その後はわざと落球したりつまずいたりして日本人を助けたが、それでも日本人チームは七回までに二点しか入れることができなかった。日本側は、今後はスコアをつけないでスポーツマンシップのためにプレーしよう、と申し出てきた。これは両チームだけでなくオランダ人の審判をも救った(42)。

一九四一年七月末の憲兵司令部による報告には、上海の捕虜収容所の施設は満足のいくもので、捕虜はソフトボールのチームを組織していると記されている。ダイヤモンドは捕虜自らつくったものだった。宣伝色が強い日本側の資料によれば、四二年十二月ごろの様子は以下のようであった。

上海俘虜収容所長大寺〔敏〕大佐の「小さな希望でも考慮する」慈父の様な思ひやりが反映して（略）最初は憂慮されてゐたステバチな軍規、風紀も次第に改善されて、現在では極めて良好となつて来た。（略）夕方約二時間を保健、衛生の立場から自由運動時間に割当てゝゐるが、捕虜たちは嬉々として野球、フツトボール、バレーボールなどに興じ夜は万国赤十字社から贈られた数千冊の書籍を備へた図書館およびピンポン台五台を設備してある娯楽室で、それ〴〵の趣味を楽しんでゐる。(43)

図114　上海の収容所で野球試合の前に握手をするアメリカ人将校と日本人将校
（出典：*Sporting News*, September 13, 1945.）

一九四五年九月十三日の「スポーティング・ニューズ」は、上海の捕虜収容所でおこなわれた野球の写真を掲載した。写真のキャプションから、この写真はＹＭＣＡのスウェーデン代表が提供したものであることが判明する。ティム・ウォルターの考証によれば、一九四四年九月の国際赤十字による視察報告書に、二カ月前に上海を訪問した東京のスウェーデン公使が、ＹＭＣＡから寄贈された多くのスポーツ用具を捕虜収容所に運んできたと記されていて、写真はこのとき撮影された可能性が高いという。ＹＭＣＡがほかの収容所でも同じような状況であると判断するすべはないと釘を刺しているように、国際赤十字がしばしば視察に訪れたという上海の収容所は比較的恵まれた環境だったといえる。(44)

シンガポールの悪名高いチャンギの捕虜収容所では、クリケット、野球、ホッケー、テニス、サッカー、ラグビー、オーストラリア式フットボールなどさまざまなスポーツが実践されていた[45]。主要なスポーツイベントとして最初におこなわれたのはクリケットの試合だった。クリケットは大英帝国を象徴するスポーツであり、イギリス人捕虜とオーストラリア人捕虜の絆を深めた。一九四二年四月二十六日、イギリスとオーストラリアの代表によるテスト・マッチ（国際試合）がおこなわれた。テスト・マッチは、泰緬鉄道建設のために大量の捕虜が送り出される直前まで続けられた。その後、四四年のクリスマスにテスト・マッチが実施されるが、これがチャンギで最後のテスト・マッチとなった。クリケットには少数の一流選手だけが参加したのに対して、各種フットボールには多数の捕虜が参加した。劣悪な衛生・栄養状態にもかかわらず、収容所のフットボールはプロの試合よりも激しく、医療スタッフがプレーを禁止するほどだった。サッカーや野球では、日本人看守との対戦もおこなわれた。朝鮮人看守はバスケットボールに参加した。チャンギ・バスケットボール協会が設立され、四五年二月までリーグ戦がおこなわれた。しかし四五年三月にはスポーツやコンサートが一切禁止され、チャンギのスポーツは終息を余儀なくされる。

数多くの死者を出した泰緬鉄道の建設現場でもスポーツはおこなわれていた。ミャンマー側の起点タンビュザヤでは、スポーツに理解があった永友吉忠中佐の協力により、捕虜たちはテニスやサッカーを楽しむことができた。一九四三年二月十五日には捕虜と日本人がサッカーの試合をし、捕虜が三対一で勝った。本来は一方的な試合になるところだったが、捕虜チームは将校から後半は手を抜くように言われていた。なお、ブラックバーンの著書で好意的に描かれる永友だが、戦後のシンガポール裁判では絞首刑の判決を受けた。タイ側のチョンカイもスポーツが盛んで、テニス、バドミントン、卓球、タッチラグビー、バレーボールなどがおこなわれていた。

奉天の捕虜収容所では、アメリカ人は野球を、イギリス人とオーストラリア人はクリケットを楽しんでいた。一九四三年夏、野球の試合の最中に、脱走が試みられた。その結果、スポーツ全般が禁止された。同年十一月の赤十字の視察報告は、野球、サッカー、アメリカンフットボール、バレーボール、バスケットボールがおこなわれていると記すが、これは明らかにカモフラージュである。奉天の捕虜に野球の許可が与えられたのは四四年八月のことだった[46]。

山東の捕虜収容所には、一九四三年二月に欧米の民間人約二千人が収容された。うち八百人がイギリス人、六百人がアメリカ人であった。同収容所は外務省警察が管轄し、捕虜に大幅な自治を与えた。アメリカ人のあいだでは野球が盛んにおこなわれた。捕虜のなかには二四年のパリ・オリンピック四百メートル走の金メダリストで、映画『炎のランナー』（監督：ヒュー・ハドソン、配給：FOX、一九八一年）の主人公として知られるイギリス人エリック・リデルがいた。天津生まれのリデルは二五年に中国に戻り、河北省で父と同じく宣教師としての生涯を送っていた。リデルは収容所で陸上競技やホッケー、サッカーなどを組織したが、四五年二月に脳腫瘍のため収容所内で亡くなった。[47]

香港の捕虜収容所では一九四二年九月に水泳大会が開かれた。これは、抑留生活を快適にするという政府の政策に即して開かれたものだった。[48]水泳のほか、バレーボール、ソフトボール、クリケットもおこなわれていた。看守の一人は日系カナダ人で、人種差別を受けた経験から白人に強い恨みを持っていて、白人捕虜を残虐に扱った。ある日突然、野球やボクシングなど大量のスポーツ用具がトラックで運び込まれてきた。捕虜たちは身だしなみを整え、チームを組織するよう命じられた。その日、赤十字の視察員が収容所を訪れた。視察員の前で捕虜たちはボクシングや野球やバレーボールをしてみせた。外部宣伝用に写真が撮影された。ノリス大尉は視察員のスイス人に、これらがすべて「やらせ」であると告げた。日系カナダ人看守は激怒し、すべてを否定したが、視察員は国際委員会に報告して日本政府に抗議することを約束した。視察員が去ったあと、スポーツ用具は回収され、ノリス大尉は激しく殴打された。[49]

日本国内にも多くの欧米人捕虜が存在した。その数は敗戦時点で三万人を超え、うちアメリカ人は一万人あまりを占めた。欧米人捕虜は日本各地で労務に徴用され、また日本人の欧米崇拝を打破する道具として使われた。

善通寺の捕虜収容所には定期的に赤十字の視察が入り、野球やバレーボールの用具があった。しかしそれらは主として日本人が使っていた。[50]撮影のために果物を支給され、撮影が終わると果物を取り上げられた捕虜が、「俺たちの考えでは、そこは宣伝用の収容所だったんじゃないだろうか」[51]と推測したのは正しかった。

図115　「俘虜運動会」
（出典：「アサヒグラフ」1942年11月25日号、朝日新聞社、22ページ）

大阪俘虜収容所多奈川分所はスポーツに寛容だった。一九四二年十一月にカバナトゥアンから移送されてきたキャリー・エマーソンによると、四三年夏に日本人看守たちが野球の練習に加わるよう誘ってきたという。野球よりも休憩したい彼らにとって、それは半ば強制であった。[52] 日本人側の証言にも、多奈川でスポーツがおこなわれていたことがわかる。四四年春に多奈川分所の民間人通訳となった小林一雄は、労役を課されない将校たちが畑を耕したり、読書をしたり、「所内スポーツに明け暮れ」たりしていたと証言している。[53]

ブラックバーンは捕虜にとってスポーツがどのような意義を持っていたかについて、次のように論じる。もともとイギリス軍（オーストラリア帝国軍を含む）では、スポーツは男らしさ、タフさを示すものであり、また規律と敢闘精神を養成するものであると考えられていた。日本軍との戦闘で、イギリス軍は帝国史上最大の敗北を喫した。本格的な戦闘を経験する前に捕虜となった兵士も数多くいた。そんな彼らを見て、鶴田勝少尉は「へえ！でっかいな、体格もいいし、元気もいい、何だって俘虜になんかなりやがったんだろう」といぶかった。戦争に負けて捕虜となることで男らしさを喪失した彼らは、スポーツを通じて男らしさを維持しようとした。劣悪な環境のもとで、ドクターストップがかかるほど激しいプレースタイルに徹したのも、その目的が自らの男らしさを誇示することにあったからである。またスポーツに没頭することで捕虜という現実から逃避することができた。ただし、日本人との対戦は慎重を期した。日本人に勝てば、戦場での借りを返すことができるが、さらなる屈辱を味わわせられる危険もあった。収容所でのフェアプレーはまさに命がけであった。[54]

もちろん、場合によって、スポーツは看守と捕虜の友好を深めることもあっただろう。しかしながら、その友好は互恵的なものではなく、恩恵として一方的に与えられるものであり、いつ取り上げられてもおかしくないものだった。

日本の敗戦によって、看守と捕虜の立場は逆転する。復讐心に駆られた元捕虜に対して、牧師は自制を呼びかけた。「みんなの気持ちは分かります。ジャップを八裂きにしてやりたいことでしょう。しかし、私たち自身の価値を低めることは止めましょう。私たちは人間として威厳を保ち行動するのです。もし、どうしてもやりたいなら、フットボールの試合でやりなさい」。元捕虜にとって、それは「本当に胸のすかっとする試合」だった。「ジャップがみんなグラウンドにお寝んねしてるなんてこともあった」というから、試合はそっちのけで、「復讐」にいそしんだのかもしれない[55]。ともあれ、フットボールという形式をとることで、残酷な復讐劇にいたらずにすんだ。

次に、連合国側の収容所を見ていこう。戦後に刊行されたおびただしい刊行物のなかで、日本軍内部のスポーツを記すものは少ないが、捕虜時代のスポーツに言及するものは少なからず存在する。スポーツへの言及が多いのは、実際に捕虜となる前よりスポーツをする機会が多かったこともあるだろうが、捕虜としての経験を語る際に、スポーツを楽しんだことが忌避すべきでない、あるいは積極的に思い出される出来事だったからだろう。シベリアなど一部の例外を除き、捕虜になることは生活状況の改善に結び付いた場合が多かった。ブラックバーンが対象とした連合軍の兵士とは対照的である。

太平洋戦線で捕虜となった日本人の多くはオーストラリアかニュージーランドの収容所に移送された。オーストラリアのカウラにあった捕虜収容所には約千百人の日本人が収容されていた。収容所には大きなグラウンドがあり、野球が楽しめた。植原隆雄によれば、野球は次のようにして始まった。

運動と云えば主として野球であった。これは誰が何と云おうと自分が原祖《（ママ）》であった。事務所に自分の意志を

図116　カウラ収容所の野球の光景
（出典：Tim Wolter, *POW Baseball in World War II: The National Pastime behind Barbed Wire*, McFarland & Company, 2002, p. 202.）

告げ敵さんよりキャンパス、針糸の援助を要請した。その目的は野球用具の製作であった。敵さんは快諾してくれ翌日材料を持って来てくれたところ安（ママ）外好評だった。続いてグローブ、ミットの製作に当ったところ援助の者も数人来て手伝ってくれた。出来上った物はそのまま使用できる程結果が良かった。その内十四、五班が揃って野球道具の製作に当った結果、各班一チームの用具が揃ったのは製作を始めて一ケ月後位であった。各班はチームを作り他の班と試合をして楽しむ様になった。これが更に進んで各班対抗の野球の試合が毎月行なわれる様になったのはそれから間もなかった。この試合の優勝者には炊事係より一、二、三等に特製のカステラが贈られた。(56)

物質的には恵まれた生活を送っていたものの、捕虜となった恥ずかしさ、故郷に知

図117　集団脱走事件のさい押収された凶器類
（出典：*Ibid*, p. 203.）

られることの恐怖は、彼らを脱走へと駆り立てた。一九四四年八月五日午前二時、カウラ捕虜収容所で大規模な集団脱走事件が起きた。ナイフ、フォーク、スプーン、野球用バットなどが武器として、また革靴でつくったグローブが鉄条網を越えるのに使用された。この脱走事件で日本人二百四十三人とオーストラリア人四人が死亡した。脱走は生を希求したものではなく、死を目的として企てられたものである。日本へ帰れないと観念した捕虜たちは、どうせ死ぬなら敵との「戦闘」で名誉の戦死を遂げようと考えたのだ[57]。

野球は脱走のための準備だったのだろうか。そうではないだろう。すべての捕虜が「戦陣訓」に呪縛されていたわけではない。脱走事件後、捕虜はヘイ収容所とマーチソン収容所に送られたが、そこでもやはり野球を楽しんだからだ。

バレーボールは敵さんよりネットやボールを支給されたが、海軍出の者が良く使用していた。小原とか云う二米近い長身の人が主になり良い競技をやっていた。（略）野球。この運動はキャンプ全体に行き渡り月に一回は必ずリーグ戦が行なわれた。この試合に使用するボールは全部自分が造った。何故か自分の造った物が使用し易いと皆に愛用されていた。リーグ戦の優勝チームには大形に焼いたカステラが贈られた。真冬の風の強い日を除き各班ごとに練習試合を行っていた。（略）この野球試合に関し敵さんはバックネットを造ってくれなかった。それ故に事務所にお願いしネット用の細いロープの支給をお願いしたところマニラ麻が支給された。丁度キャンプには魚船《ママ》の船長がおり一手に引き受けてくれて、巾三米位、長さ五米位のネットを造ってくれた。(58)

ヘイ収容所でもマーチンソン収容所でも、もはや脱走を企てる者はいなかった。

海軍がバレーボールに熱心だったこともあって、海軍出身者がバレーボールを楽しんだという話はよく見られる。シンガポールで終戦を迎えた重巡洋艦高雄の宮崎清文はインドネシアのバドパハで捕虜生活を送っていた。

バレーボールも、当時のバトパハで盛んだったもののひとつである。（略）最初のうちは、日曜日の夕方だけであったが、次第に愛好者がふえて来ると、元来が若い元気な連中だけに、平日も作業が終った後にやるようになり、最後の頃は、総員が参加していた。この総員参加には、「雲助甲板」こと大槻兵曹長の功績が大きい。彼は、毎日、夕方各兵舎を見廻っては、兵舎内でごろごろしている下士官兵を片っ端からバレーコートに引っ張り出して半ば強制的にバレーボールをやらせていたが、最初のうちはぶつぶついっていた連中も、次第に面白くなり、最後は率先してやるようになってしまった。月一回は、兵舎対抗戦が行われ、さらには第七部隊の選抜チームも編成され、隣組である軍需部チームや九根〔第九根拠地隊〕チームとは、よく練習試合をした。（略）バレーボールをやっている間だけは、抑留生活の憂さも作業の辛さも忘れることができたし、それにもまして、総員が参加することで、部隊内の融和に役立つところがきわめて大きかった。(59)

かつてレルヒがスキーを伝えた高田の歩兵第五十八連隊はインパール作戦に参加、ミャンマーで終戦を迎えた。高山英夫にとって、捕虜生活は楽しい想い出だった。

作業の要領や目的がわかってみると、一日三時間くらいで片づけて、あとは麻雀などで閑をつぶしていたが、抑留が長くなるに従って、計画的なことを考えるようになって来た。野球もそのひとつである。まずグラウンドは広い荒野を整備して、たちまち各隊毎に後楽園も及ばないような立派なものが出来た。道具はそれなりの職人が居て、将校鞄や英軍の古靴を利用してグローブやミットを作り、ボールも本物そっくりのものが出来た。丹念に磨きまで掛けたバットも沢山出来上った。中隊対抗、連隊対抗、とスケールが大きくなるに従って、応援団なども派手に繰り出し、〝敗戦〟のためしばらく忘れていた闘志を思い切り爆発させて、夢中で練習や試合に明け暮れたものである。ただ残念なことは、ボールを縫い合わせる糸が弱くて、一試合に七・八個は駄目になってしまうこと、バットが生木なので弾力性がなく、これも十本くらい予備がないと支障を来すことであった。服装は半ズボンに裸足である。大隊や連隊対抗となると、名誉にかけても勝たなければというわけで、労役は他の人に代ってもらって練習した。試合に勝って、水浴して汗を流し、また次の試合を語り合いながら、まるで合宿生活のような毎日で、抑留されていることも忘れていた楽しい思い出である。(60)

有名なアーロン収容所でも野球がおこなわれていた。

捕虜の慰安には、いろいろの方法が考え出された。演劇班や音楽隊、それに野球チームもでき、連隊単位の対抗戦もあった。いろいろのスポーツでインド兵との交歓試合もやった。しかしイギリス兵との試合などはない。紳士は捕虜などとつき合いはしないからである。(61)

イギリスに対する激しい敵意を抱いて収容所から出てきた会田雄次は、著書『アーロン収容所』に「西欧ヒューマニズムの限界」という副題を付けた。娯楽の存在は、決して捕虜が人道的に扱われたことを意味しない。それは日本軍の捕虜収容所にスポーツが存在したことからも容易に理解できるだろう。

フィリピンのカンルバン第百七十四基地病院に収容された捕虜たちは、バレーボール、ソフトボール、相撲、ピンポン、サッカーを楽しんだ。なかでも老若男女が参加できるバレーボールは最も華やかで、「バレーやるセンター同志恋同志」という川柳からもうかがえるように、ときには恋が芽ばえることもあった。野球をしたい捕虜たちは、野球場建設のため、一般キャンプから捕虜の使役三十人を二十日間出してほしいと院長に願い出たところ、院長はすぐに了承し、ブルドーザーを一台もってきて、その日のうちに野球場をつくってしまった。「私たちはブルドーザーがこんな威力を持っているとは知らなかった。これでは戦争に負ける筈だとみんな言い合ったことである」。あるとき、野球をあまり知らない和尚がピンチヒッターに出て、バットに球が当たったまではよかったが、サードへ向けて走りだし、アウトになった。同病院では、相撲の土俵に砂の代わりにアメリカ軍給与のコーヒーを敷いたというくらいだから、非常に恵まれた環境にあった(62)。

一九四六年一月末、カンルバン捕虜収容所で復員を待つ日本人たちのもとに、収容所長の好意により野球用具一式が支給された。野球は収容所生活の大きな楽しみとなり、将官と当番兵は一体となって野球に熱中した。主審はいつも石井嘉穂中将であり、藤沢繁三、両角業作、中島継三、河野毅（いずれも中将）も野球を楽しんだ。河野毅はかつて陸軍戸山学校教官をつとめ、スポーツに苦言を呈した人物である（本書三四〇ページ）。「度々のホームランで球場を沸かせた」河野は、野球を題として次のような俳句を詠んでいる。

老将の春風斬りてアウトなり

生還の老将憩ひ東風光る

この時点で将官の処遇はまだ「アンクリヤー」の状態であり、「いつマニラの米軍に呼び出しを受けるかも分からない境遇に置かれている将官達は、その危惧を抱きながら、囲碁に将棋に畑作りや句会、野球競技等によって日々の憂愁を紛らわせていた」。ネグロス島司令官（歩兵第七十七旅団長）だった河野は一九四七年四月に絞首刑となって日本に帰ることはなかった。ある者は帰還し、ある者は処刑され、将官キャンプは徐々に寂しくなり、野球も自然消滅した。(63)

裁判の行方に神経をとがらせていた将校と違い、兵士たちは別の悩みを持っていた。

健康が回復し、食事に満足すると、人間という動物は次の欲望に逢着して苦悩する。俘虜たちはいま性の問題に密かに苦悩しているようだ。故国を離れて既に二年、私にも夢精した夜の記憶がある。（略）「スポーツをやらせて貰らうように交捗《ママ》してみましょう」青井隊長は俘虜たちのエネルギーをスポーツに向けたい希望のようである。

こうして兵士たちのあいだでも野球が始まった。五月十日にアメリカ軍との対戦があり、一九三四年の甲子園で五試合六十イニングを一人で投げ抜いた近藤金光がマウンドに立った。近藤投手はカーブを武器に堂々としたピッチングを見せたが、打線の援護がなく、一対三で敗戦した。(64)すべてのアメリカ人兵士が日本人捕虜と野球をすることに賛成だったわけではない。あるときカンルバンでアメリカ軍情報部の兵士と日本人捕虜が野球をしていた。情報部がリードしていたところへ収容所担当の軍曹がやってきて、情報部二等軍曹のアーダヴェン・コゾノ（日系人）に敵と野球をしたかどで譴責されるぞと告げた。コゾノは情報を引き出すのが自分の仕事で、そのために友情とヒューマニティーを示しているのだとやり返した。(65)日本人がいつも負けていたわけではない。カンルバンからバタンガスの収容所に移った捕虜はアメリカ人兵士との試合を次のように記す。

日曜日には米兵チームと野球試合も行われた。こちらは四ヶ中隊からの選抜選手、いずれも過去に野球選手の経験がある者ばかりで半端ぢゃない。二回で十点もの差が出てしまった。七回で終ったが三四対二、口惜しがって次の日曜に補強して再戦したがまたも大敗、第三戦はこちらは控えの二線選手を出して、余り勝っても面白くない、適当にやろうと遊んですごした。日曜日はこのように野球試合、キャンプの相互訪問で過ごしたが、土曜日の夜は演芸会で賑わった。(66)

日本人捕虜たちはアメリカとの対戦となるとつい真剣になってしまったが、アメリカ人兵士には余裕があった。レイテ島の収容所で、アメリカ軍からソフトボールの試合をしたいとの申し出があり、陸・海軍選抜チームが結成された。「たかがソフトボールとは考えず、白い歯を見せずに試合に打ち込む日本軍に対して、米軍は一塁から二塁に盗塁する時、一塁ベースを小脇に抱えて走るという楽しみ方であった」。日本は途中からアメリカ側の要請で二軍選手を出したが、それでも三十二対六で圧勝した。アメリカ軍は士官を使役せず、「正確にジュネーヴ協定を守った(67)」。

一口に捕虜といっても、捕虜となった経緯はさまざまである。ロス・バニョスの収容所にいた塩見末雄は陸・海軍の違いをこう指摘する。

体力の消耗の程度も吾々の如く精根尽き果てて入所したものや、戦闘も程々に終戦で直ぐ矛を収め無傷で入所した者等、まちまちである。大体海軍の将校等は、皆少しも体力を消耗していないのは、艦を捨てて陸に上がってしまうと呑気に過ごしていたものと思う。野球も十分できる元気があるらしい。(68)

塩見自身はかつて運動具店に勤めた経験もあり、野球に関心はあるが、このときは食料不足に苦しみ、精力の消耗を防ぐことばかり考えていた。この収容所で将校は下士官兵よりも劣悪な環境に置かれていた。

兵、下士官の四〇中隊から野球の試合を申し込まれ種々の事情もあり断ることも出来ず、昔経験のある将校達が空き腹を抱えて出場、さすがになかなか上手で相手の元気のよい四〇中隊と同等に戦いは進められ、午前中の試合はとうとう引き分けとなった。ところが午後再び試合を申し入れられ、またフラフラと立ち上がる。遂に五対〇で吾々の中隊の負け、一に食料の差で負けた試合であった。気力も体力も無い将校中隊こそ哀れである。(69)

図118　沖縄チム飛行場で野球をするアメリカ軍兵士（1945年8月10日撮影）
（出典：Kirsten Anderberg, *U.S. Navy/Seabee WWII Recreation & Down-Time Activities*, Kindle Edition, 2011.）

下士官兵が将校に試合を挑むという場面は、おそらく日本軍内では見ることができなかっただろう。下士官兵たちはあたかも昔の怨みを晴らそうとしているようにも思える。

間中喜雄は宮古島で終戦を迎え、捕虜となった。一九四五年末に嘉手納第七労働キャンプに移され、十カ月ほど医師として労働した。アメリカ軍は立派な娯楽施設を建設していて、日本人捕虜もその恩恵を享受することができた。

場内には野球場があって、バックネットまでできている。外野は鉄条網の柵までだが、草野球ではこれを越すホームランはめったにでない。球は軟球で日本のより少少大きいからあまり飛ばない。ミット、グローブ、バット、プロテクター一式は、米軍のスペシャル・サービス（娯楽部）から貰って来て一通り揃っている。日曜になると中隊対抗から、しまいには収容所間のリーグ戦までやり始めた。他の収容所に遠征する時は、トラック五、六台を限って応援団までくりだす。この収容所対抗試合では、わがカデナキャンプが優勝して、賭けでもうけた所長を大いに喜ばせた。この他にピンポン、バドミントン、バレーボール、バスケットボールと相撲ができる。だんだん上手な選手がでて来て、米軍の兵隊と試合をするようになった。ピンポンのような手先のゲームは日本人がうまい。バスケットだけは、どうやってもアメさんには歯が立たない。連中は上背があるから日本人では初手から球に手が届かない。相手が頭の上でパスすると防ぎようがない。[70]

中国の捕虜収容所もひとつ挙げておこう。洛陽の捕虜収容所での一コマである。

戦争もないし、訓練もない、戦陣訓も、勿論、軍人勅諭も、歩兵操典もない。そして心配していた労役もない。あるのは何年振りかの解放感と、三食昼寝つきの生活だった。（略）スポーツ関係は中隊対抗が多かっただろうか、大会の期日がきまると、中隊や、大隊の名誉にかけて大いに練習に励み、それにまた、競技の当日は、各隊それぞれ趣向をこらしての応援合戦が、自由豁達に、そして華やかに展開され、競技会は大いに盛り上がったのであった。（略）野球は各隊とも、手製のグローブ、ミット、それに木をけずって作ったバットであった。[71]

ソ連軍に追われた満洲の日本人の運命は悲惨だった。一九四六年春、大連に次々と難民が流れ込んできた。日本人はいつ帰れるとのあてもなく、ロシア人や中国人の下で肩身の狭い生活を送らなければならなかった。元早大のエースで、満洲映画社にいた浜崎真二は、日本人は非常に野球が好きだから野球をやろうと思い立った。「難民救済基金募集」という名目で許可がおり、大連実業のグラウンドで野球が始まった。浜崎は「監督もやるし、マウンドに立ってピッチャーもやる。投げないときは世話役をやる」という具合に八面六臂の大活躍であった。

> 野球場へ行けば日本人だけの平和がある。皆んなの顔も見られる。のんびり一日を楽しめる。ぼくはこの〔昭和〕二十一年の一年間は、日本人として、日本人のために本当にいいことをしたといまでも思っている。[72]

野球を見ているあいだ、人びとは過酷な現実を忘れることができた。

同年夏、長春に進駐していたアメリカ軍が日米交歓野球大会を催すという知らせが入った。「アメリカさんは満洲へ来てまで日本軍を負かそうという魂胆ですか」「まさか——恐らく純粋のスポーツ精神からで、今の日本人の腐り方を見て同情してくれたのでしょうよ」「それぢあ一つ頑張つて今度は勝たせてやりましょう」。実は日米野球戦はこれが二回目で、一カ月前におこなわれた試合では一対九で日本が負けていた。試合会場となった児玉公園は、

> 試合開始前すでに観客席は超満員で、これが敗戦国民の姿かと不思議に見えるほどの朗景だつた。やがて試合開始。日本軍はどうして工面したのか揃いのユニホームを着ているが、米軍は白のシャツに国防色の作業ズボンという無造作な姿。いづれも体軀堂々として見たばかりで日本軍には勝味がない。謄写版ズリのメンバー表が配られたのを見ると米軍はみな大尉以下の軍人で、中には米国で鳴らした選手も居る。日本軍は主として会社代表の選手で名前も顔もおなじみの諸君が相当にまじつている。（略）かくして試合は十一対二のスコアを以て日本軍に凱歌があがつた。これで日本軍も雪辱したわけだが、勝敗はいづれにせよ和気あいあいのうちに交歓試合が終つたのは、大げさにいえば、まさに歴史的のことで、恐らくこれが満洲に於ける最後の日米野球試合であつたろう。[73]

シベリアに抑留された約六十五万人の日本人の運命はさらに過酷だった。シベリア抑留に関する記録のなかにスポーツの記述を見つけることは難しい。この点、ブラックバーンが取り上げたオーストラリア人兵士の捕虜体験と共通する点が多い。とはいえ、オーストラリア人捕虜にスポーツを楽しむ機会が皆無ではなかったように、日本人シベリア抑留者にもスポーツをしたという記録がわずかながら存在する。

ハバロフスク第十六収容所にいた水谷決司は、バラックの窓から「微風と共に草野球に興じる者たちの歓声が入って来る」のを耳にした。作業休みの時間、「日本人の間ではこの頃、碁、将棋、麻雀が夜昼なく室内を賑わし、野外では草野球が人気を集めていた」。水谷自身は「自分の気持をごま化すためにこうしたゲームに加わることは出来なかった[74]」。

モスクワ東南エラブカの収容所では一九四七年に入ってスポーツ熱が高揚した。バレーボールもよくおこなわれたが、人気があったのはやはり野球だった。四七年の春、誰からともなく「野球をやろうじゃないか」という声が起こった。一万人の収容所に三百人以上の早慶出身者がいて早慶戦が実施されることになった。早大野球部OBは谷口五郎、西村満寿雄、町谷茂、阿部理八がいて、慶大野球部OBは最後の早慶戦で主将だった阪井盛一や成田敬二らがいた。ソ連では野球の道具が調達できるはずもなく、ボール、バット、グラブはすべて手作りだった。ボールは小石を芯にした。それぞれ応援団も編成された。四十六歳の谷口投手がマウンドに立つが、スピードがなく、慶大が五対三で勝った。遠山茂の回想によると、まずラーゲル対抗の野球試合があり、七月にチフス流行が収まったころから野球熱が盛り上がり、班対抗、中隊対抗の試合が毎日のようにおこなわれた。また、六大学OBによるリーグ戦もおこなわれたという[75]。

よく知られるように、アメリカ本土では約十二万人の日系人が各地の集合センター、ついで強制収容所に収容された。これらの集合センター、強制収容所では娯楽活動を担当する部署があり、さまざまなスポーツ・プログラムを提供していた。スポーツは収容所当局からすれば不満をそらす安全弁として期待されたし、日系人の側かららすれば見知らぬ環境でアイデンティティーを維持する手段となった。マーセド集合センターには、野球、女子

図119　シベリアの収容所で野球をする日本人抑留者
（出典：朝日新聞社編『アルバム・シベリアの日本人捕虜収容所』朝日新聞社、1990年、80ページ）

バレーボール、女子ソフトボールのリーグが存在し、バスケットボールや相撲もおこなわれていた。ヒラ・リバー強制収容所では、銭村健一郎が中心となってダイヤモンドが建設され、野球が盛行した。銭村はカリフォルニア州フレスノ在住の日系一世で、日系アメリカ人野球の開拓者的存在であった。銭村が率いるフレスノの野球チームは一九二四、二七、三四年に日本へ遠征していた。息子の健四は戦後に広島東洋カープで活躍する。収容所の野球チームは、収容所近辺の民間人チームと試合をしただけでなく、ほかの収容所へ遠征することもあった。柔道も盛んで、柔道家は収容所の外に出て、アメリカ軍兵士や民間人に柔道を教えた。一方、軍国主義との結び付きが強いと考えられた剣道はほとんど見られなかった。(76)

ハワイの日系人は強制収容こそされなかったものの、戒厳令下に厳しい生活を余儀なくされた。日系人野球チーム「アサヒ」も「Athletics」と名を変えた。一部の日系人はアメリカ軍に志願することで忠誠心を示そうとした。アサヒのオーナー米谷克巳は第百大隊でアサヒの選手を中心に野球チーム、「アロハ」を結成した。北アフリカ戦線に投入されるまでの訓練期間中、アロハはウィスコンシン州やミシシッピ州の基地でさまざまなチームと対戦した。しかし一度戦線に投入されると、野球を楽しむ余裕はなかった。

ハワイには日本兵の捕虜収容所があった。同所の情報将校で戦後に同志社大教授となるオーテス・ケーリは『真珠湾収容所の捕虜た

図120　1943年7月、第100大隊アロハチームがアーカンソー州の収容センターで野球をしたさいの記念写真

(出典:Brian Niiya ed., *More Than a Game: Sport in the Japanese American Community,* Japanese American National Museum, 2000, p. 172.)

ち――情報将校の見た日本軍と敗戦日本』〔ちくま学芸文庫〕、筑摩書房、二〇一三年)を著したが、同書にはスポーツのシーンはない。しかしそれはスポーツの不在を示すものではない。

この収容所で捕虜が従事させられたのは短時間の軽労働だけで、その主たるものはバレーボールのコートづくりと野球のダイヤモンドから石ころを取り除くこと、あるいは収容所周辺の草むしりであった。八ペンに付属した小競技場の整備がすむと、情報将校と捕虜はよくそこでレクリエーションをやった。野球のことは、むろん情報将校のほうがよく知っている。しかし、ファイ・ベータ・カッパの優等生で、度の強い眼鏡をかけたような将校に、決して球を投げたり打ったりが得意なわけがない。敏捷かつ体力のある捕虜たちのほうが、すぐ上達した。ところが、何度試合をしても捕虜が負ける。得点の入りそうな場面でわざと三振したり、大事なところではトンネルしたり、要するに八百長をやるのである。わざとらしさの目立ちにくいバレーボールで、とくに捕虜チームの対戦成績が悪かった。強烈なスパイクをしたふりをして、球をネットにひっかけてしまえばいいのだから。ケリー中尉は嘆息した。遊びの中にまで命令者に対して卑屈になる日本人が憐れであると同時に、これはやりにくいぞ、という気がいっそう強かった。(77)

「ケリー中尉」こそ、ケーリその人であった。なお八ペンはアメリカ軍に協力的な捕虜（Protected Prisoner）が収容されていた場所である。ＰＰはアメリカ軍から厚遇されていたがゆえに、ほかの日本人捕虜からはあまりよく思われていなかった。たとえばＰＰのせいで、せっかくの遊び場が取られてしまうことがあった。

ハワイの七月の太陽をうけながら、日中は野球をして遊んだ。米軍の将校や曹長もチームに入つてよく一緒にやつたものだ。（略）われわれの柵は、将校だけ約二十六人が収容されていた。テニスコートもバレーコートもあつたが、前に述べたＰＰが来て、われわれのテニスコートの半分は、彼等の居住地となつた。そうしてわれわれとの内には、柵が張られてしまつた。(78)

アメリカ軍は九月十五日に明治神宮球場を接収し、「ステート・サイド・パーク」と名づけた。アメリカ軍はしばしば部隊同士の野球をやっていたが、日本人チームと試合をしたいという要望が出てきた。これに対し、アメリカ本土では多数のアメリカ国民を殺害した日本人との交歓試合を慎むべきだという議論が起こったが、「ニューヨーク・ヘラルド・トリビューン」は社説で次のように主張した。

元来、戦前の日本では野球は立派なスポーツだった。戦争になって日本の当局者は野球をくだらない米国の遊戯として禁止したが、日本人自身はそれでも野球が好きだった。（略）もし米国が日本に民主主義の何たるかを教え込むつもりなら野球が一番よい。野球が教えるスポーツマンシップを日本人に吸収させることだ。(79)

このあと、GHQ（連合国軍総司令部）は日本占領政策の一環としてスポーツ、なかでも野球を利用していくことになる。それはちょうど半世紀前のフィリピン占領の繰り返しだった。日本人はすでに野球に精通していたが、アメリカ軍は野球の本当の「精神」を改めて教え込もうとしたのだ。

3 戦争のスポーツ化とスポーツの戦争化

第二次世界大戦に参加したアメリカ軍兵士は、軍隊に所属しながらも心のなかでは市民であり続けた。彼らはそうすることで、心身ともに国家に捧げたドイツや日本の兵士とは違う存在であることを示した。そのため、彼らはできるだけ軍隊内に市民社会の流儀を持ち込もうとした。

コカコーラを一杯――〔兵役に就く〕前のように／軍艦でのくつろぎかた／アメリカの軍艦があるところにはどこへでもアメリカの生活様式がついていきます――スポーツにも、ユーモアにも、習慣にも、そして清涼飲料にも。だから当然コカコーラもそこにあるのです。そして艦のソーダ・ファウンテンでいつも会えるのです。(80)

「アメリカの生活様式を守ること」、これこそアメリカの戦争目的だった。そして、軍隊に入ってもアメリカの生活様式が享受できることを示すこのような広告は、軍隊へのハードルを低くし、より多くの志願兵を引き出す役割をも担っていた。(81)軍隊の市民性は、軍隊の側でも社会の側でも織り込みずみであり、軍隊に入る若者たちもそれを当然に期待していた。このような軍隊にあって、娯楽は士気を維持し軍隊の効率を高めるためにも必要不可欠であり、アメリカ軍は娯楽に真剣に向き合わざるをえなかった。

図121　コカコーラの広告。陸軍（左）、海軍（右）（著者蔵）

軍の娯楽事業は、兵士たちが「陸軍での軍務を一時的なものとみなし、平和時の市民的な基準や強い欲求を放棄したり、最小限に抑えたりしようとはしないかもしれない」という前提のうえに立てられた。兵士の市民感覚は一概に否定すべきものではなく、むしろこれを最大限に活用して士気を高めることが求められた。兵士が軍隊生活のなかで心身両面で健康を維持するには、できるだけ軍隊を市民社会に近づけることが必要だった。[82] このような合理的な思考のもとでアメリカ軍の娯楽事業が展開されていたのである。

アメリカ軍があれほど食事に気を使ったのも同様の考えに立っていた。前線の兵士は一日四千七百五十八キロカロリーの食事を提供された。国内の訓練基地では、たとえば「牛腿肉の蒸し焼き、焼きじゃがいも、糖衣豆、ストロベリーアイスクリーム、レイヤーケーキ、パンとバター、コーヒーか牛乳」という夕食が出されたが、それは数多くの兵士にとって、軍隊に入る前に食べていたものよりいいものだった。こうした方針は、太平洋の前線でもできるかぎり維持され、「アメリカ兵は太平洋に展開する陸上部隊ひとりにつき四トンの物資を運んだが、日本はわずか二ポンド（約〇・九キロ）しか輸送できなかった」[83] という差になって現れた。

食欲は物資を供給すれば対処できたが、性欲の扱いは難しかった。軍の士気対策事業は売買春と対立関係にあったからである。性欲を緩和するために、厳しい訓練だけでなく、競技や娯楽、また種々の社会活動の機会が提供された。(84)もちろん、こうした軍のもくろみが大きな成功を収めることはなく、アメリカ軍は性病の問題に対処し続けなければならなかった。といっても、軍の思考のベクトルが、軍隊の論理を兵士や社会に押し付けようとしていた日本軍とは根本的に違っている点は明らかだろう。ここで想起されるのは、戦時下の日本とアメリカの宣伝・娯楽観を比較した赤澤史朗の議論である。赤澤はアメリカで戦争が娯楽化・スポーツ化されたのに対し、日本では娯楽とスポーツが真剣勝負化＝模擬戦争化したと論じた。(85)以下、戦争のスポーツ化／スポーツの戦争化という点から日米の比較を試みる。

赤澤は戦争の娯楽化・スポーツ化の例として、元朝日新聞社ニューヨーク特派員中野五郎の著作から、「ブロードウェーやハリウッドの有名無名の女優」による「キッス一回公債一枚」の街頭宣伝と、戦場の危険をスポーツ競技上の冒険のようにみなしていることを挙げる。(86)実際、アメリカで戦争はしばしばスポーツの用語で、逆にスポーツは戦争の用語で表現された。兵士に軍事訓練の必要性を理解させるために、サッカーやボクシングの比喩が用いられた。訓練の統一の必要性もフットボールのコーチと選手の関係を持ち出して説明された。(87)幼いころから訓練や規律に慣らされている日本の兵士と違って、アメリカの兵士は教練や規律の意義を理解させることから始めなければならなかった。スポーツの比喩は、兵士の理解を容易にすると同時に、軍隊を市民社会化するのに役立った。

スポーツのなかでも野球はアメリカ的価値観を最もよく反映しているとみなされていた。そう考える人たちにとって、日本人もまた野球にとりつかれているという事実はいささか困惑をもたらすものだった。しかし、日本人は「ゲームの技術をいくらか修得したのかもしれないが、われわれの国民的ゲームの魂は決して彼らに触れることはなかった」と考えることで納得した。もし日本人が本当に野球の精神を体得していたなら、パール・ハーバーのような下劣な行為をするはずがないのだ。(88)そんな卑劣な日本人と戦う際には注意が必要だった。海兵隊のエリオット基地での一コマである。

「ジャップと戦うときは、汚い手を使うことをためらうな。アメリカ人はたいてい子供のころから、ベルトより下を殴ってはならないと教わっている。スポーツマンらしくないからだ。だが、ジャップはそんなことを習っちゃいない。それに戦争はスポーツなんかじゃない。やられる前に、相手の股間を蹴り上げろ」と教官は唸るように言った。(89)

もし日本の軍人が「戦争はスポーツなんかじゃない」と言えば、それは「戦争は遊びではない」という意味になるだろう。しかし、この教官はそういう意味で言ってはいない。「ジャップと戦うときは」という前置きからわかるように、日本人との戦争はスポーツではない、スポーツ以下である。彼らにしてみれば、日本軍の戦い方は「柔術に喩えられた。予想を裏切る場所と時間の攻撃に向けて努力する」――早い話が「騙し討ち」であった。(90)そのような相手と戦うときには、こちらも汚い手を使わざるをえないのだ。

戦争とスポーツの関係は、決して本質的なものでもないし、また古い歴史を持つものでもない。戦争とスポーツの関係を言い表すのにしばしば引用される言葉、「ワーテルローの戦いはイートン校の運動場において勝ち取られた」は十九世紀末になってようやく出現したにすぎない。アメリカ軍でスポーツの有効性が認識され、スポーツが軍隊内で公的な位置を確保したのは、第一次世界大戦中のことだった。しかし第二次世界大戦のころには、アメリカ人はますます戦争からスポーツを、スポーツから戦争を連想するようになっていた。アメリカの子どもにとって、戦争は大きなゲームであった。戦争は高貴で、光栄で、英雄的で、奮闘的で、冒険的であった。それはまさに彼らがスポーツの場で経験することだった。だからこそスポーツは戦争の準備とみなされた。戦争をスポーツ化することで、子どもたちは戦争を楽しいものと考えた。戦争の時代は彼らにとって楽しい時代であった。子どもたちは殺戮や爆撃から遠いところにいた。確かに繰り返し犠牲を求められはしたが、父兄が死ぬかもしれないという犠牲は遠回しにしか語られず、現実味を帯びたものではなかった。(91)

戦争をスポーツの感覚で見ていた点は日本の子どもたちも変わらない。愛知一中の江藤千秋は、戦勝を伝えるラジオ放送を「スポーツ試合のスコアをみみにするときと同じ受けとり方で、それを聴いた。〝海軍航空部隊〟の戦勝は、いわば〝ひいきチーム〟の勝ち試合なのである」[92]と当時を回想する。実際、大本営は艦船や飛行機の損失を点数化して報道することで、戦争をスポーツ化した。それは日本軍の「戦果」を誇張するのに役立った。スポーツは人数も装備も同じという前提のもとで戦われる。しかし戦争は違う。とりわけ戦争末期にはアメリカ軍は人数も装備も圧倒的優位に立ち、損害を生じてもすみやかに補給できる体制を整えていた。同じ一機の飛行機を失っても、それが日本軍にとって持つ意味とアメリカ軍にとって持つ意味は全く違っていた。にもかかわらず、点数化されることでこの違いがほとんど見えなくなってしまう。「戦果」報道をスポーツ化することで、日本軍は自軍の損害をかなり少なく見せかけることができた。

レンドバ島で敵艦船十四隻撃沈、敵機七十七機以上を撃墜、わが方三十一機未帰還（略）肉親も加わっての戦闘ともなれば、七七対三一の比は、バスケットボール試合のスコアなどとは違った響きをもつ。戦火が直接自分の身に及べば、もはや戦争はスポーツではない。[93]

日本ではあまりにも多くの子どもたちが「父兄が死ぬかもしれないという犠牲」を強いられた。戦争はスポーツと違ってリセットのきかない、まさに生きるか死ぬかの修羅場となっていた。日本人にとって捕虜になることは日本への裏切り行為であり、日本との絆を自ら断ち切ることを意味した。ガダルカナル島で不本意にも捕虜となり、アメリカ本土の基地に送られてきたある人物は、ドイツ人捕虜の様子を見て啞然とした。

捕虜になってからドイツ人と一緒になったりしたけど、向こうはバイオリンを持ってきて弾いたり、たいそう賑やかにしてた。やっぱりわれわれは日本へは勝っても帰れないし、負けても帰れないと思ってた。ドイツ人は二回目の経験者がいて、いや、帰ったらまた勲章がもらえるという。全然違うんだな。そこなんだな。

人命を大事にしてる。勇敢に戦うのはいいんだけどさ。銃剣でやって勝てばいいという日本精神というか、武士道精神は向こうにはなくて、なんというかスポーツ精神みたいで、戦争もやっぱね。[94]

日本では戦争はスポーツよりも武道に結び付けられる傾向があった。この時期、アメリカの戦争イメージは第一次世界大戦の機敏な動作と瞬時の判断を要求する疎開戦法に由来していたが、日本の戦争イメージは日露戦争の白兵銃剣主義に由来していた。戦争は個と個の殺し合いであり、命をかけた真剣勝負であった。武道界のある人物は武道とスポーツの違いについて次のように述べる。

線合戦果

海鷲レンドバ島に血戰續行

巡艦等十四隻を屠る

撃墜敵機七十七以上

敵、北上進攻を企圖

わが尊き犠牲も卅一機

図122　レンドバ島の戦果を伝える新聞
（出典：「東京朝日新聞」1943年7月3日付）

古来、我が国で行はれた陸上運動競技は、主に剣道、柔道、角力、槍術、弓術等で、概して人命に対する生殺与奪の権を眼目としたものであつた為め、身命上に関しては、常に緊張味を有し、其の競技はすこぶる尊重視された。（略）欧米の運動競技は、拳闘のやうな例外もあるが、大体に球を中心にするもので、野球、庭球、排球、蹴球、籠球等何れも然りだ。それ等は共に、直接人命には何等の関係も有つてゐない。

スポーツは「いたづらに技術技巧の枝葉末節に走つて、毫も修養の意味を有たず、専ら肉体の向上発達のみを目的」とした結果、アメリカのプロ野球選手は「多額の金銭に誘惑せられて買収に応じ、昨日までの仲間を裏切る如き悖徳行為を、敢て平然と行ふ」ことになったのだ。[95] スポーツやアメリカに対する批判は、たいてい享楽主義、個人主義、拝金主義に行き着いた。彼らはまさしく兵農一致の皇軍兵士の対極に位置した。このような軍隊が強いはずはない。第七回極東大会にバレーボールの選手として参加した山中一郎は、一九四二年に往事のフィリピン代表について次のように語った。

われわれが非常に奇異に感じたのは、フイリツピンの選手中に兵隊さんのをることとです。他の競技でも兵隊さんが相当をつたやうです。われわれの考へでは兵隊さんといふものはそんなことをしないと思つてゐたのですが、あちらでは兵隊さんがどんどん出て来て競技をやつてゐました。今度の戦争などでも弱いのは無理ないと思ふのです。[96]

極東大会当時、本当にそう思っていたかどうかはともかく、山中はアメリカのスポーツと日本のスポーツを明確に区別し、アメリカ流のスポーツマンは決していい兵士にはなれないと主張したのである。したがって、中野五郎がアメリカ人について「戦争を愛国的スポーツの如く考へてゐる」と言ったのは、まさに強烈な皮肉だったわけである。[97] 日本軍が黒人兵向けに、オリンピックで活躍した黒人も戦場では第一線で白人兵の弾丸よけに使われていると書いたビラを散布したのは、よきスポーツマンはよき兵士だというイメージを逆手にとって、人種差別を告発したつもりだったのだろう。しかし、アメリカ軍では黒人は（たとえよきスポーツマンであっても）戦闘員には不向きだと考えられていて、戦闘部隊に配備されることはなかった。つまり、ビラは宣伝効果を全く持たなかったのだ。[98] このように、アメリカ人にとっても日本人にとっても、スポーツは相手を「対抗的タイプ」に仕立て上げ、自らの男性性を構築する媒介として機能していた。

日本軍にとって多くのアメリカの若者がスポーツ感覚で戦争に参加することは、警戒すべきことでもあった。なぜなら、彼らは「機械の力、物質の力、スポーツ的戦争観に踊らされ、敗戦の実相ももとより知らされずに、必勝の信念の下、我が日本の勇敢なる陣地に向つて挑戦してくる」からである。ただ、「その盲目的猪突的戦意は勿論敵ながら侮り難きものがあるが、要するにしかし彼等の根本思想又は目的は快楽主義、個人主義、利己主義」だから、結局は日本の軍人に及ばない。また、アメリカの「学生はスポーツが普及してゐるからとて、日本の学生と較べて優れた体格を持つてゐる訳ではない。概してヒヨロ〳〵と長く、胸囲の狭いものが多く、腰の力が弱い。従つて戦争に出かけても、困難な長途の行軍などに耐へて行けさうにもない[99]」のである。日本軍が敗退を続けるという現実のもとでは、アメリカ軍の強さをある程度承認せざるをえない。日本軍が弱い相手に苦戦するはずがないからである。機械、物質、スポーツはアメリカ軍の強さの原因だったが、また同時につまずきの原因ともされた。そのため、日本は機械、物質、スポーツを拒否することによってアメリカに勝つことができるはずだった。日本はスポーツを戦争化し、そして戦争を武道化することで、戦争をスポーツ化したアメリカに対して優位に立とうとしたのだ。

4　軍隊と娯楽

スポーツに関する議論をより普遍化すると、市民社会の維持に尽力したアメリカ軍が前線を銃後化しようとしたのに対して、日本軍は銃後を前線化しようとした（本土空襲が始まると本当の「前線」になった）ともいえるだろう[100]。戦争のスポーツ化／スポーツの戦争化・武道化は、銃後の前線化／前線の銃後化の一側面だった。とするなら、赤澤が論じた娯楽・スポーツの真剣勝負化＝模擬戦争化とは、戦時下日本の銃後社会の前線化の一側面だったことになる。では、銃後の前線化という状況のなかで前線の娯楽やスポーツはどのように位置づけられるのか。また、前線の娯楽・スポーツと銃後のそれはどのような関係にあったのか。
兵士といっても機械ではない。人間である。常にストレスにさらされる兵士から完全に娯楽を奪うことはできない。

> 当地は北満〇〇鉄道の〇〇駅より約〇〇里（略）国境の一村落だ（略）天気の好い日には前方に少し出れば露兵が、バスケットボールらしい球技に戯れたりスケートで馬鹿に図体の大きな奴が転倒したりなどしてゐる中々朗らかな風景に接したりなどする事もある。こんな処は国民性の差異と言はふか（略）夜にもなれば、バラライカでロシヤ舞踏を踊つて、ウオッカーでも舐めてやがるに違ひないと思ふと些か羨望の念を禁ぜざるを得ぬ次第である。上御一人を中心とする吾々の精神的優越に反し彼等の圧制又圧制に基く精神的貧困に対して、其の鬱噴《ママ》を斬る形而下に延ばして、ふざけてゐやがる位に独善的に考へて済ませば夫れ迄の話だが、こうして只管日夜軍務に精励する処に皇軍の無類の頑固さがあるのかも知れない。(101)

東京帝大排球部出身のこの兵士は、スポーツや舞踏に興じるソ連軍兵士を見て、羨望の念を抱きながらも、精神的優越を想起することで、必死に自分を納得させようとしている。娯楽を罪悪視し、鍛錬を至上のものとする皇軍の価値観を内面化しようと努力しながらも、自分が置かれたみじめな状況を顧みたとき、やはり「羨望」を抑えきれないのだ。

軍隊でみじめな思いをしたのは日本軍の兵士だけではない。ロス・F・コリンズは沖縄戦に参加したあるアメリカ人兵士の「俺たちはみな精神障害者で、歴史上最も偉大な精神病院の患者だ(102)」という言葉を引用しながら、本物の戦争はこうやって男らしさと人格を養うのだと皮肉を込めて述べている。戦争や軍隊は究極の男性性を体現する存在とされるが、実際の戦争や軍隊での体験はむしろ男性性の喪失を来すことが多かった。個々の兵士は所詮、軍隊の歯車のひとつであり、消耗品でしかなかった。そこでアメリカ軍は戦争や軍隊のストレスに真摯に向き合い、その対策を早くから研究してきた。一方、日本軍では弱さを見せることは許されず、兵士はそれを否認することで対処してきた。[103] 小野寺拓也はドイツ軍兵士について、その男性性がパフォーマティブなものではなかったかと論じているが、それは日本軍兵士にも当てはまるだろう。[104] しかし、皇軍兵士を演じ続けようとすれば、自分自身が理想の兵士に及ばないことを常に認識しなければならない。そこで兵士はさまざまな形で男性性を回復しようとする。弱者（部下、占領地住民、捕虜など）に対する力の行使は、最も手っ取り早い方法であった。娯楽はこうした兵士のストレスを緩和する有効な手段のひとつであり、日本軍も決して無視することはできなかった。スポーツに焦点を当てると、どうしてもアメリカ軍との対照性が際立つが、娯楽という観点からすれば、日本軍の場合はむしろ相撲を取り上げるべきなのかもしれない。相撲こそ、当時の日本人にとって国民的娯楽だったからである。

相撲は「締込み一本あれば、直ちに実行」することができ、「誰でもが知つてゐて、誰でもが楽しみつゝ、精進でき」たため、前線後方を問わず軍隊のあらゆる場面で、娯楽として、また訓練として広く実施された。日中戦争初期、陸軍のある中尉によれば、「武昌、漢口や黄陂、京山、応城その他到る所」で、「ちよつと駐留になると、何処の部隊でも必ず相撲が行はれ」ていた。[105] 陸軍でも相撲が盛んだったが、海軍には及ばなかった。海軍は古くから相撲を重視し、訓練に取り入れてきた。水兵たちは陸上でも海上でも相撲を楽しんだ。「旧蘭領東印度の島々」では、作戦が一段落すると「海の勇士たちはまづ土俵を造つた」。[106] 完成した土俵は、南国ならではのものだった。

> 椰子の樹で四本柱が作られた。屋根は狼狽した敵が置いてけ放りにして行つたトタン板や或る時はニッパ椰子の葉などで葺いた。（略）こんな俄造りの土俵が、陸戦隊の征くところ、その相撲好きを物語つて新占領地に次々と築づかれて行つた。[107]

そうしてつくった土俵で、兵士たちはあるいは真剣に、あるいは嬉々として相撲に取り組んだ。訓練として相撲は「明日の戦闘に備へる、肉体の鍛錬と、前撃の闘魂の涵養と、全軍の士気昂揚」に役立った。[108]また相撲は待機時間を有意義に過ごすための健全な娯楽であり、とくに自堕落に陥りやすい南方で士気の弛緩を防ぐことが期待された。[109]相撲をとれば、愉快な気分になり、「全く異境の地にあって、戦争に来てゐることさへ忘れるやうな感じ」[110]がした。そんな日本兵の姿は、酒やトランプ、女遊びにうつつをぬかすオランダ人将校や、トラックで運ばれる捕虜のオーストラリア兵とは好対照をなしていた。日本兵は土俵を通じて、日本人の男らしさを示し、現地の人びとの心をつかもうとした。

凝つと垣根に獅噛みついて精悍な土俵戦を凝視してゐる彼等の心には「日本兵が濠州兵より何故強いか」といふ漠然ながらも一つの例証が浮んで来たに相違ない。それからといふもの、アンボン人の態度が土俵場以外でも目立つて変貌していつた。（略）相撲はかくて彼等を狂喜させ驚嘆させたのみではない。黙々と土俵の上から、物の見事に「治安工作」さへ果していつた。[111]

日本精神を体現でき、外国人に負ける心配もなく、手軽で安価でどこでも実施できる相撲は、日本軍にとって便利な娯楽だった。

故郷から遠く離れた地で任務に励む兵士たちにとって、故国のラジオが伝える相撲放送は戦場の辛苦を忘れさせてくれるだけでなく、故郷との紐帯を改めて感じさせてくれる存在であった。「この盛んな放送を聞いてゐると、一体どこの国に、こんな立派な余裕を持つたものがあるかと思ふ。兵隊もこれを聞いて、何か信じてゐたものが、やつぱり本当であつたといふ力強い気持になつたらしいが、全く有難いことぢやないか。強い立派な国に生れた幸せだよ」[112]——こうして日本の力強さを再確認し、日本の勝利を確信したのだ。

一九四二年四月に日本が空襲にあったとの知らせは、戦地の兵士に大きな不安を与えたが、四二年夏場所大相撲のラジオ放送は「〝祖国安泰〟の嬉しさ、力強さ、涙ぐましいまでの感動を[113]」もたらした。実は大日本相撲協会ではこの夏場所を実施するかどうか問題になっていたが、あえて断行した。その背景について、高橋秀実は「東京は焼けたが、大相撲は健在であることを広く知らせ、前線の将兵の士気の高揚に役立てようという、軍部の狙いが後ろ楯となっていた[114]」と述べる。相撲の話は前線で「誰にも共通した唯一の娯楽」であり、兵士たちは「前田山はどうだ?」「双葉山はやっぱり強いなア」などと言いながら相撲の記事を貪り読んだ[115]。東京朝日新聞社の河合政記者が従軍先で本社から無電で手に入れた本場所の情報を宿舎に貼り出したところ、わざわざ馬やトラックで駆けつける兵士もいた[116]。

大相撲は日本に余裕があることの証しであり、対米宣伝にも威力を発揮すると考えられていた。だからこそ、軍はできるかぎり大相撲の存続をはかった。一九四五年六月、東京大空襲によって焼失した国技館で、非公開の本場所が開かれた。それは軍の依頼によって開かれたもので、「中国や南方向けに〝相撲をやっている〟という放送」をするためであった[117]。

相撲界はそんな軍の期待に応えるべく涙ぐましい努力をした。献金や飛行機の献納、傷痍軍人の慰問、大陸巡業、勤労奉仕などの事業に取り組んだだけでなく、力士たちは進んで軍事教練に参加し、また応召して戦地に向かった。たとえば一九三八年の大阪場所中に応召した九州山こと大坪義雄は、部隊長の手で断髪してもらい、同年九月から二年間、中国で軍務に就いた。軍隊に入って困ったのは、もちろん食事である。服にも不自由した。その姿は、勇ましいというよりも、なにか滑稽である。力士の体型は「タンク型」と呼ばれる理想的な兵士の体型からほど遠かった。海軍の体育マニュアルは、海軍の相撲が職業相撲とは違い戦闘的相撲であることを強調し、力士のような「ヅングリ」型の体型にならないように注意を促している[118]。海軍が求める相撲の男らしさは以下の描写によく現れている。

「〇〇サンチの巨砲を承はる連中は粒よりの相撲部員に限る」（略）烈しく動揺する艦上で、ガツシと足腰を踏み固めながら、あの重い砲弾を軽々とその膂力に引つさげては目指す敵艦の横つ腹へぶつ放なす壮絶な任務はまさに相撲部員の独壇場である。(119)

そのため、力士は「一種の芸人」にすぎない、大相撲は「余興的見物本位」だと批判し、国策としての「相撲道」を提唱する藤生安太郎のような人物が現れ、また相撲界からも早大出身のインテリ力士笠置山のように、これに呼応する動きが起こったのは当然だった。(120)その結果、力士の意識も大きく変わった。

図123　軍事教練に励む力士たち
（出典：「週刊朝日」1940年8月25日号、朝日新聞社、17ページ）

以前から考へると力士の精神生活といふものは非常なかわりかたである。大酒、大食なんでも大の字のつく享楽生活が力士の土俵外の姿であつたが、最近の力士は誰も彼も微力をどうかしてお国の為に役立ちたいといふ願ひを持つてゐる。だから皇軍慰問には力士一同欣喜して行く。名寄岩の如き、愛国機献納で出来た飛行機の処女航空を見て「俺達の力で立派なものが出来た！立派なものが出来た！」と青空を見ながら涙を流してゐた。この頃の力士はこんなうるわしい心情の所有者なのである。(121)

戦争後半になると、力士たちは次々と召集され、人数はピーク時の半分ほどになり、残った力士たちも多くは栄養失調で体重が五十キロ近く減っていた[122]。
日本の大相撲の状況は、まさにアメリカのプロ野球を彷彿とさせる。確かに戦時の日本の大相撲とアメリカのプロ野球は共通点が多い。しかし相違点もある。アメリカ軍がプロ野球選手を積極的・組織的に活用し、各地に派遣して野球の試合をおこなわせたのに対して、日本軍は力士をあくまで普通の兵士として特別扱いすることはなかった。確かに相撲界は大陸巡業など慰問活動をおこなったが、それはあくまで相撲界の自主的な活動であり、軍が組織したものではなかった。

では軍はどのような娯楽活動を提供していたのか。漢口で兵站部の慰安係長をつとめた山田清吉によれば、兵站は遊戯場、劇場、文庫、映画、そして慰安所などを運営していた[123]。このうち慰安所は漢口のような後方の大規模な都市だけでなく、日本軍の前線の小規模な部隊にまで広く普及していた。日本軍にとっても性欲と性病の問題はきわめて切実だった。性欲への対処法として、海軍の統率学の講義には、労働などによって抑制する方法と、武技、体技、読書、音楽などの趣味によって転向させる方法が挙げられていたという[124]。実際、浙江省に駐屯したある部隊長は、「兵隊さんは、昔の家庭持の召集兵から未婚の若い者に代った。この若者に、遊びを強制するような慰安所は必要ない。下士官等で必要な者は、連隊本部へでも行った時に用を足せばよい。その代り、スポーツや銃剣術に精を出せ[125]」と言って、慰安所を撤廃させた。むろん、このような部隊は例外的だった。娯楽の問題に真剣に取り組むという気風が軍のなかで育たなかったのも、娯楽が慰安所と強く結び付いたためではないか。漢口兵站司令官の堀江貞雄大佐は自らの任務について次のように記している。

私達は将兵慰安には少なからず努力を捧げ、この点は多くの皇軍兵站中、おそらく出色のものだといささか自負している。しかしいい年をしてお前は漢口三界まで出かけこんなことに浮身をやつし、それで自負などしているのかと詰問されれば私はただ憮然たる外はない。（略）大規模の長期戦となると、こんな点にまで、こまかい心遣いの下に周到な経営をしていかないと、軍の動きに意外の破綻を生ずる憂いがなしとはいえない。そこに近代長期戦の複雑さも厄介さも存ずるのである。私が、大丈夫の潔よしとしない縁の下の力持ちに、いささかの自負心を持って懸命の努力を捧げたわけもまた、実にここに存するのである。[126]

軍隊が戦闘を主目的とする組織である以上、堀江が感じたような引け目はどこの軍隊にも見られることだろう。しかし、日本の場合、そうした引け目はいっそう大きかったにちがいない。なによりも戦時の日本では娯楽そのものが罪悪視されていた。そのうえ日本軍の娯楽事業は多くの場合、慰安婦の提供を意味した。実際の業務は軍属に任せたにせよ、慰安係が「大丈夫の潔よしとしない」仕事であったことに変わりはない。アメリカ軍の場合、娯楽を担当するスペシャル・サービス官の職務内容は多様で、それぞれの分野の専門家が将校の待遇で任務に当たっていた。戦闘部隊に対しては引け目があったかもしれないが、それでも誇りをもって担当できる仕事だった。なによりも娯楽は罪悪ではなく、軍隊に必要不可欠であるとの認識があった。

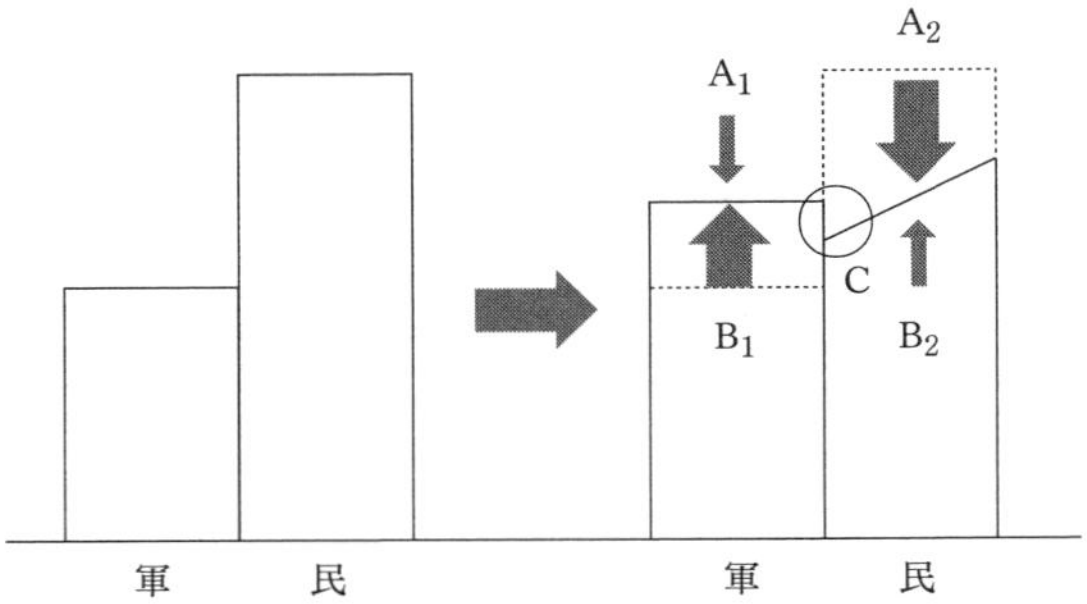

図124　モデルA（著者作成）

戦争のスポーツ化／スポーツの戦争化と前線の銃後化／銃後の前線化の問題をモデルで整理しておこう。図124を見てもらいたい。縦軸をスポーツや娯楽の許容度、あるいは盛衰の度合いとし、スポーツ・娯楽を抑制する力をA、推進する力をBとする。スポーツ・娯楽の許容度・盛衰度は軍隊と民間で差があり、民間が軍隊を上回るのが常態と想定していいだろう。図124はアメリカを想定したもので、戦時は軍隊で市民社会化（B_1）、民間で戦争協力（A_2）の力が強く作用するため、軍民間の差が縮まる。それどころか、民間野球チームに対して無敵を誇った海軍のブルー・ジャケッツの活躍に見えるように、分野によっては軍隊が民間を上回ることさえあった（C）。こうして軍隊と民間の格差が縮まることで（前線の銃後化）、民から軍へのスムーズな移行が可能となった。

これに対して戦時の日本はどうか。日中戦争初期、日本軍は民間スポーツ界に干渉しないばかりか、自ら大量のスポーツ・娯楽用具を前線に送っていた。基本的に勝ち戦で余裕があったこともあるが、長期戦が不可避となるなかで、軍当局が帰還兵の役割を無視できなくなったことも関係しているだろう。帰還兵が持ち帰る戦争や軍隊に関するナマの情報は銃後の士気に多大な影響を及ぼす危険があったから、軍当局は前線の兵士の待遇改善に留意せざるをえない。新聞や雑誌で前線のスポーツが取り上げられ、スポーツ界がスポーツの有用性をアピールしたのもこの時期である。帰還兵はまた銃後のスポーツ・娯楽を抑制する作用も果たした。陸軍省情報局長清水盛明が指摘したように、銃後の「カフエーやバーで乱痴気騒ぎ」のような「不体裁」は「帰還兵たちの心理にも大きな影響を与へ(127)る」。困苦を耐え忍んで命がけで守ったはずの祖国がこのような体たらくであるとわかれば、士気も高まるはずがない。もっとも、この時点で軍は民間のスポーツ・娯楽を直接統制するにはいたらなかった。以上の状況は図124のモデルに近い（軍民の格差はアメリカより大きい）。

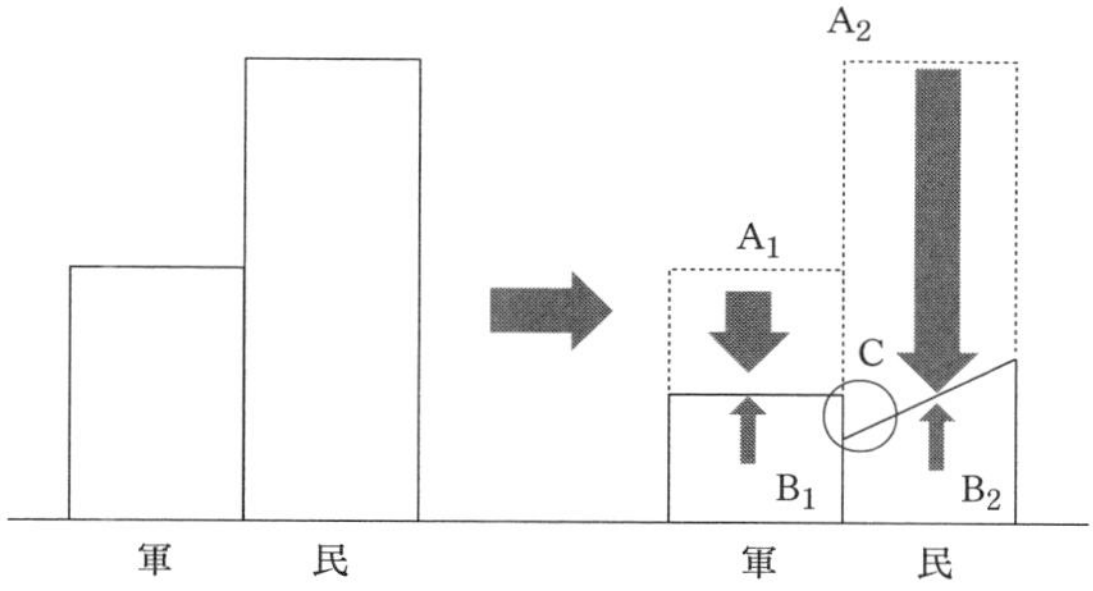

図125　モデルB（著者作成）

戦況が悪化し資源が枯渇してくるとスポーツ・娯楽に資源と時間を費やす余裕がなくなり、軍民ともにAの力が強まる（図125）。兵士は兵役期間を終えても帰還できなくなり、戦争や軍隊のナマの情報を銃後に届ける回路が著しく狭められる。そうなれば、軍当局は前線の兵士のスポーツ・娯楽にさほど気を使わずともすむ。一方、民間ではA_2がきわめて強力に作用するようになる。その結果、民間のスポーツ・娯楽は軍隊と同レベル、もしくはそれより低いレベルまで押し下げられ、内容も戦時にふさわしいものに改められる。民間社会で禁止されたスポーツが軍隊ではできたというエピソードは、こうして部分的に軍民の立場が逆転したために生み出された現象だと理解できる（C）。銃後のスポーツ・娯楽の抑制には、前線のスポーツ・娯楽の貧困さを相対的に緩和するという効果もあった。こうして軍隊と民間の格差を縮めることで（銃後の前線化）、民から軍への移行に伴う抵抗が軽減された[128]。

スポーツ・娯楽に関して日本とアメリカは全く正反対の動きをしたが、軍民の平準化を目指す点は同じだった。平準化が進めば進むほど、軍民間の壁が低くなり、人の移動が容易となる。平準化は士気や動員の効率に結び付く重要な問題であった。とりわけ、戦争が長引き兵員源が枯渇するにつれて、その重要性はいっそう高まった。日本型の平準化モデルの場合、戦争末期になればなるほどA_2の力が強まる。これに対して、A_1の力はそれほど強まらなかった。民間のスポーツ・娯楽を統制するのは簡単なことではない。むしろ軍隊内部のスポーツ・娯楽をある程度残しておくことで、より容易に平準を達成できるからである。もちろん兵士からスポーツ・娯楽を完全に奪い去ることはできないから、二重の意味でスポーツ・娯楽は軍隊にとって必要だったといえるのではないだろうか。

日本軍がスポーツ・娯楽を無視できなかったことはすでに述べてきたとおりだが、だからといってそれらを積極的かつ組織的に提供したわけではない（慰安所は唯一の例外になるかもしれない）。日本と欧米諸国のあいだには、資源や技術の点で埋めがたい格差があった。この致命的欠陥を克服するために、日本軍は短期決戦と精神主義を強調した。兵士には「大君のため御国のため」によりよく死ぬことが求められ、衣食住、娯楽、衛生などに対する配慮はほとんどなされなかった。それでもなお士気を維持しえたのは、厳格な規律と懲罰が科されていたからである[129]。日本軍は余裕のない、官僚的で硬直した組織であった。『失敗の本質』は「平時において、不確実性が相対的に低く安定した状況のもとでは、日本軍の組織はほぼ有効に機能していた（略）危機、すなわち不確実性が高く不安定かつ流動的な状況――それは軍隊が本来の任務を果たすべき状況であった――で、日本軍は（略）有効に機能しえずさまざまな組織的欠陥を露呈した[130]」と指摘する。このことは一九二〇年に本間雅晴が軍紀に関して論じた文章のなかですでに指摘していたことだった。本間は第一次世界大戦のドイツ軍を「硬性軍隊」と呼び、平素は強いが逆境に弱いと分析していた。その本間が軍隊のスポーツを奨励したのは、軍隊をより柔軟な組織にしようとしたからである。[131] 大正末期の陸軍は本間の目指す方向に進み、そしてスポーツが花開いた。しかし、それは一時的な脱線に終わり、日本軍はかつて以上に「硬性」な軍隊になった。[132] イギリスのスポーツマンシップを称賛し、兵士の人格と自由に基づく軍紀を主張していた将校＝スポーツマンの本間が、太平洋戦争で「硬性軍隊」を率い、バターン死の行進の責任を問われて処刑されたことは、日本の軍隊とスポーツの近代を象徴する出来事だったのではないだろうか。

注

（1）War Department, *Technical Manual, No. 21-205: Special Service Officer*, War Department, May 12, 1942, p.3.

（2）Steven R. Bullock, *Playing for Their Nation: Baseball and the American Military during World War II*, University of Nebraska Press, 2004, p.8, Wakefield, *op.cit.*, p.61, L. Gary Bloomfield, *Duty, Honor, Victory: America's Athletes in World War II*, Lyons Press, 2003, p.96.

（3）Steven R. Bullock, "Vital Connections: Baseball and the American Military during World War II," *dissertation*, The University of Nebraska, 2001, p.16.

（4）War Department, *TM21-205*, War Department, *Technical Manual, No. 21-220: Sports and Games*, War Department, May 13, 1942.

（5）Wakefield, *op.cit.*, p.85.

（6）Bloomfield, *op.cit.*, pp.7, 87, 93.

（7）Bullock, *Playing for Their Nation*, pp.50-56.

（8）*Ibid.*, pp.26-27, 68-69, 94-95.

（9）Bloomfield, *op.cit.*, p.166、辻政信『ガダルカナル――太平洋戦記』河出書房、一九六七年、一二五ページ

（10）Bullock, *Playing for Their Nation*, p.56. 原資料には「太平洋上の島」とあるが、野球の規模や、トランスの所属部

隊（海兵隊第三師団）の行動から考えて、この記述はガダルカナル島であった可能性が高い。

（11）Roscoe C. Torrance, Robert F. Karolevitz, *Torchy!: The Biography and Reminiscences of Roscoe C. Torrance*, Dakota Homestead Publishers, 1988, pp.97, 101.

（12）Todd Anton and Bill Nowlin eds., *When Baseball Went to War*, Triumph Books, 2008, p.18.

（13）Bullock, *Playing for Their Nation*, p.56、「読売新聞」一九四一年六月七日付

（14）Bloomfield, *op.cit.*, p.287.

（15）Bullock, *Playing for Their Nation*, p.73.

（16）Tim Wolter, *POW Baseball in World War II: The National Pastime behind Barbed Wire*, McFarland & Company, 2002, pp.198-199.

（17）*Sporting News*, January 4, 1945.

（18）Elias, *op.cit.*, p.154, Bloomfield, *op.cit.*, p.315.

（19）Bullock, *Playing for Their Nation*, pp.23-26.

（20）ジェームズ・J・フェーイー『太平洋戦争アメリカ水兵日記』三方洋子訳、NTT出版、一九九四年、一五―一六、二二、四二、四七―四八、五七ページ

（21）同書五七ページ

（22）同書九八、一〇一、一〇四ページ

（23）同書一一六―一一七ページ

（24）同書一二三、一六一、一八八、二一〇、二七〇ページ

（25）Bullock, *Playing for Their Nation*, pp.2, 14, Bloomfield, *op.cit.*, pp.69, 76.

（26）Elias, *op.cit.*, p.159、ロバート・K・フィッツ『大戦前夜のベーブ・ルース――野球と戦争と暗殺者』山田美明訳、原書房、二〇一三年、三五〇ページ

（27）Elias, *op.cit.*, p.132.

（28）Bloomfield, *op.cit.*, p.46.

（29）*Ibid.*, pp.43, 46, Bullock, *Playing for Their Nation*, p.109.
（30）William B. Mead, *Baseball Goes to War*, Farragut Pub. Co., 1985, p.1.
（31）Bloomfield, *op.cit.*, pp.53, 74, Bullock, *Playing for Their Nation*, p.97, Elias, *op.cit.*, p.138, Anton and Nowlin eds., *op.cit.*, pp.172, 175.
（32）Bullock, *Playing for Their Nation*, p.99. なお死亡した二人の大リーグ選手のうち、一人は大リーグの試合に一度途中出場しただけで、ほかの一人も大リーグの試合は五試合しか経験していない。
（33）Anton and Nowlin eds., *op.cit.*, p.125.
（34）Wolter, *op.cit.*, p.116、内海愛子『日本軍の捕虜政策』青木書店、二〇〇五年、三―四ページ
（35）「大阪毎日新聞」一九三八年三月十日付
（36）Wolter, *op.cit.*, p.2.
（37）前掲『日本軍の捕虜政策』二一八―二一九ページ、Wolter, *op.cit.*, pp.12-13.
（38）*Ibid.*, pp.141-151.
（39）"Dorothy Still Danner: Reminiscences of a Nurse POW," *Navy Medicine*, vol.83, no.3, May-June, 1992.
（40）Wolter, *op.cit.*, pp.124-126、前掲『日本軍の捕虜政策』三四ページ
（41）Wolter, *op.cit.*, pp.136-139.
（42）Bloomfield, *op.cit.*, pp.339-340.
（43）「大阪朝日新聞」一九四二年十二月三日付中支版
（44）Wolter, *op.cit.*, pp.155-159.
（45）チャンギと泰緬鉄道についてはBlackburn, *op.cit.* を参照。
（46）Wolter, *op.cit.*, pp.160-165.
（47）*Ibid.*, pp.179-183.
（48）*Tribune*, September 22, 1942.
（49）Wolter, *op.cit.*, pp.174-176.

(50) *Ibid.*, pp.186-187.

(51) ハンク・ネルソン『日本軍捕虜収容所の日々――オーストラリア兵士たちの証言』リック・タナカ訳、筑摩書房、一九九五年、三七三―三七四ページ

(52) Wolter, *op.cit.*, pp.187-188.

(53) 小林一雄『捕虜と通訳』小林一雄、一九八九年、二六ページ

(54) Blackburn, *op.cit.*

(55) 前掲『日本軍捕虜収容所の日々』四一四―四一五ページ

(56) 植原隆雄『南海の海戦に生き残ったP・O・W』植原隆雄、一九八二年、五一ページ

(57) Wolter, *op.cit.*, pp.201-203.

(58) 前掲『南海の海戦に生き残ったP・O・W』七一―七二ページ

(59) 宮崎清文『軍艦高雄始末記――短現主計科士官の回想』立花書房、一九八九年、七六―七七ページ

(60) 五八会編『ビルマ戦線――歩兵第五十八連隊の回想』五八会、一九六四年、七一五―七一六ページ

(61) 前掲『アーロン収容所』二一三ページ

(62) 守屋正『比島捕虜病院の記録』金剛出版、一九七三年、二六一―二六五ページ

(63) 前掲『フィリピン戦の回想』五〇六―五二〇ページ

(64) 生田影男『俘虜記』(「暦象叢書」第二十二編)、暦象短歌会、一九八一年、二四七―二四八ページ。近藤については前掲『帝国日本とスポーツ』二四七ページも参照。

(65) Anton and Nowlin eds., *op.cit.*, p.181.

(66) 石田忠四郎『うたかたの憲兵記』雄文社出版企画室、一九九三年、一九九ページ

(67) 野島宝夫『素志儚く――海軍「芋掘」士官の記』野島宝夫、一九八〇年、二二四―二二五ページ

(68) 塩見末雄『比島戦闘日記――駿兵団(一〇三師団)戦記』塩見澄子、一九八七年、二三八ページ

(69) 同書二四七ページ

(70) 間中喜雄『PWドクター――沖縄捕虜記』金剛社、一九六二年、二〇八―二〇九ページ

(71) 高原良祐『青春一九四一日――連隊下士官の回想』高原良祐、一九九四年、一三一―一三二ページ
(72) 前掲『球界彦左自伝』一七六ページ
(73) 柳井正夫『満州最後の日』大沢印刷所出版部、一九四九年、一七四―一七八ページ
(74) 水谷決司『シベリア日本人捕虜収容所』自由国民社、一九七四年、二〇一ページ
(75) 前掲『学徒出陣　最後の早慶戦』一八九―一九一ページ、遠山茂『虜囚記』アート工房、一九八〇年、三一一―三一八ページ。このほか山田理恵「シベリアの日本兵捕虜収容所における体育・スポーツ活動――「日本新聞」を手がかりに」（「体育学研究」第四十六巻第六号、日本体育学会、二〇〇一年十一月）を参照。
(76) Brian Niiya ed., *More Than a Game: Sport in the Japanese American Community*, Japanese American National Museum, 2000, pp.22, 27-29, 89, 127.
(77) 上前淳一郎『太平洋の生還者』文藝春秋、一九七六年、一一五―一一六ページ
(78) 大曲覚「敗残の硫黄島」、元武蔵野隊長ほか『硫黄島決戦』所収、蒼樹社、一九五二年
(79) 鳥井守幸「占領軍と日本野球復活の日」、『一億人の昭和史　日本占領3　ゼロからの出発』所収、毎日新聞社、一九八〇年
(80) Wakefield, *op.cit.*, p.95. ただし海兵隊はこれに当てはまらない（吉田裕『日本の軍隊――兵士たちの近代史』〔岩波新書〕、岩波書店、二〇〇二年、一二七ページ）。
(81) Ross F. Collins, *Children, War & Propaganda*, Peter Lang Publishing Inc, 2011, pp.204-205.
(82) War Department, *TM21-205*, pp.4, 29-30.
(83) リジー・コリンガム『戦争と飢餓』宇丹貴代実／黒輪篤嗣訳、河出書房新社、二〇一二年、四二五―四二六、四三九ページ
(84) War Department, *TM21-205*, p.28.
(85) 赤澤史朗『近代日本の思想動員と宗教統制』（歴史科学叢書）、校倉書房、一九八五年、三一五ページ
(86) 同書三一四ページ
(87) War Department, *TM21-205*, p.23.

(88) "It's not the Same Game in Japan," *The Sporting News*, December 18, 1941. 同様に、ナチス・ドイツがポーランドに侵攻したことに対して、「スポーツ・レコード」は「ヒトラーがクリケットさえやっていれば、こんなに非スポーツマン的記録は残さなかっただろうに」と記した（サイモン・クーパー『アヤックスの戦争――第二次世界大戦と欧州サッカー』柳下毅一郎訳、白水社、二〇〇五年、一九二ページ）。

(89) ユージン・B・スレッジ『ペリリュー・沖縄戦記』伊藤真／曾田和子訳（講談社学術文庫）、講談社、二〇〇八年、三六ページ

(90) 前掲『日本軍と日本兵』一一五ページ

(91) Collins, *op.cit.*, pp.46, 196, 245.

(92) 前掲『積乱雲の彼方に』二二一―二二三ページ

(93) 同書七九ページ

(94) 前掲『〈玉砕〉の軍隊、〈生還〉の軍隊』一八〇ページ

(95) 杉山紀世史「武道と競技雑感」「新武道」第二巻第四号、新武道刊行会、一九四二年四月

(96) 「大東亜スポーツ共栄圏確立座談会」「アサヒスポーツ」第二十巻第五号、朝日新聞社、一九四二年三月

(97) 中野五郎『敵国アメリカの戦争宣伝』新太陽社、一九四五年、八〇ページ

(98) 恒石重嗣『大東亜戦争秘録　心理作戦の回想』東宣出版、一九七八年（前掲『近代日本の思想動員と宗教統制』二九五ページから引用）

(99) 武野藤介『文化人と文化』北光書房、一九四三年、八二―八三ページ

(100) 赤澤の対象はあくまで民間社会であり、戦時化／平時化という表現も用いている。ここでは戦時、平時を問わず、総力戦を前提とした軍隊と民間社会の関係をとらえる枠組みとして前線化／銃後化を用いたい。したがって、銃後化といっても、平和時の民間社会への回帰を意味するものではない。

(101) 坂本稔「国境漫筆」、東京大学バレーボール部五十年史編纂委員会編『東京大学バレーボール部五十年史』所収、東京大学バレーボール部赤門クラブ、一九七五年

(102) Collins, *op.cit.*, p.268.

(103) 前掲『〈玉砕〉の軍隊、〈生還〉の軍隊』一四八ページ
(104) 小野寺拓也『野戦郵便から読み解く「ふつうのドイツ兵」——第二次世界大戦末期におけるイデオロギーと「主体性」』(山川歴史モノグラフ)、山川出版社、二〇一二年、一二〇ページ
(105) 佐藤観次郎「陣中相撲だより」「前線よりの相撲報二通」「相撲」一九三九年十一月号、日本大相撲協会
(106) 斎藤良輔「相撲奮戦記」、近藤良信編『撃つ体育人』所収、体育出版社、一九四三年
(107) 同論文
(108) 同論文
(109) 同論文
(110) 髙橋秀実『おすもうさん』草思社、二〇一〇年、一五三ページ
(111) 前掲「相撲奮戦記」
(112) 同論文
(113) 同論文
(114) 小島貞二『あるフンドシかつぎ一代記——戦中・戦後の相撲秘史』ベースボール・マガジン社、一九九一年、二〇四ページ
(115) 前掲「相撲奮戦記」
(116) 前掲『おすもうさん』一五二—一五三ページ
(117) 同書一七〇ページ
(118) 前掲『艦船部隊における体育主任参考資料　体育概説』六五ページ
(119) 前掲「相撲奮戦記」
(120) 赤澤史朗「戦時下の相撲界——笠置山とその時代」「立命館大学人文科学研究所紀要」第七十五号、立命館大学人文科学研究所、二〇〇〇年十一月
(121) 岩田愛之助「相撲と日本精神」「相撲と野球」一九四三年七月号、博文館
(122) 前掲『おすもうさん』一六七ページ

(123) 前掲『武漢兵站』第六章
(124) 前掲『海軍予備学生の手記』二一三ページ
(125) 海老原久『大陸を駆ける青春の炎』海老原久、一九九一年、一一九ページ
(126) 前掲『武漢兵站』一四七—一四八ページ
(127) 清水情報部長談「事変下の娯楽街を衝く②」「東京朝日新聞」一九三九年七月七日付
(128) 厚生省は一九四三年まで民間のスポーツを奨励していた(坂上康博「太平洋戦争下のスポーツ奨励——一九四三年の厚生省の政策方針、運動用具および競技大会の統制」「一橋大学スポーツ研究」第二十九巻、一橋大学スポーツ科学研究室、二〇一〇年)
(129) 藤原彰『餓死した英霊たち』青木書店、二〇〇一年、一八〇—一八一ページ
(130) 戸部良一ほか『失敗の本質——日本軍の組織論的研究』ダイヤモンド社、一九八四年、五、二七二ページ
(131) 前掲「思想の変遷に鑑みて軍紀と服従とを論ず」、前掲「軍隊が国民の「スポート」を指導するの提唱」、前掲「「スポート」論に就て榎本大尉に答ふ」
(132) 第二次世界大戦時のドイツ軍も日本と同様に「硬性軍隊」であったが、娯楽に対する考え方には大きな違いがあった。ナチス・ドイツでは歓喜力行に示されるように、娯楽を鍛錬化するのではなく、娯楽と鍛錬が一致するという考え方があった。スポーツ、とりわけ人気の高かったサッカーはできるかぎり温存された。軍隊にもチームがあって、さまざまな試合がおこなわれた。サッカー選手は優遇されたが、戦況が悪化すると「戦線で能力を実証」することを求められた。一九四四年秋以降は、市単位の選手権しか開かれなくなったが、四五年四月二十二日、アメリカ軍がミュンヘンの門の前に迫っていたときでさえ、ミュンヘンではバイエルン・ミュンヘンと一八六〇ミュンヘンの親善試合がおこなわれていた(前掲『アヤックスの戦争』一九八、二〇三ページ、ゲールハルト・フィッシャー/ウルリッヒ・リントナー編著『ナチス第三帝国とサッカー——ヒトラーの下でピッチに立った選手たちの運命』田村光彰/岡本亮子/片岡律子/藤井雅人訳、現代書館、二〇〇六年、一〇二、一二九ページ)。

あとがき

近代中国史を専門とする著者がなぜこのような本を書いたのか。

一九二三年に極東大会が大阪で開催された際、フィリピン選手団に多くの軍人が含まれていた。軍人とスポーツ、この奇妙な取り合わせに興味が湧いた。フィリピンのことを調べるうちに、宗主国のアメリカ、さらにはイギリスの軍隊へと関心が広がっていった。やがて軍人とスポーツはミス・マッチどころか密接な関係があることがわかってきた。すると今度は日本がどうだったのかが気になる。しかし、日本については先行研究が見当たらず、それ以上の調査を断念せざるをえなかった。どうやって調べたらいいのか皆目見当がつかなかったし、そもそも日本軍についてあまりにも無知だったからである。

著者が研究に手をつけたきっかけは二つあった。一つは、このころ研究対象としていた岡部平太が戦時中に軍と深く関わっていたことを突き止め、戦争とスポーツの関係に興味を持ち始めたことである。いま一つは、専門である中国史のほうで、女性兵士をテーマにした論文を書いたことである。著者はそれまで纏足解放運動の研究をしていたが、次に女性の断髪を調べようと思い立った。足の近代化から頭の近代化へ、というわけである。そしてこの頭の近代化に女性兵士が重要な役割を果たしていたのだ。この論文がきっかけとなり、京都大学人文科学研究所の田中雅一先生が主宰する「東アジアと東南アジアを中心とする軍隊の歴史人類学的研究」（のち「アジアの軍隊にみるトランスナショナルな性格に関する歴史・人類学的研究」）に参加することになった。軍隊について論文を書かなければならない、そうなったとき思い付いたテーマが軍隊のスポーツだった。これは著者にとっては一石二鳥だった（この研究成果は二〇一五年に『軍隊の文化人類学』[1]として発表された）。

とはいえ、誰も研究したことがないテーマである。どこから手をつけていいかわからない。軍事史の研究者に聞いてみてもなかなか有益な情報が得られない。そこで勝手のわかるスポーツ史関係の資料から調査を始めた。一九二〇年代の実例は比較的簡単に見つかった。だが、軍隊とスポーツの関係がどこまで遡り、どこまで下るのかはわからない。前後の時期を検討するには、軍関係の資料に当たるしかなかった。著者にとってラッキーだったのは、ちょうど奈良女子大学で非常勤をしていて、帰りに奈良県立図書情報館に寄ることができたことである。同館の戦争体験文庫は開架されており、現物をその場で手に取ることができる。軍事史の知識のない著者は、とにかく片っぱしから本をめくってスポーツに関する記述を探すことにした。あまり報われない作業だったが、そのうちに目次と最初の数ページを見ただけでスポーツの記述があるかどうかが判断できるようになってきた。はじめは海軍に熱中した。資料の「当たり」がいいからである。海軍のおおまかな状況がわかってくると、陸軍が気になってきた。なぜ陸軍の資料にはスポーツがあまり出てこないのかを説明する必要を感じたからである。

一九二〇年代の軍隊とスポーツは楽しい気分で研究することができた。しかし、戦争が始まると、気分は一転する。なんといっても戦争の体験はつらく悲しいものが大部分を占める。そのなかからスポーツの記述を切り出して議論することにどのような意味があるのかと自問せざるをえなかった。さらに、中国近代史の研究者として、日本軍の娯楽を研究することの意義を中国人にどう説明したらいいのかと思い悩んだ。それでもなお研究を続けたのは、戦争の悲惨な側面を語ることだけが、戦争の悲惨さを理解する方法ではないと確信したからである。その意味で、本書を戦後七十年の節目に刊行できたことは、望外の喜びである。

田中先生をはじめ、文化人類学の研究者との交流は刺激的だった。ともすれば、文献の山にこもりがちだった著者を軍隊の現場に引っ張り出してくれた。日本国内の自衛隊やアメリカ軍の基地はもちろんのこと、アメリカ、中国、台湾、スペイン、フランス、イギリス、ベルギーを訪れ、なまの軍隊を見て回った。なかでも舞鶴は、近いということもあって、よく足を運んだ。ここで著者の資料調査を手伝ってくれた広報課の青年は、朝霞の自衛隊体育学校を受験したときの話を聞かせてくれた。再チャレンジすると言っていたが、どうなっただろうか。自衛隊には旧軍の資料がそれなりに残っているが、整理にまで手が回らないとのことで、もったいない感じがした。

自衛隊のイベントにも積極的に参加した。その光景は、著者にはまるで大正末期の軍旗祭や陸海軍記念日の行事を見ているかのように思えた。

ピレネー山脈を越えて訪れたダックスの町は、ちょうど闘牛の開催日に当たっていた。人も建物も赤一色でたいへんにぎやかだったが、中心から少し外れたモーリス・ボワヨー競技場の一角はひっそりと静まり返っていた。この競技場の入り口にボワヨー（本書二〇四ページ）の銅像が建っている。昨夜は多くの人が野宿したらしく、町じゅうが小便くさかったが、この銅像の付近はとくに臭った。第一次世界大戦の英雄の変わり果てた姿に、さびしさを感じずにはいられなかった。ボワヨーの銅像を撮影し、本書に掲載しようと考えていたが、あいにく三週間の旅の最後に訪れたバルセロナでスリに遭い、旅の写真もなくなってしまった。

二年後、再びヨーロッパに足を運んだ。おりしも第一次世界大戦勃発百周年に当たり、さまざまなイベントが開催されていた。ソンムの周囲はのどかな光景が広がっていたが、そこかしこに墓地があり、激戦のあとを伝えていた。ソンムの博物館では、ネヴィル（本書一八六ページ）の勇姿を見ることができた。ネヴィルの故郷、東サリーにも足を運んだ。ここにも例のボールが展示されているのだが、残念ながらこの日は結婚式のために見ることができなかった。マンチェスターの帝国戦争博物館には軍隊スポーツを扱ったコーナーがあり、さすがはイギリスだと感心した。

著者はこれまで軍隊や自衛隊とは無関係に生きてきたつもりだった。本書を執筆する過程で、軍隊や自衛隊が意外と身近なものだったことを感じさせられた。そもそも著者の祖父は海軍の軍人で、警察官の父も佐世保で生まれている。高校生のときアメリカに留学したときのホスト・ファーザーは元海兵隊のビジネスマンだった。温厚な人柄で、軍人だったことを想像するのは難しかった。ときどき沖縄の話をしてくれたが、著者が軍隊に興味を持っていなかったこともあり、海兵隊時代のことはあまり口にしなかった。いまから思うと残念である。長男は現役の海兵隊員で、ときどき帰ってきたが、いでたちから言動まで、いかにも現役の軍人だった。著者と行動をともにした次男は、まったく普通の高校生で、軍隊には関心がなかった。

さらに記憶をたどっていくと、「軍隊」スポーツにも無関係ではないことに気づいた。国体の山岳競技には、自衛隊員も参加していた。物凄い馬力で山を駆け上ってくる自衛隊員を見ながら、連中は仕事で来ているのか、だとしたら絶対負けられない、とアマチュア精神をくすぐられた（本当のところはいまでも知らない）。

冒頭に挙げた海軍経理学校の資料は京都大学附属図書館の地下書庫で見つけたものだが、当初、著者はこの学校の校舎が畝傍中学（旧制）のものだったことを知らなかった。しばらくたって、この資料が軍隊スポーツを伝えた最後のものかもしれないと思い、よくよく調べてみたところ、まぎれもなく著者の母校の校舎であることがわかった。当時の空襲のあとは、実はいまでも残っている。銃弾が撃ち込まれた菊の紋章の内側、すなわち最上階の屋根裏には山岳部の部室があり、著者はいつもここから下界を見下ろしていた。在学時の校長、森井実は、ちょうど海軍経理学校が引っ越してきたときに畝傍中学に在学していたという[2]。そういえば、著者が京都大学に入学したときの総長、西島安則も海軍機関学校五十六期生である。さらにいえば、海軍機関学校教官の苧阪良二氏（本書二四七ページ）のご子息で京都大学名誉教授の苧阪直行先生の研究室は、著者の研究室の斜め隣にある。

本書のもととなった論文は次のとおりである。

「菊と星と五輪――一九二〇年代における日本陸海軍のスポーツ熱」「京都大学文学部研究紀要」第五十二号、京都大学大学院文学研究科、二〇一三年（第1・2章）

「戦時下の日本陸海軍とスポーツ」「京都大学文学部研究紀要」第五十三号、京都大学大学院文学研究科、二〇一四年（第5・6章）

それぞれのタイトルに「日本」とつけたのは、著者が中国史の研究者だからである。

初校が出るのと前後して、イエルク・ムート『コマンド・カルチャー』[3]を閲読した。アメリカ陸軍とドイツ陸軍に対する一般常識を大きく覆す著作で、ドイツ陸軍の将校教育がいかに優秀であり、アメリカ陸軍のそれがいかに問題のあるものだったかを豊富な資料で裏付けている。ムートが描くアメリカ陸軍の将校は、リーダーシップが欠如し、兵士の福利に無関心で、兵士から遠い存在だった。まるで本書のアメリカ軍の役回りをドイツ軍が、そして日本軍の役割をアメリカ軍が演じているかのようである。著者にこの本を評する能力はないが、同書の視角が、アメリカとドイツの陸軍将校教育というきわめて限定的なものであることは指摘しておきたい。つまり、本書とは比較の対象も基準も異なる、ということである。さらに、本書がアメリカ軍との比較をおこなったのは、日本軍の特徴を浮かび上がらせるためであり、優劣を論じるためではないことも付言しておこう。

本書の原稿を青弓社に取り次いでくれたのは一橋大学の坂上康博さんである。坂上さん自身もかつて陸軍のスポーツを研究しようとしたことがあるとうかがった。スポーツ史研究者も軍隊に関心があることを知って、本書も決して突飛な企てではないと安心した。本書に続いて、軍隊スポーツの研究が次々と生まれることを望みたい。

第4章については、アジア・スポーツ史の気鋭の研究者であるミュンヘン連邦軍大学のシュテファン・ヒュブナーさんからいろいろと意見をいただいた。ドイツ語をろくに読めない著者にとって、第4章は挑戦的だったが、日本語で書かれた研究が皆無であるという事情を考慮して、あえて公刊に踏み切った。

本研究を遂行するにあたり、二〇一四年度より科学研究費補助金基盤研究（C）「軍隊とスポーツの比較社会史」の交付を得た。やや遅きに失した感もあったが、第一次世界大戦勃発百周年のヨーロッパを実見できたことは、繰り返しになるが、誠に幸運だった。

最後に、厳しい出版事情のなか書籍刊行の機会を与えていただいた青弓社の矢野未知生さんにお礼を申し上げたい。

注

（1）拙稿「軍隊と社会のはざまで」

（2）「毎日新聞」一九九八年二月七日付奈良版

（3）イエルク・ムート『コマンド・カルチャー――米独将校教育の比較文化史』大木毅訳、中央公論新社、二〇一五年

索引

あ

か

た

な

ら

［著者略歴］
高嶋 航（たかしま こう）
1970年、大阪府生まれ
京都大学大学院文学研究科准教授
専攻は東洋史
著書に『帝国日本とスポーツ』（塙書房）など

越境する近代13

軍隊《ぐんたい》とスポーツの近代《きんだい》

発行――2015年8月20日　第1刷
定価――3400円＋税
著者――高嶋 航
発行者――矢野恵二
発行所――株式会社青弓社
〒101-0061 東京都千代田区三崎町3-3-4
電話 03-3265-8548（代）
http://www.seikyusha.co.jp
印刷所――三松堂
製本所――三松堂

ISBN978-4-7872-2062-2 C0320